高等学校经济与工商管理系列教材

应用管理学

刘淑伟　编著

清 华 大 学 出 版 社
北 京 交 通 大 学 出 版 社
·北京·

内 容 简 介

本书分为基础篇、职能篇、应用篇，其中基础篇中包括管理与管理学、管理主体、管理思想的形成与发展和管理环境，共4章；职能篇按照管理的四大职能，分为计划、组织、领导和控制，共4章；应用篇包括决策、激励、管理方法和管理创新等。

本书不仅可以作为应用型本科与职业技术学院经管类专业的教材，也可以作为其他专业学生选修课和通识课的教材，还可以作为企事业单位管理人员提升自身管理能力和备考各种管理类考试的参考书。

图书在版编目（CIP）数据

应用管理学/刘淑伟编著．— 北京：清华大学出版社：北京交通大学出版社，2018.8
（2023.2 重印）

（高等学校经济与工商管理系列教材）

ISBN 978 - 7 - 5121 - 3564 - 2

Ⅰ．① 应…　Ⅱ．① 刘…　Ⅲ．① 管理学-高等学校-教材　Ⅳ．① C93

中国版本图书馆 CIP 数据核字（2018）第 129010 号

应用管理学

YINGYONG GUANLIXUE

责任编辑：黎　丹

出版发行：清 华 大 学 出 版 社　　邮编：100084　　电话：010 - 62776969　http：//www. tup. com. cn

　　　　　北京交通大学出版社　　邮编：100044　　电话：010 - 51686414　http：//www. bjtup. com. cn

印 刷 者：北京时代华都印刷有限公司

经　　销：全国新华书店

开　　本：185 mm×260 mm　　印张：19.25　　字数：480 千字

版　　次：2018 年 8 月第 1 版　　2023 年 2 月第 3 次印刷

书　　号：ISBN 978 - 7 - 5121 - 3564 - 2/C · 203

定　　价：42.00 元

前　　言

在经管类各专业的教学计划中，管理学是一门必修的基础课。有管理学学习需求的人很多，如大学本科、职业技术学院的在校学生，企业的基层管理者、中层管理者甚至高层管理者等也都需要学习管理学。随着时代的发展、科技的进步，如何让传统经典的管理学插上时代的翅膀，让更多的人以更通俗的方式了解"管理学"、爱上"管理学"，是本书编写的初衷。

本书以"理论系统、重视应用、内容丰富、时代性强、学练结合"为主要特点，具体来说，体现在以下几个方面。

（1）层次分明，逻辑性强，重点难点突出。本书分为基础篇、职能篇、应用篇三大部分。其中基础篇包括管理与管理学、管理主体、管理思想的形成与发展和管理环境；职能篇包括计划、组织、领导和控制；应用篇包括决策、激励、管理方法和管理创新等内容。

（2）章节内容丰富，既注重管理学理论知识的阐述，又注重培养学生的多种技能。各章节的内容基本上由以下模块构成："知识目标""能力目标""导入案例""拓展阅读""名家观点""管理案例链接""管理问题探讨""管理技能训练""行动指南""本章小结""章节同步测试"等。通过丰富的教学内容，帮助学生轻松地理解管理理论，通过"技能训练""管理问题探讨""行动指南"等模块锻炼学生的多种技能。

（3）学练结合，有效解决了理论基础课缺乏"动手实践"环节的难题。"管理技能训练"部分的设计符合"既能检验理论知识的掌握，又能锻炼学生分析问题、解决问题的能力"的目标，同时解决了教师"管理实训"环节不知如何设计和安排的难题。通过设计"技能训练"内容，让学生通过"动手实践"，锻炼管理技能。

"管理问题探讨"部分，设计的讨论问题既有趣味性，又是管理工作的重点、难点问题，既能启发学生的思维，加深学生对理论知识的理解，又贴近管理实际，实用性和应用性强。

"章节同步测试"，既能帮助学生掌握和巩固重点、难点知识，又能帮助老师检测学生的学习情况，有效解决了理论基础课缺乏"动手做"环节的难题。

（4）案例新而全，启发性强。"管理案例"和"名家观点"部分按照古今中外、不同行业、不同领域进行选择，贴近管理实际，案例或新或经典，既有知名大公司的案例，如华为、沃尔玛、麦当劳、苹果、通用、宝洁、海尔等公司的管理案例；又有最新的管理案例，如摩拜单车、做鞋的故事等；"名家观点"部分启发性强，易引起共鸣。

本书不仅可作为应用型本科与职业技术学院经管类专业的专业课教材，也可以作为其他专业学生选修课和通识课的教材，还可以作为企事业单位各层次管理人员提升自身管理能力和备考各种管理类考试的参考书。

本书配有教学课件或相关的资源，有需要的读者可以从网站 http：//www. bjtup. com. cn下载或与 cbsld@jg. bjtu. edu. cn联系。

由于时间和水平有限，书中不足之处和错误在所难免，敬请读者和专家批评指正。

编 者
2018 年 5 月

目 录

第1篇 基 础 篇

第2篇 职 能 篇

第3篇 应 用 篇

第 1 篇

基 础 篇

第1章

管理与管理学

管理从人类社会存在的那一刻起就已经存在了，跨越了几千年的历史长河。大到一个国家的治理，小到一个企业的运营、一个项目的实施乃至一个人工作、生活的安排，都离不开管理。管理学是系统研究管理活动基本规律和一般方法的科学，它的任务是研究管理活动的共同特点和普遍规律，以便为管理活动提供指导和方法。管理学不仅是适用于企业高层管理人员的一门科学，它倡导的一些思想对我们的日常生活也有很大的积极作用。

知识目标	能力目标
● 管理的内涵；	● 思辨能力；
● 学习管理和管理学的意义；	● 分析问题的能力；
● 管理的两重性；	● 解决问题的能力；
● 管理的有效性衡量	● 团队合作能力

1.1 管理的内涵与形式

管理是组织正常发挥作用的前提，任何一个有组织的集体活动，不论性质如何，如大型公司、新创企业、政府部门、医院、小型企业、非营利机构、博物馆、学校或者一些非传统组织，只有在管理者对它加以管理的条件下，才能按照所要求的方向发展，才能彼此协调地开展工作，达到既定的目的。管理者从事的工作是令人兴奋和具有挑战性的，组织比以往更需要管理者。

在对数百万雇员和成千上万名管理者进行调查后，盖洛普民意测验发现，影响雇员生产率和忠诚度最重要的因素不是薪酬、奖金或工作环境，而是雇员与直接上级之间关系的质量。因此，对员工的正确管理至关重要。

一面镜子解决电梯拥挤问题

有一家公司新搬进一栋大楼，不久就遇到了一个难题。由于当初楼内安装的电梯较少，员工上下班时经常要等很长时间，为此抱怨不断。于是公司老总把各部门负责人召集到一起，请大家出谋划策，解决电梯不足的问题。

经过一番讨论，大家提出了四种解决方案：

第一种，提高电梯上下的速度，或者在上下班高峰时段，让电梯只在人多的楼层停；

第二种，各部门上下班时间错开，减少电梯同时使用的概率；

第三种，装一部新电梯；

第四种，在所有的电梯门口装上一面大镜子。

经过慎重考虑，该公司选择了第四种方案。该方案付诸实施后，员工乘电梯上上下下，再也没有了抱怨声。

为什么会这样呢？

因为等电梯的人一看到镜子，免不了开始端详自己在镜中的形象，或者偷偷打量别人的打扮，烦闷的等待时间就在镜前顾盼之间悄悄过去了。

管理启示：有时候，看似很棘手的问题，最有效的解决方法却是最简单的。解决问题的关键在于是否找到了管理中最重要的要素。

1. 管理的内涵

每个人对管理都有不同的认识，即使是研究管理学的学者对于什么是管理也有各自不同的见解，表 1-1 列举的是学者们对管理的有代表性的定义。

表 1-1　学者们对管理的定义

代表人物	定义内容
德鲁克	"管理就是牟取剩余"。所谓"剩余"，就是产出大于投入的部分。任何管理活动都是为了一个目的，就是要使产出大于投入
西蒙	"管理就是决策"。决策贯穿于管理的全过程和管理的所有方面，任何组织都离不开对目标的选择，任何工作都必须经过一系列的比较、评价、拍板后才能开始。如果决策错了，执行得越好，所造成的损失就越大
穆尼	"管理就是领导"。任何组织中的一切有目的的活动都是在不同层次的领导者的领导下进行的，组织活动的有效性取决于领导的有效性，所以管理就是领导
法约尔	"管理就是实行计划、组织、指挥、协调和控制"。企业的全部活动可分为技术活动、商业活动、财务活动、安全活动、会计活动和管理活动。管理就是实行计划、组织、指挥、协调和控制，法约尔提出了管理的 14 条原则
孔茨	"管理就是通过别人来使事情做成的一种职能"。为了达成管理的目的，要进行计划、组织、人事、指挥、控制，管理就是由这几项工作组成

学者们对于管理定义的多样性，既反映了人们研究立场、方法、角度的不同，也反映了人们对管理认识的逐步深入。因此，面对"管理是什么"这一问题，只有当我们能够从多种角度对其进行思考时，才能比较全面地了解管理，进而掌握管理的实质。

综合学术界关于管理的各种观点，本书对管理的定义为：在组织特有的环境下，对组织所拥有的资源进行有效的计划、组织、领导和控制，以便实现既定组织目标的过程。这一定义包含着以下四层含义。

① 管理是在一定的环境下展开的，管理者应善于发现环境为组织提供的机会和对组织构成的威胁，能鉴别组织内部具有的优势和劣势。

② 管理的对象是组织的各类资源，管理的有效性集中体现在它是否使组织花最少的资源投入，取得最大的、合乎需要的产出。

③ 管理的过程是由一系列相互关联、连续进行的基本职能所构成的，具体包括计划、组织、领导和控制等。

④ 管理是为实现组织目标服务的，是一个有意识、有组织的群体活动过程。

从本质上说，管理是人们为了有效地实现组织目标而采用的一种手段。

管理问题探讨

1. 学者们对管理的各种不同的说法是否意味着我们对管理还认识不清？

提示：按照习惯的思维模式，我们倾向于对同一事物有统一的回答。然而在现实生活中，每个问题的正确答案不是一个而是多个。因为同一个问题从不同的角度分析，可以得出不同的答案，而这种多答案的回答常常可以使我们对这一问题或事物有更为深入的认识。管理学者们对于管理定义的多样性，既反映了人们研究立场、方法、角度的不同，也反映了人们对管理认识的逐步深入。因此，面对"管理是什么"这一问题，只有当我们能够从多角度对其进行思考时，才能比较全面地了解管理，进而掌握管理的实质。

2. 有人说管理就是管人理事，也有人说管理是以最少的投入获得最大的产出，请你解释一下管理的定义，并从管理的表现形式、工作内容、作用、衡量标准、手段、本质等方面说明管理到底是什么。

---

2. 管理的产生过程及原因

人类社会自从开始群居群猎，就知道"合群"抵御危险、征服自然。"合群"实际上就是人类社会中普遍存在的"组织"现象。可以说，有人类就有组织。而组织需要合作或协调，这样管理就应运而生了。管理伴随着组织的出现而产生，是协作劳动的必然产物。管理人员是确保组织各项活动实现预定目标的条件。随着社会和经济的高度发展，组织的规模越来越大，组织面临的环境越来越不确定，业务作业活动越来越现代化，管理越来越成为影响组织生死存亡和社会经济发展的关键因素。管理的作用就是使现有资源获得最有效的利用。

管理与生产劳动、组织、战争、贸易、法律和伦理道德一样，都是人们为了有效地协调有限资源和无限欲望之间的矛盾所采用的方法或手段。图1-1描述了管理的产生过程。

管理产生的根本原因是人的欲望的无限性和所拥有的资源（时间、资金、精力、信息、技术等）的有限性之间的矛盾。有矛盾就需要协调。为了协调矛盾，人类采取过很多措施：向大自然索要资源；发动以掠夺他人资源为主要目的的战争；通过约束人的欲望，使有限的资源满足人的欲望等，而通过科学管理（即通过科学的方法来提高资源的利用率，力求以有限的资源实现尽可能多或高的目标）进行协调，可以提高资源的利用率，在一定程度上缓解这对矛盾。法治解决不了所有的社会问题，要解决资源与欲望之间的矛盾，既要重视道德教育，又要注重科学管理。

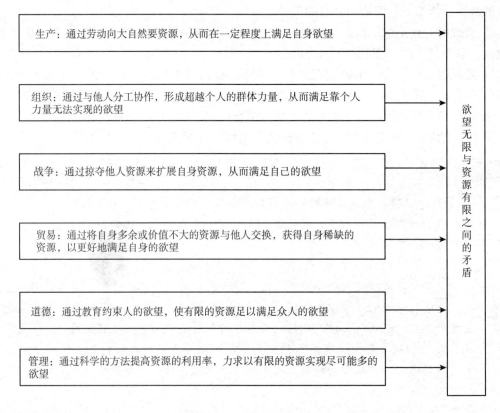

图 1-1 管理的产生过程

3. 管理的形式

组织中专门从事管理工作的管理者们的工作表现形式是多种多样的。例如，校长们忙于召开各种会议，协调解决组织内的各种问题，并对下属提出的问题做出相应的决策；班主任们则在各自分管的班级中贯彻落实上层决策，监督、检查学生的学习生活情况，而且即使同是班主任，他们做的事情也不同。例如，有的在做班级活动计划，有的在找学生谈话，有的在检查、考核，有的在开会征求意见等。从表面上看，不同层次、不同组织中的管理者所从事的管理工作似乎很难给出一个统一的说法，但是如果透过各种管理工作的表现形式，对各项管理工作的内容做进一步的分析，就可以看到，无论在哪种组织哪个层面上从事何种管理工作，管理工作的基本内容或核心是相同的，那就是协调。

所谓协调，就是使多个看上去似乎是相互矛盾的事物（如长远目标与近期目标、有限资源与远大目标、个人利益与集体利益等）之间有机结合、同步和谐。例如，组织中的高层管理者之所以要出席各种社交场合或请客吃饭，实际上是为了给本组织创造一个良好的外部环境，协调本组织与社会其他组织之间的关系。因为组织作为一个社会存在体，与社会上其他组织之间有着千丝万缕的联系，没有其他组织的理解与支持，任何一个组织都很难在社会上有所作为。而为了取得其他组织和社会上各方面的理解和支持，组织的高层管理者作为该组织的代言人就必须承担起与组织外部各方面之间进行沟通的工作。同样，管理者们进行决策、计划、分配、监督和检查等各种活动，实际上是在对目标、资源、任务、行为和活动等进行协调。管理工作表现形式的多样化，是由管理工作协调对象的多样化所导致的：对目标的协调主要表现为抉择，对资源的协调主要表现为计划，对任务的协调主要表现为分工，对思想的协调主要表现为沟通，对行为的协调主要表现为沟通和惩罚，对活动的协调主要表现为计划、检查和监督。

4. 管理的重要性

任何组织机构都需要管理。一个组织中，如果没有管理，就无法彼此协作地开展工作，就无法达到既定的目标，甚至连这个组织的存在都是不可能的。管理的功能在于通过科学的方法提高资源的利用率，从而以有限的资源实现尽可能多或高的目标。例如，作为一名大学生，学习始终是最重要的任务，可能一个学期就要学习 10 多门课程。而作为一名当代大学生，仅有书本知识是远远不够的，这就要求在认真学习课程知识的同时，还必须参加各种各样的活动，学习实践知识，以全面提高自己的素质。但是每个人一天只有 24 小时，除去睡觉、吃饭等，真正可以用于学习和实践的时间至多 14～15 个小时。如何协调众多学习要求和有限的学习时间之间的矛盾，就是每一个积极要求上进的大学生所必须要解决的问题，而解决这一问题的有效方法之一就是对时间进行科学管理。

管理适用于组织中的各级管理人员，是保证组织有效运行所必不可少的条件，是组织中协调各部分的活动并使之与环境相适应的主要力量。学习管理，不仅是社会发展的需要，也是每个人在社会中生存和更好地实现个人理想的需要。同时，管理作为一种工具，用得好，有助于目标的实现；用得不好，则可能适得其反。因此，应尽可能提高自己的管理水平，以充分发挥管理的作用。

管理问题探讨

管理有大小事之分吗？

在一家民营企业，总裁（老板）出门时对新来的助手说："小王，门锁坏了，叫物业来修一下。另外，那幅画挂斜了，你把它扶正。"第二日，老板出门时又对他说："会议室的饮水机漏水了，叫人去擦一擦；那几盆君子兰长歪了，让办公室的人经常转一转方向。"小王不由得跟同事感慨道："这老板，真是心细啊！"同事告诉他："你才知道？老板管的事具体着呢！你小心点儿吧。还有，老板没和你说吗？管理无小事！"

无独有偶，在另一家民营企业，老板下班时发现一名员工手里拿着几张工卡在打，于是直接打电话把总经理训了一顿，并召集 5 名公司高层开会讨论这件事情。当有人认为老板不应该过问这么具体的事情时，他斩钉截铁地说："管理无小事！"

探讨问题：

（1）你认为管理有大小事之分吗？

（2）管理者应该做什么？

1.2　管理学的特点、研究方法和学习意义

1.2.1　管理学概述

管理学是一门系统地研究管理活动过程及其基本规律和一般方法的学科。它来源于人类社会的管理实践活动，是人类长期从事管理实践活动的科学总结。管理学作为一门独立的学科，正式形成于 19 世纪末 20 世纪初，其代表作是美国古典管理理论学家泰勒的《科学管理原理》等著作。

管理学以研究管理一般问题为己任，以组织管理为研究对象，致力于研究管理者如何有效地管理其所在的组织，研究各种管理工作中普遍适用的原理与方法。管理学研究的重点是组织管理而非个人管理。管理学的理论体系由一系列反映管理活动内在规律性的概念、原理、原则、制度、程序和方法组成。

由于不同行业、不同部门、不同性质的组织，其具体管理的方法和内容可能很不相同，因此形成了许多专门性的管理学科，如企业管理、学校管理、行政管理、工业管理、农业管理、科技管理、财政管理、城市管理、国民经济管理等。这些专门性的管理总体上分为两大类、四个层次。两大类中，一类是以营利性组织或活动为研究对象的，如工商企业管理；另一类是以非营利性组织或活动为研究对象，如教育管理、学校管理等；四个层次按照研究范围来划分，一般可分为微观层次、中观层次、宏观层次和基础，具体如表 1-2 所示。

表 1-2　管理学科体系的构成

研究范围	研究对象	营利性组织或活动	非营利性组织或活动
微观层次	单个组织或活动	工业企业管理学	社团管理学
中观层次	一类组织或活动	工业经济管理学	行业管理学
宏观层次	一系列组织或活动	国民经济管理学	非营利性组织管理学
基础	所有组织或活动	管理学	管理学

微观层次是以组织个体为研究对象，研究单一组织中的管理问题；中观层次的管理学科是以同一类型的多个组织组成的组织群体为研究对象；宏观层次的管理学科是以多个组织群体组成的组织整体为研究对象，研究在相当大的范围内，将不同类型的组织群体集合成一个整体时所出现的管理问题。最后一个层次是基础，是以所有的组织所共有的管理问题作为研究对象，研究的是组织管理的一般问题。管理学是一门研究一般组织管理理论的科学，它所提出的管理基本原理、基本思想和基本原则是各类管理学科的概括和总结，它是整个管理学科体系的基石。

1.2.2　管理学的特点

管理学作为一门新兴的、独立的学科，经过百余年的发展，在广泛吸收其他学科研究成果的基础上，建立了自己的学科体系，形成了自己的特点。

（1）普遍性

管理学以管理活动中的基本规律和一般方法为研究对象。虽然不同领域的管理工作可能有不同的特点，但无论哪个领域的管理工作，都要经过这样一个过程：管理者通过计划、组织、领导和控制等职能，协调他人的活动，处理人与人之间的管理，合理分配各种社会资源，最终实现组织的既定目标。不同领域的管理学包含着共同的、普遍的管理原理和管理方法。

（2）综合性

管理学不仅有社会科学的属性，也具有自然科学的属性。它既广泛应用于社会科学（如经济学、社会学和哲学等）方面的新成果，也应用于自然科学的成果，尤其是技术科学的成果。管理学融合了心理学、社会学、政治学、哲学、经济学、数学、计算机科学和工程学等多种学科的思想与理论，它已从单一性学科发展成一门由多学科结合而成的实用性较强的新型交叉学科。

（3）时代性

人类社会的生产活动，由于各种因素的作用而具有阶段性的特征。与此相适应，客观上要求管理活动要不断变革和创新，于是就有了不同的历史阶段，管理在思想、内容、性质、方法和手段等方面的时代特点。因此，管理学只有紧跟时代的步伐，与时俱进，针对社会生产活动的方方面面，努力揭示管理规律，反映管理的未来发展趋势，构建具有鲜明时代特征的学科知识体系，才能适应社会发展的客观要求。

（4）应用性

管理学的理论知识来源于人类的管理实践，是人们管理实践经验的概括和总结；管理学知识存在的意义和目的就是运用到实践中去，提高管理效率；管理学的理论与方法要通过实践来检验其有效性和科学性。因此，管理学只有通过在管理实践中应用，才能带来实效，才能发挥其指导实践工作的作用。

1.2.3　学习管理学的意义

1. 管理者学习管理学的意义

学习管理学，有助于掌握管理活动的基本规律。管理作为人类社会实践活动的一种重要形式，有其自身的内在规律。掌握了这种规律，有助于迅速找到解决管理问题的途径，提高管理工作的科学性。学习管理学，有助于优化生产力的组合，大大推动生产力的发展。分散的劳动者和生产资料要形成现实的生产力，必须依赖于管理。因为生产力作用的充分发挥，必须依赖于管理人员对生产力要素的优化组合，而这种优化组合又是以管理理论的指导为前提的。管理者运用管理理论的能力与水平决定着现实生产力能否真正形成。学习管理学，有助于实现管理的国际化和管理创新。在全球化的管理环境下，管理者和管理对象更加多元化，管理环境更加复杂。系统地学习管理学知识，有助于对全球管理者、全球管理环境的全面、深刻认识，从而实现管理的国际化。管理创新需要建立在系统的管理规律和方法之上，学习管理学，能对管理的本质、管理职能有系统的认识，有利于实现管理创新。

2. 学生学习管理学的意义

作为一名大学生，毕业后踏上工作岗位，不是从事管理工作就是接受管理。通过学习管理，可以较多地了解你的"老板"的行为方式和组织的运转过程，从而有助于更好地适应社会，增强生存能力。虽然学习过管理学的人未必将来都能成为管理人员，但学习管理学对今后的工作和生活是有帮助的：缺乏对管理原理和方法的深刻领会，要在管理上获得成功，是很难实现的；即使不是管理人员，在一个组织中工作，管理知识能使你对上司的行为和工作方式有一个更深刻的领悟，并对组织的内部工作有更多的理解。这也是很多高校都把"管理学"作为通识教育必修的课程之一的原因。

对于经济管理类专业的学生，"管理学"是一门专业基础课，是学习专业课程的前提和基础。管理学中的很多专业知识是其他专业课学习的基础。只有学好了管理学，才能更好地理解其他专业课的知识。学好管理学，掌握管理知识，具备管理技能，有助于在未来职业发展中更快地成为管理者，也有助于从基层管理者到中层管理者、高层管者职业发展目标的实现。

拓展阅读

怎样看待管理原理与实践的关系

德鲁克指出：管理是一种实践，其本质不在于"知"，而在于"行"；其验证不在于逻辑，而在于成果；其唯一权威就是成就。"知"属于理论学习，而"行"则需要权变、需要创新、需要特色，更需要执行人在理论与实践中寻找最适合的结合点，展示其高超的艺术。正如德鲁克所言：如果你理解管理理论，但不具备管理技术和对管理工具的运用能力，你还不是一个有效的管理者；反过来，如果你具备管理技术和对管理工具的运用能力，而不掌握管理理论，那么充其量你只是个技术员。

1.2.4 管理学的研究方法

（1）案例分析法

案例分析法就是通过对现实中发生的典型管理事例进行整理并展开系统分析，从中把握不同情况下处理管理问题的手段和方法，以掌握管理理论，提高管理技能。典型的案例能调动学习者的学习积极性，引导学习者独立思考。

（2）比较研究法

比较研究法就是通过对不同管理理论或管理方法异同点的研究，总结其优劣势以借鉴或归纳出具有普遍指导意义的管理规律的方法。比如，对不同社会制度或不同管理体制下的管理加以比较研究；对不同历史条件下、不同生产力水平下的管理加以比较研究；对不同文化背景下的管理加以比较研究等。

（3）历史研究法

历史研究法就是对前人的管理实践、管理思想和管理理论予以总结概括，从中找出带有规律性的东西，实现"古为今用"。

（4）定量分析法

定量分析法就是运用自然科学知识，尤其是数学知识，把握管理活动与管理现象内在的数量关系，寻求其数量规律，解决管理问题。对管理进行定量分析是管理走向科学化的必经之路。

拓展阅读

"管"和"理"双管齐下看收效

A企业是一家房地产公司，近日来，人力资源部正为员工的考勤情况担忧。公司整体的考勤情况始终不理想，尤其是公司的售楼部，考勤情况十分不理想，且有越演越烈之势！看来，加强员工考勤管理势在必行了，故人力资源部对公司原"员工考勤管理制度"加大了执行力度。三个月下来，员工的考勤情况有很大改观。其中，行政人员已经基本上遏止了迟到现象。可售楼部的情况却不尽如人意。尤其是一到雨雪天，迟到现象依然如故。看来，不加大惩罚力度是不行了！于是在原"员工考勤管理制度"的基础上，除了加大经济上的处罚外，视情节轻重还加上了行政上的处罚。原以为这下可以"令行禁止"，可没想到的是售楼部反应冷淡：你罚你的，我晚我的。这下人力资源部可犯难了，几经思索，多方求证后，做出了如下决定："售楼部的接单为排号接单，而排号的顺序将遵循到岗的顺序。"新规定一经落实，顿收奇效，不但日常的考勤有了保障，而且越是天气恶劣，员工的考勤时间反而越准时。

人力资源部前期两次严肃纪律，反复加大惩罚力度，强调的是管理中的"管"，而后期反复修改规则，侧重的则是管理中的"理"。而最终解决售楼部考勤问题的关键并不是"管"得如何，即惩罚有多重，恰恰是"理"清员工心里最在乎的是什么，约束和引导并用，收到了水到渠成之效。

1.3　管理的职能与性质

1. 管理的职能

管理者怎样才能帮助组织充分利用自身有限的资源实现组织目标呢？管理理论认为，主要是通过做好一系列的基本管理工作，这些基本管理工作就是管理职能。

20世纪初，法国的法约尔第一次完整地阐述了管理的各种职能。他把管理分解为计划、组织、指挥、协调和控制五大职能。在法约尔之后，许多学者对管理职能做了进一步探讨，出现了许多不同的学派，其中"计划、组织和控制"是各学派公认的职能。随着管理理论的不断发展，到20世纪70年代以后，管理学家们通常认为基本的管理职能包括计划、组织、领导和控制。

（1）计划

计划是管理的首要职能，其他职能只有在明确了目标和计划后才能有目的地进行。

任何管理活动都是从计划开始的。为了使管理有效率，首先必须确立清晰的目标。只有确立了清楚的目标，才能判断什么事情应该做、什么事情不能做。而为了提高效率，以比较少的投入获得比较大的产出，就要对资源的投放、工作的开展，事先进行研究、安排，为此就要制订计划，明确实现目标的途径。因此，计划表现为确立目标和明确达到目标的必要步骤的过程，包括估量机会、建立目标、制定实现目标的战略方案、形成协调各种资源和活动的具体行动方案等。

（2）组织

制订了切实可行的计划后，为了将目标变为现实，就要组织必要的人力资源和其他资源去执行既定的计划，也就是要进行组织。组织是为了有效地达成计划所确定的目标而进行分工协作、合理配置各种资源的过程。它是计划的自然延伸，一般包括任务的分解、权责的明确、资源的配置及协作关系的明确等内容。组织不当必然会影响工作成效。

（3）领导

任何活动的行为主体都是人，指导和协调计划及实施过程中人与人之间的关系、激励和调动人的积极性是管理的基本工作之一。在一个组织中，领导就是管理者利用职权和威信施展影响，指导和激励各类人员努力去达成目标的过程。领导工作的重点是调动相关人员的积极性，协调相关人员之间的关系。个人的力量是有限的，因此要注意在实现目标的过程中调动一切可以调动的因素，激励他人协助我们实现目标。

（4）控制

控制是指在动态的环境中，为了保证既定目标的实现而进行的检查和纠偏活动或过程。控制是保证目标按计划实现所必不可少的工作。为了保证有效地实现目标，就必须对环境、组织成员和组织活动等加以控制。控制工作具体包括确立控制标准、衡量实际业绩、进行差异分析和采取纠偏措施等内容。在许多情况下，制订了良好的计划，也进行了很好的组织，但由于没有把握好控制这一环节，最后还是不能达到预期的目标。控制不力会引起计划无效和组织无效。

管理是由计划、组织、领导和控制等职能所组成的一个不断循环的过程。计划主要着眼于有限资源的合理配置，组织主要致力于贯彻落实，领导着重于激发和鼓励人的积极性，控制的重点则在于纠正偏差。它们各自从不同角度出发，相互配合，共同致力于管理效率和效益的提高，最终达到"以有限的资源实现尽可能多或高的管理目的"。不仅如此，管理的四个职能之间还是相互包容的，在一个管理职能的履行过程中同样包含着其他三个管理职能的履行。例如在进行计划工作时，不仅要为计划工作拟订计划，而且还要为计划工作落实资源，做好激励和控制等工作。同样，在进行控制工作时，也要有计划、有组织、有领导地进行。管理正是通过计划、组织、领导和控制来展开和实施的。

关于管理的职能，有两点需要特别说明：一是管理的各项职能并不是互相割裂的，而是有机关联的；二是计划、组织、领导和控制只是对管理过程的一个最基本的阶段划分。除了这四个基本职能外，贯穿管理全过程的还有决策和创新这两项新近得到重视的职能。这两项职能并不是独立的管理职能，而是从四个基本管理职能中分离出来的，是对四个基本管理职能某些方面的共同内容的专门强调。决策和创新各自都渗透在管理的四个基本职能中，而且彼此之间也互联渗透，如决策方案的拟定需要有创新的思想，而创新方案的选择就是一种决策。

2. 管理的过程

管理是由计划、组织、领导和控制所组成的一个不断循环的过程。为了做好对的事，首先要根据内外部环境条件，确立目标并制订相应的行动方案；一旦目标确定，为了落实计划，就要进行相应的组织工作；由于目标的完成有赖于相关人员的共同努力，为了充分调动相关人员的积极性，在目标确定、计划落实后，还要加强领导工作；在设立目标、形成计划、进行了任务分解和落实、培训和激励了相关人员之后，各种偏差仍有可能出现，为了纠正偏差，确保各项工作顺利进行，还必须对整个活动过程进行控制。因此，管理是由计划、组织、领导和控制所组成的一个系统的过程。图 1-2 是管理的基本过程。

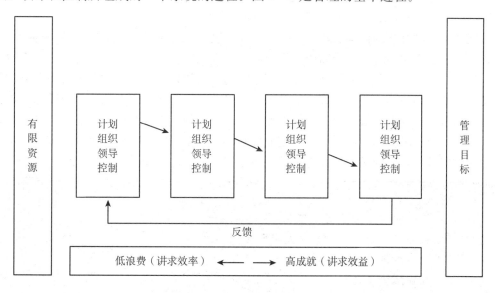

图 1-2　管理的基本过程

管理是一个系统的过程。因此，在实际管理工作中，有两个管理重点：一是抓瓶颈；二是搭平台。抓管理要从分析管理的薄弱环节或公认问题着手，从系统的角度出发，一方面防止就事论事，达不到应有的效果；另一方面在解决一个又一个瓶颈问题的同时，不断提高组织整体管理水平。综上所述，管理是人们通过综合运用人力资源和其他资源，有效实现目标的过程。

3. 管理的两重性

管理的两重性是指对生产过程进行的管理存在两重性：一是与生产力、社会化大生产相联系的自然属性；二是与生产关系、社会制度相联系的社会属性。它是马克思关于管理问题的基本观点。

（1）管理的自然属性

管理的自然属性是指管理要处理人与自然的关系，要合理地组织社会生产力，同生产力和社会化大生产相联系；它的性质并不以人的意志为转移，也不因社会制度和意识形态的不同而有所改变，这完全是一种客观存在，与具体的生产方式和特定的社会制度无关。

（2）管理的社会属性

在人类漫长的历史中，管理从来就是为统治阶级、为生产资料的占有者服务的。管理的社会属性是指管理体现着生产资料所有者指挥劳动、监督劳动的意志，同时它又同生产关系和社会制度相联系。任何管理活动都是在特定的社会生产关系下进行的，都必然要体现一定社会生产关系的特定要求，为特定的社会生产关系服务，从而实现其调节和维护社会生产关系的职能。

4. 管理的科学性与艺术性

如果对管理发展的百年历程做一个总结，便是"管理有规律，管理无定式"。因为管理活动有其规律性，所以我们才能分析、总结、归纳、提炼、借鉴、学习和共享。但是，管理又没有定式可循，所以我们要权变，要最大限度地活学活用，要发挥人的主观能动性。有规律反映了管理的科学性的一面，而无定式则反映了管理的艺术性的一面。从这个意义上来讲，管理既是一门科学，又是一门艺术。

管理者如果没有管理科学的知识，要进行管理就必然是依靠经验，或者是凭主观认识，靠运气。有了系统化的科学管理知识，就可以对管理上存在的问题设想出可行、正确的解决方案。然而，管理学并不能为管理者提供解决一切问题的标准答案，它要求管理者以这些管理的理论、原则和基本方法为基础，结合实际，以求得问题的解决。从这个角度来说，管理又是一门艺术。影响管理者采用不同管理方式（即管理的艺术性）的因素有：企业生命周期的不同阶段、企业对资源的控制程度、企业面临环境的不确定性程度、企业家特质、企业所处的行业类型等。管理的科学性和艺术性并不是互相排斥的，而是互相补充的。

管理技能训练

管理辩论赛：管理是科学还是艺术？

将学习团队分成小组，以抽签形式确定正、反方：

(1) 以小组为单位根据论点搜集资料，进行讨论。

(2) 双方分别陈述观点。

(3) 对于有理有据的观点，给小组加 2 分。

1.4 衡量管理有效性的标准

衡量管理好坏的标准是什么呢？管理理论认为，可用管理的有效性来衡量管理工作的好坏。有效性包括两方面：效率和效果。

1. 效率

效率是指投入与产出之比。例如，设备利用率、工时利用率、劳动生产率、资金周转率和单位生产成本等，这些都是对组织效率的具体衡量。对于给定的投入，如果能获得更多的产出，那么就提高了效率。类似的，获得同样的产出，若是可以使用更少的投入，效率也同样提高了。

由于组织的资源是稀缺的，所以管理者必须时刻关注资源的有效利用，以最小的投入获得最大的产出。一定的投入能取得多大的产出，主要取决于所采取的工作方式和方法。因此，讲求效率要求我们用比较经济的方法来达到预定的目标，因而有效的管理也就必然与资源成本的最少化有关。

2. 效果

效果是指目标的达成度，也就是产出满足需求的程度。效果的具体衡量指标有销售收入、利润额、销售利润率、产值利润率、成本利润率和资金利润率等。

管理的目的是通过提高资源利用率以实现更多（或更高）的目标。有管理学家指出："把做一件事情的效率提高 50%，费用降低 50%，是一个巨大的进步。但如果这件事根本不需要去做，那做这件事就是一个 100％的错误。"因此，只有效率高是不够的，管理还要讲究效果。如果通过管理所获得的产出并不是所需要的，那么这种产出再多也毫无意义。相应的，这种管理就是无效的管理。只有通过管理实现了既定的目标，管理工作才是有效的。

3. 效率与效果的关系

效率和效果是两个互相联系但并不相同的概念。效果是解决做什么的问题，它要求确定正确的目标、做有助于目标实现的事；效率是解决怎么做的问题，它要求我们选择合适的行动方法和途径，以求比较经济地达成既定的目标。如果说高效率是追求"正确地做事"，好效果则是保证"做正确的事"。什么事情该做，取决于目标定位和价值取向；怎样才能把事情做好，取决于做事的方式和方法。在效果为好的情况下，高效率无疑会使组织的有效性提高，但从本质上说，效率和效果之间并没有必然的联系。

有效的管理要求既讲求效果又讲求效率。效率与效果相比较，效果是第一位的。只注重效率而不注重效果，是碌碌无为；只注重效果而不注重效率，则会得不偿失。一件有害于目标实现的事，做得越好，损失就越大；而把一件可做可不做的事情做得很好，也无多大价值。有的企业则常只注重效率而忽视了效果，如通过实施计件工资制提高了工人的生产效率，但生产出来的却是市场并不需要的商品，以至于库存积压、负债累累。有的政府部门只注意如何用各种规章制度、政策法规去规范人们的行为，使其保持正确的方向，却不注重提高办事效率，以至于常常错失时机或不能取得预期效果。因此，有效的管理要求我们首先做对的事，其次才是把事情做好。一个有效的管理者，应该既能指出应当怎么做才能使组织保持高的效率，又能指出应当做什么才能取得好的效果。管理者的最终责任是实现较高的绩效，即通过有效果和高效率地运用组织资源达成组织目标。

行动指南

如何卓有成效？

德鲁克在其《卓有成效的管理者》一书中指出，有效性是一种后天的习惯，是一种实践的综合，是可以学会的。他进一步指出，要成为一个卓有成效的管理者，必须在思想上养成 5 种习惯。

① 知道自己的时间用在什么地方。

② 重视对外界的贡献。并非为工作而工作，而是为成果而工作。接到工作首先会自问："别人期望我做出什么成果？"

③ 善于利用自己的、上司的、同事的和下属的长处，而不会把工作建立在自己的短处上，也绝不会去做自己做不了的事。

④ 集中精力于少数重要的领域。按照工作的轻重缓急设定优先次序，而且坚守次序，坚持要事第一。

⑤ 善于做有效的决策。一项有效的决策总是在"不同意见讨论"的基础上做出的判断，它绝不会是"意见一致"的产物。快速的决策大多是错误的决策，真正不可或缺的决策数量并不多，但一定是根本性的决策。

本章小结

　　管理是在组织特有的环境下，对组织所拥有的资源进行有效的计划、组织、领导和控制，以便实现既定的组织目标的过程。

　　管理学是一门系统地研究管理活动过程及其基本规律和一般方法的学科。它来源于人类社会的管理实践活动，是人类长期从事管理实践活动的科学总结。

　　管理的功能在于通过科学的方法提高资源的利用率，从而以有限的资源实现尽可能多或高的目标。

　　学习管理学，有助于掌握管理活动的基本规律，提高人们管理实践活动的能力。学习管理学，有助于优化生产力组合，推动生产力的发展。

　　管理是由计划、组织、领导和控制所组成的一个不断循环的过程。

　　管理的两重性是指对生产过程进行的管理存在两重性：一是与生产力、社会化大生产相联系的自然属性；二是与生产关系、社会制度相联系的社会属性。

　　管理理论认为，可用管理的有效性来衡量管理工作的好坏。有效性包括两方面：效率和效果。效果是解决做什么的问题，它要求我们确定正确的目标，做有助于目标实现的事；效率是解决怎么做的问题，它要求我们选择合适的行动方法和途径，以求比较经济地达成既定的目标。有效的管理要求我们首先做对的事，其次才是把事情做好。

章节同步测试

一、单选题

1. （　　）是组织正常发挥作用的前提，任何一个有组织的集体活动，不论性质如何，只有在管理者对它加以管理的条件下，才能按照所要求的方向进行，才能彼此协调地开展工作，达到既定的目的。

　　A. 控 制　　　　　　B. 管 理　　　　　　C. 组 织　　　　　　D. 领 导

2. 管理的对象是（　　），管理的有效性集中体现在它是否使组织用最少的资源投入取得最大的、合乎需要的产出。

　　A. 员 工　　　　　　B. 管理目标　　　　C. 组织的各类资源　D. 管理过程

3. "凡事预则立，不预则废"体现了管理的哪项职能？（　　）

　　A. 计 划　　　　　　B. 领 导　　　　　　C. 组 织　　　　　　D. 控 制

4. 管理学作为一门独立的学科正式形成于（　　），其代表作是美国古典管理理论学家泰勒的《科学管理原理》。

A. 19 世纪末 20 世纪初   B. 20 世纪中

C. 19 世纪初   D. 20 世纪末

5. 李总的上午时间安排如下：早上 7：30，进入办公室，开始浏览当天的报纸；8：00 参加公司的早操、早歌；8：30 召开高层领导碰头会；9：30 前往高新区管委会商谈合作项目；12：00 谈判结束。李总在这半天时间里主要扮演了（　　）角色。

A. 监听者   B. 传播者   C. 领导者   D. 谈判者

二、多选题

1. 管理学作为一门新兴的、独立的学科，经过百余年的发展，在广泛吸收其他学科研究成果的基础上建立了自己的学科体系，形成了自己的特点。下列选项中，哪些是管理学的特点？（　　）

A. 普遍性   B. 综合性   C. 应用性   D. 时代性

E. 权变性

2. 下面的研究方法中，哪些是管理学常用的方法？（　　）

A. 案例分析法   B. 比较研究法   C. 历史研究法   D. 定性分析法

E. 定量分析法

3. 管理的两重性是指对生产过程进行的管理存在两重性：一是与生产力、社会化大生产相联系的（　　）；二是与生产关系、社会制度相联系的（　　）。

A. 自然属性   B. 生产属性   C. 社会属性   D. 历史属性

E. 政治属性

4. 随着管理理论的不断发展，到 20 世纪 70 年代以后，管理学家们通常认为基本的管理职能包括（　　）。

A. 协调   B. 计划   C. 组织   D. 领导

E. 控制

5. 管理理论认为，可用管理的有效性来衡量管理工作的好坏。有效性包括两方面：（　　）和（　　）。

A. 经营业绩   B. 效率   C. 产量   D. 效果

E. 质量

三、名词解释

管理   效率   效果

四、简答题

1. 简述管理的职能。

2. 简述效率和效果的关系。

第 2 章

管理主体

一个金字塔的建造要动用约 10 万名工人，历时 20 年。谁告诉每一个工人该做什么？谁确保有足够的石头在工作场所，使工人不发生窝工？只能是管理者！不论在哪个时代，不论人们怎么称呼管理，总得有人制订计划，组织人员和材料，领导和指挥人们并施加某种程度的控制，以确保每件事情都能按计划完成。

知识目标	能力目标
● 管理者的分类；	● 思辨能力；
● 管理者的角色；	● 分析问题的能力；
● 管理者的技能；	● 解决问题的能力；
● 管理者的社会责任	● 团队合作能力

2.1　管理者的类型和角色

2.1.1　与管理者相关的概念

管理者是指组织中那些指挥别人活动的人。只有在组织中从事并负责管理工作、有直接下属的人才是管理者。管理者是从事管理工作的人，但从事管理工作的人并不都是管理者。管理者在组织中有具体的头衔，如经理、主任、科长、处长、局长等。

1. 操作者和管理者

（1）操作者

所谓操作者，是指在组织中直接从事具体业务的人，其主要职责是做好组织所分派的具体的操作性事务，如学校的教师、工厂的工人、饭店的厨师、医院的医生和商店的营业员等。他们通常只关注做好自己分内的事情，而不具有监督和协调他人工作的职责。

（2）管理者

管理者是组织中的一种角色。他们是那些在组织中指挥他人完成具体任务的人。例如学校的校长、工厂的厂长，以及机关中的科长、处长、局长和公司经理等，他们虽然有时也做一些具体的操作性事务，但其主要职责是指挥下属开展工作。有些成员在组织中地位很高，但他们没有指挥和协调别人的责任，没有自己的下级，这些人就不能称为管理者，如组织中的技术专家、法律顾问等。

2. 一般管理者和职业管理者

从某种程度上说，职业管理者和一般管理者的区别就在于职业管理者在面对自己的上级或各种矛盾时，知道什么时候应该说"不行""有问题"，什么时候应该说"行""没问题"。

（1）一般管理者

一般管理者不清楚自己的角色定位，常常会在上级征求其对某项工作的意见时说："老总，你的看法当然是正确的了。你就说我们该怎么做或什么时候开始实施吧！"而当上级决定以后，又常常从自己的角度出发，提出各种各样的理由，认为无法实施而拒不执行上级的决定，说："这怎么可能做得到呢？"

（2）职业管理者

当上级事先征求职业管理者意见时，他们会充分地发挥聪明才智，从实际出发，对上级的方案提出自己的意见，善于说"不行"，以体现自己的职业能力和水平。而一旦上级做出决定，就会贯彻落实，克服各种困难完成任务，以体现自己良好的职业道德和对自己角色的正确认识。在管理实践中，职业管理者还懂得在目标一致的情况下，不在方式、方法上与其他部门争高低，而在原则性问题上坚持不妥协，既能与大多数人或在大多数情况下与其他部门协调一致，又能坚持原则，履行好自己的职责。

导入案例

联想集团"看后脑勺"的人才选拔方式

联想集团非常重视管理人才的挑选。联想集团挑选管理人才，首先看此人是否有工作业绩，然后给他机会，看他是不是真对事情理解了。一旦确认其物色的人员确实有真才实学，就会换另一种方式进行考察，联想集团称这种方式为"看后脑勺"。联想集团董事会主席柳传志说："所谓看后脑勺，就是看一个人的本质，这不是平时面对面笑嘻嘻地谈话就能发现的，需要在生活中多方面观察，才能了解他内心真实的东西。如果确实是有德之人，就可以给他各种机会锻炼。"柳传志常说的一句话是：基层要有责任心，中层要有上进心，核心层要有事业心。

思考：管理者需要具备什么样的能力？不同层级的管理者有什么不同的要求？

2.1.2　管理者的分类

对于外部组织而言，一个组织只有一个管理者，那就是法人代表。对于组织内部而言，随着组织的发展，将出现越来越多的管理者。这些管理者要发挥其在组织中的作用，就必须进行合理的分工，因此就产生了管理者的分类。一个组织的管理者，既可以按照其在组织中的地位或管理层次分类，也可以按其在组织中所从事的管理工作领域或所起的作用分类。

1. 按照管理层次，可将管理者分为基层管理者、中层管理者和高层管理者

表 2-1 列举了三个层次的管理者的实例、主要职责和关注点。

表 2-1　不同层次管理者的实例、主要职责和关注点

类别	实例	主要职责	关注点
高层管理者	学校的校长、医院的院长、机关行政首脑、公司总经理等	对组织负有全面责任，主要侧重于决定组织的大政方针，沟通组织与外界的交往联系，为组织创造良好的内外部环境	高层管理者很少从事具体的事务性工作，而把主要精力和时间放在组织全局性或战略性问题的思考上。他们最关心的是重大问题决策的正确性和良好的组织环境的塑造
中层管理者	学校的系主任、工厂的车间主任、机关的处长等	正确理解高层的指示精神，结合本部门的实际情况，创造性地贯彻落实高层所确定的大政方针，指挥各基层管理者开展工作。他们的主要管理对象是基层管理者	他们通常是根据上级的指示，把任务具体分配给各基层单位，了解基层管理者的要求，帮助其解决困难，检查并监督他们的工作，通过基层管理者的努力带动一线的操作者完成各项任务，注重的是日常管理事务
基层管理者	学校的教研室主任、工厂的班组长、运动队里的教练、机关的科长等	直接指挥和监督现场作业人员，保证完成上级下达的各项计划和指令	几乎每天都要和下属打交道，明确下属的任务，组织下属开展工作，协调下属的行动，解决下属的困难，反映下属的要求。基层管理者主要关心的是具体任务的完成

拓展阅读

高层管理者做什么

著名企业家史玉柱认为，作为一个部门领导，要把自己的精力聚焦到你所有工作中最核心、最要命的地方，深入进去，这一点上做到全中国人都没有办法跟你比，那么你这个公司、这个项目才能成功。他说："脑白金时期，我主抓广告，结果'今年过节不收礼，收礼只收脑白金'一炮而红。推《征途》时期，我主抓客户体验，挨个跟玩家聊天取经，优化了征途的客户体验，提升了留存率。"

2. 按照管理活动的范围，可将管理者分为职能管理者和综合管理者

根据所管理专业领域的性质不同，职能管理者可分为业务管理者、财务管理者、人事管理者、行政管理者和其他管理者等。表 2-2 是按管理专业领域的性质划分的不同管理者的职责。

表 2-2　不同管理者的职责按管理专业领域的性质划分

类　别	职　责
业务管理者	对组织目标的实现负有直接责任，负责计划、组织和控制组织内部日常业务活动的开展。在一个企业中，业务管理者一般指主管或分管生产制造、产品销售等工作的管理者；在一个学校中，则是指主管或分管各类教学、科研工作的管理者

类　　别	职　　责
财务管理者	组织的运转都离不开资金的有效运作，财务管理者负责主要资金的筹措、预算、核算和投资、使用等有关活动的管理，并对此承担责任
人事管理者	主要从事人力资源管理，保证组织所需的各类人员和组织中人力资源的合理使用，负责员工招聘、配置、培训、开发、评估、奖惩等管理工作
行政管理者	主要负责后勤保障工作。任何组织都少不了行政管理人员和行政工作人员，没有他们，其他职能管理人员和操作者就难以专心致志地工作
其他管理者	除了上述几类管理者外，不同组织中还有其他各种管理者，如技术管理者、公共关系管理者和信息管理者等

　　管理者的职责随着管理者在组织中地位的不同而不同，但这并不意味着各级管理者的工作在本质上有差异，不同的只是侧重点和程度。所有的管理者，不论在哪个层次上，都要从事决策，进行计划、组织、领导和控制，只不过各项职能的具体内容会随着管理者地位的上升而发生变化，同时花在每项职能上的时间也会有所不同。一名会计师，可以是一个成本核算小组的组长（基层管理者），可以是财务部经理（中层管理者），也可以是一名财务总监（高层管理者）。虽然其职务、地位改变了，但从其在组织中所起的作用看是一样的，即都属于财务方面的管理者。无论管理者在组织中的地位如何，其所担负的基本职责是一样的，即设计和维护一种环境，凝聚一支能力互补、志同道合的队伍，通过分工协作使组织成员能够在组织内有条不紊地开展工作，从而有效地实现组织的目标。

名家观点

德鲁克谈管理者及其工作

　　管理者有两项特殊任务。第一项任务是创造大于各部分总和的真正整体，创造有生产力的实体，而且其产出将大于所有投入资源的总和。第二项任务是协调每个决策和行动的长远需求和眼前需求。管理者无论做什么事情，应该既是短期的权宜之计，同时又符合长期的基本目标和原则。一个组织中之所以需要管理者，是因为组织要发挥群体的力量，就需要有人来组织，提出共同的目标，制订相应的行动方案，需要有人来分配各项工作和协调工作中可能出现的各类问题，需要有人来检查各项工作的进展情况，纠正可能发生的错误。

　　综合管理者指的是负责管理整个组织或组织中某个分部的全部活动的管理者。对于一个小型组织而言，可能只有一个综合管理者，就是总经理，他要统管组织中包括生产、营销、人事、财务等在内的全部活动。而对于大型组织来说，可能会按产品类别设立几个产品分部或按地区设立若干地区分部，该公司的综合管理人员就包括公司总经理和每个产品分部或地区分部的总经理。每个分部的总经理都要统管该分部包括生产、营销、人事、财务等在内的全部活动，因此也是综合管理人员。

　　明确管理者的分类，对于搞好一个组织内部的管理是十分重要的。一方面，管理者可以通过明确不同管理者的职责，推导不同管理者应该具备的素质，从而结合自己的实际情况，明确努力方向；另一方面，管理者可以通过了解管理者的分类，清楚自己目前所处的地位和在组织中的角色分工，从而正确地履行自己的职责。正确地理解自己在组织中所处的地位和组织分工，明确各类管理者的职责，是一个管理者做好本职工作的基础。只有当管理者知道了自己应该履行的职责，他才会去做他应该做的事，并充分运用其能力做好该做的事。

2.1.3 管理者的角色

管理者做什么

请教一位你所认识的中层或高层管理者，请他谈谈：

（1）他是如何看待管理的？

（2）他在实际工作中是如何从事管理工作的（例如，如何进行计划、组织、领导和控制，在各项职能上大致花多少时间等）？

最后，将访谈结果与本书中的描述作对比分析。

对于管理者在组织中所充当的角色，明茨伯格在其 1973 年出版的《经理工作的性质》一书中曾有过详细的描述。明茨伯格将管理者在实现组织目标过程中所要履行的职责简化为三个方面，共 10 种角色，具体如表 2-3 所示。

表 2-3　管理者在组织中的角色

方面	角色	角色职责	作用
人际关系	形象代言人	作为组织的首脑发挥象征作用	外部协调
	领导者	运用组织所赋予的权力，把各种分散的因素结合成一个整体，激励群体齐心协力地实现共同目标	内部协调
	联络员	代表组织建立和保持与外界其他组织之间的联系，以取得外部各方面对本组织的理解和支持	外部协调
信息传递	组织发言人	代表所在组织向上级组织或社会公众传递本组织的有关信息	外部协调
	信息监督者	以对外联系者和对内领导者的身份，收集组织外部和内部的各种有用信息	内、外协调
	信息传递者	将组织或外界的有关信息通过会议等形式及时向下属传递，以便下属开展工作	内、外协调
决策活动	企业家	在上级组织或法律规章的允许范围内自主地在组织内部进行变革，以适应环境的变化	内、外协调
	资源分配者	根据组织工作需要和本人的意志进行各种组织资源的分配，包括自己时间的安排、组织安排和重要行动的审批	内部协调
	矛盾排除者	在组织内部出现各种矛盾时，出面排除各种冲突	内部协调
	谈判者	在本组织与其他组织发生冲突时，带领团队参加各种正式或非正式的谈判以协调纷争	内、外协调

①　人际关系方面。管理者在人际关系方面，充当着形象代言人角色、领导者角色和联络员角色。例如一个公司的总经理，要代表组织与外部的各个组织保持密切的联系，以求得社会各方面的理解与支持；部门经理要代表部门处理好与公司其他部门的关系等。

②　信息传递方面。管理者不仅要代表所在组织，作为发言人向上级组织或社会公众传递本组织的有关信息，而且要通过对外联系者和对内领导者身份，收集外部和内部各种有用的信息，将组织或外界的有关信息通过会议等形式及时向下属传递。

③　决策活动方面。组织需要进行各种各样的决策，管理者要在组织内部进行变革以适应环境的变化；要根据组织需要进行各种资源的分配；要在组织内部出现各种矛盾时，出面排除各种冲突；在本组织与其他组织发生冲突时，带领队伍进行谈判以协调纷争。

因此，管理者对外通过形象代言人角色、组织发言人角色和联络员角色取得外界对本组织的理解与支持，对内通过领导者角色、资源分配者角色和矛盾排除者角色，协调组织内部的各种资源和各项工作，并通过企业家角色、信息监督者角色、信息传递者角色和谈判者角色，协调组织内部与外部之间的关系。

管理案例链接

小企业中管理者的角色

高女士是一家短期租赁公司的总裁，这家公司首创了为商务人士出差提供寓所租赁的服务。自开办以来，公司发展速度很快。目前，她管理的公寓有200多套。为降低成本和让顾客满意，高女士一直努力探索如何胜任不同的管理角色。

作为企业家，她通过扩增所管理的公寓套数来增加提高收益的机会。如她通过一个很有影响力的网址吸引顾客。作为混乱驾驭者，她需要处理一些突发事件，如夜间水管破裂。作为一个资源分配者，她要决定在公寓装修和档次的提高上花多少钱。作为一名谈判者，她要与其他组织（如从事清洁和粉刷服务的企业）签订合同，争取以最合适的价格获得公司所需的服务。由于有200多套公寓要管理，公司的信息管理就必不可少，高女士作为监控者的角色也就十分重要了。在她担任的传播者的角色中，她运用信息技术给员工提供客人到达和离开的动态信息。作为一名发言人，她经常给那些不了解公寓情况且有可能成为顾客的人打电话，打消他们的疑虑，建议他们选择公寓而不是住在某家有名的连锁酒店里。

高女士深知管理公司亲力亲为的重要性。她和员工一起欢迎新客人，像一般酒店里的行李搬运员、门卫和前台服务人员一样为客人服务。她的员工不多，主要包括木工、电工、室内装饰员和维修工等。作为他们的领导者，她鼓励员工为客人提供快速的服务。她也是一个联络者，与为客人提供诸如干洗、餐饮、美容美发等服务的组织建立联系通道。她热爱多样性的工作，乐于接触住在公寓里的资深管理者、演员和海外来客。像高女士这样的小企业管理者始终都要担任上面提及的所有管理者角色。高女士将信息技术与人性关怀很好地结合起来，能够胜任各种管理角色的工作；她的公司规模在不断扩大，营业收入也不断增多。

管理启示：作为一个小企业的总裁，在管理工作中要完成几乎所有的管理角色，这是因为小企业的管理层级少，高层领导能够做到事无巨细地给予关注，但并不意味着大型企业的管理者能够同时担任这么多管理角色。

2.2　管理者的技能

2.2.1　管理者必备的素质

素质是决定一个人为何做和能做什么、还能做什么的内在基础。为了履行好管理者的职责，管理者必须具有相应的素质。那么，一名合格的管理者应该具备怎样的基本素质呢？

根据调查分析，管理者应该至少具备以下几个方面的基本素质。

① 管理愿望。管理愿望是决定一个人能否学会并运用管理基本技能的主要因素。现代行为科学研究表明，缺乏管理欲的人不可能敢作敢为。只有树立一定的理想，有强烈的事业心，人才会有干劲，勇挑重担。

② 责任感。管理者要讲信用、守规则，勇于承担责任和风险，要对组织的发展、组织的员工有强烈的责任心，因此要具备强烈的责任感。

③ 创新精神。面对复杂多变的管理环境，管理者要有创新精神，要勇于开发新产品、开拓新市场、引进新技术、起用新人、采用新的管理方式，以适应时代发展的要求。

④ 实干精神。在组织发展的过程中，往往会遇到各种意想不到的困难，会遇到强大的竞争对手，甚至遭受挫折和失败，这就要求管理者要具有百折不挠的拼搏精神和吃苦耐劳的实干精神。

⑤ 合作精神。管理者的工作依赖于他人的努力程度，管理者要有与人合作共事的精神，要善于团结群众、依靠群众。

⑥ 奉献精神。管理者要有一种服务于社会、造福于人民的奉献精神，并对事业执着追求，愿意为此牺牲个人利益。

⑦ 身体素质。管理活动既是一种脑力劳动，又是一种体力劳动。健康的身体是工作的本钱，没有良好的体质就无法胜任工作，只有具备了良好的身体条件，才能保证充沛的精力，才能具有适应环境的能力。因此，管理者要劳逸结合、锻炼身体，使自己具备良好的身体素质。

⑧ 心理素质。人的行为都是其心理活动的产物，管理者的心理素质与其行为有着直接的关系。因此，他们应该具有良好的心理修养，培养自己的意志力，保持稳定的情绪状态，遇事不惊、临危不乱、随机应变，具备较强的心理承受能力；在工作和生活上，要心胸开阔、宽以待人、豁达大度并要强化向上的动机，实行自我激励。

管理技能训练

解决多人合作问题

"三个和尚没水喝"的故事反映了多人协作时存在障碍。还有一个类似的故事：三个人分一个西瓜，一开始无论怎么分，都会有大有小，拿到大块的人很高兴，拿到小块的人自然不痛快。三人一直解决不了这个问题，最后大家商议得出一个方案：让负责切瓜的人最后拿。结果，切出来的瓜比以前更均匀了，大家几乎都没有怨言。

你有什么办法来解决"三个和尚没水喝"的困局吗？请将想出的办法逐条写下来，至少三条。

2.2.2　管理者应具备的知识

管理是一门综合性学科，涉及的知识面很广。一般来说，管理者应掌握以下几方面的知识。

① 政治、法律方面的知识。管理者要掌握所在国家执政党的路线、方针、政策，国家的有关法令、条例和规定，以便正确把握组织的发展方向。

② 经济学和管理学知识。管理者要懂得按经济规律办事，了解当今管理理论的发展情况，掌握基本的管理理论与方法。管理者不懂管理知识，是一个组织的悲哀。

③ 心理学和社会学方面的知识。管理的主要对象是人，而人既是生理的、心理的人，又是社会的、历史的人。学习一些心理学和社会学方面的知识，有助于管理者了解管理对象，从而有效地协调人与人之间的关系，调动员工的积极性。

④ 科学技术方面的知识。如计算机及其应用、本行业科研及技术发展情况等。无论在什么行业从事管理，都应有一定的本专业的科技基础知识，否则难以根据该行业的技术进行有效的管理，并树立起相应的威信。

行动指南

德鲁克：如何才能成为高效经理人

德鲁克认为，高效经理人遵循以下8个习惯做法。

① 他们会问："什么事情是必须做的？"

② 他们会问："什么事情是符合企业利益的？"

③ 他们制订行动计划。

④ 他们承担决策的责任。

⑤ 他们承担沟通的责任。

⑥ 他们更专注于机会而不是问题。

⑦ 他们召开富有成效的会议。

⑧ 他们在思考和说话时习惯用"我们"而非"我"。

前两个做法赋予他们所需的知识，接下来的四个做法帮助他们把知识转化成有效的行动，最后两个做法确保了整个组织的责任感。

2.2.3 管理者应具备的技能

管理者的技能是指管理者把各种管理知识和业务知识用于实践所表现出来的能力。能力与知识是相互联系、相互依赖的，基本理论和专业知识的不断积累与丰富，有助于潜能的开发与实际才能的提高；而实际能力的增长与发展，又能促进管理者对基本理论知识的学习和运用。美国学者罗伯特·卡茨认为，管理者应具有三种基本的管理技能：技术技能、人际技能和概念技能。

1. 管理技能的类型

（1）技术技能

技术技能又称业务技能，是指运用所管理的专业领域中的具体知识、工具或技巧的能力。例如编写计算机程序、撰写财务报告、分析市场统计数据、起草法律文件、设计图纸的能力；中医号脉的能力；记者采访与撰稿的能力；秘书处理文档资料的能力等。技术技能是履行决策、计划、组织和控制等管理职能的基础。

管理者不用事必躬亲地去从事每一项作业活动，但这并不等于他不需要了解下属在做什么。作为管理者，不一定成为某一专业领域的专家，但必须懂行。管理人员必须掌握相关领域内最主要、最基本的知识。各门专业课的学习，实际上就是帮助我们掌握技术技能。

拓展阅读

管理者的技术技能要求

高层管理者：高层管理者的技术技能要求较低，通常是指管理者对有关行业知识、组织运作流程及产品的基本认识。

中层管理者：中层管理者的技术技能要求包括所工作的领域内需具备的专业知识，如财务管理、人力资源管理、信息技术、生产管理、计算机、法律和市场营销等。

基层管理者：技术技能对于基层管理者来说是最重要的，因为他们直接管理员工所从事的工作。基层管理者的技术技能要求是熟悉和精通某种特定专业领域的知识，如工程、计算机、财务和制造等。

（2）人际技能

人际技能是指成功地与别人打交道并与别人进行沟通与合作的能力。具体表现为能很好地处理和协调组织内外的人际关系，能与他人进行有效的沟通并能时常激励别人的工作积极性与创造性，如表达能力、倾听技术、协调能力、激励能力、领导能力和公关能力等。人际技能是获取信息、履行领导职能和创造良好的组织环境所必需的技能。人际技能是管理者最为重要的技能。美国学者弗雷德·卢桑斯曾经研究过 450 多位管理者，总结他们的日常活动，发现成功的管理者用在人际沟通、人力资源管理和人际交往上的时间占其工作时间的81％。管理者的工作性质决定了他要与上级、下级、本部门的同事、其他部门的同事，甚至是组织外部的上下左右、形形色色的人打交道，因此人际技能非常重要。

名家观点

管理者的人际技能

处理人际关系的能力对于一个人，特别是一个领导者来说非常重要。人际交往中的细节往往能反映一个人的人格魅力，如果在细节上处理得好，那么它会大大提高我们人际交往的质量。

——李开复

（3）概念技能

概念技能是指管理者观察、理解和处理各种全局性的复杂关系时的抽象思维能力，也就是从宏观上对事物的抽象分析能力、判断能力、洞察能力和概括能力。概念技能的作用是快速敏捷地从混乱而复杂的环境中辨清种种因素之间的相互关系，抓住问题的实质并根据形势和问题果断地做出决策。具备较高概念技能的管理者能迅速地从纷繁复杂的动态局势中抓住问题的关键和实质，并能迅速地采取果断措施解决问题。具备概念技能的管理者还会将组织视为一个整体，了解组织内部各部门如何相互协调，了解组织与环境如何互动，了解自己所属部门在整个组织的分工协作体系中处于什么样的地位，而不是单纯地从本部门的角度去考虑问题。

管理问题探讨

你希望做哪一类管理者？你目前已经具备了哪些技能？你认为应如何培养自己的管理技能？

2. 管理层次与管理技能的关系

无论是哪个层次的管理者，都必须同时具备技术技能、人际技能和概念技能。因为作为管理者，他必须熟悉所管理的领域，否则就无法指导、监督下属，所以他必须具备技术技能；任何一名管理者，都必须与人打交道，必须善于调动别人的积极性来实现组织目标，因此必须具备人际技能；作为管理者，必须站在比较高的高度看待问题，从而指导下属工作，所以必须具备宏观把握全局的概念技能。然而，不同层次的管理者，虽然从本质上讲，从事的工作都是管理工作，但所处的管理层次、职位不同，工作重点也就不同。因此，对管理技能的要求也不同。

（1）基层管理者——技术技能最重要

基层管理者由于工作在第一线，工作直接面向操作者，因此他们必须对业务本身有很好的掌握，否则无法对作业人员的工作予以指导和监督。此外，由于他们的工作对象和信息主要来自组织内部，面临的工作具有日常性，大部分可以按照事先制定好的程序、规则来解决，因此概念技能相对不那么重要。

（2）中层管理者——三种技能要求比较平均

中层管理者处于一个承上启下的位置，既要面对高层管理者，又要面对基层管理者；所处理的信息既有组织内部的，又有组织外部的；他们既是高层管理者的下属，又是基层管理者的上级，因此既要具备概念技能，又要具备人际技能和技术技能。

（3）高层管理者——概念技能最重要

高层管理者作为整个组织的舵手，其任务主要是确定组织的发展战略，处理的信息多来源于组织外部，他们要更多地考虑组织与外部环境之间的关系，并从宏观上把握整个组织的协调运行，这就要求高层管理者必须具备很强的概念技能。

（4）所有管理者——人际技能都很重要

不论哪个层次的管理者，都要通过别人的努力来完成组织的任务，都要获得别人的支持，可以说，所有管理者对人际技能的掌握都是一样重要的。

卡兹指出，成功的管理者应具备较高的技术技能、人际技能和概念技能，任何一项管理技能的缺失，都有可能导致管理失败。

拓展阅读

为什么在学术上有杰出成就的科技人员在管理岗位上不一定称职

一个人即使在业务上很突出，如果不具备管理者所应具备的品质、知识和能力，也难以履行好作为一名管理者所应该履行的职责。管理者必须具备基本的管理素质，不能仅根据其业务上的表现来提拔或任命管理者，而应该进一步结合是否具备管理者基本素质来确定其是否适合走上管理者岗位。而作为一名有志于从事管理的人，一方面应在平时注重自身良好品德的形成，另一方面要通过学习获得各方面的知识和管理技能，通过实践提高自身的管理能力。

管理案例链接

技能型人才与管理型人才的合作

孙加明和周云龙是高中同学，也是好友。孙加明相对比较内向，不爱多说话，但动手能力强，喜欢钻研问题，学习成绩非常好；周云龙则性格开朗，兴趣广泛，喜欢结交朋友。高中毕业后他们双双考上了本省的重点大学。尽管孙加明在生化学院学化学，周云龙在管理学院学企业管理，但两人还经常在一起讨论问题、交流思想。

大学毕业时，孙加明进入当地一家大型国有药厂的研发部门搞产品研发，周云龙则在当地一家私营企业的人力资源部工作。在最初的几年中，两人都取得了很好的工作业绩，先后在各自的企业中当上了产品研发部经理和总经理助理。在这期间，虽然两人之间也有一些联系和来往，但都是忙于自己的工作，相互交流不多。在5年后的一次大学同学聚会上，两人有了一次深谈。正是这一次深谈，使两人下决心从各自的企业辞职，筹集资金，各投资50％创办一家合成化工厂，初始注册资金为50万元，租用他人的场地和设备，由周云龙负责企业经营管理，由孙加明负责技术和产品研发，两人走上了共同创业之路。由于孙加明拥有技术和产品知识，周云龙善于经营管理，公司在第一年就实现销售收入50多万元、利税10多万元的佳绩，并在随后5年间，产值从50多万元增加到5 000多万元，利税从10多万元增加到3 000多万元，完成了企业的原始积累，进入了二次创业时期。在最初的几年，两人专心致力于企业的发展，尽管双方在某些经营决策上也产生过一些分歧和争执，但两人之间维持着很好的合作关系，以至于外人常常以为他们是两兄弟办的厂。

随着企业的进一步发展，两人之间表面上仍维持着以前那种良好的合作关系，但从两人各自对自己的家人、朋友的交谈中，以及双方私下的交流中可以发现，双方心里已经产生了一些隔阂。孙加明认为，企业之所以能取得这么好的效益，主要是因为自己研发的产品好，尽管周云龙在经营管理上也起到了一定的作用，但也不能把所有的荣誉都归功于他。而且周云龙在管理上也没有做好：现在企业中员工的待遇比以前提高了，在行业中也处于中上水平，但员工的积极性还不如以前；公司创业时那种艰苦奋斗、团结协作和奉献的精神不见了，取而代之的是铺张浪费、相互攀比、部门主义和相互推诿；尽管制定了各部门的职责，但相互推诿的现象并没有减少，只不过以前说得最多的是不知道该谁做，现在说得更多的是其他部门不配合；实行的全员全面考评，到最后也流于形式，并没有真正起到奖优罚劣和提高员工工作业绩的作用；尽管通过了质保体系论证，但质量问题照样经常出现，客户投诉也没有减少；每月的培训花了不少钱，却并没有取得什么效果，反而因为员工经常请假、逃课及请不到老师而难以为继。特别是在企业中，讨论并制定了很多的制度，但在实际工作中，周云龙常常以属于特殊情况为由，不按规章制度处理，导致下面的人一违反规章制度就找周云龙说情，到最后规章制度也成了嘴上讲讲、纸上写写的东西。

周云龙则认为，孙加明总是认为企业的发展主要是靠他的技术和产品，事实上没有他带着营销部门的人到处跑，哪能取得这么快的发展；自己身为总经理，社会上的交际是难免的，尽管得到了一些荣誉，那也是代表企业的，孙加明为此而斤斤计较，也太过于小气。在管理上，他也没少花心思：为了加强管理，组建了专门的职能管理部门，并聘请了相应的管理咨询公司进行了组织结构的重新调整，组织制定了各部门职能说明书和各岗位职责说明书；为了调动员工的积极性，根据新的岗位分工，又进一步增加了员工的平均薪资；为了加强对员工的控制，参照国外公司的做法，对员工实行了定期的全面考评；通过了ISO 20000质量保证体系的论证，明确了各项业务流程和各类工作表单，并每年进行管理评审；建立了每月一次的员工培训制度，聘请相应的老师来讲课，以扩大员工视野、提高员工素质。应该说，自己对管理非常重视，花费了不少精力，一般公司加强管理的措施，本公司基本上都做了。至于为什么没有取得预期的效果，他也不清楚，可能管理本来就需要持续完善。对于孙加明意见比较大的不照章办事的问题，周云龙认为，这实际上是两人在到底应该如何对待规章制度上有不同的想法。孙加明认为应照章处理，周云龙则认为规章制度只是一种管理手段而已，有特殊情况就应该酌情处理，所以在工作中出现特殊情况时，自己确实会不按规章制度做，这也是很正常的。因此，孙加明表面上是对自己的工作有意见，实质上可能是不愿意自己当总经理，想他自己一个人干。

针对上述情况，请分析：

（1）孙加明和周云龙，当初为什么会一起创办企业，并在最初几年取得了良好的业绩？后来两人之间又为什么会产生矛盾？如果你是孙加明，你会如何改变这一局面？如果你是周云龙，又会怎么做？为什么？

（2）按案例中的描述，周云龙在企业管理方面履行了管理四大职能中的哪些职能？

（3）在一个组织中，到底应该如何对待规章制度？规章制度可不可以违反？违反了应该如何处理？为什么？

（4）为什么周云龙在企业管理方面采取了很多措施却没有取得理想的效果？

2.3 管理者的权力与责任

拥有一定的职权是组织成员做好所分派任务的必要条件之一。如果一个管理者没有与其职责相对应的职权，也就无法履行好其应尽的职责。

2.3.1 管理者的权力

管理者不仅拥有开展本职工作的权力，而且还拥有指挥下属开展工作的权力。组织中的管理者所拥有的权力主要是职权。职权是指组织为了达到组织目标而拥有的开展活动或指挥他人行动的权力。拥有一定的指挥权是保证管理者履行其相应职责的条件之一。组织授予管理者的职权一般包括制度权、专家权、感召权、强制权和奖赏权。

① 制度权。制度权是指一个人在正式层级中占据某一职位所得到的一种权力。这种权力附属于某种职位。

② 专家权。专家权是来自于专长、特殊的知识或技能的一种影响力。人们常常会受到医生、律师、科学家等的影响，是因为他们拥有各自领域的特殊的专门知识。

③ 感召权。感召权是指一个人因所拥有的独特智谋或特质、品德、修养和领导作风在组织成员中树立的德高望重的影响力。例如，宗教领袖、战斗英雄、电影明星等就常拥有这样的权力。

④ 强制权。强制权是指通过强迫、威胁而迫使人们服从的一种权力。强制权发生作用的基础是下属的惧怕。因此，要发挥强制权的作用，必须事先向下属讲清楚如果不服从上级的指挥，不履行其应该履行的职责将受到何种惩罚，而且这种惩罚必须是下属所害怕的。

⑤ 奖赏权。奖赏权是指能够为他人带来某种期望的后果或好处的权力。当管理者要求下属付出额外的劳动或从事下属岗位职责以外的工作时，就要通过奖赏权来诱使下属服从。奖赏权是建立在交换原则基础之上的。管理者通过提供心理上或经济上的奖赏来换取下属的遵从。但管理者所许诺的奖励必须是下属所需要的，否则就不能产生作用。

有管理者认为部门工作没做好，主要是因为下属又懒又笨或缺乏执行力。
该说法是否成立？为什么？

2.3.2 管理者的责任

权力与责任是对等的。一个人在组织中有多大的权力，就要承担多大的责任。管理者所承担的责任大小是与其权力大小和利益大小相对应的。在组织中，管理者的报酬通常要比操作者高得多，主要是因为管理者要承担比操作者更多的责任。

管理者不仅要对自己的工作负责，而且还要对分管部门和下属的工作绩效负责。当下属出现失误时，管理者受到的处罚要比直接犯错误的下属更重。部门工作没有做好，固然与员工的能力和积极性高低有关，但选择适用的员工和调动员工的积极性本身就是管理者的工作职责之一。下属之所以会在工作中出现这样或那样的失误，是因为管理者没有履行好自己的职责，在计划、组织、领导和控制的某一环节出了问题。组织中出现任何问题，管理者都负有不可推卸的责任。

无论管理者在组织中的地位如何，其所担负的基本职责是一样的，即设计和维护一种环境，使身处其间的人们能在组织内协调地开展工作，克服资源短缺和环境的不确定性所带来的困难，在有效实现组织目标的基础上实现组织成员的个人目标。

技能测试

你想从事管理工作吗？

假如你真正了解与管理工作有关的事项，是否仍想从事管理工作？自测一下，并作回答。

测验一：变化

假如你已经知道你的生活将发生如下变化，是否仍能愉快地从事管理工作？

（1）你将越来越多地涉及管理，而和技术的联系越来越少。

（2）一旦决定做管理，就不能半途而废。即使你再想去做技术，也是办不到的，因为技术的发展太迅速了。

（3）你将从一个可靠的领域，即一个对自己所做的事情有把握的领域，转向一个无论是可利用的人力还是工作条件都无把握的领域。

（4）你必须扩大知识面和兴趣范围，丝毫不能将兴趣集中于一点或致力于一个专业。

（5）你必须放弃你在专业上所取得的成绩，而为自己能渐渐支配更多的人、组织越来越多的活动及帮助其他专业人员取得成功而感到满足。

测验二：兴趣

(1) 如果让你选择不同于现在工作的一个职业，你喜欢做一名（　　　）。

　　A. 医生　　　　　　　　　B. 勘探员

(2) 你喜欢读关于哪方面的书？（　　　）

　　A. 地理学　　　　　　　　B. 心理学

(3) 你喜欢怎样度过一个夜晚？（　　　）

　　A. 做新家具　　　　　　　B. 和朋友做游戏

(4) 如果某人耽误了你的时间，你会怎么办？（　　　）

　　A. 总是很耐心　　　　　　B. 往往会发火

(5) 你喜欢做哪件事？（　　　）

　　A. 会见陌生人　　　　　　B. 看展览

(6) 你喜欢别人称赞你（　　　）。

　　A. 善于合作　　　　　　　B. 机智多谋

(7) 每样东西都有地方放且各就各位，这对你（　　　）。

　　A. 很重要　　　　　　　　B. 不怎么重要

(8) 如果你强烈反对某个人，将怎么办？（　　　）

　　A. 力求最大的统一，使争论最少

　　B. 将在价值、原则及政策上的分歧进行争论

(9) 你是否能很容易地放下正在阅读的一个很有趣的故事？（　　　）

　　A. 能　　　　　　　　　　B. 不能

(10) 在一出戏中，你喜欢哪个角色？（　　　）

　　A. 富兰克林　　　　　　　B. 查理斯·凯特琳（工程师）

2.4　管理者的道德

　　管理道德作为一种特殊的职业道德，是对管理者提出的道德要求，是从事管理工作的管理者的行为准则与规范的总和。管理道德是管理者与企业的精神财富。对管理者自身而言，是管理者的立身之本、行为之基、发展之源；对企业而言，是企业进行管理价值导向、提高经济效益、提升综合竞争力的源泉。

2.4.1　管理者的品质

　　管理者的品质是指管理者必须对社会的安全、和睦、文明、发展负有道德责任。在企业的经营管理活动中，管理者既要考虑经济效益，又要考虑社会效益。当企业的经济利益与社会利益发生冲突时，企业管理者应合理地加以协调，绝不能一味地考虑企业自身利益而不顾

社会利益，应该把企业的使命和责任扩展到企业活动所涉及的广阔的社会效果上来，并注意二者间的协调。

"天行健，君子以自强不息；地势坤，君子以厚德载物"。品格，决定一个人的生命高度，也决定一家企业的社会高度。立业先立德，做事先做人。在竞争激烈的年代，一个人要想有所作为，一家企业要想成功，必须要守住品格。优秀管理者的品质主要应包括以下几个方面。

1. 建立自我，追求忘我

"建立自我"就是在任何情况下，都要坚持自己，做真实的自己。肯定自我，绝不动摇，对自己始终充满信心。"追求忘我"就是在追求理想的过程中，真正完全地将自己奉献出去，这样价值才会体现出来。

2. 诚信至上

"诚"是所有道德的根本，只有诚信的人才能成功。"信用"是一种财富，所有成功都建立在诚信的基础之上。未来的商业社会里，将没有大企业和小企业的区别，没有外资和内资的区别，没有国企和民企的区别，只有诚信和不诚信的区别，只有承担责任和不承担责任的区别。

3. 责任心

管理者作为社会活动的指挥者，对他人、对集体、对社会肩负着重大的责任。没有责任心的人是不可能成长为企业的合格的管理者的。责任心给了人们做事的方向，是一切行为的出发点。对企业来讲，员工的责任心就是企业的核心竞争力。作为领导者，一定要激发全体员工的责任感，让他们为了企业的责任而努力工作。

管理者对社会的责任主要有三点：一是要有为社会做贡献的强烈的责任心和事业心；二是要将经济效益和社会效益有机统一起来；三是采取对社会负责的行为方式。管理者是否自觉承担对社会的责任，并为履行自己的职责而尽心尽力，是体现一个管理者道德水准的重要标志，也是体现管理者成熟程度的重要标志。

4. 不图名利

作为一个高素质的管理者，应该正确地看待名利问题。在金钱、荣誉、地位的诱惑面前，不能为了追逐名利而丧失原则，也不能为了争夺名利而将下属的功劳都记在自己身上。在得到某些名利后，不能沾沾自喜、故步自封，也不能因为得不到名利而退缩不前。

5. 清正廉洁

清正廉洁是管理者的一个重要品质。清正廉洁，即为官清廉、不以权谋私。清正廉洁被称为"侍者之德"，是管理者天职及美德的重要体现。

6. 正直

德鲁克曾说过："如果管理者缺乏正直的品格，那么无论他多么有知识、有才华、有成就，也会造成重大损失。他破坏企业最宝贵的资源——人，破坏组织的精神，破坏工作成就。"作为组织中带团队的人、管人的人，"正直"应当是最根本的品质。管理者个人的正直不易复制，构建系统的"正直"、建立组织的"正直"，既可以因其法制化而得以复制、延续，也可以用组织的"正直"来促进和保障管理者个人的"正直"。

2.4.2　社会责任的构成

社会责任是指组织在其运营过程中应该履行的保护和改善社会的义务。它超越了法律和经济的义务，按照对社会有益的方式行动。这一定义主张组织要遵守法律，并追求经济利益，但它也同样强调了组织要明辨是非。

一个企业的社会责任，根据其重要性和出现的频率可以分为四部分：经济责任、法律责任、道德责任和"无约束"责任。企业作为最基本的社会单位，首要的职责是向社会提供适销对路的产品和服务，同时最大限度地为所有者和股东赚取利润。这是企业的经济责任。与此同时，企业应当在法律允许的范围内实现自己的经济目标，要遵循各项法规。这是企业的法律责任。道德责任要求企业讲究道德，避免危害他人与社会。"无约束"责任是企业的一种自觉行为责任，是非强制性的，而且不是由经济、法律和道德因素促成的企业为社会所做的贡献，如不要求任何回报的慈善捐赠等。

社会责任要求组织的决策和行为既有利于本组织又有利于社会，要照顾到所有可能因组织的决策而受到影响的各方面利益相关者。一个有社会责任感的组织看待事物的方式是不同的。它从事有助于改善社会的事情，而绝不仅限于法律要求必须做的事情或因为某种普遍的社会需要而有选择地做事情。它之所以这么做是因为这些事情是应做的并且是正确的。社会责任不是一个空的概念，也不单纯局限于慈善捐款，而是与企业的价值观、用人机制、商业模式等息息相关。企业是社会的细胞，社会是企业利益的源泉。企业在享受社会赋予的条件和机遇时，也应该回报社会。很多优秀的企业早已证明："社会责任感强的企业，才更受尊重。"当今世界需要的是更加开放、更加注重分享、更加具有责任感的社会型企业，是来自社会、服务于社会、对社会充满责任感的企业。企业不应只是以追求利润为目的，而是要追求社会效益和社会公平。

许多优秀的企业意识到，企业成功与否有很多度量标准。在众多的度量标准中，伦理与社会责任是越来越受到重视的方面。伦理标准决定了一个组织的文化，而社会责任则决定着组织将如何面对各种内外部环境因素。

> **管理问题探讨**
>
> 你心目中哪些企业是有社会责任感的企业？为什么？

2.4.3　有关社会责任的两种观点

对于一个组织而言，承担社会责任意味着什么？两种不同的观点主导着这个思想。一种是古典观点或纯粹的经济学观点，另一种是社会经济学观点。

1. 古典观点

古典观点主张管理者唯一的社会责任就是利润最大化，这一观点最直接的支持者是米尔顿·弗里德曼。他认为管理者的主要责任就是从股东的最佳利益出发从事经营活动。他认为股东只关心一件事，就是财务方面的回报。他还主张，不管何时，只要管理者自作主张地将组织资源用于社会利益，那就是在增加经营成本。这些成本要么通过高价转嫁给消费者，要么通过降低股息回报由股东吸收。弗里德曼认为组织不应当承担社会责任，他支持组织承担社会责任，但这种责任仅限于为股东争取利润的最大化。

2. 社会经济学观点

社会经济学观点认为管理者的社会责任不只是创造利润，还包括保护和增进社会福利。企业并不只是对股东负责，它们还要对社会负责。这一立场是基于社会对企业的期望已经发生了变化。社会经济学观点的支持者认为，企业组织不仅仅是经济机构，社会接受甚至鼓励企业参与社会的政治事务。世界上越来越多的组织开始重视它们的社会责任。最近，一项对116个国家4 200多名管理者的调查显示，世界上越来越多的组织开始接受社会经济学观点。

管理问题探讨

赚钱与慈善

有一位企业家曾在一次演讲中说：企业不是慈善机构，必须赚钱，如果一家企业不赚钱，那它就是不道德也是不负责任的。他为什么这样说？你认可吗？谈谈你的理由。

2.4.4 与社会责任相关的概念和问题

1. 社会责任与经济绩效

社会责任活动会促进或降低一个企业的经济绩效吗？多数研究表明：社会参与和经济绩效之间是正相关的。管理者能够而且应当承担社会责任。没有足够的证据表明，一个企业的社会责任行动明显降低了其长期经济绩效。如果政治和社会压力迫使企业承担社会责任，这就意味着管理者在实施计划、组织、领导和控制时必须要考虑社会目标。为了避免投资组合潜在的问题，一些大型投资银行增设了具有社会责任感的投资团队。他们认为，如果一个企业的行动不具有社会责任感，它将面临重大的商业风险。

名家观点

德鲁克：全新管理新模式

只要能影响组织的绩效，就是管理的中心和责任，无论（这些因素）是在组织内部还是组织外部，无论是组织能控制的，还是组织不能控制的。

2. 社会义务、社会响应和社会责任

（1）社会义务

社会义务发生在企业由于履行一定的经济责任和法律责任的义务而从事社会活动时。企业做的只是法律要求必须做的事情。它遵循的是社会责任的古典观点。

（2）社会响应

社会响应发生在企业对某种普遍的社会需要做出反应而从事社会活动时。一个具有社会响应能力的组织中的管理者，受到社会准则的引导，制定所需从事的有关社会活动的决策。通过选择，管理者对他们认为的重要的社会需要做出反应。社会响应的拥护者们相信这一概念用以市场为导向的实际行动取代了哲学空谈，将之视为比社会责任更具体、更可行的目标。

（3）社会责任

社会责任加入了一种道德的要求，促使人们从事使社会变得更美好的事情，而不做那些有损于社会的事情。社会责任要求企业明辨是非、决策合乎道德标准、经营活动合乎道德规范。一个具有社会责任感的组织从事有助于改善社会的事情，而绝不只限于法律要求必须做的或因为某种普遍的社会需要而有选择地做的事情，它之所以这么做是因为这些事情是应做的、正确的。

3. 利益相关者

所谓利益相关者，是指在组织内部或外部对企业的经营活动或业绩有重大影响的任何个人或组织。任何一个组织都是一个社会实体，其任何一种行为都会涉及相应的利益相关者。

利益相关者可能是内部的也可能是外部的。利益相关者包括企业的股东、债权人、雇员、消费者、供应商等交易伙伴，也包括政府部门、本地居民、本地社区、媒体、环保主义等的"压力集团"，甚至包括自然环境、人类后代等受到企业经营活动直接或间接影响的客体。

这些利益相关者与企业的生存和发展密切相关，他们有的分担了企业的经营风险，有的为企业的经营活动付出了代价，有的对企业进行监督和制约，企业的经营决策必须要考虑他们的利益或接受他们的约束。企业的生存和发展依赖于企业对各利益相关者要求的回应的质量，而不仅仅取决于股东。

2.4.5 组织社会责任扩展的四阶段模型

在阶段1：管理者只是追求利润最大化和成本最小化，从而增加股东的利益。管理者关注股东利益时，遵循了社会责任的古典观并遵守了所有的法律法规。虽然遵守了所有的法律法规，但管理者并未感到有义务满足其他的社会需要。

在阶段2：管理者将社会责任扩展至另一个重要的利益相关群体——雇员。管理者高度重视人力资源管理。管理者改善工作条件、扩大雇员权利、增加工作保障等，他们想吸引、保留和激励优秀的员工。

在阶段3：管理者将社会责任扩展到具体环境中的其他利益相关群体，即顾客和供应商。管理者的社会责任目标包括公平的价格、高质量的产品和服务、安全的产品、良好的供应商关系。他们认为，只有满足具体环境中其他各种构成的需要，才能实现他们对股东的责任。

在阶段4：管理者感到他们对社会整体负有责任。他们经营的事业被看作是公众财产，他们对提供公众利益负有责任。管理者积极促进社会公正，保护环境并支持社会活动和文化活动。

每前进一个阶段都意味着管理者自主裁量程度的提高，意味着管理者必须做出更多的判断。

马云的社会责任观

在马云眼里，做企业有生意人、商人和企业家之分：生意人是完全的利益驱动者，为了钱他什么都可以做；商人"重利轻离别"，但有所为有所不为；而企业家则是带着使命感实现某种社会价值。

马云认为，如果一个人脑子里想的只是钱，就永远不会成功，就永远不能成为企业家。只有当一个人想着去帮助别人，去为社会创造财富，为国家发展做贡献的时候，他才能真正成功。他说："阿里巴巴和淘宝的目标不是赚钱，而是让我们的客户，不管是企业还是个人，都能够从阿里巴巴、从淘宝赚到钱。"

马云还认为，企业应该承担社会责任，为社会创造财富。事实上，阿里巴巴不仅为中小企业提供了一个互联网平台，也为无数商家创造了发展商机。阿里巴巴在这种社会责任感的使命下，既让中小企业获得了巨大的市场，又让自身成长为电子商务巨头。

2.4.6　社会责任的金字塔模型

美国学者阿奇·B. 卡罗尔提出了企业社会责任金字塔模型（见图 2-1），该模型阐述了企业社会责任的具体构成。根据这个模型，企业社会责任包括四个层次的内容：第一个层次为经济责任，即企业要提供合乎社会需要的产品和服务，确保股东的利益，追求利益最大化；第二个层次为法律责任，即企业的生产经营活动要在符合法律规定和市场游戏规则的框架内进行，要在遵纪守法的前提下追求利润最大化；第三个层次为伦理道德责任，是指企业要遵守商业道德，公平、公正地展开竞争，避免违背道德准则的行为；第四个层次为慈善责任，即企业要为社会、教育、文化活动等做贡献，要为慈善事业捐钱捐物，要为社会的繁荣、进步和人类生活水平的提高做出自己应有的贡献。

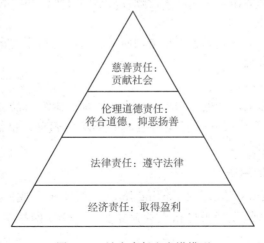

图 2-1　社会责任金字塔模型

在卡罗尔看来，企业社会责任包含了在特定时期内，社会对经济组织在经济、法律、伦理和慈善方面的期望。卡罗尔认为在这个金字塔模型中，经济责任是基础，也占最大比例，法律责任、伦理责任及慈善责任依次向上递减。

2.4.7 管理的绿色化

管理环境的复杂化不仅体现在管理的社会责任和管理的全球化等方面。大量触目惊心的生态问题和环境危害，使管理者们开始面临更多有关组织对自然环境的冲击问题。

当今社会中的管理者，除面对日常的管理问题外，还面临工业事故、资源浪费、自然资源枯竭等各种与环境有关的问题。

1. 管理绿色化的定义

我们将这种对组织决策和活动与组织对自然环境的影响之间存在紧密联系的意识称为管理的绿色化，也称为绿色管理。它涉及企业管理的各个层次，各个领域，各个方面，各个过程，要求在企业管理中时时处处考虑环保，体现绿色。

2. 组织走向绿色化的途径

管理者和组织在保护自然环境方面可以有很多作为。一些组织所做的仅限于法律要求的范围（他们实现了社会义务），另一些组织已经从根本上改变了经营业务的方式。识别组织承担环境责任角色的一个方法是：通过绿色系中的不同色度来描述组织可能采用的不同方式。

（1）仅仅实现法律的要求：法律（或浅绿色）方式

在这种方式中，组织表现出极少的环境敏感度。它们愿意遵守污染防治和环境保护方面的法律、法规及规章制度，但不会采取进一步的行动，也没有卷入法律诉讼，它们甚至可能尝试利用法律保护自身的利益，它们的绿色进程也就到此为止了。

（2）采用市场方式，组织对环境偏好做出响应

随着组织更多地认识到环境问题并对此更为敏感，就可能采用市场方式。在这种方式中，组织对顾客的环境偏好做出响应。无论顾客需求何种善待环境的产品，组织都会提供。

（3）利益相关者群体方式

在这种方式中，组织运作是为了满足诸如雇员、供应商和社区等各种利益相关群体的环保要求，是对社会响应的描述。

（4）活动家（也称深绿色）方式

如果组织追求的是活动家（也称深绿色）方式，那么该组织就是在寻求尊重和保护地球及其自然资源的途径。活动家方式表现出最高的环境敏感度，也恰如其分地描述了社会责任。

3. 评价管理绿色化的组织

① 全球报告倡议组织（Global Reporting Initiative，GRI）成立于1997年，是一个能制定和传播世界通用的可持续发展报告指南的独立实体。GRI网站中能找到描述组织所从事的绿色行动的报告。

② 非官方的ISO（国际标准化组织）是全球最大的标准制定者。ISO制定了15 000多

个国际标准，但最有名的是 ISO 9000（质量管理）和 ISO 14000（环境管理）。ISO 认为遵守了这些准则的组织也表明它们的行为是具有社会责任感的，这种行为方式满足了"社会的普遍要求。"

③ 全球可持续性百强企业排名。这个活动由加拿大媒体公司 Corporate Knights 和研究公司 Innovest Strategic Value Advisers（www. Global100. org）于 2005 年联合发起。

管理技能训练

寻找道德困境的解决之道

《哈佛商业周刊》曾做过一次读者调查：一名外国政府官员要求你付给他 20 万美元咨询费，作为回报，这名官员许诺给你提供特殊帮助，帮你所在的公司拿到 1 亿美元的合约，这将为你的公司带来至少 500 万美元的利润。如果你的公司得不到这份合约，国外的竞争对手就会得到，你该如何选择？

调查结果显示：42％的人表示将拒绝交易，22％的人表示愿意交易，但认为这是不符合道德的；剩下的 36％的人说他们愿意交易，并认为这在外国背景下是符合道德的。很明显，在调查所设定的情景中，如果选择交易，是违背道德规范的，但却有超过一半的人选择了接受交易，这充分体现了道德困境：如果交易，个人和公司都能获利，但在道德上会受到谴责；如果不交易，虽然坚守住了道德底线，但竞争对手会获利。

花旗银行强调在员工中培养道德态度和行为。为此，银行创设了一个培育员工（包括管理者）道德感的游戏——工作道德-诚实练习，参与游戏的员工面临的是公司实际经营中的道德两难问题。该游戏旨在帮助员工认清道德两难问题，了解银行该如何应对错误行为，让员工由此理解银行有关道德行为的规则和政策。

仿照花旗银行的做法，请列出你听说或亲历的道德困境，并谈谈你是如何看待的（每位同学至少列出三个）。

道德困境描述	为什么是困境	你的选择及解决之道

本 章 小 结

> 按照管理层次，可将管理者分为基层管理者、中层管理者和高层管理者。按照管理活动的范围，可将管理者分为职能管理者和综合管理者。

管理者对外通过形象代言人角色、组织发言人角色、联络者角色取得外界对本组织的理解与支持。对内通过领导者角色、资源分配者角色和矛盾排除者角色，协调组织内部的各种资源和各项工作，并通过企业家角色、信息监督者角色、信息传递者角色、谈判者角色协调组织内外之间的关系。

合格的管理者至少应具备以下几个方面的素质：管理愿望、责任感、创新精神、实干精神、合作精神、奉献精神、身体素质和心理素质。

无论是哪个层次的管理者，都必须同时具备技术技能、人际技能和概念技能。

管理道德，对管理者自身而言，是管理者的立身之本、行为之基、发展之源；对企业而言，是企业进行管理价值导向、提高经济效益、提升综合竞争力的源泉。

章节同步测试

一、单选题

1. 按照管理活动的范围，可将管理者分为职能管理者和（　　）。
   A. 综合管理者　　　　B. 基层管理者　　　　C. 中层管理者　　　　D. 高层管理者

2. 基层管理者由于工作在第一线，工作直接面向操作者，因此（　　）技能最重要。
   A. 技术　　　　　　　B. 人际　　　　　　　C. 概念　　　　　　　D. 管理

3. 不论是哪个层次的管理者，都要通过别人的努力来完成组织的任务，都要获得别人的支持，因此对（　　）的掌握都是一样重要的。
   A. 技术技能　　　　　B. 人际技能　　　　　C. 概念技能　　　　　D. 组织技能

4. （　　）对管理者自身而言，是管理者的立身之本、行为之基、发展之源；对企业而言，是企业管理价值导向、提高经济效益、提升综合竞争力的源泉。
   A. 管理技能　　　　　B. 管理层次　　　　　C. 管理道德　　　　　D. 管理者的素质

5. 管理者对内通过（　　）、资源分配者角色和矛盾排除者角色，协调组织内部的各种资源和各项工作。
   A. 企业家角色　　　　B. 组织发言人角色　　C. 形象代言人角色　　D. 领导者角色

二、多选题

1. 按照管理层次，可将管理者分为（　　）、（　　）和（　　）。
   A. 基层管理者　　　　B. 中层管理者　　　　C. 高层管理者　　　　D. 综合管理者
   E. 职能管理者

2. 管理者对外通过（　　）、（　　）、（　　）取得外界对本组织的理解与支持。
   A. 企业家角色　　　　B. 形象代言人角色　　C. 组织发言人角色　　D. 联络者角色
   E. 信息监督者角色

3. 管理者应至少具备以下哪几个方面的素质？（　　）
   A. 管理愿望　　　　　B. 责任感　　　　　　C. 合作精神　　　　　D. 创新精神

E. 心理素质

4. 美国学者罗伯特·卡兹认为，管理者应具有三种基本的管理技能：（　　）、（　　）和（　　）。

    A. 技术技能　　　　　B. 人际技能　　　　　C. 概念技能　　　　　D. 管理技能

    E. 组织技能

三、名词解释

职能管理者　　　人际技能　　　社会责任

四、简答题

1. 简述管理者的类型。

2. 简述管理者应具备的素质、知识和技能。

第3章

管理思想的形成与发展

人类的管理实践已经有 6 000 多年的历史，但是管理理论形成并逐步发展成一门较为完善的科学，至今也就一百多年。了解管理的历史，能够帮助我们理解今天的管理理论和实践。

知识目标	能力目标
● 西方古典管理思想；	● 思辨能力；
● 西方行为科学管理理论；	● 分析问题的能力；
● 现代管理理论；	● 解决问题的能力；
● 中国管理思想的发展	● 团队合作能力

3.1 管理理论形成的历史背景

管理活动源远流长，人类进行有效的管理活动已有数千年的历史，但从管理实践到形成一套比较完整的理论，则是一个漫长的历史发展过程。对管理研究意义特别重要的两个事件是亚当·斯密《国富论》的发表和工业革命。

3.1.1 亚当·斯密的《国富论》

1776，亚当·斯密出版了《国富论》。在这部著作中，斯密主张组织和社会从劳动分工或工作专业化中获得经济利益，即将工作分解为狭窄的、重复性的任务。以制针工业为例，斯密宣称：10 个工人，每人从事一项专门化的制针作业，一天大约生产 48 000 根针。而如果每人单独完成全部制针作业，每人一天大约只能制作 10 根针。斯密得出结论，劳动分工之所以能够提高生产率，是因为它提高了每个工人的技能和灵巧性，节约了浪费在任务转换上的时间，促进了节约劳动的机器的发明。亚当·斯密给出了提高生产率的经典解释：第一，劳动者的技巧因业专而日进；第二，节省劳动时间；第三，机器的发明和采用。

《国富论》是现代政治经济学研究的起点。亚当·斯密把经济思想学派的优点吸收进自己的体系，同时也系统地披露了它们的缺点。他首次提出了全面系统的经济学说，他的经济思想体系结构严密且论证有力。世人尊称亚当·斯密为"现代经济学之父"和"自由企业的守护神"。

> **拓展阅读**
>
> 《国富论》共分五卷，它从国富的源泉——劳动，说到增进劳动生产率的手段——分工，论及作为交换媒介的货币，再探究商品的价格，以及价格的构成成分——工资、地租和利润。该书总结了近代初期各国资本主义发展的经验，批判地吸收了当时重要的经济理论，对整个国民经济的运动过程做了系统的描述，被誉为"第一部系统的、伟大的经济学著作。"

在人类历史的浩瀚长河中，关于管理活动的思想火花不胜枚举。但由于受到生产力水平的限制，这些管理的思想没有形成一个完整的体系。管理理论是在近代的科学管理理论和管理过程与管理组织理论的研究中逐步形成的。

3.1.2 工业革命

随着社会的进步和生产力的不断发展，西方国家开始进行工业革命。工业革命是指资本主义工业化的早期历程，即资本主义生产完成了从工场手工业向机器大工业过渡的阶段，是以机器生产逐步取代手工劳动，以大规模工厂生产取代个体工场手工生产的一场生产与技术革命，后来又逐步扩充到其他行业。

这场革命始于18世纪末期。这个时期，机器代替了人，从而使在工厂中生产商品比在家中生产更经济。大型的有效率的工厂需要管理者预测需求，以确保手中有足够的材料制造商品。于是便产生了正式的管理理论。工业革命的爆发使以机器为主的现代意义上的工厂成为现实，社会生产力有了较大的发展。随之而来的是管理思想的革命，计划、组织和控制等职能也相继产生。随着企业规模的不断扩大，劳动产品的复杂程度与工作专业化程度日益提高，管理问题越来越突出。企业经理人员逐渐摆脱其他工作，专门从事管理活动，部分学者也开始研究管理问题，管理学开始逐步形成。

> **拓展阅读**
>
> ### 工业革命前后的重要发明
>
> 1712年，英国人汤姆斯·钮可门获得了稍加改进的蒸汽机的专利权。
>
> 1733年，凯伊·约翰发明了飞梭。

1765 年，詹姆斯·哈格里夫斯发明珍妮纺纱机（揭开了工业革命的序幕）。

1768 年，阿克斯莱特发明了水力纺机。

1769 年，詹姆斯·瓦特改良钮可门的蒸汽机为"单动式蒸汽机"。

1778 年，约瑟夫·勃拉姆发明了抽水马桶。

1782 年，瓦特改良蒸汽机为"联动式蒸汽机"，1785 年投入使用。

1796 年，塞尼菲尔德发明了平版印刷术。

1797 年，亨利·莫兹莱发明了螺丝切削机床。

1807 年，富尔顿制造出以蒸汽为动力的轮船。

1812 年，特列维雪克发明了科尔尼锅炉。

1814 年，斯蒂芬逊发明了蒸汽机车。

1815 年，汉·戴维发明了矿工灯。

1844 年，威廉·费阿柏恩发明了兰开夏锅炉。

工业革命以后，西方各国社会发生了巨大的变化。如何有效利用技术进步的成果来适应不断扩大的企业规模成为人们日渐关注的焦点，促使人们对管理的重视和探索上了一个台阶。

3.2　西方管理思想的形成与发展

导入案例

福特的标准化生产

近代标准化的大规模生产始于汽车大王福特公司。在 20 世纪初的美国，汽车是一项划时代的运输工具，每辆汽车都是全手工打造，是专属有钱人的奢侈品。

年轻的福特推出了 T 型车，他雄心勃勃地对股东说："工人、农民才是真正需要汽车的人。我主张多生产低档车，特别是标准化的大批量生产，把便宜实用的汽车卖给这些人。"然而，当时的工厂组装技术原始，无法进行标准化作业。偶然间，福特路过一个屠宰场，他看到牛的屠宰过程分别由不同的人来完成。他发现，这种流水化的作业流程具有较高的工作效率，能应用于汽车制造。1913 年，世界上第一条汽车流水装配线在福特的工厂诞生。这种生产技术的革命，使福特公司在当时连续创下汽车工业的世界纪录：1920 年 2 月 7 日，福特公司在 1 分钟（流水线的生产节拍）内生产 1 辆汽车；1925 年 10 月 30 日，福特更进步到 10 秒钟（流水线的生产节拍）生产 1 辆汽车。这样的速度让世界为之惊叹，更让同业感到震惊。

为了提升生产效率，T 型车不再有红、蓝、灰等颜色的选择，福特高傲地说："顾客要选任何车色皆可，只要是黑色的（也就是说，顾客对车的颜色毫无选择权）。"福特的生产革命让 T 型车售价由 1908 年的 850 美元降至 1916 年的 345 美元；福特公司的获利也由 1908 年的 110 万美元上升到 1916 年的 5700 万美元，福特因此成为当时的世界首富。

3.2.1　西方古典管理思想

弗雷德里克·泰勒、亨利·法约尔和马克斯·韦伯是西方古典管理理论的三位先驱。

1. 泰勒的科学管理理论

泰勒被称为"科学管理之父"，是美国古典管理学家，代表作为《科学管理原理》（1911 年）。他首创的科学管理制度标志着现代管理学的建立。泰勒曾在哈佛大学法学院学习，后因眼疾而辍学。1875—1878 年期间，泰勒在费城一家小型钢铁机械厂当学徒，1878 年在米德维尔钢铁公司工作，先后被提拔为车间管理员、技师、工长等。在管理生涯中，他不断地在工厂进行实地试验，系统地研究和分析工人的操作方法，逐渐形成了其管理体系——科学管理。

泰勒创立的科学管理理论的主要观点是：科学管理的根本目的是谋求最高工作效率；达到最高效率的重要手段是用科学的管理方法代替旧的经验方法；实施科学管理的核心问题是要求管理人员和工人双方在精神上和思想上来一个彻底的改变。泰勒提出的管理制度包括：对工人提出科学的操作方法，以便合理利用工时，提高效率；在工资制度上实行差别计件制；对工人进行科学的选择、培训和提高；制定科学的工艺规程；使管理和劳动分离。

泰勒冲破了传统的、落后的经验管理办法，将科学引进了管理领域，创立了一套具体的科学管理方法。科学的管理方法和科学的操作程序使生产效率提高了 2~3 倍，推动了生产的发展。由于管理职能与执行职能分离，企业中开始有一些人专门从事管理工作。

管理问题探讨

有人认为，泰勒的科学管理理论把企业员工当作机器来看待，你同意这个观点吗？为什么？

2. 亨利·法约尔的一般管理理论

亨利·法约尔，1841 年出生于法国，毕业于圣埃蒂安国立高等矿业学院，毕业后进入福尔香包采矿冶金公司工作，从 1866 年起开始参与企业的管理工作，并长期担任企业高级领导职务。法约尔的研究是从"办公桌前的总经理"出发，以企业整体作为研究对象。1916 年出版的《工业管理和一般管理》是法约尔最主要的代表作，标志着一般管理理论的形成。

法约尔管理理论的主要观点如下。

① 从企业经营活动中提炼出管理活动。法约尔区别了经营和管理，认为管理包括在经营之中，进一步得出了普遍意义的管理定义："管理是普遍的一种单独活动，有自己的一套知识体系，由各种职能构成，是管理者通过完成各种职能来实现目标的一个过程。"

② 倡导管理教育。法约尔认为管理能力可以通过教育来获得，"缺少管理教育"是由于"没有管理理论"。

③ 提出管理的五大职能。法约尔将管理活动分为计划、组织、指挥、协调和控制五大管理职能，并进行了相应的分析和讨论。

④ 提出 14 条管理原则。法约尔认为，管理的成功不完全取决于个人的管理能力，更重要的是管理者要能灵活地运用管理的一系列原则。法约尔提出的 14 条管理原则是：分工、权力与责任、纪律、统一命令、统一领导、员工个人要服从整体、人员的报酬要公平、集权、等级链、秩序、公平、人员保持稳定、主动性、集体精神。

法约尔的管理职能和管理原则奠定了 20 世纪 50 年代兴盛起来的管理过程研究的基本理论基础，其中绝大部分的管理原则在当代管理实践中被保留了下来。法约尔关于管理过程和一般管理理论的开创性研究，特别是关于管理职能的划分及管理原则的描述，对后来的管理理论研究具有非常深远的影响。法约尔主张，人的管理能力可以通过教育来获得，可以像技术能力一样，首先在学校里得到，然后在车间里得到。法约尔被后人称为"管理过程之父"。

3. 马克斯·韦伯的行政组织理论

马克斯·韦伯被称为"组织理论之父"。他是德国社会学家，曾担任过教授、政府顾问、编辑，在研究社会学、宗教学、经济学与政治学方面都有很深的造诣。韦伯主要研究组织活动，他描述了一种理想的组织类型，称为官僚行政组织。

马克斯·韦伯的行政组织理论的主要观点是：官僚行政组织的特征是依据劳动分工原则，具有清楚定义的层次、详细的规则和规章制度，以及非个人的关系，目的是提供一种理论研究的基础，说明在一个大型的群体中工作应该怎么进行。

韦伯的管理组织模式理论对后人产生了深远影响。他的理论反映了许多当代组织的特征，试图将一种理想的组织原形公式化。但它的操作性不强，不具有普遍性。

管理链接

UPS 的科学管理

UPS 有 15 万员工，平均每天将 900 万件包裹发送到美国各地和其他 180 多个国家。为了实现"办理最快捷的运送"的宗旨，UPS 管理当局系统地培训员工，使他们以尽可能高的效率从事工作。

UPS 的工业工程师们对每一位司机的行使路线进行了时间研究，对每种送货、暂停和取货活动都设立了标准，并记录了红灯、通行、按门铃、穿过院子、上楼梯、中间休息喝咖啡时间，甚至上厕所的时间，将这些数据输入计算机中，从而给出每位司机每天工作的详细时间标准。为了完成每天取送 130 件包裹的目标，司机们必须严格遵循工程师设定的程序。当他们接近发送站时，他们松开安全带，按喇叭，关发动机，拉起紧急制动，把变速器推到1挡上，为送货完毕的离开做好准备。然后，司机从驾驶室下到地面上，右臂夹着文件夹，左手拿着包裹，右手拿着车钥匙。他们看一眼包裹上的地址，把它记在脑子里，然后以每秒3英尺的速度快步跑到顾客的门前，先敲一下门以免浪费时间找门铃。送完货后，他们在回到卡车的路途中完成登录工作。

思考：这种刻板的时间表真能看出高效率吗？

毫无疑问，生产率专家公认，UPS是世界上效率最高的公司之一。其他公司平均每人每天不过取送80件包裹，而UPS却是130件。在提高效率方面的不懈努力，对UPS的净利润产生了积极影响。这个案例说明了古典管理理论在今天的企业生产活动中的应用。虽然经过100多年的发展，今天管理理论的内容已极大地丰富了，但这并不意味着过去的理论就不再适用了。

3.2.2 西方行为科学管理理论

在19世纪晚期和20世纪早期，许多人就认识到了人的因素对一个组织成功的重要性。许多学者对组织行为方法做出了早期的奠基性贡献。尽管贡献不同，但他们有一个共同信念：人是组织最重要的资产，应该对人进行适当的管理。他们的思想提供了管理实践的基础，包括雇员的甄选程序、雇员的激励计划、雇员的工作团队，以及组织与外部环境关系的管理技术。以霍桑试验为代表的行为科学的研究活动的最初目的是证明科学管理理论的正确性，结果却诞生了和科学管理理论研究方向完全不同的行为科学理论。

1. 福利特的管理理论

玛丽·帕克·福利特（Mary Parker Follett，1868—1933）被称为"管理理论之母"，她的关于管理和管理者对员工应采取何种行为的著作中，很多内容是针对泰勒对人性的忽视的。

福利特管理理论的主要观点是：管理者经常忽视员工在工作中的参与性和主动性，忽视这种参与性和主动性对组织贡献的重要性。她认为，工人最了解自己的工作，应该允许他们参与到工作分析和工作开发过程中来。福利特建议，"权力应该与知识相对应——不管在组织的高层，还是在工作的一线。"工人拥有相关的知识，应由工人而不是管理者来控制相关工作的过程，管理者应该承担教练和助手的角色，而不是监督和控制的角色。她倡导"跨部门职能"，即不同部门的员工以跨部门的团队形式一起工作，完成项目任务。

福利特的"管理者应该承担教练和助手的角色，而不是监督和控制的角色"的观点，是对当前自我管理团队理论和授权理论的预见。她还认识到不同职能部门的管理者直接沟通以加速决策过程的重要性。她倡导的"跨部门职能"方法在今天得到了越来越广泛的应用。福利特的观点在当时具有激进的性质，直到近年来才被管理者所接受，因为当时人们还是信奉泰勒的科学管理理论。

2. 梅奥的人际关系理论

梅奥于 1926 年起就职于哈佛大学工商管理学院，专门从事工业管理的研究。梅奥曾学过逻辑学、哲学、医学，这种背景有利于他后来的研究工作。其代表作为《工业文明的人类问题》。

梅奥曾组织了非常著名的试验——霍桑试验，试验过程和内容如下。

霍桑试验从 1924 年到 1932 年，在霍桑工厂进行，历时 8 年，设计了四个阶段的试验：照明试验，研究照明强度对工作效率的影响；继电器装配工人小组试验，考察工资报酬、工作日和工作周的长度、工间休息对生产率的影响；大规模访谈试验，在全厂范围内开展征询职工意见、与职工进行交谈的试验；接线板小组观察试验，研究计件工资对生产率的影响。

试验结论：照明强度并不直接与小组的生产效率有关，社会规范或小组的标准是影响个人工作行为更为关键的决定因素。在决定小组产出的标准上，与小组的情绪和工作保障相比，金钱是相对次要的因素。霍桑试验使梅奥认识到物质条件和生理因素会影响人们的生产效率，但人们的心理、人际关系和社会环境对生产效率的影响更大。

1933 年，梅奥出版了《工业文明的人类问题》一书，在这部著作中阐述了人际关系学说的主要思想，即企业中的员工是"社会人"，而非"经济人"；企业中存在"非正式组织"；新型的领导能力在于提高员工的满意度，以提高士气，从而提高劳动生产率。霍桑试验的结论强化了对组织中人的行为的兴趣，从而在组织管理方面加强了对人的行为因素的研究。梅奥的人际关系学说为管理思想的发展开辟了新的领域，标志着人们从早期科学管理思想单纯重视对组织形式及方法的研究，开始转向对人的因素在组织中的作用的研究。其主要贡献在于：注重人的因素，研究人的行为，关注人的社会、心理需求，改变了"人与机器没有差别"的观点。但也存在一定的局限性，主要体现在：过分强调非正式组织的作用；过多强调情感的作用；过分否定经济报酬、物质条件的影响等。

拓展阅读

赏　识

韩国一家大型公司某天晚上保险箱遭窃，与盗贼展开殊死搏斗的，竟是一名清洁工。作为公司最没地位、最不起眼的角色，作为可以置身事外或者可以采取其他更为安全措施的人，竟然为了维护公司的利益，愿意拿生命去冒险。于是，这家公司的凝聚力成为其他大公司猜测的谜。在给清洁工举办的庆功宴上，当然有人问他动机何在，他回答说："总经理每次走过我身边的时候，总会说'你的地扫得真干净'。"

3.2.3　现代管理理论

现代管理思想最早起源于第二次世界大战，20 世纪 60 年代以后有了更迅速的发展。这一时期，科学技术迅猛发展，科技成果被广泛采用，企业生产过程的自动化、连续化及生产社会化程度空前提高。企业规模扩大，市场竞争激烈，市场环境变化多端对企业管理提出了更高的要求，许多研究人员就企业如何在变化的环境中经营进行了多方面的研究，在此基础上形成了一系列不同的理论观点和流派，从而推动了管理思想的新发展。其中的一些管理理论对管理科学的发展有着重大影响。

1. 系统理论

系统是一组相互关联和相互依赖的组成部分，它们共同构成一个统一的整体。系统的概念最初来自于自然科学中的物理科学。20 世纪 60 年代，管理研究者开始从系统的角度分析组织。

组织中存在两种基本系统：封闭系统和开放系统。封闭系统不与它所处的环境发生相互作用，不受环境的影响。开放系统动态地与它所处的环境发生相互作用。将组织称为系统时，指的是开放系统。一个组织从环境中获得输入（资源，如原材料、人力资源、资本、技术和信息）并将其转换为输出（如产品和服务、财务结果、信息、人事结果等），这种输出被分配到环境中。组织对环境是开放的，并与环境发生着持续的交互作用。

系统研究人员将组织看作是由相互依赖的因素（包括个体、群体、态度、动机、正式结构、相互作用、目标、地位和职权）所组成的系统。而管理者的工作是协调组织中各个部分的活动，以确保所有的互相依存的部分能够在一起工作从而实现组织的目标。此外，管理工作的系统观点意味着决策和行动。在组织的某一部分所采取的决策和行动会影响组织的其他部分，反之亦然。最后，管理者的职责是要认识和理解外部各种因素的影响。开放系统认识到组织是不能够自给自足的，必须依靠所处的环境，从中获取基本的输入，并将环境作为吸收它们输出的源泉。管理者协调着系统中每个人的工作，从而实现管理目标。如果一个组织忽略了政府的法规、供应商关系或者各种外部的利益相关群体，它是不能长久生存的。

2. 权变理论

早期的管理学者如泰勒、法约尔和韦伯等，提出了普遍适用的管理原则。之后的研究发现了这些原则的许多例外情况。管理不仅仅基于简单的原则，不同的和变化的情境要求管理者运用不同的方法和技术。管理的权变理论强调：因为组织不同，面对的情境不同，可能要求不同的管理方式。因为组织甚至组织中的工作单元——无论规模、目标还是所从事的工作都是多样化的，因此权变理论可以被描述为"如果……那么……"。研究人员至少辨认出了超过 100 个不同的权变变量。但组织规模、任务技术的例行程度、环境的不确定性和个体差异这四种变量代表了最普遍应用的权变变量。权变变量对管理者有着重要的影响，它强调了不存在简单的和普遍适用的管理原则，具体如表 3-1 所示。

表 3-1 变量对管理者的影响

变　量	对管理者的影响
组织规模	随着规模的扩大，需要协调的问题也越来越多
任务技术的例行程度	例行的技术所要求的组织结构、领导风格和控制系统与客户化的、非例行的技术所要求的不同
环境的不确定性	稳定的和可预见的环境中的有效方法，对于快速变化的和不可预见的环境来说可能不适用
个体差异	个体在成长的愿望、自主性、对模糊的承受力，以及期望方面的差异对管理者选择激励方法、领导风格和职位设计有重要影响

3. 管理的定量方法

管理的定量方法即采用定量技术来改进决策制定，也称为运筹学或管理科学。定量方法是在"二战"期间用于解决军事问题的数学和统计学的基础上发展起来的。在管理方面，包括了统计学、最优化模型、信息模型和计算机模型，可以改善管理决策。定量方法对计划和控制领域中的管理决策有直接的贡献。管理者编制预算、安排进度、实施质量控制和制定类似的决策时，通常借助定量方法。专业软件使定量方法的应用不再令管理者望而却步。

4. 决策理论

决策理论是在系统理论的基础上，吸收了行为科学、运筹学和计算机科学等研究成果而发展起来的。主要代表人物是美国学者赫伯特·西蒙，其代表作是《管理决策新科学》。决策理论认为，管理的实质是决策，决策贯串于管理的全过程，决定了整个管理活动的成败。如果决策失误，组织的资源再丰富、技术再先进，也是无济于事的。西蒙因其在决策理论、决策应用等方面做出了开创性研究，获得了 1978 年诺贝尔经济学奖。

5. 管理过程理论

管理过程理论是在法约尔管理思想的基础上发展起来的，主要研究管理的过程和职能。其代表人物是美国著名管理学家哈罗德·孔茨。该理论的基本研究方法是：首先把管理人员的工作划分为一些职能，然后以管理职能为框架进行研究，从丰富多彩的管理实践中探求管理的基本规律。管理过程理论的基本观点如下。

① 管理是一个过程，即让别人同自己一起去实现既定目标的过程。

② 管理过程的职能有 5 个，即计划、组织、人事、领导和控制。

③ 管理职能具有普遍性，即各级管理人员都执行着管理职能，但侧重点因管理级别的不同而不同。

④ 管理应具有灵活性，要因地制宜，灵活应用。

管理问题探讨

现代管理理论产生于发达的资本主义国家，由于社会经济环境的巨大差异，这些理论对我国没有什么指导意义。

你同意这个观点吗？为什么？

3.2.4　管理理论的新发展

管理理论随着社会经济发展和环境的变化而变化，这是百年管理理论和实践发展的一般规律。管理理论一直随着环境的变化而不断推出新的思想和方法：科学管理提出以科学取代经验，行为科学主张对组织中的人的重视，管理科学则提供了数量技术和系统地解决问题的各种途径。进入 20 世纪 80 年代以后，企业发展呈现出新特点：企业的巨型化和超小型化同存，生产技术复杂程度大大增加，产品升级换代周期大大缩短，知识在经济增长中的作用日益突出，企业与社会的联系更加密切，经济活动国际化趋势明显。针对现代企业面临的管理上的新问题、新情况、新要求，企业界和理论界纷纷投身于创新与环境相适应的管理思想、方式和方法之中。管理学说和管理创新呈现出欣欣向荣的景象。

1. 管理新理论

20 世纪 90 年代，最有影响力的思潮是企业再造理论和学习型组织理论的提出。

（1）企业再造理论

1994 年，美国的迈克尔·哈默和詹姆斯·钱皮合作出版了名为《企业再造》的著作，发表了"企业革命的宣言"。他们通过对企业的考察发现，一套新的程序正在一些企业中形成，他们把这套程序称为"企业再造"。他们认为："两百多年来，人们创建企业一直是根据亚当·斯密的杰出发现：工业劳动应分解成最简单、最基本的操作。而我们正在进入后工业时代，创建企业所根据的思想是将上述'最简单、最基本的操作'重新连成协调一致的业务流程。"

所谓企业再造是指针对企业业务流程的基本问题进行反思，并对它进行彻底的重新设计，以便在"成本、质量、服务和速度"等当前衡量企业业绩的重要尺度上取得显著的进展。企业再造理论的中心思想是：企业已不再需要、也不再适宜根据亚当·斯密的劳动分工原理去组织自己的工作，在当前的 3C（顾客、竞争和变化）世界中，以任务为导向安排工作岗位的做法已属过时。取而代之的是，企业应以流程为中心去安排工作，也就是进行企业再造。

（2）学习型组织

彼得·圣吉于 1990 年出版了题为《第五项修炼——学习型组织的艺术与实务》的著作。在著作中提出了整体互动思考方式及建设学习型组织的具体修炼方法。他以全新的视角来考察人类群体危机最根本的症结所在，认为片段及局部的思考方式及其产生的行动，造成了目前切割而破碎的世界。为此需要突破线性思考的方式，排除个人及群体的学习障碍，重新就管理的价值观念、管理的方式方法进行革新。

所谓学习型组织是指人们能够得以在其中不断扩展创造未来的能量，培养全新、前瞻而开阔的思考方法，全力实现共同的愿望，并持续学习如何共同学习的组织。"在全球的竞争风潮下，人们日益发觉 21 世纪的成功关键与 19 世纪和 20 世纪的成功关键有很大的不同。过去，低廉的天然资源是一个国家经济发展的关键，而传统的管理系统也是被设计用来开发这些资源。然而，这样的时代正离我们而去，发挥人们的创造力现在已经成为管理努力的重心。"

面对全球性的竞争，20 世纪 90 年代最成功的企业将会是"学习型组织"，因为未来唯一持久的竞争优势，就是要有能力比你的竞争对手学习得更快。

拓展阅读

学习型组织是一个空杯

什么是学习型组织？可以用一个空杯来形容。空杯具有多个侧面，其外表和内涵可以分别显示出我们看问题的角度和做事情的态度。同样是一个杯子，从上面看是一个圆圈；从正面看是一个长方形；从侧面看是相连的双圆圈；从底面看是一个同心圆。请问，杯的内涵是什么？杯的价值又是什么？

杯子的最大的价值就是：它是空的。学习型组织就像一个空杯。在组织中，需要每一个人都抱着空杯的心态去学习，留出足够的空间接受新的知识和新的做法。

除了企业再造理论和学习型组织理论以外，20 世纪 90 年代还出现了探索企业竞争优势来源的核心能力理论和以顾客为导向的顾客满意理论等。

2. 21 世纪的管理新趋势

进入 21 世纪，经济全球化，信息技术及高科技迅猛发展，使管理发生了新的革命。以下是管理理论的发展趋势：顾客服务管理、创新、全球化、劳动力多元化、创业精神、在电子企业领域中进行管理、知识管理和质量管理。

在新型组织中，强调的将不再是指挥，而是每一位员工的自我管理。管理的作用不再是传统意义上的计划和预算、组织和人事、控制与解困，它将超出传统领导工作的范畴。21世纪组织中的管理必须增加三项新职责：确立组织定位、指明组织前进的目标；调动员工的能动性，使组织充满创造力；力争诚实正直，建立相互信任，并以此作为组织管理的基础。

21 世纪的管理者善于说服人而不是咆哮发令，他们知道如何教育员工，如何保持团结一致，管理者创造价值的途径是靠与员工沟通协调而不是靠统治帝国。随着环境变化的加剧，创新将成为管理的主旋律。面对未来环境的急剧变化，唯有致力于持续的创新，才能使管理理论和实践与不断变化的环境相适应，才能使管理这一工具在人类追求不断发展的过程中显示出勃勃生机。

管理链接

新加坡警察部队的学习型组织建设

新加坡警察部队成立 20 多年来，曾经为了能做到快速随机应变，实行过"参谋与前线"的管理方法；曾经为了提高服务，实行过"赋予下属更多权力"的决策；曾经为了提高警员解决问题的能力，进行大量培训。但是这些措施的回报都不够理想。

从 1997 年开始，他们通过创建学习型组织，从根本上改变了对待每一件事的态度与想法，他们以很多不同的方式进行协作，使组织与个人的能力开始得到快速的提升。他们发现大部分警力都花在了逮捕罪犯上，于是就问自己：为什么会有案件发生？应该怎样做才能降低案件发生的可能性？他们采取了世界上只有少数几个国家采用的一种办法——社区治安。这种加强警力与社区联系的前摄性方法，大大减少了案件发生的可能性。新加坡警察部队学习型组织的建设主要依靠三大支柱：一是创造共同愿景；二是共同行动；三是共同重新思考。三大支柱形成良性循环，互相依赖、互相促进，支撑警察部队壮大、发展到今天。

1. 共同愿景

为了提高组织的绩效和大家的积极性，彻底解决指令性工作方式的问题，他们着手调动所有人的思维，集合全体智慧创造佳绩。而最先做的就是共同愿景的创建。与此同时，管理方式也由集权式转变成集体性的领导模式。

2. 有效的架构——共同行动的保证

有了共同愿景后，他们开始创立有效的整体架构，要求大家抱着空杯的心态，放弃所知，重新学习。在行动中学习，在学习中行动，并把整体架构分为四大类：行动、策划、支持和职员。

3. 共同重新思考

有了明确的共同愿景和比以前更为有效的架构，警察部队得到了快速发展，警员们比以往有了更多的精力和魄力。其中取得的成果，可以用"星期天市场"的例子来说明。

三年前，某位刚上任中央警署的署长，遇到了一个很大的难题。在他所管辖的地区西部，有个地方叫"小印度"。每到周末，约有8万名印度劳工集中在一条街上，到处杂乱无章，满地垃圾，人们也不遵守交通规则。如何改变这种状况呢？他们曾考虑通过在"小印度"增加警员巡逻把这些外来劳工赶出去。这看上去是个很简单的解决办法，可是如果这样做，不但不能解决根本问题，反而会产生更多的问题。于是该署长决定运用学习型组织的系统思考方式来解决这个问题。首先找出该社区的要员，包括雇主、店主、外来劳工雇主等，请他们坐到一起开会。警方在会中引导社区要员研讨自助妙法。经过一次次的激烈讨论，有个雇主建议在"小印度"的旁边找一块儿空地，让外来劳工集中在空地。大家都觉得这个意见非常好，就把它制订成一个计划，即"星期天市场"。从此以后，"星期天市场"从一块空地建成为专门给外来劳工所用的市场，包括菜市场和厕所等。该市场成功地吸引了很多外劳到这里，为他们提供了休息和工作的地方，而社区对警员的投诉也因此迅速减少，还能时常收到几封表扬信。

这是一个社会学习与自主学习的实际做法的借鉴。通过在警察部队内部建设学习型组织，在其他方面也有不少显著的成果。比如，新加坡过去5年犯罪率在减少，尤其是过去两年，犯罪率减少了约15％～20％。除此以外，他们也得到了一个"特别机构奖"。这是全国性奖项，在公共部门中，新加坡警察部队是第一个，也是唯一的一个。

3.3 中国管理思想的形成与发展

中华民族是一个历史悠久的伟大民族，无论是在古代、近代还是现代，优秀的管理思想光彩夺目。遗憾的是，中国的管理思想与实践缺少系统的整理和提高，没有形成像西方那样的系统理论。为了使读者对中国的管理思想有一个大致了解，本书对中国古代和现代的管理思想做了一个简单回顾。

3.3.1 中国管理思想的形成

1. 中国古代的管理思想（？—1840）

五千年前，中国已经有了人类社会最古老的组织——部落和王国，其领袖和帝王便是这一组织的管理者。商、周时代，中国已经形成了组织严密的奴隶制的国家组织，出现了从中央到地方，高度集权、等级森严的金字塔形的权力结构。公元前221年，秦始皇建立了中国第一个中央集权的封建国家，统一法律、货币，修筑长城。其中修筑长城工程历时2 000多年，投入的劳动力达数百万人，动用的土石方如筑成一条一米宽的墙，可以绕地球13.5圈。

筑城所用的砖都按统一规格由全国各地烧制后运到工地。为了监督检查制砖的责任和质量，每块砖上都刻有制造府县及制造者的名字。要完成如此浩大的工程，其计划、组织、领导和控制等管理活动的复杂程度是现代人难以想象的。

我国传统的管理思想分为：宏观管理的治国学（财政赋税、人口管理、货币管理和国家行政管理等）和微观管理的治生学（农副业、手工业、运输业、建筑工程和生产经营等）。虽未形成成熟的管理理论，但一些管理思想至今仍具有不朽的光辉，具体如下。

① 顺道——顺应宏观的治国理论和客观的经济规律。

② 重人——重人心向背，重人才归离。

③ 人和——调整人际关系，讲团结、上下和、左右和。

④ 守信——信誉是人类社会人们之间建立稳定关系的基础。

⑤ 利器——工欲善其事，必先利其器。

⑥ 求实——实事求是，一切从实际出发，是思想方法和行为的准则。

⑦ 对策——运筹谋划，以智取胜。

⑧ 节俭——理财和治生都提倡开源节流，勤俭治国。

⑨ 法治——依法治理，如商鞅的法治、韩非子的势—法—术思想、管子的以法治国与以德治人等。

拓展阅读

滴水藏海

有一个年轻人跋山涉水来到一个寺院，请求寺院里德高望重的住持收他为徒。住持郑重地告诉他："如果你真要拜我为师，追求真道，你必须履行一些义务与责任。""我必须履行哪些义务和责任呢？"年轻人急切地问。"你必须每天从事扫地、煮饭、劈柴、打水、扛东西和洗菜等工作。""我拜你为师是为了习艺正道，而不是来做琐碎的杂工，无聊的粗活的。"年轻人一脸不悦地丢下这句话，就悻悻然离开了寺院。其实，正道不是深不可测，高不可攀的，正如所有的管理思想都是在长期的管理活动实践中积累、总结出来的。一滴水可以藏海。平凡的日常琐碎、生活细节都孕育和隐藏着大的哲理。学会在生活和工作中多观察、多思考和多感悟才有可能成就大事业。

---

2. 中国近代的管理思想（1840—1949）

（1）中国官僚资本企业和民族资本企业的管理

官僚资本企业有官办、官督商办和官商合办三种形式。民族资本主义企业出现于19世纪70年代。当时企业资金少、规模小，大多数企业承袭手工作坊，生产效率低下，管理者的管理技术、经营知识贫乏，经营管理水平低。第一次世界大战期间，中国民族工业发展进入了"黄金时代"。这一时期的经营管理有了很大改善。抗战期间，民族工业损失惨重。在帝国主义和官僚资本的双重压迫下，民族资本企业开始采用科学管理方式。抗日战争胜利后，官僚资本发展达到顶峰，形成了以四大家族为核心的官僚资本集团，垄断了全国经济命脉。这一时期的管理方式有了较大的进步。中国真正意义上的企业是从官办企业开始的。

（2）革命根据地公营企业的管理

20 世纪 30 年代的土地革命战争时期，苏区开办了小型修械所，并相继建立了印刷、工兵、织布、造纸等工厂，生产革命战争和人民生活迫切需要的物质。这些工厂在经营管理上重视行政管理，贯彻了革命军队中的"官兵一致、民主管理"原则，吸收职工参加管理，建立了规章制度，开展劳动竞赛。抗日战争初期，抗日根据地的工厂大多实行了全部费用向上级主管部门报销，全部产品上交主管部门统一分配的制度，这种制度造成了工厂"只重视生产、不重视经济、不讲成本"的状况。解放战争时期，在中央精神的指导下，进一步改善管理：一是加强民主管理；二是普遍进行工厂企业化；三是贯彻按劳分配原则；四是开展立功运动。

3.3.2　中国管理思想的发展（1949—现在）

1. 新中国管理模式探索

1953 年开始，中国进入了大规模的、有计划的社会主义建设时期，开始了发展国民经济的第一个五年计划。1956 年 9 月，中共"八大"决定在企业中实行"党委领导下的厂长负责制"，以加强集体领导。1957 年 3 月，党中央又决定在工业企业中实行"党委领导下的职工代表大会制"，以调动广大职工的积极性，行使主人翁的权利。1961 年开始，对国民经济进行三年的"调整、巩固、充实、提高"。1961 年 9 月，颁布了《国营工业企业工作条例（草案）》。这个条例总结了我国企业管理的经验，体现了党的优良传统和现代化大生产的客观要求相结合的精神。通过这个条例的贯彻实施，提高了企业的管理水平，促进了生产的迅速发展。

2. 中国的经济体制改革

1976 年 10 月，我国进入了一个新的发展时期，工农业生产得到了较快的恢复。特别是 1978 年后，决定把党和国家的工作重点转移到社会主义经济建设上来。1984 年 10 月，中国共产党第十二届三中全会通过了《中共中央关于经济体制改革的决定》，进一步肯定了我国进行经济体制改革的必要性和迫切性，增强企业活力是经济体制改革的中心环节。这一时期采取了许多新的举措：扩大企业自主权；实行两步利改税；推行经营责任制；建立现代企业制度。

3. 中国的现代管理思想前沿

中国不断深化改革，吸收国外先进的管理经验和管理方法，使我国企业的经营管理发生了很大的变化，而最根本的变化是中国现代管理思想所发生的变化，即"提倡科学管理；坚持以人为本；培育职业经理；完善市场经济"。社会主义经济管理体制改革呈现出"由国内管理向国际化管理转化；由科学管理向信息化管理转化；由首长管理向人性化管理转化；由政府管理向民营化管理转化；由封闭式实体管理向开放式虚拟管理转化"的趋势。

管理理论的发展是和文化紧密相连的。东方文化对西方文化的渗透成为当代管理理论的主要特色。西方的理性思维加东方的非理性思维，实现"合理合情"。注意是"先理后情"，而非"合情合理"。目前，我国基本上处于"同步引进西方国家先进的管理理论，着手发掘古代中国管理思想，开始总结管理实践中的成功经验，开始探索创立中国特色的管理思想和方法"的阶段。中国的管理理论研究远远落后于管理实践，许多在实践中发展起来的管理思想和管理方法，还没能进行系统的整理和科学的总结，要建立系统的具有中国特色的现代管理理论，还有很长的一段路要走。

主题演讲 我理解的管理思想

一、选题示例

1. 我理解的"泰勒制"。

2. 儒家（道家、法家、墨家）管理思想之我见。

二、演讲要求

1. 演讲时间：2～3分钟；

2. 归纳和评价管理思想的主要观点；

3. 脱稿，可用PPT提示。

3.4 管理中的人性假设

管理与人有着极为密切的关系。在组织中，人具有管理的发起者和管理的接受者双重身份，在管理中，对人性的不同假定，形成了不同的管理出发点、管理方式与手段，形成了不同的组织资源配置方式。关于管理中的人性假设，主要有以下几种观点。

1. 经济人假设

经济人假设认为，人是以一种合乎理性的和精打细算的方式行事，人的行为受经济因素的推动和激发，而经济因素是受企业控制的，人在企业里处于被动的、受控制的地位。这是传统的管理思想。X理论就是对经济人假设的概括。

X理论是美国学者道格拉斯·麦克雷格在其著作《企业中人的因素》中提出来的，X理论的假设是：一般人有不喜欢工作的本性，只要可能，他就会逃避工作；由于人生来有不喜欢工作的本性，对于绝大多数人必须加以强迫、控制、指挥，以惩罚相威胁，使他们为实现组织目标而付出适当的努力；一般人宁愿受指挥，希望逃避责任，较少有野心，对安全的需要高于一切。

麦克雷格的X理论，实际把人看作是一个完全自然的人，抹杀了人的社会性的本质。在组织管理中把人当作机器的附属品，甚至当作经济动物看待，并认为人的一切行为只是为了满足自己的私利，工作不过是获得报酬的手段。与之相应的管理方法和激励的主要手段就是胡萝卜加大棒，即运用奖励和惩罚，用权力和制度去控制员工。员工本身则抱着按酬付劳的雇佣思想，被迫从事劳动。

2. 社会人假设

社会人假设认为，人是受社会需要所激励的，集体伙伴的社会力量要比上级主管的控制力量更加重要。这是初期的人际关系论的思想。与之相应，领导者应该关心和体贴员工，重视员工之间的社会交往关系，通过培养和形成员工的归属感来调动人的积极性，以此来提高生产率。麦克雷格在其著作《企业中人的因素》中提出来的Y理论是从经济人假设的另一个极端的观点出发，提出的关于人性的一种假设。

Y 理论认为：一般人本性不是厌恶工作，如果给予适当的机会，人们喜欢工作并渴望发挥其才能；多数人愿意对工作负责，寻求发挥能力的机会；能力上的限制和惩罚不是使人去为组织目标而努力的唯一办法；激励在需要的各个层次上都起作用；想象力和创造力是人类广泛具有的。

Y 理论强调组织管理的动态性，即人的特性是成长与发展的，人的选择性同样是多样的。组织效率问题不仅与工人有关，与管理部门的组织控制方法也有重要联系。社会人的假设较强调人的归属感，即社会需求。由于人是社会人，有社会需要，因此，如果组织能够满足员工的这种需求，使他们获得在组织工作方面的最大满足感，那么他们的情绪就会高涨，情绪越高积极性也越高，生产效率也就越高。

3. 自我实现人假设

这一假设认为人是自我激励、自我指导和自我控制的，要求提高和发展自己的能力并充分发挥个人的潜能。企业就应当把人作为宝贵的资源来看待，通过提供富有挑战性的工作使人的个性不断成熟并体验到工作的内在激励。

这一假设很大程度上依赖于心理学家马斯洛的需要层次理论。需要层次理论认为，人的行为动机首先来自基本的需求，如果基本需求得到满足，又会激发更高一层的需求。第一层次的需求是生理需求，通过工资、福利设施等经济和物质诱因得到满足。第二层次的需求是安全的需求，包括对物质环境的安全和心理环境的安全的需求。第三层次的需求是社交的需求，包括友谊、协作劳动、人与人之间的关系等。这些需求若得到满足，就会产生第四层次的需求，即尊重的需求，最后产生自我实现的需求，即在工作上能最大限度地发挥自己所具有的潜在能力的需求。

既然现代企业的员工可以被假定为追求自我实现需求的人，企业在员工管理方面就必须设计全新的组织体系，创设全新的机制，给予良好的环境，允许这些员工在工作中获得成就，发挥自己的潜力，实现自身的价值。心理学、行为学早已证明，当人们在做自己十分感兴趣的事时，投入和效率才是真正一流的。然而，企业毕竟是一个投入产出的有机整体，在企业既定目标下，员工的自我实现并不是海阔天空、漫无边际的，而是有一定的约束。对自我实现人的管理如果依然采取严格的命令约束，不给他人任何自由驰骋的空间，就会导致其不满，情绪低落，可能会跳槽到他认为可以发挥其才能的地方去。因此，现代企业的聪明管理者应该通过适当分权和授权，给予员工一个发挥的领域，而其基本约束仅仅为目标。

4. 复杂人假设

这是 20 世纪 60 年代末、70 年代初以后提出的对待人性的一种权变思想，是由美国组织心理学家沙因、史克恩、莫尔斯和洛希等人提出来的人性理论。沙因在其主要著作《组织心理学》一书中，总结和阐述了复杂人的观点，主要包括以下内容。

① 人的需求是多样的且因人而异，随发展条件和情况而变化。

② 人在同一时间内的多种需求和动机相互作用形成复杂的动机模式。

③ 动机模式是内部需求和外部环境共同作用的结果。

④ 不同的人对同一管理方式有不同的反应。

⑤ 在适当的管理策略之下，不同类型的动机模式均可产生高激励水平。归纳起来，该

假设认为现实组织中存在各种各样的人，不能把所有的人都简单化和一般化地归类为前述某一种假设之下，而应该看到不同的人以及同一个人在不同的场合会有不同的动机需要。

从整体发展状况来看，复杂人假设对人性研究从唯心向唯物转变且运用了辩证的观点。因此，认识也更全面合理，适应了人的全面发展和组织管理理论与实践的发展趋势。复杂人假设理论提醒人们，人是千差万别的，在管理上应充分考虑到个体与组织、正式组织与非正式组织、物质条件与社会心理因素、组织目标与个人目标等各方面因素，以及它们之间的相互关系，灵活地采取富有弹性的管理制度、措施和办法，而不能采用千篇一律的管理模式。

管理技能训练

分析管理思想

一、训练内容

从报纸、杂志或互联网中，搜集一个简短的有关我国企业的管理案例，运用本章所学的管理理论，分析案例中企业的管理思想。

二、训练要求

（1）每人写一份简要的书面分析报告；

（2）组织一次交流与讨论；

（3）教师根据学生的分析报告与表现给予评分，纳入平时考核成绩。

本 章 小 结

对管理研究意义特别重要的两个事件：第一个是亚当·斯密《国富论》的发表，第二个是工业革命。

泰勒、法约尔和韦伯是西方古典管理理论的三位先驱。

在19世纪晚期和20世纪早期，许多人就认识到人的因素对一个组织成功的重要性。许多学者对组织行为方法做出了早期的奠基性贡献，他们有一个共同信念：人是组织最重要的资产，应该对人进行适当的管理。福利特和梅奥是西方行为科学管理理论的代表人物。

现代管理思想最早起源于第二次世界大战，20世纪60年代以后，有了更迅速的发展。系统理论、权变理论、管理的定量方法、决策理论、管理过程理论都是现代重要的管理思想。20世纪90年代，最有影响力的思潮是企业再造理论和学习型组织理论。

中国管理思想的形成与发展经过中国古代的管理思想（？—1840）、中国近代的管理思想（1840—1949）和中国管理思想的发展（1949—现在）三个重要阶段。社会主义经济管理体制改革呈现出"由国内管理向国际化管理转化；由科学管理向信息化管理转化；由首长管理向人性化管理转化；由政府管理向民营化管理转化；由封闭式实体管理向开放式虚拟管理转化"的趋势。

关于管理中的人性假设，主要有以下几种观点：经济人假设、社会人假设、自我实现人假设和复杂人假设。

章节同步测试

一、单选题

1. （　　）是美国古典管理学家，被称为科学管理之父，代表作是《科学管理原理》。他首创的科学管理制度，标志着现代管理学的建立。

   A. 梅奥 　　　　　　 B. 泰勒 　　　　　　 C. 法约尔 　　　　　 D. 马克斯·韦伯

2. （　　）认为，管理的成功不完全取决于个人的管理能力，更重要的是管理者要能灵活地管着管理的一系列原则。

   A. 梅奥 　　　　　　 B. 泰勒 　　　　　　 C. 法约尔 　　　　　 D. 马克斯·韦伯

3. 现代管理思想最早起源于（　　），20世纪60年代以后，有了更迅速的发展。

   A. 工业革命 　　　　 B. 20世纪初 　　　　 C. 第二次世界大战 　 D. 20世界40年代

4. 马克斯·韦伯被称为（　　）。他是德国社会学家，曾担任过教授、政府顾问和编辑，在研究社会学、宗教学、经济学与政治学方面都有相当深的造诣。

   A. 科学管理之父 　　　　　　　　　　 B. 一般理论之父

   C. 组织理论之父 　　　　　　　　　　 D. 权变理论之父

5. 决策理论是在系统理论的基础上，吸收了行为科学、运筹学和计算机科学等研究成果而发展起来的。主要代表人物是美国学者（　　），其代表作是《管理决策新科学》。

   A. 泰勒 　　　　　　　　　　　　　　 B. 法约尔

   C. 韦伯 　　　　　　　　　　　　　　 D. 西蒙

二、多选题

1. 对管理研究意义特别重要的两个事件：一个是（　　），另一个是（　　）。

   A. 《科学管理》的发表 　　　　　　　 B. 斯密《国富论》的发表

   C. 工业革命 　　　　　　　　　　　　 D. 法约尔的一般管理理论

   E. 韦伯的行政组织理论

2. 西方古典管理理论的三位先驱是（　　）、（　　）和（　　）。

   A. 梅奥 　　　　　　 B. 泰勒 　　　　　　 C. 法约尔 　　　　　 D. 韦伯

   E. 福利特

3. （　　）和（　　）是西方行为科学管理理论的代表人物。

   A. 泰勒 　　　　　　 B. 法约尔 　　　　　 C. 韦伯 　　　　　　 D. 福利特

E. 梅奥

4. 下列选项中，哪些是现代重要的管理思想?（　　）

A. 系统观点　　　　B. 权变理论　　　　C. 管理的定量方法　D. 决策理论

E. 管理过程理论

5. 社会主义经济管理体制改革呈现出（　　）的趋势。

A. 由政府管理向民营化管理转化　　　　B. 由国内管理向国际化管理转化

C. 由科学管理向信息化管理转化　　　　D. 由首长管理向人性化管理转化

E. 由封闭式实体管理向开放式虚拟管理转化

三、名词解释

权变理论　　霍桑试验　　学习型组织

四、简答题

1. 简述西方行为科学管理理论。

2. 简述中国管理思想的形成与发展。

第4章

管 理 环 境

每个组织都是在与环境的相互作用中寻求生存和发展的。组织的管理环境对组织绩效会产生潜在的影响。管理环境由一般环境和任务环境构成，任务环境对组织的影响是直接的和明显的，而一般环境对组织的影响往往不是那么直接且必须经过分析后才能了解。由于不同组织的任务和目标不同，其环境的复杂程度和动态特征也会有明显的不同。为了更好地生存和发展，组织应能动地适应环境的变化。

知识目标

- 管理环境的内涵；
- 管理的内外部环境构成因素；
- 全球环境中的管理

能力目标

- 思辨能力；
- 分析问题的能力；
- 解决问题的能力；
- 团队合作能力

4.1 管理环境概述

4.1.1 管理环境的内涵

任何组织都是在一定环境中从事活动，任何管理也都要在一定的环境中进行。一个组织的绩效，不仅取决于管理者的努力，也会受到存在于组织内部和外部的各种因素的影响。

管理环境是指存在于一个组织内部和外部的影响组织业绩的各种力量和条件因素的总和。环境不仅包括组织外部环境，还包括组织内部环境。根据各种因素对组织业绩影响程度的不同，组织外部环境又可分为一般环境因素和任务环境因素。一般环境因素（宏观环境）是指可能对这个组织的活动产生影响，但其影响的相关性却不清楚的各种因素，一般包括经济、政治法律、文化和科学技术等。任务环境因素是指对某一具体组织的目标实现有直接影响的那些外部环境因素。组织的任务环境因素一般包括资源供应者、竞争者、服务对象（顾客）、政府管理部门及社会上的各种利益代表组织。组织内部环境一般包括组织文化（组织内部气氛）和组织经营条件（组织实力）两大部分。组织文化是处于一定经济社会文化背景下的组织，在长期发展过程中逐步形成和发展起来的日趋稳定的独特的价值观，以及以此为核心而形成的行为规范、道德准则、群体意识和风俗习惯等。组织经营条件是指组织所拥有的各种资源的数量和质量情况，包括人员素质、资金实力、科研力量和信誉等。

4.1.2　组织绩效的决定因素

一个组织中的管理者，是在一定内外部环境约束之下工作的。根据权变的管理思想，管理者所在的组织是一个开放的系统，管理者的活动必然要受到组织内外部各种因素的影响。管理环境的特点制约和影响管理活动的内容和进行。管理环境的变化要求管理的内容、手段、方式和方法等随之调整，以利用机会，趋利避害，为计划和决策服务。现代企业管理的一个重要方面就是企业必须对影响其投资、收益和生产率水平的经营环境进行系统、全面、动态的预测、控制与适应。

任何组织都是一个社会实体，它的运行不可能脱离整个社会。政治、经济等宏观环境因素对存在于其中的各种组织的运行产生影响。同时，任何一个组织的存在也离不开资源供应者和服务对象，其绩效也会直接受到资源供应者、服务对象、竞争者、政府主管部门和其他组织的影响。此外，一个组织能够做什么、能够做到怎样的程度，不仅与这个组织中的人员组成有关，而且还与这个组织拥有的资源、能力、知识和文化有关。因此，研究管理环境可以帮助企业发现新的机会，发现未来的经济增长点、市场机遇和挑战。

> **名家观点**
>
> ### 德鲁克：全新管理新模式
>
> 只要能影响组织的绩效，就是管理的中心和责任，无论（这些因素）是在组织内部还是组织外部，无论是组织能控制的还是不能控制的。

4.1.3　关于组织绩效决定因素的理论

对于组织绩效是由什么因素所决定这一问题，有两种典型的观点：管理万能论和管理无能论。

1. 管理万能论

管理万能论认为：不论环境如何，管理者对组织的成败都负有直接的责任。管理万能论从"一个组织的管理者的素质决定了这个组织本身的素质"这一假设出发，认为组织的效率与效益的差别取决于组织中管理者的决策和行动。组织录用怎样的人、做怎样的事、采取怎样的对策等，正是由管理者决定的；组织中的最高管理者是组织的中流砥柱，他被赋予指挥的权力，应该能够克服一切障碍去实现组织的目标。因此，管理者对组织的成败负有直接的责任。不论是在国家治理、体育竞技和政府管理中，还是在企业经营中都可以看到种种出自管理万能论的实例。现实生活中，在组织运行好、绩效增加时，就会给予管理者绩效奖励、股票、期权等各种形式的报酬；而当组织运行不良、绩效不佳时，人们常常采用更换管理者的方式，以期新的管理者能够带来绩效的改善。

管理问题探讨

为什么同样的环境变化会使组织产生不同的绩效？

在现实生活中，经常可以看到这样一种现象：在外部有利环境的推动下，同行中各个组织绩效都有较大幅度提升，一旦外部环境趋于恶劣，同行中各个组织的绩效就开始出现分化，有的组织仍然保持着较好的业绩，而有的组织的业绩则直线下降。

与此情境相类似的是：一个在本单位业绩非凡、能力出众的管理者，在被派往另一个业绩较差的组织后，很快就使新组织的业绩大为改观；而另一个同样在本单位能力出众、业绩非凡的管理者，到另一个业绩较差的组织中却并没有使新组织的业绩大为改观，甚至未能阻止业绩的继续下滑。

为什么同样的环境变化会导致组织产生不同的绩效呢？是因为管理者水平不同导致了组织的不同业绩吗？那么为什么同样是能力出众的管理者，在不同的组织中其业绩表现却大不相同呢？是什么原因使一个在某个组织中非常能干的管理者在另一个组织中却无所作为呢？

---

2. 管理无能论

与管理万能论相反，管理无能论则认为：管理者对组织的业绩几乎没有什么影响，一个组织的成败完全取决于管理者无法控制的环境因素。管理无能论从"管理者影响结果的能力受制于组织内外部各种环境因素"这一假设出发，认为一个组织的绩效受到大量管理者所无法控制因素的影响，因此管理者对组织绩效的影响是极其有限的。按照管理无能论的观点，管理者真正能够起到的作用大多是象征性的：当事情进行顺利、取得良好绩效时，需要对一些人给予表扬；当事情进行不顺利、绩效不佳时，需要有一个替罪羊。管理者充当的就是这一角色。例如当一个足球队的队员缺乏敬业精神、而队员的选拔又受制于球队投资者时，球队的教练很难通过自身的努力来提高球队的绩效，即使更换教练，也很难使球队的绩效有所改观。

管理案例链接

谁应该对此负责？

4 月初，为了弘扬"五四"精神，学校党委要求校团委、校学生会在全校范围内开展一次"五四"知识竞赛。这项任务最终落到了学生会学习部。学生会学习部部长小林接到任务以后，在校学工部郑老师的直接指导下积极开展活动，校园内掀起了"五四"知识竞赛热潮，并在 5 月 4 日之前完成了初赛和复赛，选拔了 6 支来自不同学院的参赛队伍进入决赛。

5月4日，隆重的"五四"知识竞赛决赛在学生活动中心如期举行，学校常务副书记、分管学生工作的副书记、副校长及许多领导都出席了此次活动，观众席也座无虚席，活动进入了高潮。但令人遗憾的是，接下来的事情使本次活动的效果大打折扣：先是主持人由于过度紧张而错误百出；然后是在比赛过程中，由于工作人员的失误，投影放映的顺序搞错了；最糟糕的是，投影仪的灯泡又突然坏了，使比赛一度中止……比赛尚未至中场，原本座无虚席的观众席已有不少人离开。比赛结束，校党委分管学生工作的副书记下达指令，要求学工部就此次事件追究责任，深刻检讨。

第二天，在学生会办公室，学习部相关人员召开了总结会议。当学习部部长小林责问副部长小吴为何没有准备好投影仪，以至于比赛中止时，小吴非常委屈地申辩："我怎么知道这台投影仪会坏，这纯属意外。"小林觉得有道理，就询问PPT制作负责人、学习部另一位副部长小钱，昨天为什么没有到场，以至于PPT放映出现问题。小钱解释道："比赛前一天我就已经把几份PPT赶出来了，本来是我自己可以去的，但昨天身体不舒服，鉴于放映的事很简单，就临时交给了小红，去了医院。"干事小红懊恼地说："因为钱部长昨天下午才告诉我他要去医院看病，让我替他负责PPT放映。尽管是临时告诉我的，但我以为自己应该可以应付，就答应了。没想到因为对资料不熟悉，比赛中出了差错。早知道这样，我就不应该答应。"

至于为什么选择这样一个主持人，负责落实主持人的小张委屈地说道："这个主持人是郑老师推荐的，郑老师说他是辩论社的理事，口才不错，而且参加过多次辩论赛。虽然我也顾虑过主持与辩论会有差异，但郑老师力荐，我也不好意思拒绝，而且部长你当时也是同意的。"经过一个多小时的讨论，大家都觉得这次活动确实没有搞好，应该检讨。但从具体分析看，也不能直接责怪谁。可是怎么向学校交代呢？小林觉得很难办。

问题：你认为谁应该对此次活动的结果负责？为什么？

4.2　组织外部环境因素

管理环境因素根据其是存在于组织内部还是外部，可分为组织内部环境因素和组织外部环境因素。一般来说，根据各种外部环境因素对组织业绩影响方式的不同，外部环境因素可分为一般环境因素和任务环境因素。

4.2.1　一般环境因素（也称宏观环境因素）

一般环境因素是指可能对这个组织的活动产生影响，但其影响的相关性却不清楚的各种因素，一般包括经济、政治、社会和科学技术等因素。一般环境因素对组织的影响虽然不是直接的，但这些因素都可能对组织产生某种重大的影响。因此，管理者必须认真分析和研究自己的组织所处的一般环境。具有来说，一般环境因素包括以下内容。

1. 政治环境因素

政治环境包括组织所在地区的政治体制、政治形势、执政党的路线、方针、政策和国家法令及政治力量的对比等因素，这些都会对组织产生重大影响。政治环境对一般组织的影响主要表现在地区政局的稳定性和政府对各类组织或活动的态度上。地区政局的稳定性是组织在制定其长期发展战略时所必然要考虑的，因为它将影响组织目标实现可能性的大小；政府对各类组织和活动的态度则决定了各个组织可以做什么、不可以做什么。例如，政府如果认为金融保险业要由政府经营，则其他民营企业就很难涉足。实行改革开放政策以来，我国的政治环境一直稳定，但管理是世界性的活动，我国的不少企业已进军国际市场，在不少国家开办了实业，与众多的国家开展贸易，这就要求企业管理者对这些国家的主要政治环境变化有一定的预见能力。

2. 经济环境因素

组织所处的经济环境通常包括其所在国家的经济制度、经济结构、物质资源状况、经济发展水平和国民消费水平等。另外，利率、通货膨胀率、可支配收入的变化、股市指数和经济周期也是一些可以用来反映经济环境的指标。经济环境因素主要通过对组织所需的各种资源的获得方式、价格水准的影响和对市场需求结构的作用来影响各类组织的生存和发展。不同的经济制度，有不同的资源供给方式。物质资源状况、经济结构和国民消费水平等会在很大程度上影响一国各种资源的价格水平。不同的经济发展阶段，国民消费水平不同，市场需求结构也不同。

3. 社会环境因素

社会环境主要由组织所在国家或地区的人口、家庭文化教育水平、传统风俗习惯及人们的道德和价值观念等因素构成。社会环境因素通过行为规范（风俗、道德、法律）、人口结构（人口数、年龄结构、人口分布）和生活方式（家庭结构、教育水平、价值观念）的改变影响一国的群体行为规范、劳动力的数量和质量、所需商品和服务的类型与数量等，并进而影响该国各组织的经营管理。

社会环境因素对于组织的行为也有很大的影响。例如，就风俗习惯而言，有的国家或地区把服装款式看成是显示社会地位的一种象征。因此，他们很讲究服装的款式，并很愿意为此花钱；而在有的国家，人们对服装的款式并不讲究，只要经济实用即可。对于从事国际贸易的服装企业，就必须注意这些国家在风俗习惯上的差异。再如，为了保证顺利达成一笔商业交易，支付给政府官员和可以施加影响的人一笔费用，有的国家认为这是贿赂，而有的国家则认为是正当的报酬，是可以接受的经营方法。人是社会中的人，要受到人们普遍接受的各种行为准则的约束。道德准则或社会公告虽然大多并没有形成法律条文，但对于约束个人或集体行为仍具有事实上的作用和威力，任何组织的行为都要考虑社会秩序和伦理道德的影响。

行动指南

应对外部环境的常用方法

组织的绩效受到组织内外部各方面因素的影响，管理者的工作也受到来自组织内外部各种因素的制约。管理者并不是万能的，期望通过更换管理者取得组织绩效的改善并不总能奏效，但这并不是说管理者就不重要或者管理者就不需要对组织绩效的好

坏承担责任。尽管有组织内外部各种因素的制约，管理者仍可以在一定的范围内对促进组织的发展发挥重大的作用。在特定的环境中，管理者更是决定组织业绩的关键性因素。因为管理者可以通过管理工作，变各种消极因素为积极因素，这不仅是组织离不开管理者的根本原因，也是一个好的管理者与一个差的管理者的主要区别。

一般环境不是管理者可以影响的，更不是管理者所能够改变的。对于一般环境因素，主要是如何主动适应。对任务环境，管理者是可以而且应该努力加以管理的，如当商品房销售竞争日趋激烈时，可以通过提升企业品牌知名度的方法使银行放心贷款，顾客放心购买。在微观环境上，管理者可以主动改变自己，变被动为主动。管理者不能因为组织外部环境变化莫测而束手待毙，也不能因为组织内部风气不好、实力较弱而无所作为。就是因为外部环境存在各种不确定因素、组织的理想与现实之间存在差距，才需要管理者来指引方向并有效利用各种资源，带领群体克服各种困难，以实现组织目标。好的管理者与差的管理者的区别也就体现在面对恶劣的环境条件所取得的组织绩效。

4. 技术环境因素

技术环境通常由组织所在国家或地区的技术水平、技术政策、科研潜力和技术发展动向等因素构成。任何组织，欲求经营有效而与技术或技术发展无关，几乎是不可能的。那些能适应技术进步的组织，相对于不关注技术进步的组织，在竞争中会占据更有利的地位。在当今充满变化的世界里，任何企业欲求生存，都必须在产品、服务和经营方式等方面保持技术的先进性。技术进步从劳动力、劳动资料和劳动对象等方面推动着生产力的发展。不同的技术和技术过程，要求有不同的管理方式和方法，技术的发展也改变着管理活动的进行。在规划、决策、计划、调度、组织和控制等方面，技术都占据着重要的位置，组织方式和领导方式也随着技术的发展而改变。

管理问题探讨

组织的一般环境因素是否都是一样的？

对一个组织而言，哪些因素属于环境因素，是一般环境因素还是任务环境因素，取决于该组织的目标定位。例如两个饮料生产企业，一个专业生产儿童饮料，另一个生产保健饮料。对于这两个企业，政府对食品卫生的有关规定和饮料生产技术的发展等是它们经营中都必须加以考虑的因素。进一步来说，对前一个企业而言，还要考虑国家的计划生育政策、儿童在社会中的地位等一般环境因素和儿童的口味变化、儿童的数量与年龄结构、所需的原辅材料供应情况和儿童饮料市场竞争情况等任务环境因素；而对后一个企业而言，则更关心保健技术的发展、保健品市场需求及竞争情况和国家对保健品生产销售的特殊规定等任务环境因素。

企业是这样，其他组织也是如此。如同样是学院，工商管理学院和石油化工学院由于其专业方向和学生去向不同，其环境影响因素也不同。由此可见，对一个组织的发展有重大影响的环境因素，对于另一个组织可能根本不重要。

4.2.2 任务环境因素

任务环境因素是指对组织目标实现有直接影响的外部环境因素。比较典型的任务环境因素包括资源供应者、服务对象（顾客）、竞争者、政府管理部门及社会中各种利益的代表组织。对一个特定的组织而言，任务环境都是特定的，并随构成因素的变化而变化。它将直接增加或减少组织的效益。图4-1是管理者处于各种任务环境因素下的压力图。

图4-1 管理者处于各种任务环境因素下的压力

不同的组织有不同的任务环境，与一般环境相比，任务环境对组织的影响更为直接和具体。因此，绝大多数组织的管理者更重视任务环境因素。对大多数组织而言，其任务环境因素主要包括资源供应者、服务对象、竞争者、政府主管部门和社会特殊利益代表组织，具体如表4-1所示。

表4-1 通常的任务环境因素

任务环境因素	定义	以企业为例	对组织的影响
资源供应者	提供该组织经营所需资源的人或单位	股东、银行；职业介绍所、人才市场；新闻机构、情报机构；科研机构、技术市场；原辅材料供应商	一旦主要的资源供应者出现问题，就会导致整个组织运转的减缓或中止
服务对象	购买该组织产品或使用其劳务的人或单位	企业的客户或企业产品消费者	拥有一定量的服务对象是一个组织生存发展的前提
竞争者	与该组织争夺资源和服务对象的人或组织	同行、替代品生产者、同样需要该组织所需资源的组织	竞争者的多少直接影响组织获得一定业绩所需付出的代价
政府主管部门	国务院、各部委及地方政府的管理部门或机构	市场监督管理部门、税收部门、物价局、劳动管理部门等	其政策对一个组织可以做什么、不可以做什么及能取得多大的收益都会产生直接的影响
社会特殊利益代表组织	代表社会上某一部分人的特殊利益的群众组织	工会、消费者协会和环境保护组织等	通过直接向政府主管部门反映情况或通过各种舆论宣传工具对各类组织施加影响

任何组织都不是孤立的。组织把环境作为自己输入的来源和输出的接受者，必须遵守当地的法律，并对竞争做出反应。因此，资源供应者、服务对象、政府主管部门和社会特殊利益代表组织等可以对组织施加压力，而管理者也必须对这些环境因素的影响做出适当的反应。

"人才市场上营销人员短缺"对于一般企业来说属于什么因素?

要判断一个因素是否是环境因素,以及是什么环境因素,关键取决于该因素对组织的业绩是否有影响,以及影响是直接的还是间接的。若有影响,就是该组织的环境因素;若没有影响,则不是该组织的环境因素。

对于一般企业而言,营销是其基本职能之一,营销工作的好坏直接影响到企业的经济效益。因此,营销人员的供应情况是企业所关心的环境因素之一。进一步来说,由于"人才市场上营销人员短缺"这一因素存在于组织外部,因此这是外部环境因素;由于外部营销人员短缺会直接影响到本企业营销人员的获得及维护成本,进而直接影响企业的业绩。因此,"人才市场上营销人员短缺"对于一般企业而言属于任务环境因素。

4.3 组织内部环境因素

管理环境除了组织外部环境外,还包括组织内部环境。组织内部环境一般包括组织文化(组织内部气氛)和组织经营条件(组织实力)两大部分。

4.3.1 组织文化(企业文化)

组织文化是指处于一定社会文化背景下的组织,在长期的发展过程中逐步形成和发展起来的日趋稳定的、独特的价值观,以及以此为核心形成的行为规范、道德准则、群体意识和风俗习惯等。组织文化实际上是指组织的共同观念系统,是一种存在于组织成员之中的共同理念。

1. 关于组织文化的描述

(1) 这是一个制造厂

该厂有员工必须遵守的许多规章制度;每个员工都有其特定的工作目标,管理者严格管理员工以确保不发生偏差;遇到问题由上司来决定如何处理;要求所有的员工都必须按正式的权力线进行信息传递;管理人员不相信员工的诚实和正直,因此实行严格的控制;雇用的管理者或员工都要按一定的程序先在基层各个部门锻炼,进而成为多面手而不是专业人员;高度赞扬和奖励的是努力工作、团结协作、不犯错误和忠诚。

(2) 这同样是一个制造厂

在这个厂,规章制度很少;员工们被认为是努力工作和值得信赖的。因此,监控比较松散;它鼓励员工自己解决问题,但当他们需要帮助时,可随时向其上司请教;各部门之间分工明确;组织鼓励员工开发其专业技能;人与人之间和部门之间存在不同意见或差异被认为是正常现象;根据管理者所在部门的业绩和该部门与其他部门之间的配合情况来评价管理者;晋升和奖励倾向于那些为组织做出最大贡献的员工,即使他有不同的观点、异于常人的工作习惯或独特的个性。

2. 组织文化的状态

从组织文化内容的同一化和形式的显性化程度出发，可以将组织文化大致归纳为四种状态：默契文化状态、离散文化状态、形式文化状态和系统文化状态。

（1）默契文化状态

尽管没有显性化的表现形式，但由于群体之间有共同的经历或共同的目标，并在交流与合作中形成了共同的价值观念和行为准则，因而相互之间默契程度高，合作愉快。一般在企业初创阶段，在创业群体间会形成这样的文化状态。

（2）离散文化状态

组织中不同的人有不同的做事方式、行为准则和价值取向，对同一个问题常常存在不同的看法。此时，组织文化处于隐性和多元的状态。

（3）形式文化状态

该文化形态有显性化的表层文化和一定的行为规范，但由于缺乏对组织文化的系统梳理和深层挖掘，文化理念和行为准则仅仅停留于表面，更多的是一种包装和形式。

（4）系统文化状态

经过对组织文化的系统挖掘，文化理念和行为准则发自内心且为群体所认同，表层文化也能和组织文化理念保持一致，组织进入言行一致、表里如一的状态。此时，组织处于系统文化状态。

管理技能训练

描述寝室文化

请与你所在寝室的同学一起，运用本章中所学到的知识，描述你所在寝室的文化，并总结寝室文化的形成过程，以及它对你的学习与生活的影响。

---

3. 组织文化与环境

组织文化是描述性的而不是评价性的，它决定了在该组织中什么是被认可的、什么是被反对的。组织文化一旦形成，就会在很大程度上对管理者的思维和决策施加影响，并具体体现在组织的各种行为准则和组织外在形象中。在一个组织中能取得杰出业绩的管理者，之所以在另一个组织中不一定能取得杰出的业绩，很大程度上与不同的组织具有不同的组织文化有关。

组织文化对管理者的约束很少是直截了当的，但它们确实存在，并影响着管理者的决策。例如，在一个致力于利润的平衡增长，并认为利润的增加主要应通过降低成本来取得的公司里，管理者不太可能去接受那些创新的、风险大的和时间长的项目；而在一个以"用户至上"为服务宗旨的组织中，也不会允许员工与用户争执。越来越多的组织认识到组织文化的重要性，并开始系统表述组织的使命、核心价值观和经营管理理念，通过明晰组织文化理念，使组织成员明确组织内判断是非的标准，从而有效地控制自己的行为，使自己的行为努力符合组织的价值观。有一个清晰的文化理念体系是组织走向成熟的标志，管理者应有意识地引导良好的组织文化的形成。

4. 组织文化的改变

组织文化在不同的时机下，可能会发生改变。表 4-2 是几种组织文化改变的时机及对组织的影响。

表 4-2　组织文化的改变时机

发生戏剧性的危机	危机可以是由于地位突然下降所造成的伤害或对现有文化的怀疑等所形成的打击。例如，一个令人吃惊的金融挫折、主要顾客的离散和竞争者带来的重大技术突破等。危机可使人们对习惯了的东西进行反思，从而促进已有文化的改变
领导层发生变动	新的高层领导可能会带来一套新的价值观念，而且由于他们常常被看作是具有改变危机能力的人，因而其观念相对来说也易被员工接受。领导层包括组织的主要领导，但也可能包括所有的中层管理人员
组织成立不久且规模较小	组织成立的时间越短，组织文化越不稳定。同样，当组织规模较小时，管理人员也更容易与员工沟通，更容易建立新的价值观念
组织文化较薄弱	组织文化渗透得越广，组织成员对组织文化的认同度就越高，组织文化也就越难改变。相反，弱的组织文化则为管理者改变组织文化提供了便利

4.3.2　组织经营条件因素

组织经营条件因素是指组织所拥有的各种经营资源和能力，包括人员素质、资金实力、科研力量、专利技术和信誉等。经营条件直接影响着组织能够做什么、不能够做什么，以及能够做到什么程度。它们不仅影响组织目标的制定，而且还将直接影响管理者的决策和行为，从而对最终的组织绩效产生影响。

1. 资源

资源是指企业生产经营过程的投入。企业中有些资源是有形的、显性的，如以现金、有价证券等反映的财务资源，以土地的位置、厂房设备的先进性及原材料的紧缺程度等反映的实物资源，以专利、商标和专有技术所有权体现的技术资源，以及从数量和成本上反映的劳动力状况等。有些资源是无形的、隐性的，如员工的知识和智慧、相互间的信任和协同工作的方法，企业在社会上的声誉及对外联系的特有方式等。企业所拥有的资源是其独特能力的基本来源。

2. 能力

能力是一组资源的有机组合。企业通过各种有形资源与无形资源的不断融合形成与众不同的能力。其中，能为企业带来相对于竞争对手的持久优势的资源和能力称为核心竞争力。可将核心竞争力理解为："在研发、设计、制造、营销、服务等一两个或几个环节上具有明显优势，竞争对手难以模仿，并能满足顾客价值需要的独特能力。"比如，索尼的战略管理能力、英特尔的研发能力、通用的组织管理能力、肯德基的企业文化凝聚力等。企业一旦建立了自己的核心竞争力，不仅会使现有的业务经营产生超额利润，而且能使相关的或新创的业务获得该种能力延伸运用后的溢出效应。因此，管理者的根本出发点就是要最大限度地培育、发展和运用企业的核心竞争力。

由于组织绩效受到组织内外部各种因素的影响，管理者在一定的内外部环境约束下工作，要体现自己的价值，就必须了解自己所处的环境，认真对待各种环境因素，并设法适应或改变这种环境以确保组织目标的实现。

商店的内部环境因素

选择校园内或学校附近的一家小商店，采访店主，了解该商店的定位和影响该商店经营业绩的各方面因素。然后运用本章所学知识，系统描述该商店的内部环境因素，并说明这些因素是如何对该商店的经营绩效产生影响的。

4.4　组织环境的管理

管理者的工作成效通常取决于他们对环境的了解、认识和掌握的程度，取决于他们能否正确、及时和迅速地对内外部环境做出反应。为此，组织的管理者应该且必须认真对待各种环境因素，并学会如何有效地管理环境、如何在一定的内外部环境约束之下工作，并设法适应或改变这种环境以确保组织目标的实现。

4.4.1　组织环境的定位

怎样衡量组织环境的不同呢？可采用汤姆森所提出的方法，即用环境的变化程度和环境的复杂程度来衡量一个组织所处的环境。不同的组织处于不同的环境之中，由环境的变化程度和环境的复杂程度可形成四种典型的组织环境，具体如表4-3所示。

表4-3　组织环境的种类

环境状态		变化程度	
		稳定	动态
复杂程度	简单	状态1：稳定、简单的环境 环境影响因素较少 环境因素变化不大 环境因素容易了解	状态2：动态、简单的环境 环境影响因素较少 但在不断的变化之中 环境因素比较容易掌握
	复杂	状态3：稳定、复杂的环境 环境影响因素多 环境因素基本保持不变 掌握环境因素较难	状态4：动态、复杂的环境 环境影响因素多 且处于不断的变化之中 掌握环境因素较难

4.4.2　环境管理工具

多数情况下，环境是可以管理的。通过对组织外部环境的分析，可以明确组织所面对的机会和威胁；通过对组织内部环境分析，可明确组织的优势和劣势。在此基础上，通过SWOT分析，可列出组织在特定环境中可采取的应对策略，见表4-4。

表4-4　SWOT分析模型示意图

内部环境分析 外部环境分析	优势 S 1. 2. 列出优势 3.	劣势 W 1. 2. 列出劣势 3.
机会 O 1. 2. 列出机会 3.	SO 战略 1. 2. 发挥优势 利用机会 3.	WO 战略 1. 2. 克服劣势 利用机会 3.
威胁 T 1. 2. 列出威胁 3.	ST 战略 1. 2. 利用优势 回避威胁 3.	WT 战略 1. 2. 减少劣势 回避威胁 3.

4.4.3　全球环境中的管理

组织的管理者在身处动态环境的同时，能感受到：他们的组织是在一个真正的全球化环境中生存和竞争。而在一个全球化环境中，开放和多元化是管理者所必须面对的。由于环境的变化，以前成功的方法今天已不再适用，而当我们忽视环境的变化，仍以以前的做法来进行今天的事情时，结果就是失败。正因为如此，组织的管理者要取得良好的管理效果，首先必须正确认识环境的变化。

在一个开放的全球化环境中，企业可以在自己所选择的任何一个国家自由地买卖其所需要的资源和服务，同时也可以在不同的国家从事生产和销售，从而诞生了许多"无国界企业"。对于从不同的国家获取资源或在不同的国家从事生产和销售的企业，必须正视国际环境因素。即使是一个将自己的产品和服务局限于本土的企业，也不可避免地需要正视各国同类企业进入其所在区域所带来的影响。在全球化环境中，必须特别重视组织所必须面对的文化多元化。不同的国家或民族有不同的思维模式、价值取向，一个国际企业如果忽视不同国家之间的文化差异，就无法取得成功。

在全球化环境中，尽管管理的任务和管理职能并没有发生变化，但管理者将面临更多的困难和风险。因此，扩展全球视野、关注国际环境的变化、注重跨越国境的学习、注意国际环境变化对本组织的影响、提高跨文化管理能力，是组织的管理者面对全球化环境所应该做好的准备。

管理者对环境要保持高度的重视与灵敏的嗅觉。对于已经形成的环境，管理者要认识、了解和掌握环境，并努力使组织适应环境的限制与变化，在特定的环境下寻求生存与发展。同时，积极寻找其中的突破口，通过组织行为作用于环境，使之朝着有利于组织的方向发展。

管理案例链接

该组织为什么能够脱颖而出？

杭州中粮美特容器有限公司的前身——杭州印铁制罐厂是由中国粮油食品进出口集

团公司（以下简称"中粮集团"）和波尔亚太有限公司共同合资兴建的大型综合印铁制罐专业企业，始建于1992年10月，总投资7 000万美元，注册资金3 005万美元。尽管公司设备先进，但在1997年以前，由于市场不景气，该公司一直处于微利状态。1997年，中粮集团收购杭州印铁制罐厂的全部股份和美特容器（香港）有限公司部分股份，成为杭州印铁制罐厂的最大股东。公司更名，并转由中粮集团直接管理并委派经营班子成员。

当时的杭州中粮美特正处于内外交困的境地。内部，在以粮油食品贸易为主业的中粮集团，包装实业一直都在保留或放弃、生或死的边缘挣扎。根据2000年麦肯锡给中粮集团所做的战略咨询报告，杭州中粮美特从事的金属包装既不属于集团主业，其投入产出率又较低（2000年净资产收益率仅为3.06％），建议中粮集团从金属包装业中退出。在外部，产能的过剩和竞争的无序，导致了行业的衰退，不少外资企业、国有企业纷纷退出，包装产业差不多已经成为民营企业的天下。面对集团最终给予的"死缓"和外部恶性竞争的局面，以周政为首的经营班子并没有气馁。他们认为：包装行业尽管目前竞争激烈，但随着人们生活水平的提高、企业品牌意识的加强，包装行业市场广阔、前景美好。因此，对包装产业的发展充满了信心。同时，他们也充分认识到了未来道路上的困难：只有提高企业的盈利能力，才能消除投资者的疑惑；只有扩大销售规模，才能充分利用产能，增加盈利能力；而要在产品同质化程度高、客户分散、竞争激烈的市场中获得更多的订单，就必须改变以前那种粗放式经营管理模式，依靠精细化管理和过硬的专业服务以增强战斗力。由此，他们提出了"专业专心、追求卓越"的核心理念。

为了建立精细化管理体系，中粮美特从2000年开始，聘请专业管理咨询公司协助加强企业的各项基础管理工作：2000年上半年，形成了企业新的薪酬制度和规范的人力资源管理制度手册，接着又用了近一年时间编制完成了企业生产各岗位作业指导书和作业标准规范，同时还修订了《程序管理制度》和《工作责任事故管理制度》，作为作业规范顺利执行的保障。各职能部门根据新版ISO的要求，重新修订了业务流程，大部分员工明确了自己该做什么、怎么做、应该做到什么程度、没做好会如何等问题。2001年，企业通过对自身文化理念的梳理，确立了"美化产品形象，塑造缤纷世界"的企业使命，将为名牌企业的产品提供精美包装确定为主营业务，将具有知名品牌的成功企业和注重品牌、具备成功潜力的企业作为自己的服务对象，提出了"成为中国最好的包装企业"的目标，认为"要做就要做最好。我们经营的是企业，提供的是包装产品，追求的目标是中国同业第一。即我们要成为品牌形象第一、销售规模第一、综合效益最好的中国金属包装企业"。明确和统一企业价值理念，为减少内耗、提高管理效率和企业长期稳定发展奠定了思想基础。与此同时，企业在前期细分销售部，以加强市场战斗力这一成功实践的基础上，开始了营销管理体系的创新与规范工作，于2002年上半年形成了企业营销管理制度手册和营销员手册，明确将"服务客户成功"作为企业的经营宗旨，主张企业的一切经营工作都要围绕"服务客户成功"展开。企业还提出了整体服务营销（TSS）模式。这是一种多对一的营销模式，其主要特点是：全员参与、全过程服务、全过程控制，注重与客户建立相互融合、密不可分的合作关系。

经过几年的探索，企业形成了方针目标管理模式。该模式主张管理工作以市场为导向，企业所有的管理工作都围绕经营和市场开拓展开；以全面质量管理和预算管理为基础，在管理方式上，主张通过预算管理将总目标进行分解，层层落实，使每个部门、每位员工都有具体的工作目标，通过每个岗位工作目标高质量地完成来保证公司总体目标的实现；以创新为动力，主张通过对自身不断加以否定来追求持续进步；以人才为根本，认为管理要注重企业文化的建设，以人力资源的充分开发、运用为根本，并在一切管理工作中充分考虑人的因素；以企业的可持续发展为目标，在管理工作中注重企业可持续发展机制的建立，通过实行目标与方针管理，实现企业长期稳定的发展。2002 年 5 月，马口铁、化工等原料价格开始暴涨（而且一涨就是连续 4 年，从 2002 年的 5 200 元/吨上涨到 2005 年最高时的 10 800 元/吨，年涨幅 30% 以上），企业面临巨大的成本挑战。因为在包装产品中，材料成本占 60%～70%，很多中小包装厂因此而倒闭或停产。中粮美特怎么办？

周政带领公司人员进行了全面的分析，认为涨价是面对全行业的，涨价对于中粮美特而言，既是挑战也是机会；对于包装产业，在材料上涨的情况下，只有扩大规模、降低成本才能渡过难关；面对困难，成功的路只有一条，那就是勇往直前。据此，经营班子提出了"把能控制的工作把住，竭尽所能地解决问题"的具体措施：对外，一方面利用材料大幅上扬、规模小的企业撑不下去的机会，低成本收购闲置的二手设备，租赁停产和开工不足的工厂，兼并"休克"的包装企业，进行低成本扩张；另一方面，经营班子成员出面，利用规模优势与供应商谈判，把材料成本控制到最低，与主要客户进行沟通，在锁定订单、保证客源的同时，说服客户分担部分涨价成本；对内，改进技术、降低成本，从各个环节增收节支。经营层的坚定信念和主动解决问题的决心，使公司上下团结一心，顺利渡过了原材料涨价的难关，并在这一过程中实现了高速扩张。

中粮美特原来是微利企业，通过"专业专心"增强市场战斗力，并加强精细化管理，公司的销售和生产规模持续扩大，盈利状况得到改善，利润年均增长 30% 以上，净资产收益率也不断提高。作为中国包装行业仅存的国有企业，中粮美特不仅没有在外部竞争和内部质疑中倒下，反而在几年间在包装行业中脱颖而出，并最终取得了行业领先地位。

请问：

(1) 在中粮美特的发展过程中，受到了哪些环境因素的影响？

(2) 面对各种环境影响因素，企业分别采取了哪些应对措施？

(3) 管理者在其中起到了什么作用？

本 章 小 结

管理环境是指存在于一个组织内部和外部的影响组织业绩的各种力量和条件因素的总和。

对于组织绩效到底是由什么因素所决定这一问题，有两种典型的观点：管理万能论和管理无能论。

管理环境因素根据其存在于组织内部还是外部，可分为组织内部环境因素和组织外部环境因素。一般来说，管理的外部环境包括一般环境和任务环境。管理内部环境包括组织文化（组织内部气氛）和组织经营条件（组织实力）。

在一个组织中能取得杰出业绩的管理者，之所以在另一个组织中不一定能取得杰出的业绩，在很大程度上与不同的组织具有不同的组织文化有关。从组织文化内容的同一化和形式的显性化程度出发，可将各个组织的组织文化大致归结为四种状态：默契文化状态、离散文化状态、形式文化状态和系统文化状态。

任何一个组织的管理者都应该而且必须认真对待各种环境因素，学会如何有效管理环境，如何在一定的内外部环境约束之下工作，并设法适应或改变这种环境以确保组织目标的实现。

章节同步测试

一、单选题

1. （　　）是指存在于一个组织内部和外部的影响组织业绩的各种力量和条件因素的总和。

    A. 管理环境 　　　　 B. 组织文化 　　　　 C. 一般环境 　　　　 D. 管理者

2. 管理内部环境包括组织文化和（　　）两大部分。

    A. 任务环境 　　　　 B. 组织文化 　　　　 C. 一般环境 　　　　 D. 组织经营条件

3. 在一个组织中能取得杰出业绩的管理者，之所以在另一个组织中不一定能取得杰出的业绩，在很大程度上与不同的组织具有不同的（　　）有关。

    A. 任务环境 　　　　 B. 组织文化 　　　　 C. 一般环境 　　　　 D. 组织经营条件

二、多选题

1. 对于组织绩效到底是由什么因素所决定这一问题，有两种典型的观点：（　　）和（　　）。

    A. 管理效率论 　　　 B. 管理万能论 　　　 C. 管理无能论 　　　 D. 管理效果论
    E. 管理因素论

2. 管理环境因素根据其存在于组织内部还是组织外部，可分为组织内部环境因素和组织外部环境因素。一般来说，管理的外部环境包括（　　）和（　　）。

    A. 政治环境 　　　　 B. 组织文化 　　　　 C. 一般环境 　　　　 D. 任务环境
    E. 组织经营条件

3. 从组织文化内容的同一化和形式的显性化程度出发，可将各个组织的组织文化大致归结为四种状态：（　　）、（　　）、（　　）和（　　）。

    A. 团队文化 　　　　 B. 默契文化状态 　　 C. 离散文化状态 　　 D. 形式文化状态
    E. 系统文化状态

4. 一个企业的社会责任，根据其重要性和出现的频率可以划分为四部分：（　　）、（　　）、（　　）和（　　）。

A. 经济责任　　　　B. 法律责任　　　　C. 政治责任　　　　D. 道德责任

E. 无约束责任

5. 不同的组织处于不同的环境之中，由环境的变化程度和环境的复杂程度可形成四种典型的组织环境，分别为：（　　）、（　　）、（　　）和（　　）。

A. 稳定、简单的环境　　　　　　　　B. 稳定、绿色的环境

C. 动态、简单的环境　　　　　　　　D. 稳定、复杂的环境

E. 动态、复杂的环境

三、名词解释

组织文化　　　管理万能论　　　任务环境因素

四、简答题

1. 简述组织外部环境因素的构成。

2. 简述组织内部环境因素的构成。

第 2 篇

职 能 篇

第5章

计　划

计划工作是一座桥梁，它把我们所处的此岸和我们要去的彼岸连接起来。

——哈罗德·孔茨

计划什么都不是；计划是一切。

——德怀特·艾森豪威尔

知识目标	能力目标
● 计划的内涵；	● 思辨能力；
● 计划的类型；	● 分析问题的能力；
● 计划的编制过程；	● 解决问题的能力；
● 计划的制订方法	● 团队合作能力

5.1　计划概述

一个组织要有效地实现目标，必须做出计划。计划是管理的首要职能，也是决策的组织落实过程，它应用于组织的各项活动中。计划工作的质量将对组织管理水平产生决定性的影响。

导入案例

哈佛精英的人生轨迹

1970 年，美国哈佛大学对当年毕业的学生进行了一次关于人生目标的调查：27%

的人没有目标；60％的人目标模糊；10％的人有清晰但比较短期的目标；3％的人有清晰而长远的目标。

1995年，即25年后，哈佛大学再次对这批1970年毕业的学生进行了跟踪调查，结果是：3％的人，在25年间朝着他们既定的方向不懈努力，现在几乎都成为社会各界的成功人士，其中不乏行业领袖、社会精英；10％的人，他们的短期目标不断实现，成为各个行业、各个领域中的专业人士，大都生活在社会的中上层；60％的人，他们安稳地生活与工作，但都没什么特别突出的成绩，他们几乎都生活在社会的中下层；剩下27％的人，他们的生活没有目标，过得很不如意，并且常常报怨他人、抱怨社会、抱怨这个"不肯给他们机会"的世界。

其实，他们之间的差别仅仅在于：25年前，他们中的一些人知道自己的人生目标，而另一些人不清楚或不是很清楚自己的人生目标。结论是：目标对人生有巨大的导向作用。

1. 计划的含义

计划是关于组织未来的蓝图，是对组织在未来一段时间内的目标及其实现途径的策划与安排。计划有两种不同的含义。计划作为名词，是指对未来活动所做的事前预测、安排和应变处理。计划作为动词，是指管理者确定必要的行动方针，以期在未来的发展中能够实现目标的过程，实际上也就是计划工作，包括估量机会、建立目标、制订计划、贯彻落实、检查修正等内容。计划工作是管理者合理利用资源，协调和组织各方面力量以实现目标的重要手段。

管理中的计划职能是一个非常广义的概念，不宜将之等同于一般意义上的制订计划。计划用一个字概括就是"谋"。通常所说的"谋定而动，深谋远虑、多谋善断"等，都是在讲计划。"运筹帷幄之中，决胜千里之外"，"凡事预则立，不预则废"，都是在强调计划的重要性。计划是各级管理人员的一个共同职能。组织中管理者，不论职位高低，或多或少都要进行计划活动。由于所处的位置和拥有的职权不同，管理者所从事的计划活动会有不同的特点和范围。一般来说，高层管理者主要致力于战略性的计划，而中层或基层管理者则主要致力于战术性或执行性的计划。

管理故事

目标的重要性

有人曾做过一个实验：组织三组人，让他们分别向20千米外的一个村子步行。

第一组人不知道村庄的名字，也不知道路程有多远，被告知跟着向导走就行。刚走了四五千米，就有人叫苦，走了一半时大家几乎愤怒了，他们抱怨为什么要走这么远，何时才能走到。又走了几千米，离终点只剩下三四千米时，有人甚至坐在路边不愿走了。走到终点的大约只有一半人。第二组人知道村庄的名字和路程，但路边没有里程碑，他们只能凭经验估计行程时间和距离。走到一半时，大多数人就想知道他们已经走了多远，比较有经验的人说："大概走了一半的路程。"于是大家又簇拥着向前走，当走到全程的四分之三时，大家情绪低落，疲惫不堪，而路程似乎还很长，当有人说"快到了"时，大家又振作起来，加快了步伐。第三组人不仅知道村子的名字、路程，而且公路上每隔一千米就有一块里程碑，人们边走边看里程碑，每缩短一千米大家便有一小阵的快乐。行程中他们用歌声和笑声来消除疲劳，情绪一直都很高涨，所以很快就到达了目的地。

管理启示：当人们的行动有明确的目标，并且把自己的行动与目标不断加以对照，清楚地知道自己的前进速度和与目标的距离时，行动的动机就会得到维持和加强，人们就会自觉地克服一切困难，努力地达到目标。

2. 计划的内容

计划的目的是实现所提出的各项目标，所有计划都是针对某个特定目标的，因此一个计划首先要明确其所针对的目标。目标明确以后，在计划中还必须说明如何做、谁来做、何时做、在何地做、需投入多少资源等基本问题。一般采用 5W2H 来描述计划工作的任务和内容：

① What，做什么？——目标与内容；

② Why，为什么做？——原因；

③ Who，谁去做？——人员；

④ Where，何地做？——地点；

⑤ When，何时做？——时间；

⑥ How，怎样做？——方式、方法、手段；

⑦ How much，多少成本？——资金、费用。

表 5-1 列出了一个完整的计划应包含的要素。

表 5-1 一个完整的计划应包含的要素

要素	内容	所要回答的问题
前提	预测、假设、实施条件	该计划在何种情况下有效
目标（任务）	最终结果、工作要求	做什么
目的	理由、意义、重要性	为什么要做
战略	途径、基本方法、主要战术	如何做
责任	人选、奖罚措施	谁做、做得好坏的结果
时间表	起止时间、进度安排	何时做
范围	组织层次或地理范围	涉及哪些部门或在何地
预算	费用、代价	需投入多少资源和代价
应变措施	最坏情况计划	实际与前提不相符时怎么办

在实际工作中，计划有多种表现形式，如目标、战略、政策、规章制度、预算和规划等。

管理技能训练

你做计划吗？

（1）了解你的组织中个人日常计划的制订情况，看有多少人有制订书面计划的习惯。

（2）一起分析平时不做计划的理由，讨论这些理由是否成立。

3. 计划的地位和作用

在所有的管理职能中，计划职能是最为重要和关键的一项职能，在管理工作中处于首要位置。只有在计划工作之后才能实施管理的其他职能，并且其他职能一般都随计划和目标的改变而改变。只有在明确了目标和途径之后，人们才能确定要建立何种组织结构、需要何种人员、领导下属走向何方及何时需要纠偏等。

名家观点

罗宾斯谈计划与绩效

许多研究试图检验计划与绩效的关系，得出下列结论：首先，计划通常与更高的利润、更高的资产报酬率及其他积极的财务成果相联系。其次，高质量的计划过程和适当的实施过程比泛泛的计划更容易产生较高的绩效。最后，在这些研究中，凡是正式计划未能产生高绩效的情况，一般都是环境造成的。

计划的有效性在于：保证在发生各种预想不到的情况时能将有限的资源首先用于最重要的事情上。具体来说，计划有以下作用。

（1）提供方向，增进协调

计划是连接现在和未来、个人和团队的一座桥梁。通过清楚地确定目标和如何实现这些目标，可为未来行动提供一幅路线图，从而减少未来活动中的不确定性和模糊性。同时，当有关人员了解了组织的目标和为达到目标必须做出的贡献时，他们就开始协调他们的活动。

（2）有效配置资源

实现目标可能有多条途径，事先的分析有助于对有限的资源做出合理的分配，减少重叠和浪费。进一步讲，借助计划可克服由于资源的短缺和未来情况的不确定性所带来的困难，使一些本来无法或难以有效实现的目标得以实现。

（3）适应变化，防患于未然

未来的不确定性不可能完全消除，计划可促使管理者展望未来、预见变化。事先对未来可能发生的各种可能性做出估计，有助于及时预见危险、发现机会、早做准备。从这个角度出发，计划是一种生存策略——它尽管不能决定我们明天一定成功，但能使我们更从容地面对明天。

（4）提高效率，调动积极性

目标、任务、责任可使计划较快和较顺利地实施并提高效率。通过清楚地说明任务与目标之间的关系，可以制定出指导日常决策的原则，并培养计划执行者的主人翁精神和责任心。

（5）为控制提供标准

通过事先明确要做什么、由谁做、要求做到何种程度等，为事中控制和事后控制提供标准，有助于提高控制的有效性。没有计划，就不可能进行控制。

管理问题探讨

你对计划的理解

人们对计划的基本认识有："有没有计划无所谓"，"计划跟不上变化"，"计划只是高层或计划部门的事，和其他人员无关"。你同意以上观点吗？关于计划的作用和意义你是怎么理解的？

管理理论告诉我们：明确目标固然重要，勤奋工作也重要，但如果没有很好地计划，就难以有效地实现目标。

4. 计划的类型

计划有多种类型，按计划期长短，可分为长期计划、中期计划和短期计划；按计划制订者的地位或所涉及的范围可分为战略计划和行动计划；按计划对象可分为综合计划、部门计划和项目计划；按计划对执行者的约束力可分为指令性计划和指导性计划。

（1）按时间划分：长期计划、中期计划和短期计划

人们习惯于把五年以上的计划称为长期计划，一年以上五年之内的计划称为中期计划，时间跨度在一年及一年以内的计划称为短期计划，见表5-2。

表5-2　按时间划分的计划类型

	长期计划	中期计划	短期计划
时间	五年或五年以上	一年以上五年以下	一年及一年以内
内容	一是组织的长远目标和发展方向是什么，二是怎样实现本组织的长远目标。长期计划以问题、目标为中心	中期计划是长期计划的细化，主要协调长期计划和短期计划之间的关系。中期计划以时间为中心，具体说明各年应达到的目标和应开展的工作	短期计划比中期计划更加具体和详细，主要说明计划期内必须达到的目标及具体的工作要求
例子	企业发展纲要	企业生产能力三年规划	企业年度生产计划

长期计划以问题、目标为中心，中期计划以时间为中心，具体说明各年应达到的目标和应开展的工作。短期计划比中期计划更加具体和详尽，它主要说明计划期内必须达到的目标，以及具体的工作要求，要求能直接指导各项活动的开展。在一个组织中，长期计划和短期计划之间的关系应是"长计划、短安排"，即为了实现长期计划中提出的各项目标，组织必须制订相应的一系列中、短期计划并加以落实，而中、短期计划的制订则必须围绕长期计划所提出的各项目标展开。大量事实证明，那些有正式长期计划的企业，其业绩普遍胜过没有长期计划的企业。

（2）按计划制订者的地位或所涉及的范围划分：战略计划和行动计划

战略计划是指由高层管理者负责制订的具有长远性、全局性的指导性计划，它描述了组织在未来一段时间内总的战略构想和总的发展目标，以及实施的途径，决定了在相当长的时

间内组织资源的运动方向，涉及组织的方方面面，并将在较长时间内发挥其指导作用。行动计划是指在战略计划所包含的方向、方针和政策框架内，为确保战略目标的落实和实现，确保资源的取得与有效运用而形成的具体计划。它主要描述如何实现组织的整体目标，是战略计划的细化。表5-3是战略计划和行动计划的比较。

表5-3　战略计划和行动计划的比较

比较项目	战略计划	行动计划
时间跨度	五年或五年以上	五年以内（周、月、季、年）
范围	涉及整个组织	局限于特定的部门或活动
侧重点	确定组织宗旨、目标，明确战略和重大措施	明确实现目标和贯彻落实战略、措施的各种方法
目的	提高效益	提高效率
特点	全局性、指导性、长远性	局部性、指令性、一次性

（3）按对象划分：综合计划、职能计划和项目计划

综合计划一般是指具有多个目标和多方面内容的计划。就其所涉及的对象而言，它关联整个组织或组织中的许多方面。习惯上人们把预算年度的计划称为综合计划，在企业中它是指年度的生产经营计划。职能计划（部门计划）是在综合计划的基础上制订的，它的内容比较专一，局限于某个特定的部门或职能，一般是综合计划的子计划，是为了达成组织的分目标而制订的计划，如企业的年度销售计划、生产计划等。项目计划是针对组织的特定活动所做的计划，如某项产品的开发计划、职工俱乐部建设计划等。

（4）按计划对执行者的约束力划分：指令性计划和指导性计划

按约束力大小，计划可分为指令性计划和指导性计划。指令性计划是指由上级下达的具有行政约束力的计划，它规定了计划执行单位必须完成的各项任务，其规定的各项指标没有讨价还价的余地。指导性计划是指由上级给出一般性的指导原则，具体如何执行具有较大灵活性的计划。指令性计划具有明确描述的目标，不存在模棱两可、易引起误解的问题。指导性计划由于没有明确的要求，具有较好的适应性。此外，由于指导性计划规定了一般性的指导原则，在多变的环境中具有较好的可控性。

管理技能训练

审定计划书

想办法获得一份某组织的计划书或策划书，运用本章知识判断其属于何种计划类型、包含了哪些计划要素、运用了什么计划方法并模拟决策者对该计划书提出审定意见。

5.2　计划的编制过程

一项计划首先要明确其所针对的目标。制定年度工作目标和工作计划时要以总体目标为基础，并结合各部门的职能分工，将其分解、落实到各部门，形成各部门的年度工作目标和

工作计划。在执行过程中，进一步根据组织年度工作目标形成月度工作计划，明确组织为了实现年度目标在该月要完成的各项工作及要求，进而形成各部门的月度工作计划，根据部门月度工作计划，结合各岗位的职责分工，明确各岗位在该月要完成的工作要求；再根据当月计划的完成情况，结合年度工作计划形成下月计划。如此循环往复，直至完成既定的目标。要将组织目标转化为组织成员的具体行动，必须在确立组织目标之后做好计划工作和组织工作。

1. 计划的权变因素

影响计划工作的权变因素包括组织的层次、组织的生命周期、环境的波动性和组织的文化。

（1）组织的层次

通常情况下，高层管理人员主要制订具有全局性、方向性和长远性的计划，计划工作的重点放在战略计划上。基层管理者主要制订局部的、具体的、短期的计划，计划工作的重点放在可操作性上；中层管理者制订的计划应介于高层管理者与基层管理者之间。

（2）组织的生命周期

任何组织都要经历一个从形成、成长、成熟到衰退的生命周期。在组织生命周期的各个阶段，计划工作的重点也不一样。组织处于形成期时，各类不确定因素较多，目标是尝试性的，这时要求组织具有很高的灵活性，计划也能随时按需要调整。所以，在这个时期，计划的重点应放在方向性、指导性上，计划的期限宜短。在成长期，随着目标的进一步确定，不确定因素减少，计划的重点可放在具体的操作上。当组织进入成熟期后，面临的不确定性和波动性最少，计划工作的重点可放在长期、具体的操作上。当组织进入衰退期时，目标要重新考虑，资源要重新分配，计划工作的重点又重新放在短期性和指导性上。

（3）环境的波动性

任何组织都是在一定的环境中从事活动的，环境的特点及其变化必然会制约组织活动的方向和内容的选择。一般来说，若环境波动的频率高、变化较多，则组织的计划重点应放在短期计划上，相对的计划次数增多。反之，计划的重点可偏向长远的规划，相对的计划次数可减少。若环境变化的幅度大，计划的重点应放在宏观的、长期的、战略性的、指导性的内容上；反之，组织的计划则可侧重于局部的、短期的、战术的、可操作的具体内容。

（4）组织的文化

组织文化有强弱之分，强文化比弱文化对员工的影响更大。在强文化背景下，由于组织文化是反映组织成员所共有的价值观、共同的追求和共同的利益，因此它对组织成员具有一种强烈的感召力。这种感召力可以把组织成员引向组织所确定的目标上，规范员工行为，使他们行动一致、相互协调，从而为实现组织目标努力奋斗。

管理问题探讨

为什么目标很明确，却常常实现不了？

小华是一名大三的学生，前几次全国英语四级考试未能通过，而根据学位条件，要想取得学士学位，必须通过英语四级考试。因此，他还得再考一次。已经大三了，所剩时间不多，小华暗下决心：这次四级考试一定要好好准备，以保证顺利通过。可是，令小华苦恼不已的是自己的学习效率非常低。比如背单词，基本上是背了后面忘了前面。自己兴致上来时，一天能背几十个生词，但有时连一个单词也背不下来。

就拿今天来说吧，因为是周六，没有课。昨天晚上小华想得好好的，今天要背50个单词。可是，今天小华一觉就睡到了9点多。起床后因为觉得脑子还不是很清醒，所以就先打开计算机，上网看看新闻。结果一上网，就在BBS和QQ上忙个不停。不知不觉，一上午的时间就过去了。一看已经12点半了，小华赶紧冲到食堂吃午饭。回到寝室，准备背单词。刚打开单词本翻了几下，讨厌的瞌睡虫又来了。小华本想坚持继续背单词，但无论如何也背不进去，直打哈欠。"先休息一下吧，精神好了学习效率才能提高嘛。"小华自我安慰着，上床睡午觉了。

"哟，都4点多了，你还在睡啊？"原来是同寝室的同学回来了。小华赶紧起身，洗个脸，拿起单词本开始背单词。刚背了几个，肚子又开始咕咕叫了：晚饭时间到了，得先吃晚饭。吃过晚饭，回到寝室，小华心想：白天已经浪费了这么多时间，晚上一定要好好学习，争取把失去的时间补回来。刚想到这儿，就听到隔壁寝室一哥们儿叫道："小华，过来一下！我们等着你CS呢！""这……"，小华犹豫着："去还是不去？""还是去吧，省得他们说我不够意思。不过要和他们讲清楚，过会儿如果有人可替，我就回来。"结果这一打就打到了近11点，寝室11点要熄灯，大家没法再打下去。小华心想："看来今天背不了单词了，那就明天吧，明天背它100个，一定要把今天的补回来！"

不过，当小华洗漱完毕，躺在床上反思时，发现今天的情况在过去也常常发生。为什么自己要做的事很明确，也知道应该怎么做，但还是常常完成不了呢？有些事情自己也知道不应该做，但为什么还是常常经受不住诱惑又去做了呢？

2. 编制计划的原则

为了使计划具有科学性并顺利实施，编制计划时，应遵循"SMART法则"。管理学大师德鲁克认为好的计划需要满足5个要求：第一，S（specific），即明确。计划不能只是形容和概括，要使员工明确组织期望他做什么、什么时候做及做到何种程度，目标的表述要简明扼要、易懂易记。第二，M（measurable），即可衡量。计划应该是能够量化的，除了要明确目标内容的具体衡量方法外，目标值要尽可能用数字或程度、状态、时间等准确、客观表述，衡量方法不应是主观判断而应是客观评价。第三，A（attainable），即可达到的。计划不能是遥不可及的，目标值应尽可能合理，过高或过低都会影响目标作用的发挥。第四，R（relevant），即结果导向。计划应该与长远目标具有相关性；目标是实现公司使命远景的重要工具，目标内容的确定必须与公司宗旨和远景相关联。在分解目标时应与员工的职责相关联，使实现组织目标成为员工日常工作的一部分。第五，T（time-based），即是有时限的。目标必须有起点、终点和固定的时间段。没有确切的时间要求，就无法检验；没有时间要求的目标，容易被拖延。

名家观点

法约尔谈有效计划的特征

一个好的行动计划具有以下特征。

① 统一性。在大企业中，除了总计划以外，还有技术计划、商业计划、财务计划等。所有这些计划都应相互联系，成为一个统一的整体。

② 持续性。计划的指导作用应该是持续不断的。为了使其指导作用不中断，应该使第二个计划不间隔地接上第一个计划，第三个计划接上第二个计划，如此延续。

③ 灵活性。计划应当是相当灵活的，能顺应人们的认识而适当调整。这些调整由于环境的压力或其他某种原因而显得非常必要。

④ 准确性。计划要求在那些影响企业命运的未知因素所能允许的范围内力求有最大的准确性。

3. 计划的编制步骤

一个完整计划的编制，一般来说，要经过以下步骤。

（1）明确任务或目标

制订计划必须首先明确目标或任务。目标或任务可以指明计划的方向。计划中的目标或任务要具体、可衡量，并且简明扼要、易懂易记。目标和任务是一项计划的核心，一个计划最好只针对一个目标。如果设立的目标太多，行动时就会发生不知如何决定优先次序或协调各目标的情形。因此，要浓缩目标，使计划易于制订和有效实施。若一个计划有两个以上的目标，则一定要列出各目标的优先顺序或重要程度，以集中资源保证重要目标的实现，防止因小失大。例如，当给目标为"交流学习经验，增强相互间的感情，娱乐身心"的集体活动制订相应计划时，就要安排学术交流、交友活动、娱乐活动等，结果很可能是时间有限而内容繁多。

（2）清楚与计划有关的各种条件

计划是为了指导行动，现实生活中各种不可能的条件，不能作为计划的基础。因此，在明确目标以后，要积极与各方面沟通，收集各方面的信息，明确计划的前提条件或计划的各种限制条件。例如，制订海外旅游计划时，不仅要收集有关目的地的气候、当地的住宿情况等信息，而且要清楚可使用的时间及能够承受的费用额度等。

（3）制订战略或行动方案

确定目标、明确前提条件后，就要从现实出发分析实现目标所需解决的问题或所需开展的工作。在制订行动方案时，应考虑和评价各种方法和程序。对于一个好的计划，不仅应该在程序、方法上可行，而且所需要的人力和资金等各种资源支出也越少越好。

（4）落实人选、明确责任

当所要进行的各项工作明确以后，就要落实每项工作由谁负责、由谁执行、由谁协调、由谁检查。同时，要明确规定工作标准、检验标准，制定相应的奖惩措施，使计划中的每一项工作都落实到部门和个人，并有清楚的标准和切实的保证措施。

如果在计划中没有明确各项工作的检验标准或奖罚方法，在计划实施过程中会出现什么情况？

（5）制订进度表

各项活动所需时间的多少取决于该项活动所需的客观持续时间、资源的供应情况及资金的多少。活动的客观持续时间是指在正常情况下完成此项工作所需的最短时间。在一般情况下，工作计划时间不能少于客观持续时间。另外，实际工作时间还受资源供应情况的影响。若所需资源能从市场上随时获得，则工作计划时间约为客观持续时间加上一个余量；若所需资源的获得需要一段时间，则计划时间要在客观持续时间基础上再加上获得资源所需的时间。另外，同样的一项工作，如可不计成本，则可通过采用先进的技术、增加人力等方法缩短工作时间；若资金不足，则会影响工作进程。所以，在一定条件下，计划时间与工作成本成反比。

（6）分配资源

分配主要涉及需要哪些资源、各需要多少及何时投入、各投多少等问题。一项计划所需要的资源及资源多少，可根据该项计划所涉及的工作要求确定，不同的工作需要不同性质和数量不等的资源。根据各项工作对资源的需求、各项工作的轻重缓急和组织可供资源的多少可确定资源分配给哪些工作和各分配多少。在配置资源时，计划工作人员要注意不能留有缺口，但要留有一定的余地，即必须保证工作所需的各项资源，并且要视环境的不确定性程度留有一定的余量，以保证计划的顺利实施。

（7）制订应变措施

做计划时，最好事先备妥替代方案或制订两到三个计划。制订多个计划的目的，一是因为在组织中，计划必须经过各方面的审议才能获得批准，制订多个计划有助于早日获得各方面的认可；二是因为尽管按未来最有可能发生的情况制订了计划，但未来的不确定性始终存在，为了应对未来可能的其他变化，保证在任何情况下都不会失控，就有必要在按最有可能的情况制订正式计划的同时，按最坏情况制订应急计划。需要说明的是，应急措施可以是一个完整的应对最可能发生的最坏情况的计划，也可以只是简单说明一旦出现最坏情况该如何做。例如，当按天气晴朗的预计制订郊游计划时，最后要明确一下，一旦天气不好该如何，这时可以是一个具体的应急计划，也可以就是简单的一句"风雨无阻"。

图 5-1 是计划制订的过程图。

制订计划的实际过程未必都要按上述顺序进行，不过只要是完备的计划，上述计划过程的每个环节都是必不可少的。

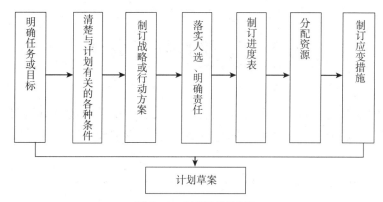

图 5-1 计划制订过程

行动指南

大学应该如何度过?

经历过高考的人都有这样的体会:在步入大学校门之前,自己的目标非常明确和单一,就是要考进大学,考进名牌大学。因此,在高中阶段,小明的生活非常单调,就是学习、学习、再学习。经过一番刻苦学习,好不容易挤进了大学的校门,小明心想:这次终于自由了,考上了名校,也没有了父母、教师的管束,自己一定要好好享受大学的美好时光!

刚上大一,小明觉得一切都是那么新鲜。除了每天的课程,新的校园要逛逛,新的同学要交往,新的社团要参加,每天忙得不亦乐乎。但半年来,新奇感逐渐消退,小明发现,原来大学生活也不过如此。而且在大学里,要选什么课、听谁的讲座、要不要修双学位、修哪种双学位等,都要自己来决定。没有人告诉你应该怎么做、不应该怎么做。这时,小明才体会到没有了父母、老师的唠叨,自己反而迷茫了,常常不知道怎么做才好,只好看大多数人怎么做,自己就怎么做,走一步看一步。

时光飞逝,大二在小明的迷茫和混沌中悄然逃走。眼看要上大三了,看着身边的同学有的准备复习考研,有的忙着找工作或找单位实习,有的在紧张地进行出国前的外语准备。小明也开始反思:想自己前两年就这么稀里糊涂地混过来了,心中不免有些后悔;现在马上要上大三了,自己也应该好好努力。但今后的路该怎么走,是准备复习考研还是参加工作? 小明与很多同学进行了交流,但同学们各有各的说法,有的说读研好,有的觉得应该出国深造,也有的认为应该趁早工作。小明听着都有道理,但自己还是不知道应该怎么办。小明陷入了深深的困惑之中:我到底应该怎么确定自己的目标定位呢?

一个人现在应该做什么、怎么做,取决于他最终想得到什么。对于小明而言,要明确大三、大四应该如何度过,首先取决于他将来想做什么。

5.3 计划的制订方法

计划工作的效率高低和质量好坏很大程度上取决于所采用的计划制订方法。制订计划的方法很多，它们为制订切实可行的计划提供了多种手段，这里仅介绍几种常用的有效方法。

> **名家观点**
>
> ### 松下幸之助谈"水库式经营"
>
> 众所周知，水库就是通过拦河蓄水，不受季节和气候的影响，经常保持一定的备用水量的地方。所谓"水库式经营"，就是在经营的各个方面都备有"水库"，以应付外部形势的变化，且能稳定而持续地发展。在各个方面配备"水库"，如"设备水库""资金水库""人才水库""存货水库""技术水库""计划和产品开发水库"等，就是保持宽裕、有备无患的经营。"水库式经营"乍看起来好像是浪费，但是它绝不是浪费。

1. 滚动计划法

滚动计划法是一种将短期计划、中期计划和长期计划有机结合起来，根据近期计划的执行情况和环境变化情况，定期修订未来计划并逐期向前推移的方法。在制订计划时，同时制订未来若干期的计划，但计划内容采用近细远粗的办法，即近期计划尽可能详尽，远期计划则较粗；在计划期的第一阶段结束时，根据该阶段计划的执行情况和内外部环境的变化情况，对原计划进行修订，并将整个计划向前滚动一个阶段，以后根据同样的原则逐期滚动。

滚动计划法适用于任何类型的计划，其优点如下。

① 使计划更加切合实际。由于滚动计划相对缩短了计划期，加大了对未来估计的准确性，从而提高了近期计划的质量。

② 使长期计划、中期计划和短期计划相互衔接，能根据环境的变化及时进行调节，并使各期计划基本保持一致。

③ 大大增强了计划的弹性，从而提高了组织的应变能力。

滚动计划法的缺点是刚开始时的编制工作量较大，要同时编制若干期计划。

2. 网络计划技术法

现代化生产是由众多劳动者使用各种复杂的技术装备完成的，复杂的生产过程、精细的劳动分工要求有科学的组织和严密的计划，以保证生产的连续，从而取得最好的经济效益。但在日常生产中，常常发生各个生产环节之间的不协调，有的突进、有的窝工，前紧后松、停工待料现象时有发生。为了适应现代化生产发展的需要，20 世纪 50 年代以来，许多发达国家进行了大量的调查研究，先后发明了一些新的科学管理方法，网络计划技术法就是其中的一种。

网络计划技术法包括以网络为基础制订计划的各种方法，如关键路线法（简称 CPM）、计划评审技术（简称 PERT）等。网络计划技术在我国被译为"计划协调技术""计划评审技术"等。网络计划技术法的基本原理是：把一项工作或项目分解成各种作业，然后根据作业的先后顺序进行排列，通过网络的形式对整个工作或项目进行统筹规划和控制，从而以较少的资源、最短的工期完成工作。

网络计划技术法的具体步骤如下。

① 运用网络图，表达一项计划中各种工作（任务、活动、过程、工序）之间的先后次序和相互关系。

② 在此基础上进行网络分析，计算网络时间，确定关键工序和关键路线。

③ 利用时差，不断改善网络计划，求得工期、资源与成本的优化方案，付诸实施。

④ 在计划的执行过程中，通过信息反馈进行监督和控制，以保证预定目标的实现。

网络计划技术法适用于各行各业，特别是包含较多项作业、需要多家单位配合完成的大型工程项目。

3. 甘特图

甘特图是由管理学家甘特在 20 世纪初提出的一种条状图，如图 5-2 所示。甘特图的实质是通过对各项活动完成情况的了解，调整工作程序和时间以完成该项任务。管理人员可以从图 5-2 提供的情况中了解某项活动已落后于预定的计划，从而采取一切必要行动加以纠正，以使该项活动赶上计划的安排，使计划能按时或在预期的许可范围内完成。

甘特图形象、直观、简明、易懂、易掌握，对控制计划进度、改进管理工作有很大的帮助，至今仍在许多领域被广泛运用。从甘特图上可以清楚地看出在某一时刻实际进度与计划要求之间的差距，但它无法表明产生这种差距的原因，无法确定在众多差距出现的情况下，哪些差距是管理者应当着力去解决和控制的关键点；甘特图无法表明各项活动之间的相互影响和逻辑关系，对于一些应加以控制的局部应控制到什么程度，也缺乏明确的交代。因此，甘特图难以给管理者提供全面的情况，一般只适用于小型的活动，大型的活动则要借助于网络图来控制。

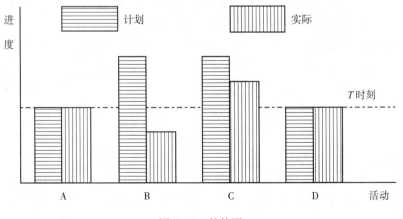

图 5-2 甘特图

4. 投入产出法

投入产出法是对物质生产部门之间或产品之间的数量依存关系进行科学分析，并对再生产进行综合平衡的一种方法。它以最终产品为经济活动的目标，从整个经济系统出发确定达到平衡的条件。投入产出法的基本原理是：任何系统的经济活动都包括投入和产出两大部分，投入是指在生产活动中的消耗，产出是指生产活动的结果，在生产活动中投入与产出之间具有一定的数量关系。投入产出法就是利用这种数量关系建立投入产出表，根据投入产出表对投入与产出的关系进行科学分析，再利用分析的结果编制计划并进行综合平衡。

投入产出法的优点是：通过分析，可确定整个国民经济或部门、企业经济发展中的各种比例关系，并为制定合理的价格服务；这种分析可预测某项政策实施后所产生的效果；可从整个系统的角度编制长期或中期计划，且易于搞好综合平衡。投入产出法的缺点是：它假定生产要素之间的不可替代性；直接消耗系数在一定的期限（3~5年）内是固定不变的；过于强调结构刚性；同时也没有反映战略与投入、战略与产出之间的关系。

5. 预算法

预算是一种以货币和数量表示的计划，是关于为完成组织目标和计划所需资源的来源和用途的一项书面说明。组织内的任何活动都离不开资金的运动，通过预算，可使计划具体化、数字化，从而更具可控制性。预算的种类很多，对于不同的组织，其预算也会各有特色。预算一般可分为营业预算、实物量预算、投资预算、现金预算和总预算等。

总预算是预算的一种，是全面性的文件，它由组织中各种预算综合而成。总预算包括预计的资产负债表、利润表和现金流量表。资产负债表预测资产、债务和权益，表明了企业财产的具体情况；利润表预计收入、支出及利润，表明了企业的经营状况和成果；现金流量表预计现金的流入流出情况，反映了企业的现金流动情况。总预算中还附有编制预算所必需的有关数据和资料，以及可能出现的情况分析。总预算的编制要以组织目标和计划为依据，其基本编制过程如下。

① 编制业务计划。根据企业估计销售品种、销售数量和销售时间，编制销售计划。

② 根据业务计划编制生产计划。如企业根据销售计划确定生产数量及产成品的存储量等。

③ 根据生产计划编制成本计划，如计算直接材料、直接人工、制造费用和经营费用等。

④ 根据成本和费用估计数，预测现金流量和对其他账户的影响。

⑤ 结合固定资产投资和资金筹措计划，编制预计的资产负债表、利润表和现金流量表等。

行动指南

抢在时间前面的 7 条捷径

第一条，制订计划，明确目标。

第二条，把重点放在关键结果领域。

第三条，遵守强制增效规律。

第四条，事先准备。

第五条，发现限制元素。
第六条，自我激励。
第七条，现在就做。

6. 情景计划法

情景计划法也是最常用的计划方法之一。情景计划又称权变计划，是管理者对未来的情况进行多重预测并分析如何有效应对各种可能出现的情况后得到的一系列行动方案。由于未来是不可预知的，进行有效计划的唯一合理方法就是对未来可能出现的状况进行各种假设，并在此基础上形成一组"多样未来"，然后制订出各种各样的计划。

情景计划法的主要特征是通过描绘想象中未来的情景来探究不确定的未知世界，从而搭建起现在与将来、已知与未知之间的桥梁，成功应用情景计划法的基本要求是：组织要在集体学习中鼓励创新、想象和发散性思维，以便构想出多种可能的情景，确保所形成的应对方案具有情景针对性及弹性。

5.4　商业模式规划

商业模式已成为全球企业界共同关注的一项重要实践。计划是关于组织未来的蓝图，商业模式规划则是一个特定的蓝图勾画与实现途径的安排问题。商业模式在现代社会中对企业经营发展的轨迹有着独特而重要的作用。由于商业模式的特定结构，其规划的步骤、方法、工具具有与其他计划问题不同的特性。

1. 商业模式的概念

商业模式的概念早在传统的产业经济时代就已经提出，在不同的时代背景下，商业模式有着不同的内涵。在产业经济时代，商业模式是指企业重复赚取利润的方式。因为某种商业模式一旦成型，就意味着企业在将投入资源转换为利润的所有环节上已经形成了明确的方式、方法，从而使其业务经营活动能以可预见的方式重复开展。进入新经济时代后，企业利润的赚取与顾客价值创造的关系日益紧密，商业模式的内涵演变为企业对其顾客价值创造方式与自身价值获取方式的有机组合。作为对企业如何配置资源和组织内外部活动的商业逻辑进行描述的一种概念性工具，商业模式是指企业探求所经营业务的利润来源、生成过程和产出方式的系统方法。

企业的经营活动总是在既定的商业模式下开展的。所不同的是，一个清楚地了解自己商业模式的企业通常能够制定并实施较为有效的竞争战略，以实现其顾客价值创造和自身价值获取的目标，而那些不太了解自身商业模式的企业则很难做到这一点。

2. 商业模式的作用

商业模式在当今时代的企业经营中起着非常重要的作用。这种作用就是商业模式特定功能的体现。在新环境下，反应速度成为决定企业发展轨迹的一个关键因素。在基于速度竞争的现代社会中，企业对每一轮机遇的把握和每个细分市场的争夺，都存在一个"有效窗口期"。而企业要想在"有效窗口期"内做出反应，抢得先机，资本是不可缺少的推动力量。但在不确定性充斥的情况下，资本的介入须建立在业务发展的可预见性的前提下。在这种情况下，商业模式就扮演着重要的不可替代的作用。

理想的、优质的商业模式将对企业持续获取一定规模的利润潜量起支撑作用。尤其是当这个利润潜量足够充分，即经营业绩的可预见性足够显著时，它将促使投资者认同企业的经营，从而进一步引发人才认同并导致市场认同等。从内容上看，构成商业模式的规则主要有以下四种。

① 技术规则。主要包括产品标准、工艺标准、技术规范、流程规范等。技术规则主要反映在企业的产品或顾客问题的解决方案中。此外，在供应链管理、渠道管理等解决方案中，也含有特定的技术规则。

② 经营规则。主要包括有关的经营合作协议、战略联盟协议、特许经营协议等。

③ 法律规则。主要包括有关质量检验标准、市场管理制度等。

④ 社会规则。主要包括有关的信念、偏好、判断准则等。

拓展阅读

海尔集团的商业模式创新

海尔集团首席执行官张瑞敏认为："商业模式再造非常重要。没有合理的商业模式，产品创新就没有方向。"海尔的实践是，从早年的"砸冰箱"到"砸仓库"，变大规模生产为定制生产。对此，张瑞敏的解释是：砸冰箱是进行质量创新，砸仓库是商业模式的创新。"制造业的问题是，过去生产就能卖出去，所以企业一直追求上规模，产品生产出来放到仓库再销售。理想的状态应该是产品在生产线上就已经有买主了"。在新的商业模式中，"关键还是对客户需求的认识和把握"，比如，本着"消费者购买的不是洗衣机本身，而是干净的衣服"的认识，企业就必须转型，从为消费者提供洗衣机（产品）转变为消费者提供干净的衣服（服务）。消费者正在从"你给我要"向"我要你给"转变，相应地，企业需要从"制造型企业"向"服务型企业"转型。

按照张瑞敏的看法，新商业模式的核心有两个：一是客户价值主张；二是双赢战略。客户价值主张，就是创造客户价值，为客户解决难题；同样，只有满足客户需求，企业的利益才有真正的保障，这就是"双赢"。海尔正在探索沿着"微笑曲线"上升，从"卖产品"转变为"卖服务"，从"生产制造型企业"转变为"制造服务型企业"。

---

3. 商业模式结构

从顾客价值创造和企业价值获取兼顾的角度，可以将商业模式的总体结构划分为 4 个功能模块。

（1）利益定位模块

该模块的规则是围绕顾客价值主张构建的。顾客价值主张是指企业在向顾客传递价值的问题上所做的明确陈述。定位规则的典型内容包括顾客信念、顾客在某些事务上的行为习惯或惯例等。定位规则模块的价格效应主要体现在对业务经营环境的构建上。

（2）顾客价值或利益模块

该模块的规则是围绕顾客问题解决方案构建的。顾客问题解决方案的核心是企业准备以何种方式（过程、方法）解决顾客面临的某个特定问题。利益规则的典型内容包括产品（服务）规格、质量标准（规范）、产品（服务）使用标准或使用规范、消费流程规定、消费纠纷仲裁规定、意外裁定与索赔程序等。可以说，利益定位模块确定了待实现的顾客利益，而顾客价值模块则决定了顾客可以实际获得的利益。

（3）企业收入模块

该模块的规则是围绕企业盈利业务（点）的选择及定价方式构建的。盈利业务选择问题与现代企业经营中产出或输出界面的多样化相关。企业通过所有与顾客的接触面而产生的交互，可统称为"供给"。收入规则的典型内容包括企业供给中的优惠项目、优惠规则、收费项目、定价原则或规范、结算方式与付费流程等。

（4）企业资源或成本模块

该模块的规则是围绕企业关键流程的优化构建的。资源规则的典型内容包括合作协议、技术规范、技术标准、合资协议、外包协议和连锁经营协议等。

从 4 个模块规则之间的关系看，利益定位模块和顾客价值模块共同决定为顾客创造的利益，而企业收入模块和企业资源模块则共同决定企业获取的价值。这 4 个模块规则的"合围"可形成一定的空间，其容积大小体现了顾客利益与企业价值共同实现的部分。对企业来讲，这个空间的大小将决定其业绩的源泉大小。

4. 商业模式构建

从具体过程分析，商业模式构建由以下 3 个阶段组成。

（1）价值设计

这一阶段规划工作的实质是对顾客价值创造或企业价值获取方案进行设计。这一方案将决定规则所要服务或者说支撑的活动是什么。在利益定位模块，价值设计的具体内容是 CVP 设计。CVP（cost-volume-profit analysis，本量利分析）是对业务所服务的目标顾客和核心利益所做的明确陈述。在顾客价值模块，价值设计的重点是顾客问题解决方案。在企业收入模块，价值设计则具体化为盈利业务选择和定价方案。在企业资源模块，价值设计表现为跨企业边界的流程方案。

（2）行为定义

这一阶段规划工作的实质是对各模块价值设计方案所涉及的行为主体进行分析、归纳。对行动主体进行定义和分析，是为了系统、清晰地归纳出影响价值方案实施可行性的主体因素。行为定义是针对具体的企业行动方案，识别影响方案开展的各类人、机构或组织。这一工作将为最终的规则设计或创新提供基础和依据。

（3）规则构建

这一阶段的规划工作包括创意与设计、搜寻应用及组合与协调三个步骤。其中，创意与设计针对的是新构建的规则，如新的信念、新的合作方案、新的服务流程等。搜寻应用是指对已存在的可支撑价值方案的规则进行搜寻和应用，这是规则构建的主要内容。组合与协调主要是指规则达到合理的正规化程度，通过正规化、清晰化，确保各类规则具有理想的行为约束效应。

组织的目标、商业模式与资源之间是一种什么样的关系？为什么？

5. 商业模式创新

20 世纪 90 年代，互联网技术的发展和商业应用引发了人们对商业模式的研究。最初对商业模式的理论研究是围绕互联网企业和电子商务进行的，后来逐步扩展到一般企业和商业活动。亨利·切斯布罗格等以施乐公司的技术创新应用为例，指出商业模式在作为投入的技术创新与作为产出的经济成果之间发挥着重要支撑作用。切奈尔等则以 4G 技术应用为例，提出商业模式可以对新技术的应用提供所谓的"剧情效应"。商业模式由于在一系列条件或准则上进行了专门安排，因此可以在最大限度上降低不确定性，挖掘新技术所具有的潜在价值。

商业模式创新具有综合性：在商业模式创新中，既可能包含产品技术、服务内容等方面的创新，又可能包含工艺流程、外部合作等方面的创新。

管理案例链接

用摩拜单车温暖你的城市

APP 找车、扫码开锁、自动计费、GPS 定位……共享单车正逐步改变着上亿中国人的出行方式。然而可能很多人还不知道，这个目前市场估值 10 亿美元的智能出行共享产品，出自浙江姑娘胡玮炜和她的团队。

1. 童年与情怀，骑车是温暖的事

2004 年，胡玮炜从浙江大学城市学院新闻系毕业，进入刚创刊的《每日经济新闻》经济部当汽车记者。后来从汽车记者转型做科技记者。做科技记者后，她开始用科技的眼光看行业发展。2013 年，胡玮炜去拉斯维加斯参加国际消费类电子产品展览会，深受触动："以前所在的汽车行业相对比较封闭，等到了以科技为主的领域，突然发现这个世界在发生这么大的变化，生活被互联网改变了很多，而自己居然没有意识到。"她强烈地感受到熟悉的汽车和出行行业必将发生巨变。

选择单车创业，是因为胡玮炜与自行车的不解之缘，单车承载了她很多温暖的记忆。但是工作后，无论是在上海还是北京，胡玮炜都买过自行车，但体验都很糟糕："要么就是车被偷了，要么就是觉得存取自行车非常不方便。我希望能像哆啦 A 梦一样，当我想要一辆自行车的时候，就从口袋里掏出一辆骑走。因为在大城市里，我无数次遇到过，从地铁站出来，在高峰期打不到车，急得直抓瞎的情况。"这种童年情怀和现实需要，就像一颗种子种在了胡玮炜的心里，生机勃勃、蓄势待发。

2014 年的一天，蔚来汽车的董事长李斌问她："你有没有想过做共享单车呢？用手机扫描开锁的那种。"胡玮炜当时的感觉是："我有一种被击中的感觉，我立刻就说我想做这件事。"

2. 不畏艰难，用美好的方式创业

摩拜单车创业之初，有很多人质疑，作为昔日的"自行车王国"，几乎每个中国人都有过自行车被偷的经历，"共享"无异于天方夜谭。一个年轻女记者，真能带着团队开拓这个全新的领域吗？

第一步找自行车生产厂商就遇到了麻烦。在设计自行车时，胡玮炜提出了几个要求：一是实心轮胎，不用担心爆胎；二是没有链条，不用担心掉链子；三是车身要全铝，不用担心生锈。对传统厂商来说，这相当于革新了自行车，意味着要重新调整生产线，培训工人，重构供应链和质量标准。"辐条这么便宜，坏了换一根不就行了吗？"有些厂家觉得莫名其妙。最后，胡玮炜被迫下决心自己成立一家工厂来生产自行车。按照胡玮炜的构想，摩拜不仅仅是一辆自行车，而且还要跟互联网连接在一起，要能实现 GPS 定位，要能用手机智能解锁。但在此之前，市场上并没有二维码电子自行车锁。胡玮炜和团队不得不找人重新设计传动部分，做了轴传动。从第一辆摩拜单车成形到现在，智能锁已经更新了八代，而她的自行车厂也从最初一天生产 300 辆到现在生产上万辆，摩拜已经成为全球最大的智能共享单车运营平台。

现在回想，胡玮炜自己也觉得不可思议，"我没想过来领导这个项目，身边的那些工业设计师不断论证这个项目有多难……他们提出各种各样的问题，就退出了，最后只有我愿意来做这个，我就成了这个项目的创始人。"问到创业过程中遇到困难如何去解决，这个南方姑娘笑了："我遇到最大的困难就是这件事没人做过，我们要摸索着前进。我觉得当你努力让这个世界变得更美好时，这个世界也会用美好的方式回馈你。"

3. 科技可以放大"人性的善"

如今，摩拜单车早已在大、中、小城市掀起一股股"橙色风暴"，甚至改变了很多人的生活方式。但是，自运营以来，摩拜单车也出现了不少使用问题，有的被扛到废品站，有的被使用者放置自家仅供私人使用，还有单车停放与城市管理的矛盾，共享单车的持久盈利模式等，也是众人担心的问题。

胡玮炜说，她更愿意相信人性中善的那一面，愿意相信科技在放大"人性的善"方面能够发挥作用。"科技上所有的东西都是人性的折射，可以放大人性善的一面，也可以放大人性恶的一面。摩拜单车的出现和流行，就是想要用科技的力量来无限放大人性善的一面。"摩拜用信用分制度约束人性中的"恶"。乱停一次扣 20 分，如果分数低于 80 分，用车成本将按照每半小时 100 元计算；如果通过拍照举报他人违停获赠信用分，到达 80 分以上，将恢复 1 元/半小时的价格。

胡玮炜拒绝将摩拜定义为简单的自行车，因为有更多的想象空间。她说："骑车会让城市充满活力，被遗忘的像毛细血管一样的街道将得到复兴，街边的小店会变多，人与人的交流也会更亲密。更多人的骑行，推动着城市向更人性化的方向发展。"她希望摩拜单车可以帮助城市里的人们回归简单、本质的生活，拥有更高的幸福指数。

本章小结

　　计划作为名词，是指对未来活动所做的事前预测、安排和应变处理。计划作为动词，通常是指管理者确定必要的行动方针，以期在未来的发展中能够实现目标的过程，实际上也就是计划工作，包括估量机会、建立目标、制订计划、贯彻落实、检查修正等内容。

　　计划有多种类型，按计划期长短可分为长期计划、中期计划和短期计划；按计划制订者的地位或所涉及的范围可分为战略计划和行动计划；按计划对象可分有综合计划、部门计划和项目计划；按计划对执行者的约束力可分为指令性计划和指导性计划。

　　影响计划工作重点的权变因素主要有组织的层次、组织的生命周期、环境的波动性和组织的文化4个方面。

　　计划的编制步骤是：明确任务或目标；清楚与计划有关的各种条件；制定战略或行动方案；落实人选、明确责任；制定进度表；分配资源；制定应变措施。

　　计划工作的效率高低和质量好坏很大程度上取决于所采用的计划方法。现代计划方法很多，主要有滚动计划法、网络计划技术法、甘特图、投入产出法、预算法和情景计划法等，它们为制订切实可行的计划提供了多种手段。

　　计划只关于组织未来的蓝图，商业模式规划则是一个特定的蓝图勾画与实现途径的安排问题。

章节同步测试

一、单选题

1. （　　）是管理的首要职能，也是决策的组织落实过程，应用于组织的各项活动中。
   A. 组织　　　　　　　B. 计划　　　　　　　C. 领导　　　　　　　D. 控制

2. 人们习惯于把五年以上的计划称为长期计划，一年以上、五年之内的计划称为（　　）。
   A. 长期计划　　　　B. 中期计划　　　　C. 短期计划　　　　D. 中长期计划

3. 计划工作的效率高低和质量好坏很大程度上取决于所采用的（　　）。
   A. 计划人员　　　　B. 计划思维　　　　C. 计划时间　　　　D. 计划方法

4. （　　）是针对组织的特定活动所做的计划，如某项产品的开发计划、职工俱乐部建设计划等。

　　A. 综合计划　　　　　B. 项目计划　　　　　C. 职能计划　　　　　D. 战略计划

5. （　　）包括以网络为基础制订计划的各种方法，如关键路线法（简称）、计划评审技术（简称）等。

　　A. CPM　　　　　B. 滚动计划法　　　　　C. PERT　　　　　D. 网络计划技术法

二、多选题

1. 计划有多种类型，按计划制订者的地位或所涉及的范围可分为（　　）和（　　）。

　　A. 综合计划　　　　　B. 部门计划　　　　　C. 战略计划　　　　　D. 行动计划

　　E. 指令性计划

2. 影响计划工作重点的权变因素主要有（　　）、（　　）、（　　）和（　　）4 个方面。

　　A. 企业的管理者　　　　　　　　　　B. 组织的层次

　　C. 组织的生命周期　　　　　　　　　D. 环境的波动性

　　E. 组织的文化

3. 我们常采用"5W2H"来描述计划工作的任务和内容，其中"5W"是指（　　）。

　　A. what，做什么　　　　B. why，为什么做　　　C. where，何地做

　　D. how much，多少成本　　　　　　　E. who，谁去做

4. 现代计划方法为制订切实可行的计划提供了多种手段，现代计划方法很多，主要有（　　）。

　　A. 滚动计划法　　　　B. 网络计划技术法　　C. 甘特图　　　　　D. 投入产出法

　　E. 预算法

5. 关于滚动计划法的优点，下说法中正确的是（　　）。

　　A. 使计划更加切合实际，由于滚动计划相对缩短了计划时期，加大了对未来估计的准确性，从而提高了近期计划的质量

　　B. 刚开始时的编制工作量较大，要同时编制若干期计划

　　C. 使长期计划、中期计划和短期计划相互衔接，能根据环境的变化及时进行调节，并使各期计划基本保持一致

　　D. 大大增强了计划的弹性，从而提高了组织的应变能力

　　E. 形象、直观、简明、易懂、易掌握，对控制计划进度、改进管理工作有很大的帮助

三、名词解释

计划　　　SMART 法则　　　投入产出法

四、简答题

1. 简述计划的编制过程。

2. 简述计划的制订方法。

第6章

组 织

为了使人们能为实现目标而有效地工作，就必须设计和维持一种职务结构，这就是组织管理职能的目的。

——哈罗德·孔茨

未来成功的组织，将会是那些能够快速、有效、持续、有系统地进行变革的组织。

——罗勃特·雅各

知识目标	能力目标
● 组织的特征；	● 思辨能力；
● 组织的类型；	● 分析问题的能力；
● 组织设计的影响因素；	● 解决问题的能力；
● 组织结构的类型	● 团队合作能力

6.1 组织概述

宏伟的发展目标和详细的计划，如果不加以落实，最终只能是一纸蓝图；如果组织不力，也无法取得预期的结果。因此，了解不同的组织设计理论的基本观点和特点，掌握各种环境因素对组织结构设计的影响，清楚组织结构与组织成员之间的关系，熟悉各种常见的组织结构形式及其优缺点和适用场合，可以使计划得到更有效率和效果的落实，从而实现组织的目标。

华为的组织管理

华为技术有限公司是一家生产和销售通信设备的民营科技公司，总部位于深圳，如今已是全球领先的科技公司之一。这家公司的创始人任正非是一名退伍军官。任正非在谈他的创业经历时曾说，他刚到深圳的时候，本意是准备从事技术或科研工作，但后来他发现，在一个知识快速更新的时代，仅依靠个人的知识和能力是无法跟上时代脚步的，只有组织起数十人、数百人、数千人一起奋斗，站在这样的平台上，才能跟上时代的脚步。

于是任正非创立了华为技术有限公司。这时候，任正非不是自己做专家，而是做组织者。正如任正非自己所说："在时代前面，我越来越不懂技术，越来越不懂财务，半懂不懂管理，如果不能民主地善待团体，充分发挥各路英雄的作用，我将一事无成。"然而，华为最初的管理是相当混乱的，各个业务单元常常各行其是，意见难以统一，协调困难。为此，任正非聘请了中国人民大学的教授制定了《华为基本法》，后来又聘请管理顾问公司协助管理。

任正非回忆说："从事组织建设成了我后来的追求，如何组织起千军万马，这对我来说是天大的难题。"为了紧密团结公司人员，任正非以其远见卓识创造性地应用了股权激励制度，全员持有股份，全员分享收益。这一制度大大促进了华为内部人员的团结和紧密合作，为华为注入了发展的动力。

6.1.1 组织的定义和特征

组织一词，有静态和动态两方面的含义。从静态方面看，组织是一种实体，是为实现某一共同目标而由若干个人组合而成的一个系统。公司、企业、学校、医院及政府机构都是组织。从动态方面看，组织是指组织工作，是管理的一项基本职能，是管理者为了有效地实现共同目标和任务，合理地确定组织成员、任务及各项活动之间的关系并对组织资源进行合理配置的过程。

在现代社会中，存在形形色色的组织，它们具有三个共同特征：一是每个组织都由两个或两个以上的人组成（这一群人被称为组织成员）；二是每个组织都有一个明确的目标并以一个或一组目标来表示（这个目标被称为组织宗旨，这个或这组目标被称为组织目标）；三是每个组织都有一个系统化的结构，用以规范和限制组织成员的行为（这个由规章制度、角色分工、职位职权体系等构成的系统化的结构被称为组织结构）。

6.1.2 组织的产生及功能

1. 组织的产生

当单纯地依靠个人的力量难以应对恶劣的自然环境、难以有效地获取猎物时，人类就开始通过组织的方式、运用群体的力量来满足自己的欲望。随着人类的进一步发展，各种组织应运而生，并成为协调人类无限的欲望与有限的个人力量之间矛盾的一种有效方法。

2. 组织的功能

组织可以帮助个人克服个人力量的局限性，实现依靠个人力量无法实现或难以实现的目标。个人之所以愿意加入到一个组织中，接受群体规范的约束，奉献自己的智慧和力量，承诺与其他人共享成果，就是因为这个组织能够在一定程度上实现单靠个人力量无法实现或难以有效实现的个人目标。

6.1.3 组织职能的内容和形式

组织职能的内容包括：组织结构设计；适度分权和正确授权；组织内各职务人员的选择和配备；组织文化的培育和建设；组织运作和组织变革以及组织与外部环境之间的关系等。根据组织的目标性质及由其决定的基本任务，可把组织划分为政治组织、经济组织、军事组织、学术组织、教育组织和宗教组织等不同类别。从形式上来看，组织主要有以下几种。

1. 正式组织与非正式组织

（1）正式组织

为了有效实现组织目标，经过人为地筹划和设计，并且具有明确而具体的规范、规则和制度的组织被称为正式组织。正式组织的特点包括：专业分工、明确的科层、法定的权威、统一的规范、相对的稳定、职位的可替代性和物质的交换性等。

（2）非正式组织

组织成员为了满足特定的心理或情感需要而在其实际活动和共同相处的过程中自发和自然形成的团体被称为非正式组织。非正式组织的特点：基于特定的需要、没有明确的目标、自发形成、没有明确的成文制度与规则和具有两面性等。

2. 机械式组织与有机式组织

（1）机械式组织

这种组织最突出的特点是有严格的层级关系，每个职位都有固定的职责，坚持统一指挥原则并产生一条正式的职权层级链；每个人只受一个上级的领导，形成一种典型的、规范化的结构；成员之间按照正式的渠道进行沟通，组织的权力最后集中在组织的金字塔的顶层。

（2）有机式组织

这是一种低复杂性、低正规性和分权化的组织。它强调的是灵活、适应和变化。在这种组织中，员工大多是职业化的，具有熟练的技巧，并且在经过训练之后能够处理多种多样的问题，所以工作不需要多少正式的规则和监督。这种组织的特点是：员工之间存在高度的合作、非正式的沟通、分权、职位与职务的变化调整。

（3）机械式组织与有机式组织的转化

一般来说，创业阶段的企业近似于有机式组织，而成长到一定的规模之后就会演化为机械式组织，而向优秀的企业发展之后又会成为有机式组织。

6.1.4 组织的本质和功能

从本质上而言，组织是一个利益共同体。也就是说，是共同的利益把大家聚焦在一起。一个组织的共同目标从本质上说是实现组织中每一个人的个人目标的共同基础。组织管理的要点在于：确立一种机制，建设一支志同道合、能力互补的团队，构建一个分工合理、协作关系明确、能够充分发挥每个成员的力量从而形成强大的集体力量的组织环境，以充分发挥组织的功能，在有效实现组织目标的同时，使每个成员的个人目标能够在一定程度上得以实现。

组织是管理的一项重要职能，任何计划和决策制订出来以后，一个重要的问题就是如何使它们变为现实。这就要求管理者按照组织目标和计划所提出的要求，依靠一系列的组织活动来贯彻落实，如设计出合理、高效、能保证计划顺利实施的组织结构与体系，合理安排、调配人力资源和其他资源等。只有做好组织工作，才能使决策方案得以顺利实施，才能保证组织目标的实现。具体来说，组织的功能主要体现在以下几个方面。

（1）有效配置各种资源

任何组织的资源都是有限的。实现同样的目标，不同的组织消耗的资源数量会有所不同。组织结构合理、组织工作有序就可以合理、有效地配置资源，从而以最少的资源消耗实现组织的既定目标。

（2）相互协作，发挥整体功能

组织职能具有相互协作、发挥整体功能的作用。分工可以取得专业化的好处，也是明确责任的前提，但分工效应必须依靠协作取得。兼顾分工与协作，要求在观念上有整体目标和共同奋斗的意识，在制度上应明确分工的责任和协作任务，在组织形式上应将分工与协作结合起来，这些都只能通过组织职能实现。

（3）合理使用各类人员

现代管理的主要任务是促使人的积极性、主动性和创造性得以充分发挥。从组织职能方面看，就是要通过合理分派任务，做到人尽其才；合理分配权力，做到责权一致；合理给予报酬，做到责、权、利相统一，从而充分发挥人的积极性、主动性和创造性。

行动指南

如何成为一名合格的组织成员

由于组织是通过分工协作形成群体力量，在实现共同目标的基础上实现每个组织成员的个人目标的。因此，一个人只有认同群体观念，遵循群体规范，并能够为组织做出自己的贡献，才能置身于集体，并成为群体中的一员。

具体到行动上，要求组织成员做到以下几点。

① 要认同组织理念，承认并遵循该组织的各项规范，愿意履行作为组织成员在组织分工中应该履行的职责，并愿意与他人共享劳动成果。

② 要有岗位意识，信守诺言，认真做好本职工作，并勇于承担相应的责任，以充分体现自己在群体中的价值。

③ 要有成员意识，能够认识到组织是一个利益共同体，在工作中能够主动配合他人，分工不分家，并能够从全局角度出发考虑问题和采取行动。

6.2 组织设计

组织设计是指进行专业分工和建立使各部分相互有机协调配合的系统结构的过程。具体来说，组织设计的任务就是建立组织结构和明确组织内部的相互关系，提供组织结构图和部门职能说明书和岗位职责说明书。

6.2.1 组织设计的影响因素

1. 经营战略

"保守型战略"的企业领导可能认为，企业面临的环境是较为稳定的，需求不再有大的增长变化，在组织设计上强调管理和生产的规范化程度。

"风险型战略"的领导则可能认为环境复杂多变，需求高速增长，市场变化很快，机遇和挑战并存。

"分析型战略"介于前两者之间，它力求在两者之间保持适当的平衡，所以其组织结构设计兼具有刚性和柔性的特征。

2. 企业发展阶段

① 创业阶段。组织结构不正规，协调降低在最低限度。

② 职能发展阶段。组织结构建立在职能专业化的基础上。

③ 分析阶段。组织结构以产品或地区事业部为基础建立，目的是在企业内部建立"小企业"，使后者按创业阶段的特点来管理。

④ 参谋激增阶段。行政管理增加了许多参谋助手，会影响组织中的统一命令。

⑤ 再集权阶段。参谋激增又导致了直线与参谋之间的矛盾，为了解决分权和高度职能化所带来的问题，高层管理者需再度高度集中决策权力。

3. 企业规模

组织的规模越大，组织结构就会越趋于复杂和规范化。具体表现在：随着规模的扩大，不可避免地会出现分层，因此会形成多层次的组织结构；随着组织规模的扩大，组织的关系更加复杂，协作也更加困难。因此需要对员工进行部门划分，从而形成多部门结构。

4. 技术及其变化

① 生产技术对企业组织的影响。经营成功的企业的组织结构，与其所属的技术类型有

着相互对应的关系；成功的单件小批生产和连续生产的组织具有柔性结构，而成功的大批量生产的组织具有刚性结构。

② 信息技术对企业组织的影响。信息技术使组织结构呈现扁平化趋势，对集权化和分权化可能带来双重影响；加强或改善了企业各部门之间及各部门内工作人员之间的协调；要求给下属以较大的工作自主权；需提高专业人员比率。

5. 经营环境

环境特点及其变化对企业组织的影响主要表现在以下 3 个方面：对职务和部门设计的影响；对各部门关系的影响；对组织结构总体特征的影响。

6.2.2 组织结构设计

组织结构是指组织的框架体系，它是一个由工作、责任关系、沟通渠道所构成的系统。就像人类由骨骼确定体形一样，组织由结构决定其形状。组织结构通常用结构图来表示。组织结构图通过直观的方式表明组织中的部门设置情况和权力层次结构，直观反映了组织内部的分工和各部门的上下隶属关系。

名家观点

德鲁克谈组织结构的作用

好的管理结构不会自动产生良好的绩效，就好像一部好宪法并不能保证一定会出现好总统或好法律一样。但是在不健全的组织结构下，无论管理者是多么优秀，企业一定不可能展现出色的绩效。

健全的组织结构不是灵丹妙药，也不像某些组织专家所说的那样，是管理"管理者"最重要的工作。毕竟解剖学并不能代表生物学的全部。但是，正确的组织结构是必要的基础。如果没有健全的组织结构，其他管理领域也无法有效达成良好的绩效。

---

1. 组织结构设计的原则

组织结构形式多种多样，而且每一种结构形式都有其优缺点。对于某一特定的组织，可采用不同的组织结构形式。但不论管理者决定采用何种结构形式，都应遵循组织结构设计的基本原则。

（1）目标原则

组织是为一定的目标服务的。因此，必须根据组织目标来考虑组织结构的总体框架。

（2）分工与协作原则

为了发挥群体力量，组织内部要进行分工协作。组织设计中坚持分工协作原则，就是要做到分工合理、协作明确，对于每个部门和每个岗位的工作内容、工作范围、相互协作方法等都应有明确的规定。

（3）责权对等和信息畅通原则

要明确每个部门和岗位的职责，并赋予其相应的职权。职责是指组织要求；职权是组织成员为了履行岗位职责所拥有的岗位职权中指挥他人的权力。拥有一定的职权是保障职责履行的条件之一，在组织设计过程中要做到责任与权力对等。

（4）人事匹配和有利于人才成长原则

组织结构的建立要充分考虑人员的可得性和人事匹配性，要有利于员工在工作中得到培养、提高与成长，有利于吸引人才，发挥员工的积极性和创造性。在设计组织结构时要根据不同的情况，采取按人定岗和按岗定人的方法。按人定岗是指根据个人的各方面能力设置相应岗位，适用于各项工作量较少且可以兼顾的情况，这样有利于人尽其才、降低成本、减少内耗和调动员工的积极性。按岗定人是指根据岗位要求，选择最符合工作能力要求的人上岗，适用于工作量大且独立或工作性质要求专职的情况，它着眼于发挥每个人的特长。

（5）逐步发展和经济高效原则

组织结构在保持一定稳定性的同时要根据变化了的情况及时调整。另外，由于组织所拥有的资源是有限的，所以组织结构设计也要讲求经济效益，既要减少不必要的管理层次，又要为组织将来的发展做好人员储备，并有利于各种资源的有效利用。组织所拥有的人力资源素质越高，越需要采用一种弹性的分权型的有机式组织结构。具有高技能水平的员工或者是具有强烈的职业价值观和行为规范的员工，往往比较渴望自由和自治，不喜欢受严密的监控。对于这类员工，以分权和自治为特征的弹性结构能较好地适应员工的需要。而当现有的人力资源素质较低时，采用容易控制的机械式组织结构能更好地满足组织需要。

名家观点

德鲁克：企业建立组织结构需遵循的三个要求

德鲁克提出："建立管理结构时，第一个考虑的是这个结构必须满足哪些条件。"他认为，必须满足以下三个条件。

① 管理结构在组织上必须以绩效为目标。企业的所有活动都是为了达到最后的目标。管理结构必须让企业有意愿、也有能力为未来打拼，而不是安于过去的成就；必须努力追求成长，而不是贪图安逸。

② 组织结构必须尽可能包含最少的管理层级，设计最便捷的指挥链。每增加一个管理层级，组织成员就更难建立共同的方向感和增进彼此的了解。

③ 组织结构必须能培育和检验未来的高层管理者。企业必须在员工还年轻、还能学习新经验时，就赋予他们实际的管理责任，让他们在管理职位上当家做主。

2. 组织结构的设计过程

（1）岗位设计：工作的专门化

工作的专门化是指按工作性质的不同划分工作岗位。通过工作的专门化，可以使每个组织成员或若干个成员能执行一组有限的工作。岗位设计包括以下内容。

① 职责专门化。职责专门化有助于提高员工的工作熟练程度，从而取得更高的效率和

更好的业绩。按照职责专门化，人们将生产线上的工人分为操作工、装配工、质检员、包装工等；将会计工作划分为成本会计、核算会计和管理会计等。

尽管职责专门化确实可以在短期内提高工作效率，但过于专门化的工作同样会导致员工的不满。由于每天从事重复的专业化活动，容易让人厌烦和沮丧。随着组织中知识性员工的日益增加，这种根据职责专门化设计的岗位越来越受到挑战。

② 职责扩大化。职责扩大化是通过增加一个岗位所包含的不同任务的数目，从横向扩展岗位工作内容，从而减少该岗位中同一任务被重复执行的频率。通过职责扩大化，增加了该岗位不同性质的任务数量。例如，原来秘书岗位的职责就是打字，通过增加另外的任务（如接待来访的客户、购买办公服务器、分发邮件等）扩大其工作职责。在员工的能力没有被充分利用且员工渴望更多的挑战和责任时，根据职责扩大化设计岗位往往能使员工对岗位工作更满意。职责扩大化可以克服专门化工作的缺点，但它并不一定能给员工提供具有挑战性的工作。有的员工可能会这样评论职责扩大化："以前我只有一项烦人的工作。现在，通过工作职责扩大化，我有了三项烦人的工作。"

③ 职责丰富化。职责丰富化是通过增加工作深度，如在推销人员的工作中增加策划和评估等职责，使员工得以对他们的工作实行更大的控制，从而将更多的工作意义和挑战增加到工作中。职责丰富化意味着员工将被获准做一些通常由他们的主管人员完成的工作，如计划和评价自身的工作。岗位设计不仅包括岗位职责的明确，而且还应包括工作时间的安排。在这方面，除了传统的按固定作息时间上下班外，已经出现了弹性工作制、钟点工及让员工通过网络在家工作等多种形式。如果管理者注重推动工作丰富化和提高员工的工作热情，那么他们通常会在岗位设计时努力提高员工工作的灵活程度。

内容单一的专业化工作要求员工以既定的方式行事，而承担多样化的任务或被允许和鼓励寻找更好的新型工作方式的员工则能够以灵活和创造性的方式完成工作。因此，把工作扩大化和丰富化的管理者一般都会创造一个弹性的组织结构，而把工作专门化的管理者则更倾向于创造一个更为规范的组织结构。

名家观点

亚当·斯密论分工

亚当·斯密认为，分工能够提高劳动生产率。"有了分工，同数量的劳动者就能完成比过去多得多的工作量，原因有三：第一，劳动者的技巧因业专而日进；第二，由一种工作转到另一种工作，通常要损失不少时间，有了分工，就可以免除这种损失；第三，许多简化劳动和缩减劳动的机械的发明，使一个人能够做许多人的工作"。

（2）部门化：工作的归类

劳动分工是划分组织部门的主要原因。要提高生产率，就必须对整个组织的工作进行明确的分类。部门是指组织中的主管人员为了完成规定的任务而有权管辖的一个特定的领域。将这些工作按某种逻辑合并成一些组织单元，如任务级、部门、处室等就是部门化的过程。

部门划分的任务有两个：一是确定企业应该设置哪些部门；二是规定这些部门之间的相互关系，使之形成一个有机整体。

（3）确定管理幅度，形成组织层次

管理幅度是指管理人员直接指挥和监督的下属人数。管理层次是指在职权等级链上所设置的管理职位的级数。管理幅度的大小在很大程度上制约了组织层次的多少。当组织规模一定时，管理幅度和管理层次之间存在反比例关系。一个管理者能直接管辖的下属越多，该部门内的组织层次也就越少，所需要的行政管理人员也越少；反之，一个管理者能直接管辖的员工越少，需要的管理人员就越多，相应的组织层次也越多。管理幅度与管理层次的关系见图 6-1。

古典组织学家主张狭窄的管理幅度，以实现有效的控制。但这样一来，就需要设置较多的层次，从而使决策变得缓慢。现代组织学家认为下级憎恨影响人们道德和动机的严密管理，因此他们主张管理的宽幅度，因为这样可以减少组织层次，加速组织中信息的传递。影响管理幅度的因素很多，其中最主要的包括：管理者的能力；下属的素质；计划的完备性；环境变化的程度；授权的程度；沟通的手段和方法；工作的复杂性和相似性；个别接触的必要程度；组织机构在空间的分散程度等。人们把管理幅度较大、组织层次较少的组织称为扁平型结构；把管理幅度较小、组织层次较多的组织称为锥型结构。

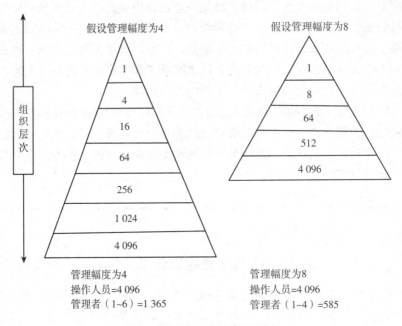

图 6-1　管理幅度与管理层次

① 管理者的能力。管理者的综合能力、理解能力、表达能力强，就可以迅速地把握问题的关键，就下属的请示提出恰当的指导建议，并使下属明确理解，从而缩短与每一位下属的接触时间，管理幅度就可以大一些，反之则小。

② 下属的成熟程度。下级具有符合岗位要求的能力，训练有素，则无须管理者事事指点，从而减少向上司请示的频率，管理者的管理幅度就可加大，反之则小。

③ 工作的标准化程度。若下属的工作基本类同，指导就方便，管理幅度就可以大；若下属的工作性质差异很大，就需要个别指导，管理幅度就小。

④ 工作条件。如助手的配备情况、信息手段的配备情况等都会影响管理者从事管理工作所需的时间。若配备助手，信息手段先进，则管理幅度可大些。

⑤ 工作环境。组织环境稳定与否会影响组织活动内容和政策的调整频率与幅度。环境变化越快，变化程度越大，组织中遇到的新问题就越多，下属向上级的请示就越有必要、越频繁，而上级能用于领导下属的时间与精力就越少，因为他要花时间去关注环境的变化，考虑应变的措施。因此，环境越不稳定，管理者的管理幅度就越小。

6.3 组织结构类型

由于每个组织的目标、所处的环境、所拥有的资源是不同的，因此其组织结构也必然会有所区别。有多少个组织，就会有多少种组织结构，但各种组织结构的基本构成有着很大的相似性。本节从传统的组织结构类型和现代组织结构类型两个方面来介绍组织结构类型。

6.3.1 传统的组织结构类型

1. 直线制组织结构

直线制组织结构是最早、最简单的一种组织结构形式。它最初产生于手工业作坊，当时老板和工场主都实行"个人管理"，对生产、技术、销售、财务等各项事务都亲自处理。这种组织结构的特点是：组织中各种职务按垂直系统直线排列，各级主管人员对所属下级拥有直接的职权，组织中每个下属只能向一个直接上级报告。

（1）直线制组织结构的优缺点

直线制组织结构的优点是：结构比较简单、权力集中、责任分明、命令统一、沟通简捷、决策迅速。直线制组织结构的缺点是：缺乏弹性、容易导致专制，不利于组织总体管理水平的提高。另外，所有的管理职能都集中由一人承担，往往会由于最高管理者个人的知识、能力、精力有限而难以应付多种复杂的管理问题。图6-2为直线制组织结构。

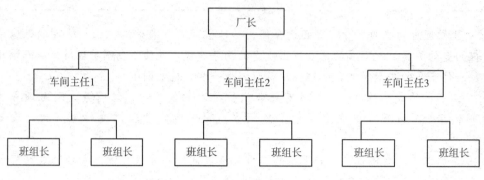

图 6-2 直线制组织结构

（2）适用范围

直线制组织结构一般适用于生产规模较小、产品单一、管理简单、业务性质单纯、没有必要按职能实行专业化管理的小型组织或现场作业管理。

2.职能制组织结构

职能制组织结构的主要特点是：按照专业分工设置相应的职能部门，实行专业分工管理，各职能部门在自己的业务范围内有权向下级下达命令和指示，即下级除了要服从直接上级的指挥以外，还要接受上级各职能部门的指挥。图 6-3 为职能制组织结构。

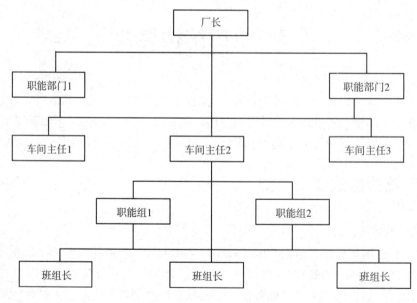

图 6-3 职能制组织结构

（1）职能制组织结构的优缺点

职能制组织结构的优点：它可以在很大程度上实现职能专业化的优越性。例如，将专家归在一起可以产生规模效应，减少人员和设备的重复配置，以及通过给员工们提供与同行们"说同一种语言"的机会而使他们感到舒适和满足。职能制组织结构的缺点：它违背了组织设计的统一指挥原则，容易导致多头领导，不利于明确各级管理者和职能机构的职责权限，易造成管理混乱。

（2）适用范围

职能制组织结构适用于任务复杂的社会管理组织和生产技术复杂、各项管理工作需要专业知识的组织，一般是中小型组织。

3. 直线职能制组织结构

直线职能制组织结构是综合直线制和职能制两种组织结构的特点而形成的组织结构类型。其特点是将组织中的管理人员划分为两类：一类是直线指挥人员，他们拥有对下级实行直接指挥和命令的权力，并对该组织的工作负全部责任；另一类是职能管理人员，他们是直线指挥人员的参谋，他们只能对下级机构进行业务指导，而不能直接进行指挥和命令。该种组织结构把直线指挥的统一化思想和职能分工的专业化思想相结合，在组织中设置纵向的直线指挥系统和横向的职能参谋系统。

（1）直线职能制组织结构的优缺点

直线职能制组织结构保持了直线制和职能制的优点是：一方面，各级负责人有相应的职能机构作为助手（参谋），以发挥其专业管理的优点；另一方面，每个管理机构内又保持了集中统一指挥。直线职能制组织结构的缺点是：直线职能制组织结构的专业分工必然会带来协作配合难题。由于各个职能部门分管不同业务，观察和处理问题的角度不同，彼此间往往会产生这样或那样的矛盾，如果相互配合不好，就会妨碍管理工作的顺利进行。同时，职能机构对下级虽不能直接指挥，却可以在业务范围内对下级单位提出工作部署和要求，如果各部门提出的要求不能协调一致，就会使下级单位无所适从，妨碍下级机构中心工作的执行，可能会形成"多头指挥"。图6-4是直线职能制组织结构。

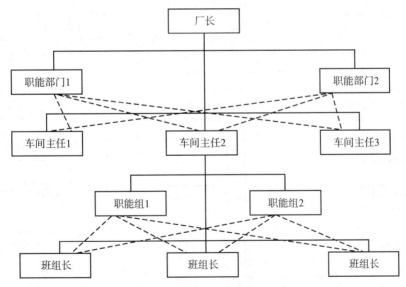

实线表示直接领导关系（领导权力），虚线表示业务指导关系（职能权力）

图6-4 直线职能制组织结构

（2）适用范围

直线职能制组织结构是目前大众型企业和各级组织采用较多的结构类型之一，尤其适合产品品种比较简单、工艺比较稳定、市场销售情况比较容易掌握的企业。

4. 事业部制组织结构

事业部制组织结构由美国通用汽车公司首创，它是以产品、地区或客户为依据，由相关的职能部门组合而成的相对独立的单位。其特点是：每个事业部都有自己的产品和市场领域，按照"统一政策、分散经营"的原则，实行分权化管理；各个事业部独立核算，自负盈亏，彼此之间的经济往来要遵循等价交换原则。另外，事关大政方针、长远目标及全局性问题的重大决策集中在总部，以保证企业的统一性。

（1）事业部制组织结构的优缺点

事业部制组织结构有利于发挥各事业部的积极性、主动性，事业部制组织结构也使总部人员摆脱了关注日常具体事务的负担，使他们能专注于长远的战略规划。分部形式也是培养高级经理人员的有力手段。此外，事业部制组织结构有利于公司对各事业部的绩效进行考评。事业部制组织结构的缺点：资源重复配置，增加了管理层次，造成机构重叠，使管理人员和费用增加。另外，各事业部之间容易产生不良竞争，总公司协调工作加重。此外，还容易出现过度分权，削弱了公司的整体领导力或者导致分权不足，影响事业部的经营自主性等问题。

（2）适用范围

事业部制组织结构主要适用于规模大、产品（或服务）种类繁多或分支机构分布广的现代大型企业。图 6-5 是事业部制组织结构。

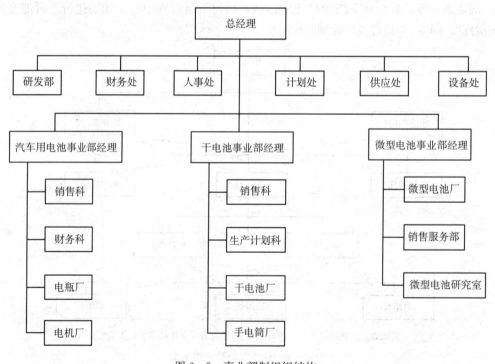

图 6-5　事业部制组织结构

5. 矩阵制组织结构

矩阵制组织结构是指这样一种组织设计：它从各个职能部门中抽调有关专家，分派他们在一个或多个由项目经理领导的项目小组中工作；每个项目由一位经理人员领导，他将为其负责的项目从各职能部门中抽调有关人员组成项目小组。图6-6是某航空公司的矩阵制组织结构。

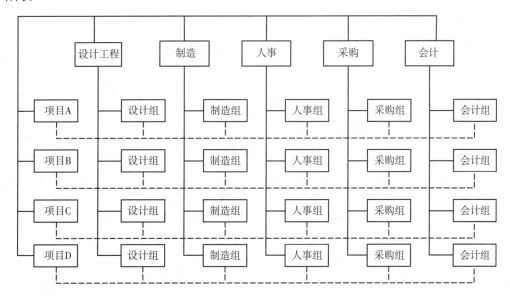

图6-6 某航空公司的矩阵制组织结构

（1）矩阵制组织结构的优缺点

矩阵制组织结构的优点如下。

① 矩阵制组织结构是一种有效的结构设计方案。

② 组织机动、灵活，可随项目的开发与结束进行组织或解散。

③ 由于这种结构是根据项目组织的，任务清楚，目的明确，各方面有专长的人都是有备而来，因此在新的工作小组里，能沟通、融合，能把自己的工作同整体工作联系在一起。由于从各方面抽调来的人员有信任感、荣誉感，使他们增加了责任感，激发了工作热情，促进了项目的实现。

④ 加强了不同部门之间的配合和信息交流，克服了直线制职能结构中各部门互相脱节的现象。

⑤ 能够合理调配资源。

矩阵制组织结构的缺点如下。

① 双重指挥链违反了统一指挥的传统管理原则。矩阵制组织结构中的员工有两个上级：他们所属的职能部门的经理和他们工作的产品或项目小组的经理，两位经理共同享有职权。

② 项目经理对作为其项目成员的职能人员拥有与实现该项目目标相关的职权，而晋升、工薪建议和年度评价等决策仍由职能经理来行使。项目负责人的责任大于权力，因为参加项目的人员都来自不同部门，隶属关系仍在原单位，只是为"会战"而来，所以项目负责人对他们管理困难，没有足够的激励手段与惩治手段，这种人员上的双重管理是矩阵制组织结构的先天缺陷。

③ 由于项目组成人员来自各个职能部门，当任务完成以后，仍要回原单位，因而容易产

生临时观念，对工作有一定影响。

④ 对项目经理的能力要求较高，不仅要处理好资源分配、技术支持、进度安排等方面的工作，还需要懂得如何与各职能部门进行协调和配合。

⑤ 项目经理只关注项目的成败，而不是以公司的整体目标为努力方向。

（2）适用范围

矩阵制组织结构适用于经营涉及面广、产品品种多、临时性强、复杂的重大工程项目组织。

管理技能训练

如何设置社团的机构？

去年，赵阳面对校园里众多的学生社团，不知该加入哪一个：尽管不少社团的宗旨都很明确，但平时搞些什么活动、如何来运作，很多都不是很清楚，常常同一个社团中的人有不同的说法。赵阳不想稀里糊涂地加入社团，经过一番观察、了解和思考，最后他决定和几个好友自己组建一个社团。

但一个社团从无到有谈何容易，最初只是几个好友因为兴趣走到了一起，每个人没有明确的分工，有事情大家一起做，真的是"同甘共苦"。但这并不是长远之计，随着事情越来越多，由于没有清晰的组织框架和明确的责任分工，每个人都忙得团团转，但工作进度却越来越慢，效率直线下降。

眼看又一轮纳新大潮出现，赵阳想通过这次机会进一步完善组织的架构。但是，纳新绝对不是招几个人就可以一劳永逸，而是需要根据社团的目标、所要开展的活动和工作量大小来确立部门的组建和岗位的设置。

那么，协会需要设立哪些部门和招收具有哪些方面能力的人员？各部门之间的工作如何分配？关系如何协调？怎样才能确保社团目标的实现？赵阳再一次陷入了深思。

如果你是赵阳，你会怎样解决上述问题？

6.3.2 U 型组织结构、H 型组织结构和 M 型组织结构

西方学者威廉姆森在《资本主义经济制度》和《市场与层级组织》中将企业组织结构分为 U 型组织结构、H 型组织结构和 M 型组织结构三种基本类型：

U 型组织结构（unitary structure）是一种高度集权的职能性组织结构，包括直线制组织结构、职能制组织结构和直线职能制组织结构，适用于产业比较单一的中小型企业。

H 型组织结构（holding structure）是一种多角化经营的控股公司结构，其下属公司彼此业务互不相干，产品结构属无关产品型，在经营上有较大的独立性。

M 型组织结构（multidivisional structure）是 U 型组织结构与 H 型组织结构发展和演变的产物，以事业部制为主体。它是分权与集权的结合，是更强调整体效应的大型公司结构。M 型组织结构集权程度较高，但突出整体协调功能，是 20 世纪末国际上特别是欧美大型公司组织形态的主流形式。

表 6 - 1　U 型组织结构、M 型组织结构、H 型组织结构的比较

区分因素	U 型组织结构	M 型组织结构	H 型组织结构
组织形态	一元结构	多元结构	控股结构
集分权程度	高度集权	集权程度较高，与此同时，突出整体协调性	集权程度较低
适用企业	规模较小、产品品种少、生产连续性和专业性较强的公司	规模较大，多元化经营的控股公司	纯粹资本经营型公司

　　组织结构的选择应考虑公司发展的历史阶段、公司的规模、行业特点和经营者素质等因素。在公司发展初期，规模还不大、业务领域狭窄时，可以选用 U 型组织结构，如果规模的扩大局限于专业化生产方面，U 型组织结构还可以在一定程度上适应公司的发展。但是，随着公司规模的扩大和经营范围的扩展，U 型组织结构可能不再适应公司发展的需要，这时应逐步向 M 型组织结构转变。如果公司规模扩张是在短时间内进行的，而且公司经营领域较宽，则可采用 H 型组织结构。

管理技能训练

小组合作课堂作业

　　(1) 小组通过抽签，确定要讲解的组织结构，主要介绍这种组织结构的特点、优点和缺点。

　　(2) 小组首先讨论如何讲解才能让大家容易理解。

　　(3) 小组派两个代表上台讲解，一个讲解抽到的组织结构的特点、优点和缺点，另一个画出相应的组织结构图。

结构类型	特点	优点	缺点
直线制组织结构			
职能制组织结构			
直线职能制组织结构			
事业部制组织结构			
矩阵制组织结构			

6.3.3　现代的组织结构类型

拓展阅读

作战组织的演变

　　第二次世界大战时，美军作战的时候以一个师或一个军作为一个作战单位。到了越南战争的时候，美军的作战单位已经变成了几百人的营，总参谋部直接把一个命令

下到一个营去完成；等到伊拉克战争的时候，美军作战单位已经变成了一个班。而一个班真正的战斗人员不到一半，剩下的都是拿着对讲机、手提电脑去完成指令的。

1. 项目型组织结构（project structure）

项目型组织结构是一种比矩阵制组织结构更先进的结构。在这种结构下，员工持续地变换工作的项目小组。与矩阵制组织结构不同，项目型组织结构不设正式的职能部门，矩阵制组织结构中完成了某一项目的员工可以回到所属的职能部门，而项目型组织结构中的员工则直接带着他们的技巧、能力和经验到另一项目工作；项目型组织结构中的所有工作都是由员工团队承担的，员工是因为他们有需要的工作技巧和能力才成为项目团队的一员。

项目型组织结构极富流动性和灵活性，它没有职能部门的划分和刻板的组织层级，避免了决策和采取行动迟缓的问题。在这种结构下，管理者成为促进者、导师和教练，他们服务于项目团队，帮助取消或减弱组织壁垒，以确保团队取得有效完成工作所需的各种资源。

2. 无边界组织结构

无边界组织结构是指横向的、纵向的或外部的边界不由预先设定的结构所限定或定义的一种组织设计。边界有两种类型：内部边界和外部边界。内部边界包括横向边界和纵向边界。横向边界由工作专门化和部门化形成，而纵向边界则是将员工划为不同的组织层级。外部边界是指将组织与顾客、供应商及其他利益相关群体分立开来的隔墙。管理者可以运用虚拟组织结构和网络组织结构削弱甚至消除这些边界。

（1）虚拟组织结构

这种组织结构的灵感来自电影业。电影业中的人其实是"行动自由的人"，他们根据工作需要从一个项目转移到另一个项目，对影片进行指导，搜寻演员，负责服装、化妆，进行舞台设计等。

（2）网络组织结构

网络组织结构通过自身员工的工作活动和外部供应商的网络为他人提供所需的产品部件和工作流程。这种组织结构有时也称为模块组织结构，特别是在生产型组织中，这种结构使组织把精力集中在自己做得最好的业务上，而把其他业务活动外包给在相关业务方面做得最好的公司。

3. 学习型组织结构

拓展阅读

海尔的"倒金字塔"结构

2013年，海尔裁员16 000人，占全员的18％。2014年，海尔再次裁员万人。海尔总裁张瑞敏说，裁掉的主要是中间层，还有一些人是因为业务智能化之后不再需要。"外去中间商，内去隔热墙（指中层管理者）"是张瑞敏对组织结构调整的简短概括。

> 按照海尔的规划，2013 年和 2014 年海尔总计裁员 2.6 万人。张瑞敏将裁员的原因归之为组织结构调整。近年来，海尔一直在推进转型，组织结构也在大范围调整。海尔希望打造倒金字塔结构。企业一般是金字塔的组织结构，最底层为员工，上面为各层级领导。海尔希望反过来，领导要为员工服务，为基层服务。

学习型组织结构是指由于所有组织成员都积极参与到与工作有关问题的学习、识别与解决中，从而使组织形成了持续适应能力和变革能力的一种组织结构。在学习型组织结构中，员工们不断获取和共享新知识，并有意愿将其知识用于制定决策或做好相关工作中。一些组织理论家甚至把组织的这种能力，即在完成工作过程中的学习及应用所学知识的能力，高度地评价为组织可持续竞争优势的唯一资源。

管理技能训练

信息时代的公司架构应该是什么样的?

收集相关资料并写下你的观点。

6.4 组织的运行

通过组织结构的设计，可以明确各部门和各岗位的相应分工和协作关系，但如果没有相应的权力保障和责任制约，分工和协作关系就无法在实际运行中得到落实。在一个组织中，建立相应的权力和责任体系是分工协作关系得以落实的保证。

管理情境

权力是协作的保障

A：“麻烦你帮忙做一下。”

B：“对不起，我没空（或我忘了）。”

A：“按规定，你若不按时做好给我，我得扣你 5 分。”

B：“那我尽量抽时间按时做好给你。”

6.4.1 管理者的权力

所谓权力，是指为了达到组织目标而拥有的开展活动或指挥他人行动的能力。这个权力是指存在于组织之中，与岗位职责相对应的职位权力（authority），而不是西方管理学教科书中所指的一般意义上的影响力（power）。管理者不仅拥有开展本职工作的权力，而且还拥有指挥下属开展工作的权力。拥有一定的指挥权是保证管理者履行其管理职责的条件之一。

1. 权力的来源

关于管理者权力的来源，有两种截然不同的观点。传统的观点认为，权力是被授予的，某人有权力是因为有人给了他权力。按照这一理论，部门经理的权力来自于总经理的授予，总经理的权力来自于董事会的授予，董事会的权力则来自于股东的委托。接受理论对"权力是授予的"观点提出了质疑，认为权力来自于下属接受指挥的意愿。管理者可以对下属发号施令，并对不服从命令的人施以惩罚，但当人们不为之所动时，管理者也就无可奈何。因此，权力的根本在于下属的接受，只有当下属接受其指挥时，管理者的权力才会形成。由于"权力来自于下属的接受"的观点把权力与管理者影响其下属接受权力的能力（即威信）等同起来，因此人们更倾向于"权力是授予的"观点。

2. 管理者的职权类型

组织正式授予管理者的职权一般包括支配权、强制权和奖赏权。

（1）支配权

支配权是指管理者在其分管的工作范围内确定工作目标、建立相应组织、制定规章制度、分配资源、组织开展活动的决策权和对下属的工作调配权。这种支配权是由管理者的地位或在组织权力阶层中的角色所决定的。管理者的支配权只有在基于该管理者的工作需要时才能发挥作用，而且一般来说，在一个组织中下级必须服从上级的支配。

拓展阅读

部门管理者的主要权力

① 有权根据工作需要，提出本部门人员、设施增减要求和所需资金预算。

② 参与选择下属和对下属工作进行调配、检查、考核及按照组织的规定进行奖惩的权力。

③ 在组织核定的预算范围内按组织相关制度审批（或审核）本部门费用开支的权力。

④ 根据本部门的职能，按照组织的相应制度和流程制定本部门各项工作具体操作规程和相应制度实施细则的权力。

⑤ 要求其他部门对本部门工作进行合理配合的权力（或对其他部门进行职能指挥、检查的权力）。

⑥ 在本职工作范围内按制度自主开展本部门工作的权力。

（2）强制权

强制权只适用于管理者要求下属履行其职责范围内的工作。当下属没有按照要求履行其应该履行的职责时，管理者可以通过惩罚来迫使下属履行职责，从而保证组织分派的各项工作的完成。强制权发挥作用的基础是下属的惧怕，因此要发挥强制权的效用，就必须事先向下属讲清楚如果不服从上级的指挥、不履行其应该履行的职责将受到何种惩罚，而且这种惩罚必须是下属所害怕的。为了维持这种顺从，管理者必须对下属是否真正按其指示开展工作进行经常性的监督。因此，运用强制权的成本可能较高。

（3）奖赏权

奖赏权通过给予一定的奖励来诱使下属做出组织所希望的行动。在下属完成一定的任务时，管理者承诺给予相应的奖励，可提高下属的积极性，使其付出额外的劳动，取得超出组织要求的额外业绩。奖赏权是建立在交换原则基础之上的，管理者通过提供心理上或经济上的奖励来换取下属的遵从。这种奖励包括物质的，如奖金等，也包括精神的，如表扬、晋升等。

管理问题探讨

班组长的权力与能力辨析

在企业里，副总裁就那么几位，班组长却很多。很显然，副总裁的权力要比班组长大得多。但管理界却流行着另一种观点：车间主任没有班组长权力大，甚至部门主任都没有班组长权力大。

理由： 车间主任和部门主任都要为班组长服务，到了班组长的"地盘"都要尊重班组长。这有点像学校领导过问班级的事，还是得听班主任的。当然，班组长不是"大官"，其权力大不是因为他的"官位"高。

问题讨论：

（1）班组长的权力从哪里来？

（2）班组长在什么情况下会丧失权力？

6.4.2 授权

所谓授权，就是指管理者把由其全权负责的一项任务委托给下属。在授权过程中，上级赋予下级一定的权力和责任，使下属在一定的监督之下拥有相当的自主权。授权者对被授权者有指挥权、监督权，被授权者对授权者负有汇报情况及完成任务之责。

1. 授权的意义

授权不仅可以使管理者在同样的时间内通过发挥他人的才能创造出更好、更多的业绩，而且有利于识别人才、培养人才，从而有助于自己的晋升发展。如果管理者不授权，不仅业绩受限于本人的时间、精力，而且还会导致下属的无望和无能，从而影响自己的前途。

2. 授权的方法和技巧

授权看起来似乎很简单，但许多研究表明，管理者由于授权不当所引起的失败要比其他原因引起的失败多得多。因此，每个管理者都要注意研究授权的方法和技巧。怎样才能做到正确授权呢？根据实践总结，授权大体上要注意以下几点。

（1）明确授权的目的

授权者必须向被授权者明确所授事项、工作要求、任务目标及权责范围，使其能十分清楚地工作。因此，必要的任务说明是必不可少的，任务说明应该明确指出被授权者应取得什么结果、可获得或利用哪些资源、时限要求、被授权者可自主决定的事项等。

（2）职、权、责、利相当

为了保证被授权者能够完成所分派的任务，并承担相应的责任，授权者必须授予其充分的权力并许以相应的利益。授权要做到职、权、责、利相当，即所授予的权力应能保证被授权者履行相应职责，完成所分派的任务，做什么事给什么权；而被授权者对授权者应负的责任大小应与被授权者获得的权力大小相当，有多大的权力就应该承担多大的责任；给予被授权者的利益必须与其所承担的责任大小相当，有多大的责任就应承诺给予多大的利益。权力太小是被授权者无法尽责的普遍原因，权力过多则会造成对他人职权范围内事务的干涉，缺乏利益驱动则是被授权者不愿过多承担责任的主要原因。

（3）保持命令的统一性

通常要求一个下级只接受一个上级的授权，并仅对一个上级负责，这就是所谓的命令统一性原则。保持命令的统一性原则，要求全局性的问题集中统一，由高层直接决策，不授权给下级；各部门之间分工明确，不交叉授权；不越级授权，不要越过下级去干涉下级职权范围内的事务。

（4）正确选择被授权者

由于授权者对分派的职责负有最终的责任，因此慎重选择被授权者是十分重要的。在选择被授权者时，应遵循"因事择人，视能授权"和"职以能授，爵以功授"的原则，即要根据所要分派的任务，选择具备完成任务所需条件的被授权者，以避免出现力不胜任或不愿受权等情况。应根据所选被授权者的实际能力给予相应的权力和对等的责任，对既能干又肯干的，要充分授权；对适合干但能力有所欠缺或能力强但有可能滥用权力的，要适当保留决策权。

（5）加强培训和监督控制

在授权的同时，管理者要对被授权者进行培训，使他们知道如何行使这些权力。如果下属不知道该做什么，那么把权力授予他们就没有用。

所有授权都需要附带有效的监督机制。授权者要建立反馈渠道，及时检查被授权者的工作进展情况及权力的使用情况。对于不适合此项工作的，要及时收回权力，更换被授权人；

对滥用权力的，要及时制止；对需要帮助的，要及时指点，从而保证既定目标的实现。需要注意的是，控制并不是去干预被授权者的日常行动，否则就会使授权失去意义；监督也不是为了保证不出任何差错，因为人人都会犯错误。

名家观点

罗宾斯谈有效授权者的授权

① 分工明确。首先要确定授权的是什么及授权给谁。你需要选择一个最有能力完成任务的人，然后确定他是否有时间和动力从事此项工作。假设你有一个能干而愿意从事此项工作的下属，你的下一步工作就是提供明确的信息，告诉他授权给他的是什么，你希望得到什么结果，以及你对时间和绩效方面的要求。

② 具体指明下属的权限范围。每项授权活动都与限制相伴。你所下放的是在某些条件下处理问题的权力，你需要明确指出这些条件是什么，使下属明确地知道他们的权限范围。

③ 允许下属参与。确定完成某项工作必须拥有多大权力的最好办法是让负责此项任务的下属参与该决策。

④ 通知其他人授权已经发生。授权不应在真空中进行。不仅管理者和下属需要明确知道授权了什么及下放了多大权力，还应告知与授权活动有关联的其他人，尤其需要通报的是授权的是什么及授权给了谁。

⑤ 建立反馈控制机制。仅有授权而不实施反馈控制会导致许多麻烦，最可能出现的问题是下属滥用他所获得的权力。建立控制机制以监督下属的工作进程不仅增加了及早发现重大问题的可能性，而且还能保证任务按预期的要求完成。

6.4.3　集权与分权

1. 分权

当权力的分配是在上下级组织之间进行时，授权就变成了分权。分权是授权的一种形式，是一个组织向其下属各级组织进行系统授权的过程。分权是形成任何组织内部各组织单元之间权力关系的基本手段。

没有分权，也就没有了上下级组织结构，什么事都要由高层管理者来决定，也就无法发挥组织分工协作的优越性。分权可以减轻高层管理者的负担，增强各级管理人员的责任心、积极性和自主性，增强组织的应变能力。分权的缺点是可能会造成各自为政、各行其是的现象，增加各部门之间协调的复杂性，且易受到规模经济性、有无合格管理人员等的限制。

如何才能"放得开又控制得住?"

如果你是某一组织的管理者,你会分权或授权吗?怎样才能保证在授权或分权的同时不会导致失控?

2. 集权

组织为了保证共同目标的实现,必然要求保持组织行动的统一性。因此,一定程度上的集权对于组织来说也是必要的。集权是指决策权由最高层管理者或上级部门掌握与控制,下级部门只需依据上级的决定和指示行动。

集权的优点是可以加强统一指挥、统一协调和直接控制;缺点是会使高层管理者负担过重,经常陷于日常事务之中,无暇考虑大政方针,并且事事请示、汇报限制了各级人员的积极性,不利于培养管理人员,难以适应迅速变化的环境。

3. 集权与分权的平衡

集权和分权对于一个组织来说都是必要的。集权与分权是相对的,既没有绝对的集权,也没有绝对的分权(见图6-7)。在组织设计过程中,要合理地确定集权与分权。如何在集权和分权之间取得良好的平衡,做到"放得开又管得住","活而不失控",是处理好集权与分权关系的核心。

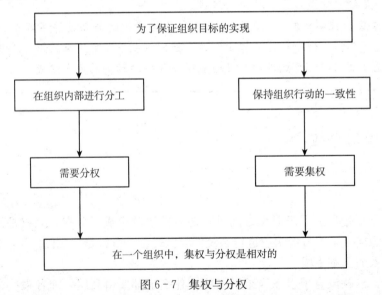

图6-7 集权与分权

留个缺口给别人

一位著名企业家在做报告时,一位听众问:"你在事业上取得了巨大的成功,请问对你来说,最重要的是什么?"

企业家没有直接回答，他拿起粉笔在黑板上画了一个圆，只是并没有画圆满，留下一个缺口。他反问道："这是什么？""零""圈""未完成的事业""成功"等，台下的听众七嘴八舌地答道。他对这些回答未置可否："其实，这只是一个未画完整的句号。你问我为什么会取得辉煌的业绩，道理很简单——我不会把事情做得很圆满，就像画个句号，一定要留个缺口，让我的下属去填满它。"

　　思考题：这个案例给我们的启示是什么？

6.4.4　直线和参谋

　　直线权力是组织中上级指挥下级工作的权力，表现为上下级之间的命令权力关系。直线权力是管理者所拥有的特殊权力，它与等级链相联系，在组织等级链上的管理者一般都拥有直线权力，他们一方面接受上级指挥，另一方面拥有指挥下级的权力。

　　参谋权力是组织成员所拥有的向其他组织成员提供咨询或建议的权力。组织中的任何一位成员都拥有参谋权力，他们可以就组织发展中存在的问题发表自己的意见，管理者当然也拥有这种权力。随着组织的日益扩大与日趋复杂，管理者可能越来越难有足够的时间、精力和知识来有效地完成其职责，因此他们会在组织中设立专门的参谋人员来协助自己，以减轻自己的负担。

　　组织成员在不同时刻、与不同的组织成员交往时，可能会充当不同的角色。通常把组织中主要行使直线权力的成员称为直线人员，把组织中主要行使参谋权力的成员称为参谋人员。

6.4.5　分工和协调

　　传统组织设计强调专业化分工，认为分工是大生产的标志。不仅作业活动要进行分工，管理活动也要实行分工，通过分工来提高各方面工作的质量和效率。但随着生产力水平的提高，分工的缺点也日益暴露出来，如分工带来了本位主义，助长了专业管理人员的片面观点；分工造成了工作的单调乏味，影响了员工的工作热情和创造性思维；分工使办事程序和手续烦琐复杂，增大了部门间的协调工作量等。

　　基于对过分细化分工所产生问题的认识，现代组织设计中出现了"机构职能综合化"和"业务流程整合化"的改革趋向。这种"强化协调、削弱分工"的做法，在20世纪90年代兴起的"业务流程重组"热潮中得到了鲜明的体现。业务流程重组也称业务流程再造（BPR），是指利用现代信息技术，对业务流程重新思考和设计，以取得质量、成本和业务处理周期等绩效指标显著改善的一种企业再造活动。重组再造的实质是打破分工，将协调注入开展的业务流程中。

授　权

　　两人一组，各自想好一件相对比较复杂的、想要对方为自己做的事，口头委托对方。然后再各自将自己委托对方做的事、自己是如何委托对方的、希望对方做到什么程度，以及对方委托自己做的事是什么、自己准备怎么做和做到怎样的程度写下来，与对方写下来的进行对比。

　　通过对比分析，总结授权的经验教训。若时间允许，可进行组与组之间的交流。

6.4.6　组织变革

　　组织要想维持和发展，必须根据外界环境的变化，不断地进行变革。一般来说，组织模式应力求稳定，频繁而不必要的变动对于管理目标的实现是不利的。但是组织是处于动态的社会变动之中的，环境的变化必须会影响管理目标的各种因素的变化。一成不变的组织是不存在的，因为不变革的组织是没有生命力的，是必然走向衰亡的。所以，组织的变革是绝对的，而组织的稳定是相对的。

1. 组织变革的必要性

　　组织变革是指组织管理人员主动对组织的原有状态进行改变，以适应外部环境变化，进而更好地实现组织目标的活动。组织变革包括：组织行为、组织结构、组织制度、组织成员和组织文化等。

　　组织变革的目标有：不断提高组织适应环境的能力；提高组织的工作绩效；实现有方向的领导；不断提升核心竞争力；承担更多的社会责任。设计再完美的组织，运行了一段时间后也都必须进行变革，这样才能更好地适应组织内外条件的变化。组织变革是任何组织都不可回避的问题，而能否抓住时机顺利推进组织变革则成为衡量组织管理工作有效性的重要标志。

2. 组织变革的动力与阻力

　　组织变革面临两种力量的对比：动力和阻力。

　　（1）组织变革的动力

　　组织变革的动力，指的是发动、赞成和支持变革并努力去实施变革的驱动力。总的来说，组织变革的动力来源于人们对变革的必要性及变革所能带来好处的认识。

　　① 组织变革的内部动因。包括：组织规模变化的要求；组织本身任务或性质变化的要求；组织成员自身因素变化的要求及技术的变革等。

　　② 组织变革的外部动因。包括市场、资源、技术和环境的变化（这部分因素是管理者控制不了的）。市场变化如顾客的收入、价值观念、喜好发生变化，竞争者推出新产品或产品增添新功能等；资源的变化包括人力资源、能源、资金、原材料供应的质量、数量及价格的变化；技术的变化如新工艺、新材料、新技术、新设备的出现等，这些不仅会影响到产

品，而且会出现新的职业和部门，会带来管理和人际关系的变化。

（2）组织变革的阻力

组织变革的阻力，是指人们反对变革、阻挠变革甚至对抗变革的制约力。这种制约组织变革的力量可能来源于个体、群体，也可能来自组织本身甚至外部环境。组织变革阻力的存在，意味着组织变革不可能一帆风顺，这就给管理者提出了更严峻的变革管理任务。

3. 组织变革的措施

组织变革的方案是在发现了组织存在的问题之后制订的对组织加以改造、改组和重建的计划。组织为了适应环境的变化和新的形势，必须主动地进行有计划的改革或变革：只有主动、有计划的变革，才能使变革的成功率提高。

一般来说，组织变革的方案有如下几种：一是打破原状，抛弃旧的一套，断然采取全新的办法；二是采取逐步改革的办法，即在原有框框内做一些小的改革；三是采取系统发展、统筹解决的办法，即由组织的领导或变革专家事先设想一个最佳变革方案，经有关人员共同研究，分析修改，建立变革的系统模型，确定解决问题的具体措施。组织变革的过程是增强动力与减少阻力的过程，管理者应积极创造条件、消除阻力，保证变革的顺利进行。组织变革过程中，为防止和消除对变革的心理阻力，可采取以下几种措施：激励变革者；职工积极参与；加强员工的归属感；提高领导者、变革者的威信；加强意见沟通；合理安排变革的时间与进度。

总之，管理人员的任务之一就是使组织不断发展、完善，使之更加富有成效。为了推动组织的发展，组织变革应当力求做到：第一，实事求是，从实际出发进行变革和寻求变革的途径；第二，变革要有计划、有步骤，要把变革的愿望与现实结合起来，以使变革的代价较少而收获较大。目前组织变革的发展趋势有：组织的动态性和灵活性；组织扁平化；组织团队协作化；组织运作柔性化；成为学习型组织等。

管理技能训练

帕金森定律

著名的帕金森定律描述了各类组织中存在的一种怪现象：一个没有能力的管理者，会挑选两个比他的能力更低的助手——挑选能力比自己高的人是万万不可能的，因为这会剥夺自己的权力；两个助手照此方法再分别挑选两个更没有能力的助手，如此反复循环，最终组织会成为一个"无用者的大联合"。就像一个患了帕金森症的病人，看起来人数众多、规模庞大，但最终却会因膨胀而死。

帕金森定律突出反映了管理者对企业忠诚度的缺失和极端的自利心理，也从侧面说明了组织任用人才一定要以"有能者居之"作为标准。

请查找案例和相关资料，围绕下面两个问题提出自己的看法。

（1）帕金森定律对组织的危害有哪些？

（2）如何破解帕金森定律？

本章小结

组织有静态和动态两方面的含义。从静态方面看，组织是一种实体，是为实现某一共同目标而由若干个人组合而成的一个系统。从动态方面看，组织是指组织工作，是管理的一项基本职能，是管理者为了有效地实现共同目标和任务，合理地确定组织成员、任务及各项活动之间的关系，并对组织资源进行合理配置的过程。

组织设计的影响因素有：经营战略、企业发展阶段、企业规模、技术及其变化和经营环境。

传统的组织结构类型有：直线制组织结构、职能制组织结构、直线职能制组织结构、事业部制组织结构和矩阵制组织结构。

现代的组织结构包括：项目型组织结构、无边界组织结构、学习型组织结构。

组织正式授予管理者的职权一般包括：支配权、强制权和奖赏权。

集权和分权对于一个组织来说都是必要的。集权与分权是相对的，既没有绝对的集权，也没有绝对的分权。

组织变革是指组织管理人员主动对组织的原有状态进行改变，以适应外部环境变化，进而更好地实现组织目标的活动。组织变革包括：组织行为、组织结构、组织制度、组织成员和组织文化等。

章节同步测试

一、单选题

1. 组织规模一定时，组织层次和管理幅度成（　　）关系。

　　A. 正比　　　　　　　　B. 反比　　　　　　C. 指数　　　　　　D. 相关

2. 管理幅度大、管理层次少的组织结构是（　　）。

　　A. 扁平结构　　　　　　　　　　　　B. 直线职能制组织结构

　　C. 事业部制组织结构　　　　　　　　D. 直线制组织结构

3. 采用"集中政策，分散经营"的组织结构是（　　）。

　　A. 职能制组织结构　　　　　　　　　B. 事业部制组织结构

　　C. 扁平结构　　　　　　　　　　　　D. 矩阵制组织结构

4. 通常主管人员面对的问题越复杂，其直接领导的人数（　　）。

　　A. 不宜过多　　　　B. 不宜过少　　　　C. 多少无影响　　D. 根据实际情况而定

5. （　　　）是指由于所有组织成员都积极参与到与工作有关问题的学习、识别与解决中，从而使组织形成了持续适应能力和变革能力的一种组织。

A. 直线制组织结构　B. 项目型组织结构　C. 无边界组织结构　D. 学习型组织结构

二、多选题

1. 下列因素中，哪些是组织设计的影响因素?（　　　）

A. 经营战略　　　　　B. 企业发展阶段　　　C. 企业规模　　　　　D. 技术及其变化

E. 经营环境

2. 下列组织结构类型中，哪些属于传统的组织结构类型?（　　　）

A. 无边界组织结构　　　　　　　　　B. 直线制组织结构

C. 职能制组织结构　　　　　　　　　D. 事业部制组织结构

E. 矩阵制组织结构

3. 下列组织结构类型中，哪些属于现代的组织结构类型?（　　　）

A. 项目型组织结构　　　　　　　　　B. 矩阵制组织结构

C. 无边界组织结构　　　　　　　　　D. 学习型组织结构

E. 事业部制组织结构

4. 组织正式授予管理者的职权一般包括（　　　）。

A. 支配权　　B. 强制权　　C. 奖赏权　　　D. 管理权　　　　E. 专家权

5. 下列选项中，哪些内容属于组织变革的对象?（　　　）

A. 组织行为　　　B. 组织结构　　　C. 组织制度　　　D. 组织成员

E. 组织文化

三、名词解释

组织结构　　　管理幅度　　　无边界组织

四、简答题

1. 简述矩阵制组织结构的优点、缺点和适用的组织。

2. 简述组织变革的措施。

第 7 章

领　　导

不要只是管理，要学会领导。

——杰克·韦尔奇

领导者的任务是创造一个可以让他的同人乐于工作，发挥他们的才能和潜力的环境。

——戴明

领导是影响人们自愿努力的以达到群体目标所采取的行动。

——泰勒

知识目标	能力目标
● 领导的本质和作用；	● 思辨能力；
● 早期的领导理论；	● 分析问题的能力；
● 权变的领导理论；	● 解决问题的能力；
● 有关领导的最新观点	● 团队合作能力

7.1　领　导　概　述

一个组织在制订行动计划、安排好分工等之后，在实施计划的过程中，往往会出现员工动力不足、关系不和谐、理解出现偏差等情况。因此，需要对他们进行激励、协调其相互关系、保证其团结、指导其具体工作、给出其前进的方向等，这些工作就是领导工作。

诸葛亮是不是好领导?

以铜为镜可以正衣冠，以古为镜可以知兴衰，以人为镜可以明得失。引用管理学中的名词，诸葛亮属于事必躬亲的蜜蜂型领导。根据中央电视台《东方时空》栏目的调查结果，在最不受欢迎的领导者类型中，蜜蜂型的领导排在首位。

诸葛亮的事必躬亲造成了两个直接后果：第一，对他个人来说，造成了身心疲惫。连其竞争对手司马懿都说："孔明食少事烦，其能久乎！"果然，不久诸葛亮就积劳成疾，与世长辞，空落得"鞠躬尽瘁，死而后已"的感叹。第二，对整个蜀汉政权来讲，因人才断层，造成了"蜀中无大将，廖化充先锋"的被动局面，最终导致"光复汉室"成为一句空话。可见，诸葛亮不是好领导。

7.1.1　领导的含义

关于领导的定义很多，一般把领导定义为一种影响力，是影响个体、群体或组织实现所期望目标的各种活动的过程。这个领导过程是由领导者、被领导者和所处环境三个因素组成的复合函数。领导 = f（领导者，被领导者，领导环境）。施加这种影响的就是领导者（leader），其他成员是被领导者。

领导一词还有作为名词的含义，即组织中确定和实现组织目标的首领，也就是领导者，即从事领导工作的人。

7.1.2　领导的本质

领导的本质是一种影响力，是领导者通过影响被领导者，使其能自觉、自愿地把自己的能力贡献给组织，促使组织目标更有效地实现。而影响力是一种追随、自觉、认同，是非制度化的。

从领导的性质来看，领导具有自然属性和社会属性。领导的自然属性是指领导活动中的指挥和服从关系的属性。领导是社会共同劳动和共同生活的自然需求。人类改造世界的实践活动，都是有意识、有目的、有组织地进行的，它需要领导者以统一的意志来引导、指挥、组织、协调、监督被领导者的思想、认识和行动。领导的社会属性是指由社会生产方式决定的领导者与被领导者之间的经济、政治等利益的对立或者一致关系的属性。领导活动不仅是社会生产力发展的需要，而且是生产关系的表现。领导的本质主要是由它的社会属性决定的。

7.1.3　领导的作用

领导工作是管理工作的一项重要职能。一个组织绩效的高低，与领导行为有很大关系。主管人员通过行使计划职能、组织职能和控制职能，是可以取得一定成果的，但是只能引发下属 60％的才能，另外 40％的才能只有在领导工作中才得以发挥出来。

领导者的作用主要体现在以下几个方面。

（1）指挥

指挥是把企业的人、财、物和供、产、销进行有机地结合，使企业的生产不断发展，经济效益不断提高。

（2）协调

协调是把组织内人员相互间冲突的利益融合在一起，并且引导这些人员达到共同目标的一种技巧。

（3）沟通

沟通的目的是使各关系人对共同问题有彼此了解。在现代组织中，大多数员工都具有积极工作的热情和愿望，但要长期保持就需要有通情达理、关心群众的领导者与他们保持有效沟通，发掘、充实和加强他们积极进取的动力。

（4）激励

通过高超的领导艺术来激发、鼓励其成员，调动其积极性，使其为实现目标而努力工作。如果一个人的学习、工作和生活遇到了困难、挫折或不幸，某种物质的或精神的需要得不到满足，就必然会影响工作的热情。要想使企业的每一个职工都保持旺盛的工作热情，最大限度地调动他们的工作积极性，就需要领导者来为他们排忧解难，激发和鼓舞他们的斗志，加强他们积极进取的动力。

因此，要使组织正常运作，并充分调动组织成员的积极性，管理者就必须掌握如何有效地进行领导这一基本技能。在一个群体中，由于群体成员之间认知水平不一、个性不一、对各类事物的态度不一，要使群体能够发挥作用，就必须要有领导者来领导大家建立群体规范，落实角色分工，统一群体成员的思想认识，增强内聚力，将大家团结在一起，共同为实现群体目标而努力。有效的领导是高绩效群体的关键因素之一。

管理案例链接

权力为什么无效？

冯兰是某学院的学生会主席，由于今年 5 月是该学院成立 30 周年，学院打算举办一个科技文化节来烘托气氛。这一任务自然落到了冯兰的肩上。冯兰接到任务后，与其他副主席进行了讨论，确定了举办科技文化节的大致思路，明确了学生会各部门的分工，并拟定了相应的奖励措施：凡按时按质完成任务的部门，给予参与人员相应的第二课堂活动加分。

在随后召开的学生会全体成员大会上，冯兰根据主席团讨论结果，交代了各个部门的工作，并以比较强硬的口气要求大家：不论出现什么情况，务必要以本次活动为先，不能因为私事而耽误了本次活动的准备。冯兰的强硬态度立即招致了一些成员的反感，外联部部长当场提出：活动的准备期刚好是在考试周，太花心思搞这个活动会耽误大家复习迎考。冯兰也不示弱，强调这是学院的一次大活动，办好了能产生很大的影响，至于考试，不过就是分数会低一点，大不了平时开开夜车也对付得了，相比科技文化节的重要程度，大家更应该把精力放到学生会的工作上来。就这样，这次会议在不愉快的气氛中结束。

在接下来的一个月里，冯兰积极奔走各方，筹备这次科技文化节。但是，随着工作的展开，他发现除了主席团的几个成员在积极参与外，底下的人办事效率低得出奇。一个月前，他就给外联部分配了去企业拉赞助的任务，并规定了最低的赞助额，事先说明了没有达到这个额度就视为没完成任务。外联部部长在这一个月里不停地向上反映说联系的几个企业都没有意向支持这次活动，可冯兰却听说外联部部长每天都去上自修，根本就没怎么联系赞助单位。鉴于此，冯兰找外联部部长单独谈了一次话，狠狠地批评了他，可外联部部长死不认账，声称现在外联确实有困难，主席要是觉得他没这个能力可以撤了他。结果是两个人之间闹得十分不愉快，外联工作也毫无进展。

宣传部部长的专业课这个学期特别多，但她还是花了很多时间在学生会的工作上，按时设计出了本次活动的宣传海报。在她认为终于可以松口气的时候，却被冯兰叫到了办公室。在办公室里，冯兰指着宣传部的作品大呼不满，认为海报许多细节都没达到预期的要求。宣传部部长说大家最近都忙，能按时设计出海报已经很不容易了，这个时候再求全责备似乎不太合适。但是冯兰丝毫没有给她面子，当着其部员的面直接表达了对她工作的不满，要求她必须在两天内重新设计交稿。宣传部部长是个典型的小女生，脸皮薄，根本经不起这种批评，离开办公室后哭得像个泪人。在此后的几天里，冯兰的信箱中常会收到一些骨干成员对目前学生会工作分配的不满，他们认为现在课程很紧，又有考试的压力，大家根本就不可能花很大的心思在活动的准备上。这一个月里，冯兰陷入了忙碌与苦恼之中，他也在不停反思，为什么主席团分配的任务，下边的人不服从？在学生团体中，权力在这个时候为什么没有用？怎样才能让大家心甘情愿地做好学生会的各项工作？

管理启示：在一个组织中，尽管管理者拥有指挥下属行动的特权，但下属并不会自动地服从命令。在现代社会中，有些下属会公然反抗他们的管理者，或者不认真执行管理者的命令，"出工不出力"。因此，与下属有效沟通，对下属进行有效领导，对于管理者来说，非常重要。

7.1.4　领导者与管理者的联系与区别

领导者是一种社会角色，特指领导活动的行为主体，即能实现领导过程的人。管理者是指在组织中从事管理活动、担负管理职能的人，即负担对他人的工作进行计划、组织、领导和控制等工作，以期实现组织目标的人。管理者是被任命的，他们拥有合法的权力进行奖励和处罚，其影响力来自于他们所处的职位和组织所赋予的正式权力。领导者则可以是任命的，也可以是从一个群体中产生的，领导者可以不运用正式权力而以自身影响力和魅力来影响他人的活动。

1. 领导者与管理者的联系

领导者和管理者都是在组织中拥有权力的个体，在组织中处于举足轻重的位置，他们工作的最终目标都是为了组织发展，他们的工作对组织的发展将产生重大影响，二者之间没有根本的利益冲突，只有二者无间合作才能使组织更好的发展。理想情况下，管理者应该就是领导者。

2. 领导者与管理者的区别

对于领导者和管理者的区别，约翰·科特是这样说的："领导者是用来做什么的？是用来构建一个远景和策略的，是用来协调、拟定策略和协调相关人士的。他们要排除障碍，要提升员工的能力，以实现远景。什么是管理者？管理者不仅仅要做上面的这些工作，他们还要运用计划、预算、组织、人事、控制及问题来解决、维持既有的体系。"领导者和管理者的区别体现在以下几个方面。

（1）在计划方面

管理者是维持秩序的执行者，要做的是具体化的东西，需要在已有规划指导下做好细化工作，为组织日常工作做出贡献。管理者是为了达成目标而寻找最合适的方式，提升团队的工作技巧与方法的人。

领导者是规划师，提供的是方向性的东西，需要从宏观上把握组织的发展方向，为组织寻找最合适的目标并明确化。领导者要有足够的远见与胸怀，对社会的未来变化趋式或潮流能有一定的先知先觉的能力，并对自身现有状况有足够的认知与勇于暴露自身不足的勇气。

（2）在组织方面

管理者要研究的不是变革，而是如何维持目前良好状态并使之稳定保持，因此，有时管理者会进行一些重复性的工作。管理者对待问题不需要过分追本溯源，而是将已出现的问题很好地解决，其工作具有具体性、重复性、现实性；管理者在组织工作中，更倾向于运用组织赋予的权力去做事，更多的是依现行法规制度去办理，并不需要太多的创意与决策；管理者用权力树立威严，让下级"惧怕"，不得不听从其指挥，按其指示去做事。

领导者是变革者，须时刻思考如何打破固有秩序，不断创新，通过创新活动进行组织变革；领导者要解决的是本组织发展中的根本性问题，同时还要对组织的未来进行一定程度的预见，其工作具有概括性、创新性、前瞻性；在组织过程中，领导者主要是运用个人魅力影响其下属，使他们愿意听从领导者。

（3）在控制方面

管理者倾向于运用控制，"按照给定条件和预定的目标，对受控对象施加主动影响"。管理者强调的是完成目标的过程是否符合要求、有无偏差，以阶层和系统运作为主，所以是刚硬而冷酷的。

领导者倾向于运用激励，"通过调动组织成员的积极性来达成目的"。领导者看重的是结果是否符合预计，不过多关注过程。新的理念、新的制度、新的愿景是由领导者引进、规划与制定的，在此过程中领导者要站在队伍的最前面，起到示范带头作用。

综上所述，领导者与管理者虽有相同之处，但在计划、组织和控制方面存在区别。概括来说，领导者与管理者具有四大区别：管理者关注的是执行，领导者思考的则是创新；管理者关注事情，领导者更多地关注人；管理者依靠控制，领导者促进信任；管理者维持现状，领导者推动变革。正确认识两者的区别与联系，有助于对日常的管理活动进行更好地把握，从而促进组织的发展。

名家观点

纽尔密谈领导者和管理者的区别

雷莫·W. 纽尔密（Raimo M. Nurmi）认为：

经理人员可以通过任命的方式产生，但经理人员的领导地位必须自己在工作中树立。领导不是组织中的某一个职位，而是一种积极的、有影响的力量。领导地位的获得不是基于某个职位或身份，而是基于领导者的威信和声望。领导地位可能来自于个人的热情、权威、可信、知识、技能或者超凡的魅力。总而言之，它来自于领导者对下属所产生的影响力。

管理意味着完成、主持工作或者承担责任及指挥等，而领导则是影响和指明方向、方针、行为和观念。管理者是指那些正确行事的人，而领导者则是指那些指导正确行动的人。这种差别可以总结为：领导者在规划远景和评价工作中体现其影响力，而管理者则关注提高日常管理工作的效率。

一名管理者在多大程度上也是一名领导者，与他如何来诠释他的角色有关。通常，那些成功的人士都把自己看作是领导者，而不仅仅是管理者。这就是说，他们从各个方面关注其所在的组织，关注它如何成长为优秀的团队。他们的观点都是以组织的愿景为导向的。他们没有将自己的注意力局限在"怎样去做"或者"一个萝卜一个坑"这样的事情上。他们考虑的是所要采取的行动应该具有的特点，以及"做正确的事情"，尤其是那些与客户的需求、创新的培育及组织成员的培训和开发有关的事情。在今天的国际管理中，判断领导者的领导是否成功，就要看他能否在最大限度上给予公司上上下下的人发展的机会。

资料来源：纽尔密，达林. 国际管理与领导. 周林生，译. 北京：机械工业出版社，2000.

拓展阅读

从管理者向领导者的五个转变（曼尼库特）

从管理者向领导者的转变过程，跨越的幅度很大。管理教育、培训、导师等传统方式对这一转变并没有多大帮助。因此，简单地以为加大对传统管理的投入就可以培养领导者是不现实的想法。

一直以来，组织都非常关注培养管理者，但在培养领导者方面投入不多。这主要因为与培养管理者比较，组织对培养领导者所需的技术、个性塑造等方面缺乏正确的认识。大多数企业几乎都认为，培养管理者的过程实际上也在促进领导者的培养。然而，经验告诉我们，事实并非如此。不少组织尽管都积极地探索培养领导者的最佳方法，但效果都不佳。他们采取的最普遍的方法是：学院派的培训课程，就某一个领域所需要的领导力的概念和研究结果提出来讨论；参与群体性的体验式培训课程，了解如何做一个领导者并评估自己的能力。有意思的是，很多培训项目中都有对领导者特点或行为方式的分析，似乎在暗示："培养和发展这些特点，你也会成为一位领导者。"但在现实生活中，这种情况是不会发生的。领导力是一个内在发展的过程，而这些培训项目提供的却是被动的外部指导。领导力的发展是一个强烈的个人的发展过程，尽管外部的投入还是很有价值，但除非针对内在发展设置了补充项目，否则这些培训课程仍然是无效的。正因为如此，我们也就不难理解：为什么不少人都知道何为领导力，但却不能有效地践行领导者的职责。

领导力需要有高度的灵活性去调和各种标准，慢慢形成一个整体的模式。这需要个人的努力，包括忘记在管理者生涯中已经学习、掌握的很多东西。从一个管理者向一个领导转变，需要做出下述五个层面的转变。

转变一：从"事实"和"数据"管理向"情感"管理转变

美国国际电话电信公司的海洛德·吉尼恩就是数据处理者的最好例子。他和他的高管团队投入大量的时间收集越来越多的数据，并进行非常严谨的分析。然而，尽管拥有数据的所有分析，他仍然无法阻止公司走下坡路，因为当时的 ITT 公司需要的是一个清晰的长期战略和一个牢固的核心价值观。许多管理者掉入一种理念的圈套，认为好结果的关键是如实又不带情感地分析，情感不应该带到决策中来。不幸的是，他们也是人，情感不可避免存在。印度第二大摩托车制造商巴贾吉汽车公司的 CEO 桑吉夫·巴贾吉在设立公司所必需的一个自动退休方案时非常痛苦。当一个工人问他，为什么自己在公司工作了 30 年却会被解雇？是否他的工作效率不佳？他将怎样告诉自己的家庭等这些问题时，巴贾吉发现回答这些问题非常困难。管理培训是不会为处理这种情况提供准备的。对巴贾吉提出疑问的那个工人顶多被视为一个讨厌的人，很快被解雇了。但糟糕的是，巴贾吉没有抓住这位工人的离开将对其他数以百计的人有益这点，无法对工人的质疑提出一个合理的、能够得到谅解和理解的解释。

管理和经营（责任、忠诚、道德观等）情感相关联，这些情感处理起来特别脆弱。重大的决策往往伴随强烈的情感，然而使公司的基本特征保持完好无损也包括有效管理这些情感。特别是强权的管理者在管理情感方面往往分析能力较差，他们认为"不可预知的"和"不合理的"人是不顺眼的。他们在工作上投入的时间越多，碰到的困难也会越大。不幸的是，他们认为这是领导力所必须经历的过程。

转变二：从一个"情感管理者"到"情感触动者"

要成为一位领导者，管理现有的情感是不够的，引发合适的情感才是不可或缺的。引发这些情感并不需要经过一个逻辑的过程。事实上，几乎和逻辑相反。例如，许诺在项目结束时给予巨额奖金就可以产生强烈的情感。正如罗斯福所说的，政治家不是规划现实的情节，而是创造希望和梦想。领导者必须善于用简练的语言捕获组织所代表的意义并引发情感的投入。管理者的工作是在一个为了报酬或为避免处罚的激励系统下进行的，而领导者是在激发热情的基础上工作，这种情况下人们乐于奉献不是因为有利可图，而是因为值得这么做。

这两种方法，表面是逻辑和情感的比较，但两者之间却有根本的不同，这也是有抱负的领导者需要一个跳跃深渊式转变的原因。这两种方法的差异可以用"热情和利益"来形容。当受有形奖赏的鼓励时，人们是在利益的驱使下工作，没有热情可言。而领导者是在热情的驱使下工作，不是凭借对环境的现实理解，也不是这样做对其个人意味着什么的准确计算。领导者首先需要能够由目标驱使迅速进入状态，然后必须有能力推动其他人投入到目标中。这也是为什么多数时候领导者容易失败：就是因为他们不仅无法感染他们自己，也不能驱动其他人的热情。领导者怎样才能成功地调动其他人呢？首先，他们必须找到一个能激发他人的目标因素，激发并忠于这个因素，而且领导者要通过创造神话、象征甚至幻想等方式来呈现这个因素。其次，领导者必须精确估计追随者对他们的所做会有什么样的反应。

转变三：从一个"标准的跟随者"到"标准的制定者"

有这么一种说法：不能够服从命令的人也不能够命令他人。在军队里这可能是对的，但对一个领导者而言却是错误的。领导者有能力看到一个新的愿景、一个新的机会、一个被大家所追随的理想，而且这包括了对现状的创造性破坏。从这个意义上说，领导者不是秩序的卓越遵守者，而是一个传统标准的破坏者。这对一个渴望成为领导者的管理者有着非常重要的意义，对那些已经被训练遵守规则、不愿去打破平衡的管理者尤其如此。管理者认为，与那些在思考和行为方面更有秩序的人打交道是更舒服的。但是，一个有潜力的领导者对现状会产生一定程度的不安并提出一种设想，他必须决定应该怎样及什么时候表达自己的不安及设想。这些不安和设想可能会给组织和个人的生活、职业带来混乱。整个职业生涯被有效地制约着，大多数管理者都是在危急时刻才会改变对策，而不是在幻想和灵感的刺激下主动做出改变。

转变四：从一个"现实主义者"到一个"梦想者"

在组织内，一直以来管理者都被教育自己应该是一个现实主义者，一个"实践"者，同时也被告知不要"梦想"那些荒诞的想法和念头，而是要对所做的工作将会起到什么样的现实作用做一个实际的检验。一段时期以来，管理者开始从一个"现实"的角度看问题，而且开始习惯性地摒弃新的思路和指责提出创造性思想的人。领导者不必然是现实主义者或很"实际的"人。领导者是不断梦想奇妙愿景的梦想家。没有持续的梦想，思维就会淤塞。然而，梦想却不是管理者训练过程的一部分。做梦需要一个特定的时间来进入，处于静止状态下，什么也不做，只是沉思。做梦的人会被贴上游手好闲或是白日做梦的标签，被认为不适合赋予较高的职责。但往往是那些善于梦想的人才能带来重要变化。当然，只有梦想而没有行动跟随是没有用的。而没有梦想的行动则是盲目的、空洞的，有可能激发了很多热情但却只完成了一点点。

转变五：从一个"完美主义者"变成"妥协者"

管理教育假定从一开始管理者的职责就是最优化利润、收益、股东价值等经济参数。在上面提到的三个参数中，可能出现的两难是利润的最大化却无法使股东价值最大化。举例来说，如果一个产品（如某种药物）经过长时间的高成本研发后，最后发现这种药物可能有副作用，这时公司是继续推出产品，干脆否认；或者继续投入资金去试验、研究；还是退出产品线，这就是短期利益和长期利益的冲突所在。美国主要烟草公司的长期股东的利益都是与坚持反吸烟运动相悖的。今天，他们之中的许多已经被迫在法律诉讼中支付了很大一笔金钱，这些企业早期的行动不也是为了他们的股东吗？这里并不是选择对错的问题，但是，正如巴达洛克所说的，在正确与正确、错误与错误之间不可能有最佳的方案，只能是一个折中的妥协。而那些接受了传统管理教育的人可能很难接受这个问题没有正确答案的现实。的确，最终还是要做出选择，结果也必须去面对。所不同的是，领导者必须持续把握这些困难的选择，并且找到自己和他人都能够接受的答案，但却从来不能确定自己是否做出了正确的选择。这里涉及长期和短期的选择问题，涉及同事之间关系、企业与团队、个人与家庭成员等问题。他们必须判断他们的行动对自己、对他人、对现在和对以后的影响。对一个步入领导角色的人来说，把握好这种权衡的尺度非常困难。领导者要表现出来自己的勇气，同时他们肩负着非常沉重的责任。

7.2 早期的领导理论

领导理论，就是关于领导的有效性的理论。有关领导的理论很多，早期大致有四种理论学派：20世纪二三十年代，在领导理论出现的初期，主要研究领导的特质理论，其核心观点是领导能力是天生的；从20世纪40年代末至60年代末，主要研究领导行为理论，其核心观点是领导效能与领导行为有关；从20世纪60年代末至80年代初，主要研究领导权变理论，其核心观点是有效的领导受不同的情景的影响；从20世纪80年代初至今，主要研究领导风格理论，其核心观点是有效的领导需要提供愿景、鼓舞和注重行动。

7.2.1 领导特质理论

领导者的特质就是能够把领导者从非领导者中区分出来的个性特点。这种理论最初是由心理学家开始研究的。他们的出发点是，根据领导效果的好坏，找出好的领导者与差的领导者在个人品质或特性方面有哪些差异，由此确定优秀的领导者应具备的特点。

研究者发现七项特质与有效的领导有关，它们是：内在驱动力、领导愿望、诚实与正直、自信、智慧、工作相关知识和外向性。研究者认为，只要找出成功领导者应具备的特点，再考察某个组织中的领导者是否具备这些特点，就能断定他是不是一个优秀的领导者。这种归纳分析法是领导特质理论研究的基本方法。而后研究者纷纷认定，仅仅依靠特质并不能充分解释有效的领导，完全基于特质的解释忽视了领导者与下属的相互关系及情境因素。具备恰当的特质只能使个体更有可能成为有效的领导者。

领导特质理论并未取得多大的成功。因为各研究者所列的领导者特性包罗万象，说法不一且互有矛盾，而且这些研究大都是描述性的，并没有说明领导者应在多大程度上具有某种品质。尽管如此，这些理论并非一无是处，一些研究表明个人品质与领导有效性之间确实存在相互联系。一些研究表明，领导者的才智、广泛的社会兴趣、强烈的成就感及对员工的关心和尊重，确实与领导的有效性有很大关系。此外，现代领导品质理论从领导者的职责出发，系统地分析了领导者应具备的条件，向领导者提出了要求和希望，这对于培养、选择和考核领导者也是有帮助的。

管理技能训练

谁影响了你？

以小组为单位，由每个组员描述一个对其学习、生活产生重大影响的人的例子，从中归纳这些曾对我们的成长产生过重大影响的人的特征，并分析其影响力的来源。

7.2.2　领导行为理论

领导特质理论注重的是领导者的个性特点对领导有效性的影响，领导行为理论则把重点放在研究领导者的行为风格对领导有效性的影响上。从 20 世纪 40 年代开始，许多研究者就开始将目光转向领导者所表现出来的具体行为上。这一系列研究得出的理论被称为行为理论。这种理论主要研究什么样的行为是最有效的领导行为，并认为有效领导与无效领导的区别在于他们的行为，有效的领导行为在任何环境中都是有效的。

领导行为理论的代表理论主要有以下几种。

1. 勒温的领导风格理论

关于领导作风的研究最早是由美国心理学家 K. 勒温（K. Lewin）进行的，他以权力定位为基本变量，通过各种试验，把领导者在领导过程中表现出来的工作作风分为三种基本类型：专制领导作风、民主领导作风和放任自流领导作风。专制领导作风是指以力服人，靠权力和强制命令让人服从的领导作风，他把权力定位于领导者个人。民主领导作风是指以理服人、以身作则的领导作风，他把权力定位于群体。放任自流的领导作风是指工作事先无布置，事后无检查，他把权力定位于组织中的每一个成员一切悉听尊便的领导作风，实行的是无政府管理。

勒温在试验中发现：在专制型领导带领的团体中，各成员之间攻击性言论显著；成员对领导服从但表现自我或引人注目的行为较多；成员多以"我"为中心；当受到挫折时，常彼此推卸责任或进行人身攻击；当领导不在场时，工作动机大为下降，也无人出来组织工作。而在民主型领导带领的团体中，成员间彼此比较友好；很少使用"我"字而具有"我们"的感觉；遇到挫折时，人们团结一致解决问题；领导不在场时和在场时一样继续工作；成员对团体活动有较高的满足感。

【领导方式测试】

请回答如下各题，测试你属于哪种类型的领导（专制型领导、民主型领导、放任型领导）。

（1）你喜欢经营咖啡馆、餐厅之类的生意吗？

A. 是　　　　　　　　　　　　　　　　B. 不是

（2）在把决定或政策付诸实施之前，你认为有说明其理由的价值吗？

A. 有　　　　　　　　　　　B. 没有

（3）在领导下属时，你认为与其一方面与他们一起工作，另一方面监督他们，不如从事计划、草拟细节等管理工作。

A. 是　　　　　　　　　　　B. 不是

（4）在你管辖的部门有一位陌生人，你知道那是你的下属最近录用的人，你不介绍自己而先问他的姓名。

A. 是　　　　　　　　　　　B. 不是

（5）流行风气接近你的部门时，你当然让下属追求。

A. 是　　　　　　　　　　　B. 不是

（6）当下属工作之前，你一定把目标及方法提示给他们。

A. 是　　　　　　　　　　　B. 不是

（7）与下属过分亲近会失去下属的尊敬，所以还是远离他们比较好，你认为对吗？

A. 对　　　　　　　　　　　B. 不对

（8）郊游之日到了，你知道大部分人都希望星期三去，但是从多方面来判断，你认为还是星期四去比较好，你认为不要自己做主，还是让大家投票决定好了。

A. 是　　　　　　　　　　　B. 不是

（9）当你想要你的部门做一件事时，即使是一件很小的事，你一定要自己以身作则，以便他们跟随你做。

A. 是　　　　　　　　　　　B. 不是

（10）你认为撤一个人的职并不困难。

A. 是　　　　　　　　　　　B. 不是

（11）越亲近下属，越能够好好领导他们，你认为对吗？

A. 对　　　　　　　　　　　B. 不对

（12）你花了不少时间拟定了解决某个问题的方案，然后交给一个下属，可是他一开始就找该方案的毛病，你对此并不生气，但是对于问题依然没有解决而觉得坐立不安。

A. 是　　　　　　　　　　　B. 不是

（13）严厉处罚犯规者的最佳方法，你赞成吗？

A. 赞成　　　　　　　　　　B. 不赞成

（14）假定你对某一情况的处理方式受到批评，你认为与其宣布自己的意见是决定性的，不如说服下属让他们相信你。

A. 是　　　　　　　　　　　B. 不是

（15）你是否让下属为了他们的私事而自由地与外界的人们交往？

A. 是　　　　　　　　　　　B. 不是

（16）你认为你的每个下属都应对你抱忠诚之心吗？

A. 是　　　　　　　　　　　B. 不是

（17）与其自己亲自解决问题，不如组织一个解决问题的委员会，是吗？

A. 是　　　　　　　　　　　B. 不是

（18）不少专家认为在一个群体中发生不同意见的争论是正常的，也有人认为意见不同是群体的弱点，会影响团结。你赞成第一种看法吗？

A. 赞成　　　　　　　　　B. 不赞成

根据试验结果，勒温认为，放任自流领导作风工作效率最低，只达到社交目标而完不成工作目标；专制领导作风虽然通过严格的管理达到了工作目标，但群体成员没有责任感，情绪消极，士气低落，争吵较多；民主领导作风工作效率最高，不但完成工作目标，而且群体成员之间关系融洽，工作积极主动，有创造性。因此，最佳的领导行为风格是民主型领导风格。

2. 领导者行为连续统一理论

针对勒温提出的三种较为极端的领导方式，一些学者认为，领导方式是多种多样的，从专制型到放任型，存在多种过渡类型。美国学者罗伯特·坦南鲍姆和沃伦·施米特于 1958 年提出了领导者行为连续统一理论，如图 7-1 所示。

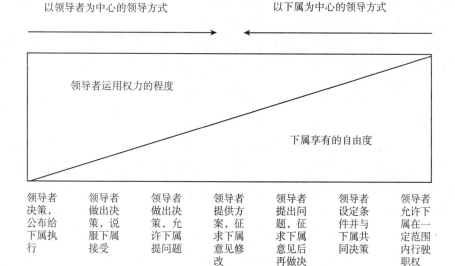

图 7-1　领导者行为连续统一理论模型

最左端是一种以领导者为中心的领导方式——专制型：领导者做决策，公布给下属执行。随着连续向右移动，授予下属的权力相应增加，模型最右端是一种以下属为中心的领导方式——自由放任型。从左到右，领导者对权力的控制越来越少，下属的自由度越来越高。领导者可以从这些行为中做出自己的选择，而且可以改变原有的行为和作风，但在确定采用何种领导行为之前，应当考虑许多影响下属行为的因素：下属有无独立自主的要求、下属是否做好了承担责任的准备、下属是否理解所规定的目标和任务。如果答案是肯定的，领导者就应该给下属较大的自主权。

什么是最好的领导方式？

不同的环境需要不同类型的领导方式，不能片面地说民主型领导方式是最好的领导方式，领导者必须运用权变方法，根据管理目标、任务、环境、对象及自身因素，灵活选择领导方式。简单地说，最适应组织状况的领导方式才是最好的领导方式。例如，对于自觉性和能力都很差的下属，专制型领导方式的作用可能会大一些；对于自觉性和能力都很强的下属，在较短时间内采用放任型领导方式也不能不说是一种好的选择。

3. 领导行为四分图理论

1945年，美国俄亥俄州立大学商业研究所发起了对领导行为研究的热潮。一开始，研究人员设计了一个领导行为描述调查表，列出了1000多种刻画领导行为的因素；后来霍尔平和维纳将冗长的原始领导行为调查表减少到130个项目，并最终将领导行为的内容归结为两个方面，即以人为中心和以工作为中心。

以人为中心（包括"关怀"和"体恤"），是指注重建立领导者与被领导者之间的友谊、尊重和信任的关系。包括尊重下属的意见，给下属以较多的工作自主权，体察他们的思想感情，注意满足下属的需要，平易近人，平等待人，关心群众，作风民主等。

以工作为中心（包括"定规"和"主动结构"），是指领导者注重规定他与工作群体的关系，建立明确的组织模式、意见交流渠道和工作程序。包括设计组织机构，明确职责、权力、相互关系和沟通办法，确定工作目标和要求，制定工作程序、工作方法和制度。

研究发现，领导者对工作和对人的关心程度均存在高、低两种状态。由此，可以用两个坐标的平面组合将领导者分为四种基本类型，这就是所谓的领导行为四分图（见图7-2）。从图7-2可以看出，领导行为组合有四种结果：高"工作导向"高"关系导向"（高关怀，高定规）、低"工作导向"高"关系导向"（高关怀，低定规）、低"工作导向"低"关系导向"（低关怀，低定规）、高"工作导向"低"关系导向"（低关怀，高定规）。

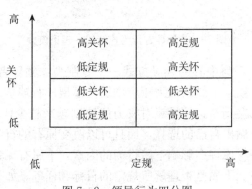

图7-2　领导行为四分图

以下是四种领导类型的特点。

（1）高"工作导向"高"关系导向"型领导者

这类领导者注重严格执行规章制度，建立良好的工作秩序和责任制；同时也重视人际关系，关心、爱护下属，经常与下属交流信息，想方设法调动下属的积极性，在下属心中可亲可敬。这是一种相对高效、成功的领导者类型。

（2）低"工作导向"高"关系导向"型领导者

这种类型的领导者重视人际关系，但不采用严格的控制方式，所以组织内规章制度不严、工作秩序不佳。这是一种相对仁慈的领导者类型。

（3）低"工作导向"低"关系导向"型领导者

这种类型的领导者既不关心、爱护下属，不与下属交流信息，与下属关系不融洽；也不注意执行规章制度，工作无序、效率低下。这是一种相对无能、不合格的领导者类型。

（4）高"工作导向"低"关系导向"型领导者

这种类型的领导者注意严格执行规章制度，建立良好的工作秩序和责任制；但不注意关心、爱护下属，很少与下属交流信息，与下属关系不融洽。这是一种相对严厉的领导者类型。

研究者认为，上述四种领导行为的效果只是相对而言的。以人为中心和以工作为中心这两种领导方式不应是相互矛盾、相互排斥的，而应是相互联系的。一个领导者只有把以人为重和以工作为重结合起来，才能进行有效的领导。最佳的领导行为是既要以人为中心，又要以工作为中心。在实际工作中，领导者应根据组织的实际情况选择相应的领导行为。

4. 管理方格理论

在俄亥俄州立大学提出的四分图基础上，美国心理学家罗伯特·R. 布莱克和简·S. 莫顿在 1964 年提出了管理方格理论（management grid theory）。他们设计了一个管理方格图（见图 7 - 3），横坐标表示领导者对生产的关心程度，纵坐标表示领导者对人的关心程度。其中，对"生产的关心度"指的是领导者对生产任务、工作绩效等事项的关心程度，诸如对组织目标的实现、政策决议的质量、程序与过程、研究工作的创造性、职能人员的服务质量、工作效率和产量等的关心程度；对"人的关心度"指的是领导者对组织成员的关心程度，如对工作环境状况、人际关系状况、信息沟通状况等的关心程度。

方格图的横、纵坐标都划分为 9 个尺度，纵横交错形成了一个共有 81 个方格的管理图，每个小方格代表一种领导方式。这样，这一管理图就表示了 81 种领导方式，如图 7 - 3 所示。

布莱克和莫顿在管理方格图中列出了 5 种典型的领导行为。

（1）1.1 为贫乏型管理方式

采取这种领导方式的管理者希望以最低限度的努力来完成组织的目标，对员工和生产均不关心，这是一种不称职的管理方式。

（2）1.9 为乡村俱乐部型管理方式

管理者只注重搞好人际关系，以创造一个舒适的、友好的组织气氛和工作环境，而不太注重工作效率，这是一种轻松的领导方式。

（3）9.1 为任务第一型管理方式

管理者全神贯注于任务的完成，很少关心下属的成长和士气。在安排工作时，力图把人为因素的干扰减少到最低限度，以求得高效率，只关心生产不关心人。

（4）9.9 为团队型或集体协作型管理方式

管理者既重视人的因素，又十分关心生产，努力协调各项活动，使它们一体化，从而提高士气，促进生产。这种领导方式对生产和人都极为关心，员工关系协调、士气旺盛，生产任务完成得也较好。

（5）5.5 为中庸之道型管理方式

管理者对人和生产都有适度的关心，保持完成任务和满足人们需要之间的平衡，既能按正常的效率完成工作任务，又能保持一定的士气，都过得去但又不突出，实行的是中间式管理。

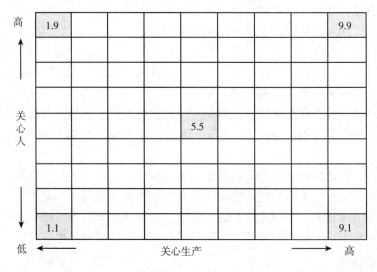

图 7-3　管理方格图

管理问题探讨

哪种领导方式最好？

根据上面介绍的领导理论的内容，你认为哪一种领导方式最好？为什么？

到底哪一种领导方式最好呢？布莱克和莫顿组织了很多场研讨会。绝大多数参加者认为9.9型最佳，也有不少人认为9.1型好，其次是5.5型。管理方格理论在识别和区分领导者管理作风方面是一个非常有用的工具，可用来指导和调整领导者的领导方式。它可使管理者较清楚地认识自己的领导行为，并明确改进的方向。布莱克和莫顿曾据此提出一项培训管理人员的规划，其操作要点如下。

① 让管理者熟悉、理解管理方格图，并根据该图分析自己属于何种领导风格。

② 集中来自相同部门的管理者，讨论本部门管理者成为9.9型领导应达到的标准。

③ 组织学习和讨论9.9型标准，研究现在的问题和不利于达到标准的影响因素。

④ 根据标准要求，由主管领导和部门领导研讨并确定目标的修订。

⑤ 组织所有参加这项活动的人员进一步讨论目标，提出实现目标的方法，并采取适当的行动来加以实施。

⑥ 对整个计划和实施过程进行评估，巩固已取得的成果并使之不断推进。

7.3 权变的领导理论

管理者的领导行为不仅取决于他的品质、才能，也取决于他所处的具体环境，如被领导者的素质、工作性质等。要想成为一名有效的领导者，不仅要了解特质和行为，还要了解其试图实施领导的情境。有效的领导行为应当随着被领导者的特点和环境的变化而变化，即 $E=f(L, F, S)$。

式中，E 代表领导的有效性，L 代表领导者，F 代表被领导者，S 代表环境。这种认为领导行为应随环境因素的变化而变化的理论就是领导权变的理论。从时间上来说，这种领导理论比领导品质理论和领导行为理论晚；从内容上来说，这种理论是在前两类理论的基础上发展起来的。它所关注的是领导者与被领导者及环境之间的相互影响。

这一部分主要介绍四种权变理论：费德勒模型、赫塞和布兰查德的情景领导理论、路径-目标理论和领导者参与模型。

7.3.1 费德勒模型

美国管理学家费莱德·费德勒经过长期的调查研究提出了一个著名的"有效领导的权变模式"，简称"费德勒模型"。费德勒认为领导工作是一个过程，在这个过程中，领导者施加影响的能力取决于群体工作环境、领导者的风格和个性，以及领导方法对群体的适合程度。

费德勒模型的应用过程如下。

1. 确认领导风格

费德勒认为，影响领导成功的关键因素是领导者个人的领导风格。领导风格分为任务导向型和关系导向型两种。费德勒设计开发了最难共事者问卷（least-preferred co-worker questionnaire，LPC）。问卷包括 18 组对照形容词（如快乐—不快乐、冷漠—热心、枯燥—有趣、友爱—不友爱等），费德勒让作答者回想自己共过事的所有同事，并找出一个最难共事者，在 18 组形容词中按 1~8 级（8 代表积极一端，1 指消极一端）对其进行评估。费德勒相信，在 LPC 问卷的回答基础上，可以判断人们最基本的领导风格。一个领导如果对其最不喜欢的同事都能给予好的评价，那么就被认为对人宽容、体谅，注重人际关系和个人声望，是以人为主的领导；如果领导者对其不喜欢的同事批评得体无完肤，则被认为惯于命令和控制，是只关心工作的领导者。

2. 确定权变因素

费德勒提出领导效果的好坏取决于三个基本因素，即职位权力、任务结构和领导者与被领导者的关系。

(1) 职位权力

职位权力明确，即领导者所处的职位能提供的权力和权威明确、充分，在上级和整个组织中得到的支持有力，对雇佣、解雇、纪律、晋升和加薪的影响程度高，组织成员服从他的领导，则有助于提高工作效率。

（2）任务结构

当工作任务本身十分明确，组织成员对工作任务的理解也很清楚并对任务负责时，领导者对工作过程易于控制，整个组织完成工作任务的方向就更加明确。

（3）领导者与被领导者的关系

上下级关系越好，任务结构化程度越高，职位权力越强，则领导者拥有的控制和影响力也越高。

3. 领导者与情境的匹配

费特勒将以上三个环境变数任意组合成 8 种群体工作情境，对 1 200 个团体进行了观察，收集了把领导风格与工作环境关联起来的数据，得出了在各种不同情况下使领导有效的领导方式，其结果如表 7 - 1 所示。

表 7 - 1　结果

情境类型	1	2	3	4	5	6	7	8
领导者与被领导者关系	好	好	好	好	差	差	差	差
任务结构	明确	明确	不明确	不明确	明确	明确	不明确	不明确
职位权力	强	弱	强	弱	强	弱	强	弱
有效领导方式	任务导向			关系导向		不明确		任务导向
情境类型	有利（好）			中等				不利

费特勒的研究结果表明：根据群体工作情境，采取适当的领导方式可以把群体绩效提高到最大限度。当情境非常有利或非常不利时，采取任务导向型的领导方式是合适的；但在各方面因素交织在一起且情境有利程度适中时，以关系导向型的领导方式更为有效。

4. 模型的应用

费特勒认为，个体的领导风格是稳定不变的，个体的 LPC 分数决定了他最适合于何种情境条件。因此，提高领导有效性的途径只有两条：一是替换领导者以适应情境。如果领导者不能适应他所在的领导情境，那么只能用另外一个领导来替换他。二是改变情境以适应领导者，即重新建构任务结构和领导职位权力，使环境符合领导者的风格。如果抛开费德勒"领导风格不变"的观点，可以根据费德勒模型得出"领导者领导方式的选择要视环境因素而定"的结论。例如，当领导者处于最好或最坏的环境中时，应采取"工作导向"型领导方式，以工作为中心；而当他处于中间状态的环境中时，就应该调整自己的行为，转而采取"关系导向"型领导方式，以员工为中心。

名家观点

如何领导聪明人？

如何领导聪明人？第一，聪明人知道自己的价值，并希望你也知道——多花时间去理解和认可每个人的卓越之处；第二，聪明人不喜欢被领导——多放权，让员工决定怎么做；第三，领导的责任是指定方向，协调合作，维护公司文化，招聘优秀人员。总结：你想怎么被管理，就怎么管理。

7.3.2　赫塞和布兰查德的情景领导理论

情境领导理论是由保罗·赫塞和肯·布兰查德提出的。情境领导理论把注意力放在对下属的研究上，认为成功的领导者要根据下属的成熟程度选择合适的领导方式。

赫塞和布兰查德认为，所谓成熟度，是指个体能够并愿意完成某项具体任务的程度。它取决于两个方面：任务成熟度和心理成熟度。任务成熟度是相对于一个人的知识和技能而言的，若一个人具有无须别人的指点就能完成其工作的知识、能力和经验，那么他的工作成熟度就是高的，反之则低。心理成熟度则与做事的愿望或动机有关，如果一个人能自觉地去做事，而无须外部的激励，就认为他有较高的心理成熟度，反之则低。

情境领导理论也画出一个方格图，横坐标为任务行为，纵坐标为关系行为，在下方再加上一个成熟度坐标，也就是说情境领导理论是由关系行为、任务行为和成熟度组成的三维领导理论。任务行为是指领导者和下属为完成任务而形成的交往形式，关系行为是指领导者给下属以帮助和支持的程度。

赫塞和布兰查德提出了 4 种领导方式：告知、推销、参与、授权。

① 告知（高任务－低关系）：领导者对下属进行分工并具体指点下属应当干什么、如何干、何时干等，它强调直接指挥。

② 推销（高任务－高关系）：领导者既给下属以一定的指导，又注意保护和鼓励下属的积极性。

③ 参与（低任务－高关系）：领导者与下属共同参与决策，领导者的重点放在给下属以支持及内部的协调沟通上。

④ 授权（低任务－低关系）：领导者几乎不加指点，由下属自己独立地开展工作，完成任务。

同时，赫塞和布兰查德把成熟度分成 4 个等级，即不成熟、初步成熟、比较成熟、成熟，分别用 R1、R2、R3、R4 来表示。

① R1（不成熟）：下属缺乏接受和承担任务的能力愿望，他们既不能胜任又缺乏自觉。

② R2（初步成熟）：下属愿意承担任务但缺乏足够的能力，他们有积极性但没有完成任务所需的技能。

③ R3（比较成熟）：下属具有完成领导者所交给任务的能力，但没有足够的积极性。

④ R4（成熟）：下属能够而且愿意去做领导者要求他们做的事。

根据下属的成熟度和组织所处的环境，赫塞和布兰查德提出了情境领导理论，认为随着下属从不成熟走向成熟，领导者不仅要减少对活动的控制，而且也要减少对下属的帮助。当下属成熟度为 R1 时，领导者要给予明确而细致的指导和严格的控制，采用命令式领导方式；当下属成熟度为 R2 时，领导者既要保护下属的积极性，交给其一定的任务，又要及时加以具体的指点以帮助其较好地完成任务；当下属处于 R3 时，领导者主要应该解决其动机问题，可通过及时的肯定和表扬及一定的帮助和鼓励来树立下属的信心，因此宜采用参与式；当下属成熟度为 R4 时，由于下属既有能力又有积极性，因此领导者可采用授权式，只给下属明确目标和工作要求，由下属自我控制和完成。

情境领导理论告诉我们，领导的有效性在于把组织内的工作行为、关系行为和下属的成熟程度结合起来考虑，随着被领导者从不成熟走向成熟，领导行为也要随之调整，这样才能保持领导的有效性。

7.3.3 路径-目标理论

路径-目标理论由加拿大多伦多大学教授罗伯特·豪斯提出。理论主要阐述了领导者能够做些什么来激励下属努力实现组织目标。该理论的假设前提是：有效的领导者主要通过明确下属试图从工作中和组织中得到的结果，用其期望的结果奖励那些高绩效和完成工作目标的下属，为下属指明完成工作目标的途径等方式激励下属实现目标（见图7-5）。

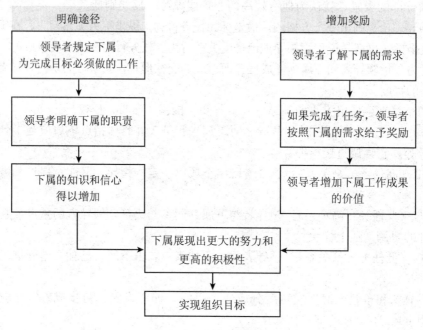

图7-4 路径-目标理论

该理论认为，领导者可以而且应该根据不同的环境因素来调整自己的领导方式和作风。领导方式是由环境因素决定的，环境因素包括两个方面：一是下属的特点，包括下属受教育程度，下属对于参与管理、承担责任的态度和对本身独立自主性的要求程度等，领导者对于改变下属的特点一般是无能为力的，但可通过改变工作环境来充分发挥下属的特长；二是工作环境特点，主要指工作本身的性质、组织性质等。路径-目标理论认为，对于一个领导者来说，没有什么固定不变的领导方式，要根据不同的环境选用适当的领导方式。领导方式可分为4种，如表7-2所示。

表7-2 领导方式的种类

	领导行为	环境
指示型	确定群体任务目标； 明确各自职责； 严格管理员工； 用正式的权力管理	群体的任务是非程序化的； 员工期望得到指点

续表

领导行为		环境
支持型	友好、平易近人； 明白下属的兴趣； 用奖励支持下属	任务缺乏刺激性； 员工希望得到领导的支持和鼓励
参与型	让下属参与决策； 分担职责； 鼓励协调一致； 用非正式权力领导	任务复杂、需要团体协调； 员工希望某种指点； 员工有工作所需技能
成就取向型	鼓励下属设置高目标； 让下属充分发挥创造性； 实行目标管理	员工希望自我控制； 员工能自我激励； 员工有所需的工作技能

行动指南

如何运用路径-目标理论？

路径-目标理论告诉我们：领导者可以而且应该根据不同的环境特点来调整自己的领导风格。

当领导者面临一个新的工作单位或一项新的工作任务时，他可以采取指导型领导方式，指导下属建立明确的任务结构和各自的工作任务；接着可以采取支持型领导方式，以利于与下属形成一种和谐、积极向上的工作氛围。当领导者对组织的情况进一步熟悉、组织正常运行后，则可以采取参与型领导方式，积极主动地与下属沟通信息，共同决策。在此基础上，管理者就可以采用成就导向型的领导方式，与下属一起制定具有挑战性的组织目标，然后为实现目标而努力工作，并且运用各种有效的方法激励下属实现目标。

7.3.4 领导者参与模型

领导者参与模型由维克托·弗鲁姆（Victor Vroom）和菲利普·耶顿（Phillip Yetton）开发。它指出了领导行为和决策参与之间的关系。领导者参与模型的观点如下。

① 领导者的行为必须加以调整以适应任务的结构。

② 根据不同的情境类型，给领导者提供一系列应该遵循的规则或规范，以确定领导者在决策中的参与类型和参与程度。

③ 在领导者确定哪种领导风格最有效时，又增加了一些有关决策方面的权变因素，如决策的显著性、承诺的重要性、领导者的专业性、承诺的可能性、群体的支持性、群体的专业性、团队的实力等。

④ 领导者参与模型有两种：一是时间驱动模型，该模型为短时取向，强调在最低成本基础上做出有效的决策。应用这一模型时，领导者需要从左到右审核每一个权变因素以确定其水平是高还是低。在具体情境中对每一个权变因素评估之后，模型的最右端就可以得出最

有效的领导风格。二是发展驱动模型，与时间驱动模型结构相同，但它强调在最大化员工发展的基础上做出有效决策，而不考虑时间因素。表 7-3 是领导者参与模型中的领导风格。

表 7-3　领导者参与模型中的领导风格

裁决	领导者独自做出决策，以宣布或说服方式告知群体成员
个别磋商	领导者与个别群体成员交流问题所在，获得他们的建议，最后做出决策
群体磋商	领导者通过会议形式向所有群体成员说明问题所在，获得他们的建议，并在此基础上做出决策
推动与促进	领导者通过会议形式向群体告知问题所在，领导者扮演助推器的角色，明确具体的问题并规定政策的范围
授权	领导者让群体做出决策，但要求在规定的限制条件内完成

管理问题探讨

怎样根据下属的成熟度选择合适的领导方式？请写下你的观点。

7.4　有关领导的最新观点

1. 交易型领导与变革型领导

许多早期领导理论都认为领导者是交易型领导者，即主要通过使用社会交换（或交易）进行领导的领导者。交易型领导者通过对工作成果进行奖励，指导并激励下属向既定目标的方向前进。变革型领导者关注每一个下属的兴趣与发展需要；他们帮助下属用新视角看待老问题，从而改变了下属对问题的看法；他们能够激励、调动和鼓舞下属为实现群体目标付出更大的努力。

变革型领导是基于交易型领导形成的。变革型领导相比交易型领导，可以导致下属更高的努力水平和绩效水平。此外，变革型领导也更具领袖魅力，因为变革型领导给下属灌输的不仅是运用那些已有观念来解决问题，而且要采用新观点、新视角来解决问题。

相当多的证据支持了变革型领导显著优于交易型领导。针对不同场合中的管理者进行的大量研究发现，变革型领导得到的评价高于交易型领导者。他们效率更高、绩效更优、更容易得到晋升，人际交往的意识也更强。此外，有证据表明，变革型领导与低离职率、高生产率、员工满意度、创造力、目标的达成和下属福利的关系更密切。

2. 领袖魅力型领导与愿景规划型领导

（1）领袖魅力型领导

领袖魅力型领导有 5 个特点：有一个愿景目标；能够清晰生动地描述这个目标；愿意为实现目标而勇于前进，不惧怕失败；对环境限制及下属需要十分敏感；行为表现常常超乎常规。

对于领袖魅力型领导对下属的影响，有两种不同的观点：一是越来越多的研究证据表明，领袖魅力型领导与下属的高绩效和高满意度之间有十分显著的关系；二是最近一项有关领袖魅力型领导对组织绩效影响的研究发现，他们之间并没有什么关系。尽管如此，领袖魅力还是被认为是一种理想的领导特质。

有少数人强调领袖魅力不可能通过学习获得，大多数学者和专家认为可以通过培训使个体展现出领袖魅力的行为。研究者曾经成功地让一些大学生"成为"具有领袖魅力者。具体方法如下。

① 他们具体指导学生表现这样的行为：清晰生动地阐述一个宏伟目标，向下属传递高绩效的期望，对下属有能力达到这些目标表现出强烈的信心，重视下属的需要。效果：学生们通过练习，表现出坚定、自信和活跃的形象，并使用富有魅力的语调进行交流。

② 培训学生使用富有领袖魅力的非语言行为。具体做法如下：沟通时身体前倾、保持目光接触、展现放松的身体姿态和生动的面部表情。研究发现，领袖魅力型领导的下属比无领袖魅力领导的下属表现出更高的工作绩效，有对任务更好的适应性，以及对领导和群体更好的适应性。对员工的高绩效水平来说，领袖魅力型领导并不总是必需的。当下属的工作任务中包含意识形态方面的转化时或当下属处于高压或处于不确定环境中时，这种领导方式最有效。

（2）愿景规划型领导

愿景规划型领导比领袖魅力型领导走得更远。愿景规划型领导能够设计一个现实、可信、诱人的前景目标，并向人们清晰明确地指出，这种目标建立在当前条件基础上，人们只要经过努力就会实现。愿景应该具有引人注目的鲜明形象，它撞击着人们的情感、鼓舞着人们的热情，激发着人们的能力。它提供新的做事途径，它鼓舞人心，它指引组织不同寻常并走向卓越。清晰明确并具有生动形象的愿景，很容易抓住人心并被人接受。

愿景规划型领导具备以下技能。

（1）向他人解释愿景的能力。他们需要使愿景清晰明确，通过口头和书面沟通使人们知道要达到什么目标和要做出什么行动。

（2）不但通过语言，更要通过行动表达愿景的能力。它要求领导者不断地向人们传递并强化愿景。

（3）在不同领导情境中施展并运用愿景的能力。愿景对于不同的员工，应该具有不同的意义。

3. 团队型领导

由于更多的组织使用工作团队，因此带领团队工作的领导者的作用就显得越来越重要。团队领导角色与传统的领导角色不同。如何成为有效的团队领导者？要耐心地分享信息，信任团队并放弃自己的职权，明白在什么时候对员工进行干预。掌握平衡之道：要了解什么时候让团队自己做事，什么时候参与进来和团队一起干。

一项研究发现：所有团队领导者都需要承担一些共同的责任，包括辅导、推动、处理问题、评估团队和个体绩效、培训、沟通。团队领导者重点关注两个方面：一是对团队外部事物的管理；二是对团队进程的推动。这两个方面可以进一步分解为4种具体的领导角色。

① 团队领导者是对外联络官。这些外在机构包括上级管理层、组织中的其他工作团队、客户、供应商。领导者对外代表着工作团队，他们保护必要的资源，澄清其他人对团队的期望，从外界收集信息，并与团队成员分享这些信息。

② 团队领导者是困难处理专家。当团队遇到困难并寻求帮助时，领导者会出现并帮助他们解决问题，他们帮助员工针对困难进行交流，并获得解决困难所必需的资源。

③ 团队领导者是冲突管理者。当出现不一致意见时，团队领导者帮助解决冲突，帮助

成员们明确问题所在，使团队成员针对问题本身进行处理，从而把团队内部冲突的破坏性降到最低。

④ 团队领导者是教练。他们明确期望和角色，提供教育与支持，为成员的成功喝彩。他们尽一切努力帮助团队成员保持高水平的工作业绩。

7.5 有效的领导者与领导集体

7.5.1 领导的有效性

有效性是领导活动的主要衡量标志，是领导水平的总体反映。在管理中，领导有效性是一个综合性概念，是指通过领导活动实现组织预定目标的程度。由于不同组织或同一组织不同职位的领导活动内容复杂、形式多样，所以难以用固定、机械的同一标准衡量有效性的高低。

一般而言，一个企业或群体的领导是否有效，可以从以下方面反映出来。

① 下级的支持。下级员工主动而非被迫地支持领导者，不论这种支持是出于感情上的考虑还是利益上的考虑。

② 互相关系。领导与下级员工之间保持密切、和谐的交往关系，并鼓励组织成员之间发展亲密的、相互满意的关系，组织内部关系处于协调状态。

③ 员工的评价。绝大多数员工都能高度评价所在企业或群体，并以成为组织中的一员而感到自豪。

④ 激励程度。员工因自身需要获得满足而焕发出较高的工作热情和积极性，个人的潜能得到充分利用。

⑤ 沟通的效果。领导者和下级员工之间能够及时、顺畅地沟通信息，并以此作为调整领导方式、协调相互关系的依据。

⑥ 工作效率。在领导者的引导、指挥和率领下，企业的各项资源得到合理配置，生产经营活动得以高效率地进行。

⑦ 目标的实现。领导活动的效能或效果最终要通过是否实现组织的预定目标及其实现的程度反映出来，其中既包括经济效益目标，又包括社会效益目标。

7.5.2 领导者的素质

领导者的素质，是指领导者的品质、性格、学识、能力、体质等方面特征的总和。在现代市场经济条件下，企业面临的内外环境日益复杂，对领导者的要求也不断提高。良好的领导素质是提高领导有效性的不可或缺的条件。研究领导素质在领导者的甄选和测评中更有意义。一般而言，一个卓有成效的领导者应具备如下素质：思想素质、知识素质、能力素质、身体素质和心理素质。

1. 思想素质

领导者要公正无私、胸怀坦荡、富有牺牲精神、严于律己、宽以待人；富有进取心和创新意识，有较强的事业心和成就需要，希望通过事业的成功体现自身的价值；有魄力和独创精神，勇于积极开拓新的活动领域。

2. 知识素质

合理的知识结构是领导者必备的基本素质。领导者的知识素质具体如下。

① 基本的政治、经济理论及时事政策知识。要熟悉和掌握有中国特色的社会主义理论和市场经济的基本原理，及时了解国内外经济形势的变化，尤其是与本企业经营管理有关的国家政策、法规等，以正确运用政策和法律有效地维护企业的利益。

② 广泛的科学文化知识。一方面是基础文化知识，另一方面是与生产技术有关的自然科学、技术科学的基本知识及本行业的最新科学技术知识，特别是现代自然科学的新成果——系统论、信息论和控制论的基本原理，并尽可能地把这些知识运用到领导工作中去。

③ 专业知识和管理知识。领导者虽不是某一专业的专家，但对其领导、管理领域的专业知识应有较多的了解，且能对本行业科学技术的发展趋势有清晰的认识。领导者应懂得管理学、统计学、会计学、市场营销学、经济法、财政、金融及外贸等方面的基础知识，同时还要学习社会学、心理学、行为科学、人才学及领导科学等方面的基本理论。

领导者在不断提高科学知识的同时，还应建立合理的知识结构，即"T"形结构，其中"—"指广博的横向知识，"∣"指精深的纵向知识。具有单项的专业知识可使领导者成为"内行"，而知识的广博则直接决定了领导者潜力的发挥。

3. 能力素质

能力是顺利完成某种活动的一种心理特征。领导者的能力是领导者从事管理活动必须具备的并直接与活动效率有关的基本心理特征。有效的领导者应具有以下几个方面的能力：分析、判断和形成概念的能力；决策能力；组织、指挥和控制能力；沟通、协调能力；知人善任的能力。

4. 身体素质

领导者不但需要具备各种领导能力，而且需要具有健康的身体。领导者的身体素质不应只以劳动年龄来界定，而应看是否有强健的体魄和充沛的精力。

5. 心理素质

心理素质是指人在感知、想象、思维、观念、情感、意志和兴趣等多方面的心理品质上的修养，它是领导者素质的一个重要组成部分。从某种意义上说，它制约和影响着领导素质。领导者的心理素质包括事业心、责任感、创新意识、权变意识、心理承受能力、心理健康状况、气质类型和领导风格等。

在上述素质中，与工作有关的知识和业务能力是最容易改善和提高的。

【新趋势】

经济全球化对企业领导提出的新要求

经济全球化对企业领导提出的新要求：建立愿景、信息决策、配置资源、有效沟通、激励他人、人才培养、承担责任、诚实教育、事业导向、快速学习。

7.5.3 有效的领导集体

企业绩效的好坏，关键在于领导。这里的领导不仅指领导者个人，而且指整个领导集体。因此，领导者不但要有个体素质优势，更要追求整个领导集体群体功能的优化。领导集体的合理搭配，一般包括年龄结构、知识结构、专业结构、能力结构和气质结构等。

1. 年龄结构

年龄结构是指领导集体成员的年龄构成状况。最佳年龄结构是根据不同领导层次，由老、中、青按照合理的比例构成的综合体。一方面应充满活力、稳重成熟、能胜任工作；另一方面要形成梯形结构，既要防止领导集体老化，又要保证领导集体的继承性，还要保证干部队伍年轻化的进程快于其自然老化的进程。同时，还要考虑领导集体的层次，层次高的年龄可以稍大一些，层次低的应相应年轻一些。

2. 知识结构

知识结构是指领导集体的知识水平构成状况。最佳知识结构是指将具有不同知识水平和不同专长的领导者组成的合理知识结构。领导班子中应既有专家又有通才；既有自然科学方向的专业人才，又有社会科学、人文科学方面的管理人才；既有擅长理论、思想方面的工作者，又有精于生产经营的实干家；既有视野开阔，掌握国内外先进水平的中青年人才，又有经验丰富的年长智者。

3. 专业结构

专业结构是指领导集体中各成员的配备应由各种专业的人才组成，形成合理的专业结构。领导集体的专业结构应合理搭配，应是各方面专业人才的集合体。现代企业中的领导集体，一般应包括：有能够进行企业发展战略研究和对企业重大问题及时做出决策的董事长；有能够卓有成效地统御、组织和指挥、管理企业生产经营的CEO；有能够有力地加强企业技术管理、领导技术制造、推动技术进步的总工程师；有能够切实改善企业经营、善于运营资本、提高经济效益的总经济师；有能够严格维护财务纪律、广泛开辟财源、善于抓好以资金管理为中心的财务管理，能使企业资金周转快、成本费用低、投资回报率高的总会计师；有分管基建、计划、生产、经营、人事、政工等方面的适当比例的副职等。

4. 能力结构

能力结构是指领导集体的能力构成情况。领导集体的能力结构比知识结构更重要。最佳能力结构是指不同能力型的领导成员，按与实际需要相适应的比例构成的多能力的综合体。一个领导集体中的成员，能力会有所差异，有的人创造能力超群，有的人组织能力出众，有的人比较富有研究精神，有的人协调能力比较好，有的人表达能力比较好，有的人精通业务，有的人踏实肯干等。作为一个领导集体，就应有以上所述的各种智能型或兼而有之的人才，并按比例有机组成，从整体上构成较佳的智能结构。

在美国，一些大企业、大财团的领导集团一般由以下4种人组成：善于思考的人——深谋远虑地从事战略思考和决策工作；善于活动的人——从事对各种难题的调节工作；善于出头露面的人——做打头阵、开拓新局面等方面的工作；善于分析的人——从事综合研究分析的工作。

5. 气质结构

气质是人的典型的稳定的个性心理特征之一，是人的心理活动和行为方式在程度、速度、稳定性、灵活性等动态特征上的综合表现。气质结构是指领导集体在气质类型方面的构成状况。最佳的气质结构是中具有不同气质的领导成员能够相互协调配合。一般来说，气质有4种基本类型，分别是胆汁质、多血质、黏液质和抑郁质。心理学家研究发现，相同气质类型者是不易合作的。领导集体成员的气质类型应相互弥补、相互契合、取长补短、刚柔相济。

领导集体的素质结构是一个多重的、动态的综合体。提高领导集体的素质应根据领导者层次、工作性质及具体特点等确定合理的搭配和结构。同时，从领导者的选拔制度、考核标准、领导者培养等方面进行必要的调整，加强领导集体建设，优化其素质结构，提高其领导整体效率和水平等。

行动指南

管理者如何对下属的行为施加影响

管理理论家加里·尤哈鲁（纽约州立大学商学院教授）在他出版的《组织中的领导》（1981年）一书中，对管理者应如何对下属的行为施加影响这一问题进行了专门论述，提出了管理者对下属施加影响力的许多方法。

1. 通过合法的请求方式

由于管理者拥有组织赋予的一定的支配权，所以在自己的职权范围之内，对于属于下属人员工作范围之内的工作，管理者可以通过合法的请求方式请求下属去做。尽管管理者也可以用强制或命令的方式进行，但合法的请求方式比命令或强制的方式效果要好得多，因为它给了下属以足够的尊重。一般而言，对于日常性的工作分配，管理者通过合法的请求方式来行使自己的支配权最为有效。

2. 通过奖励等辅助方式

如果要求下属做一些不属于其岗位职责范围内的工作，管理者可以根据自己拥有的决定报酬的权力，采用奖励等积极的强化激励的方式诱导下属的行为。管理者可以通过提供一定的奖励或给予表扬等方式请求下属人员去完成某一工作，使下属在能够满足自身需求的同时乐意干管理者分配给他的额外工作，并努力把工作做好。

3. 通过惩罚性的方式

管理者也可以采用批评、扣发工资和奖金或威胁开除等惩罚性的措施来强迫下属把自己工作范围内的事情做好。但一般来说，这种惩罚性方式的效果不是很好，并且其效果会随着惩罚次数的增多而减弱，管理者应尽量少用这种方式。

4. 通过恰当的说明方式

当下属不愿意或不太愿意接受管理者要他做的某一工作时，管理者可以通过恰当而耐心的说服，使下属了解工作的全部内容、重要性和有关个人报酬、利益等方面的问题，从而使其在明确权责利的前提下乐于接受管理者所分配的工作。

5. 通过本人的个性方式

作为管理者，如果发现自己的个性或爱好等能对下属产生影响，就应积极运用自己的这些特点来影响自己的下属。一个人的品质或专长方面的影响力是巨大的，管理者如果已在下属中树立起了威信，就要充分运用自己的威信来影响下属。

6. 通过鼓励号召的方式

在有些情况下，管理者可用更高的理想和道德价值观念来鼓励下属从事某一工作。例如，通过说明参军的意义来鼓动大家踊跃参军。如果一个管理者能结合自身的模范行为来进行鼓励和号召，这种方式的效果会更好。

7. 通过对信息情报进行控制的方式

管理者也可通过对信息情报的控制，甚至歪曲、修改信息情报的方法来影响下属的行为。但运用这种方式有很大的危险性，因为歪曲、修改信息本身是不道德的行为，下属一旦发现自己受骗，就会对这个管理者失去基本的信任。

7.5.4 如何成为一名领导者

成为领导者是许多管理者的目标。如何成为一名领导者？采取以下行动将有助于增加个体成为领导者的机会。

1. 开始像领导者那样思考

要成为领导者，首先要学会如何运用有关个体行为和群体行为的知识解释所发生的事情及决定如何对他人施加影响以解决问题。首先要弄清楚发生了什么，然后解释发生的事情，最后决定自己采取何种行为，如图 7-5 所示。

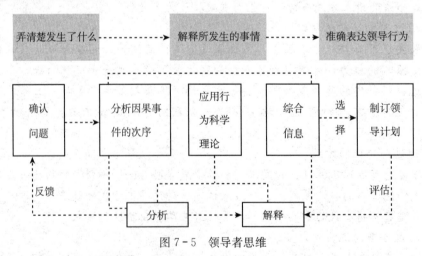

图 7-5　领导者思维

2. 发展自己的领导素质

领导能力可以通过增强自己已拥有的领导特质而得到提高。首先，领导者要有干劲和自信，这是成为领导者的前提和必要条件。其次，领导者要履行领导职责，还必须具备可信度和履行领导职责的能力，如认知能力和业务能力等。

3. 建立自己的领导基础

要想成为一名领导者，不仅在思维上要像领导者那样思考，而且应该在行动和言行举止上也要表现得像一名领导者。个体可以通过提高自己的威信和获取组织中的职权来建立和巩固自己的领导基础。例如，通过在群体中提出好的专业建议、与他人分享有价值的经验、向他人提供其所需要的帮助、与他人保持良好的人际关系等树立自己的威信，通过加入社团或组织，在其中表现出自己的才能、获得一定的职位、合理地运用自己的职权等来提高自己在组织中的职权影响力。

4. 使自己的领导风格与环境相适应

根据领导权变理论，没有任何一种领导风格适合于各种情境，而每一个个体由于其个性特点等各方面因素的影响，会习惯于某一种领导风格，从而形成相应的领导定式。

为了有效地发挥领导作用，个体应该认真学习领导理论，掌握各种领导理论的基本观点，知道不同领导风格的适用场合，以在特定的环境中能够正确地选用合适的领导行为。同时，要选择合适的追随者，创造良好的工作环境，以提高自己特定领导风格的有效性。

行动指南

柳传志谈怎样当一个好总裁
——根据柳传志在北大国际 MBA 高级经理班所做的演讲改编

总裁在企业里一般都要做两件事，第一是制定战略，并设计实行战略的战术步骤；第二是带好员工队伍，让所带队伍有能力按照战略目标去行动。这两件事做好了，企业就能向好处发展。但在做这两件事情之前，还有一件更重要的事要办，就是建班子。企业必须要有一个好的领导班子，否则你把事情布置下去之后，后面的人未必照你的意思去做。有了好的班子才能群策群力，同时对第一把手也就有了制约。没有一个好的班子就制定不了好的战略，就带不好队伍，所以领导班子实际上是第一位的。联想把以上这些总结为管理的三个要素：建班子、定战略、带队伍。

1. 建班子

战略要靠班子来制定，队伍要靠班子来带，所以建班子是三要素中居第一位的，班子不和，什么事都做不成。班子没建好有两种情况：一种是"1＋1＜1"，就是一个班子做事还不如一把手一个人做好，主要原因是无原则纠纷和产生宗派；第二种是"1＋1＝2"，就是有了这个班子之后确实比你一个人强了，但是远没有发挥他应该发挥的作用，这主要是班子成员的积极性没有完全调动起来。怎么才能调动起来？积极性太高了，以后怎样防止互相碰撞？

（1）如何防止班子产生宗派和无原则纠纷

这并不难，核心就是解决第一把手是不是把企业的利益放在第一位的问题。如果你主动自律，严格要求自己，就可以非常光明磊落地把一切问题放在桌面上来谈，就可以对有可能产生宗派的苗头、有可能产生无原则纠纷的苗头大胆批评。联想为了防止这种事情，采取了一些听起来很土的措施。例如，我们不允许自己的子女进公司，以免形成一种管不了的力量。为了抵制无原则的纠纷，规定第一把手和第二把手或第三把手之间发生此类纠纷的时候，如果这个部门的工作业绩还可以，就无条件地调走第二把手，但对第一把手给予警告——换了人再出现这种情况说明你一定有问题，要提出制裁。这样一来大家就会非常小心。

（2）如何实现"1+1>2"

① 必须让班子成员明白他和整个战局的关系，还要讲清这件事情做好会怎么样，做不好会有什么后果，这对他的积极性就有了初步的调动。

② 凭什么说你做好了或做坏了，凭什么给你这种奖励或惩罚，如果这是规定好的，不是人为临时定的，积极性就会得到更大程度的调动。

③ 这个规则应是被承认的，是班子研究过的，这时积极性会得到更充分的调动。联想高层的班子是主发动机，下面各层的班子都是小发动机，上上下下都在动，而且动得非常协调，感觉就非常好了。

（3）建班子的三大难题

这是大家都会遇到的三个难题。第一个难题是进了班子后不称职怎么把他请出去。解决这个难题要注意两点：一是所有进班子里的人要德才兼备，以德为主。这个极其重要，否则你就很难理直气壮地把不称职的人请出去。高层领导的"德"，就是要以企业利益为最高利益。二是话要放在桌面上讲。第一次他有事情做得不合适，就要对他提出批评。关着门两个人说也是放在桌面上讲，不能心里明白不跟他说。说一次就改最好，第二次说了还不能改就要公开批评，第三次再犯就撤换他。这样他还能有什么意见？话能不能放在桌面上讲，是一个班子团结和保持正气的关键。一把手若真地把企业利益放在第一位，就没有什么话不能公开说的。

第二个难题是重大问题有不同意见，两边的比例还差不多，怎么办？方法是先谈原则，一把手先底下一个一个谈话，不要谈具体的事，谈有关此事的最高原则。比如制定工资问题，要先谈定工资是为了什么，是为了某些人之间的公平，还是为了让企业更好地发展？到底哪个先哪个后？把大原则定下来以后，再一步步定小原则，再谈具体问题，就好解决了。一把手用权要谨慎，当同下属意见不一致时，如果我对这个事也没把握，而他振振有词，那就照他的办，但事情办完后要进行总结。如果把事想清楚了，认为真正对的事情，就下决心做，而不必多加讨论。如果几次事都做得很正确，大家今后就容易同意你的意见了。我们公司里也有投票表决的制度，但还没用过，事情都是这么解决的。

第三个难题是如何提高班子成员的素质。企业刚办，人员素质不高怎么办？这时一把手注意要先集中、后民主。就是我定规则大家做，取得别人的信任以后，逐渐提高素质，替换班子成员，一步一步实现由班子指挥。一把手工作方式有三种：指令性方式、指导性方式和参与性方式。到了指导性的时候，下面就都是发动机了。联想现在是处于指令性和指导性之间，要一步步来。如果你接手的是一个大公司，文化背景、员工素质都很好，就不是这样了。

2. 定战略

制定战略的实质是确定目标，然后是怎么达到这个目标，怎么分解它。为此，我们确定了联想五步：第一步是确定公司愿景。我们自己提出的口号是：联想要成为长期的、有规模的高科技企业。短期行为的事我们不做，非高科技企业里的事我们不做——我是指现在联想的上市公司，而不是控股公司。第二步是确定中远期发展战略目标。公司目标的长短各有不同，我们认为现在的联想充其量只能制订 5 年的愿景规划，因为计算机领域的一些核心技术还掌握在别人手里，我们只是跟风，制订不了更长远的计划。第三步是制定发展战略的总体路线。这是制定战略比较重要的部分，有很多具体步骤：制定前的调查和分析；内部资源能力的审视；竞争对手的分析和比较等。调查分析之后就是制定路线。第四步是确定当年的战略目标（总部和各子公司的），并分解成具体战略步骤实施。第五步是检查调整，达到目标。

联想的战略总则是"以稳为主，稳中求快"。这是由我的性格特点和我下面用的人的性格特点决定的，不一定其他公司也这样办。一开始我是很冒险的，后来变成了这样一个风格，不一定是好的风格，但我们是这样做的。

3. 带队伍

带队伍要做好三件事：一是如何充分调动员工的积极性；二是如何提高员工的能力；三是如何使机器有序、协调、效率高。要做到这些，就要从规章制度上体现出来。联想以前有一个"天条"，就是不许谋取额外利益，为此我们进行了坚决斗争，使得公司保持了一种良好的风气。从 1990 年到现在共有 5 个年轻人被送到了检察院。几万块钱算什么？但在联想就是不行，发现了就要往检察院送。联想还有一个小的规定，就是开会迟到要罚站。你迟到了，就站一分钟，所有人把会停下来，像默哀一样，非常难受，不管什么原因，请假除外。难度在于怎么把这个规定保持了这么多年。这是 1989 年制定的，头一次罚站的是我的一个老上级，但还是让他站一分钟。我自己也被罚了 3 次，才 3 次，是很了不起了，我参加了那么多会议，天灾人祸的事情很多。激励方面的核心是把员工的发展方向和追求与企业的目标整合在一起，这是我们最高的愿望。如果大家没有一个共同的利益，每个人都以己为本，就不成一个企业了。这一点我们叫入模子，不管是什么样的人进入到联想，都要熔化在这个模子里。你可以改造这个模子，比如说我们有些地方做得不好，大家提出来以后我们可以修改，但进来之后就要按这个做。最后就是领军人物和骨干队伍的培养，这是最重要的。一把手有点像阿拉伯数字的"1"，后面跟一个 0 就是 10，跟两个 0 就是 100，跟三个 0 就是 1 000。这些"0"虽然也很重要，但没有前面的"1"就什么都没有。

我们对领军人物有"德""才"两点要求。"德"就是要把企业的利益放在最高地位；"才"就是一定要是个学习型的人。要善于总结、善于学习，善于把理论的东西拿去实践，善于把实践加以总结。企业要不停地开各种研讨会，办各种各样的沙龙，让大家总结出规律性的东西，这一点极其重要。

最后做一个总结，做总裁，第一点要知道企业管理、企业外部环境总体是怎么回事，粗细都要能够讲清楚，粗了一个小时，甚至五分钟就能谈出来，细了能谈一天，能写一本书。第二点是你自己和你手上的人是什么样的要清楚。第三点是要明白你想要什么样的人做这些事，这些人够不够格，理想的人选是什么样的。第四点是怎么培养这样的人。明白事，明白人，明白怎么把你身边的人变成这样的人，这差不多就是个好总裁了。

管理问题讨论：

（1）比较本章中对于领导者职责的描述和柳传志对"如何做一个好总裁"的描述，说明两者间的异同。

（2）从柳传志的讲话中，总结柳传志能够在联想拥有巨大影响力的原因，判断柳传志的领导风格类型。

本 章 小 结

关于领导的定义很多，一般把领导定义为一种影响力，是影响个体、群体或组织来实现所期望目标的各种活动的过程。这个领导过程是由领导者、被领导者和所处环境三个因素所组成的复合函数。

领导的本质是一种影响力。就是领导者通过影响被领导者，使其能自觉、自愿地把自己的能力贡献给组织，促使组织目标更有效地实现。而影响力是一种追随、自觉、认同，是非制度化的。

早期有关领导的理论大致有四种理论学派：20世纪二三十年代，在领导理论出现的初期，主要研究领导的特质理论，其核心观点是领导能力是天生的；从20世纪40年代末至60年代末，主要研究领导行为理论，其核心观点是领导效能与领导行为有关；从20世纪60年代末至80年代初，主要研究领导权变理论，其核心观点是有效的领导受不同情景的影响；从20世纪80年代初至今，主要研究领导风格理论，其核心观点是有效的领导需要提供愿景、鼓舞和注重行动。

领导权变理论认为领导行为应随环境因素的变化而变化。从时间上来说，这种领导理论比领导品质理论和领导行为理论晚；从内容上来说，是在前两种理论的基础上发展起来的，它所关注的是领导者与被领导者及环境之间的相互影响。主要有四种权变理论：费德勒模型、赫塞和布兰查德的情景领导理论、领导者参与模型和路径-目标理论。

有关领导的最新观点有：交易型领导与变革型领导、领袖魅力型领导与愿景规划型领导及团队型领导。

企业绩效的好坏，关键在于领导。这里的领导不仅指领导者个人，而且指整个领导集体。因此，领导者不但要求有个体素质优势，更应追求整个领导集体群体功能的优化。领导集体的合理搭配，一般包括年龄结构、知识结构、专业结构、能力结构和气质结构等。

章节同步测试

一、单选题

1. 对组织成员进行激励，协调其相互关系，保证其团结，指导其具体工作，给出其前进的方向，这些工作是（　　）。
   A. 计划工作　　　　　B. 领导工作　　　　　C. 组织工作　　　　　D. 控制工作

2. 领导的本质是一种（　　）。就是领导者通过影响被领导者，使其能自觉、自愿地把自己的能力贡献给组织，促使组织目标更有效地实现。
   A. 控制力　　　　　B. 领导力　　　　　C. 影响力　　　　　D. 学习能力

3. 美国学者罗伯特·坦南鲍姆和沃伦·施米特于1958年提出了（　　）。
   A. 领导者行为连续统一理论　　　　　B. 领导特质理论
   C. 领导行为四分图理论　　　　　D. 管理方格图理论

4. 赫塞和布兰查德提出了4种领导方式，分别是告知、推销、参与和（　　）。
   A. 分权　　　　　B. 集权　　　　　C. 授权　　　　　D. 领导

5. （　　）关注每一个下属的兴趣与发展需要，他们帮助下属用新视角看待老问题从而改变了下属对问题的看法，他们能够激励、调动和鼓舞下属为实现群体目标付出更大的努力。
   A. 交易型领导　　　　　B. 领袖魅力型领导
   C. 愿景规划型领导　　　　　D. 变革型领导者

二、多选题

1. 通常把领导定义为一种影响力，是影响个体、群体或组织来实现所期望目标的各种活动的过程。这个领导过程是由（　　）、（　　）和（　　）三个因素所组成的复合函数。
   A. 影响力　　　　　B. 领导者　　　　　C. 被领导者　　　　　D. 职权
   E. 所处环境

2. 权变理论主要有四种，分别为（　　）。
   A. 费德勒模型　　　　　B. 赫塞和布兰查德的情景领导理论
   C. 领导者参与模型　　　　　D. 领导特质理论
   E. 路径-目标理论

3. 有关领导的最新观点有（　　）。
   A. 领导的特质理论　　　　　B. 交易型领导与变革型领导
   C. 参与型领导　　　　　D. 团队型领导

E. 领袖魅力型领导与愿景规划型领导

4. 布莱克和莫顿在管理方格图中列出了5种典型的领导行为，分别为（　　）。

A. 1.1贫乏型管理管理方式 　　　　　　 B. 1.9乡村俱乐部型管理方式

C. 9.9团队型或集体协作型管理方式 　　 D. 5.5中庸之道型管理方式

E. 1.9任务第一型管理方式

5. 领导集体的合理搭配，一般包括（　　）等。

A. 年龄结构 　　　　 B. 知识结构 　　　　 C. 专业结构 　　　　 D. 能力结构

E. 气质结构

三、名词解释

费德勒模型 　　　 愿景规划型领导 　　　 领导的有效性

四、简答题

1. 简述早期的领导理论。

2. 简述如何成为一名领导者。

第 8 章

控 制

最有效并持续不断的控制不是强制，而是触发个人内在的自发控制。

——横山宁夫

通其变，天下无弊法；执其方，天下无善数。

——《文中子·周公》

如果计划从不需要修改，而且是在一个全能的领导人的指导之下，由一个完全均衡的组织完美无缺地来执行的，那就没有控制的必要了。

——亨利·西斯克

有效的管理者应该始终督促他人，以保证应该采取的行动事实上已经在进行，保证他人应该达到的目标事实上已经达到。

——史蒂芬·P. 罗宾斯

知识目标	能力目标
● 控制的类型；	● 思辨能力；
● 有效控制的条件；	● 分析问题的能力；
● 控制的基本过程；	● 解决问题的能力；
● 控制的方法	● 团队合作能力

8.1 控制概述

一件事情无论计划做得多么完美，目标制定得多么切合实际，在没有实现之前，它只是文字上的、观念上的东西。在实现目标和计划的过程中，总会出现意想不到的情况，因为制定目标时不可能考虑得十全十美，而且环境的变化有时无法准确预测和把握，在执行时也会出现偏差。为了保证事情按照既定的计划进行，就必须运用各种控制手段，对实施过程中的实际工作进行监控、比较和纠正，使实际工作与目标保持一致。

导入案例

麦当劳的控制过程

　　麦当劳通过详细的程序、规则和条例规定，使分布在世界各地的所有麦当劳分店的经营者和员工们都遵循一种标准化、规范化的作业。麦当劳对制作汉堡、炸土豆条、招待顾客和清理餐桌等工作都事先进行详细的动作研究，用以指导各分店管理人员和一般员工的行为。公司在芝加哥开办了专门的培训中心——汉堡大学，要求所有的特许经营者在开业之前都接受为期一个月的强化培训，确保公司的规章条例得到准确的理解和贯彻执行。

　　为了确保所有的特许经营分店都能按统一的要求开展活动，麦当劳总部的管理人员还经常走访、巡视世界各地的经营店，进行直接的监督和控制。除了直接控制以外，麦当劳公司还定期对各分店的经营业绩进行考核。为此，各分店要及时提供有关营业额和经营成本、利润等方面的信息，这样总部管理人员就能把握各分店经营的动态和出现的问题，以便商讨和采取改进的对策。

　　问题思考：

　　（1）什么是控制？

　　（2）麦当劳公司是如何进行控制的？

1. 控制的定义

　　控制来源于军事和工程领域，基本上是一个成熟的理论，争议的内容很少，不像管理其他职能有较多的不确定性。控制是组织在动态的环境中为保证既定目标的实现而采取的检查和纠偏活动或过程。控制既可以理解为一系列的检查、调整活动，也可以理解为检查和纠偏的过程。所有的管理者都应当承担控制的职责。控制贯穿于管理的各个方面。管理者通过他人完成任务，并负有最终的责任。为此，管理者需要建立控制系统，以便使自己可以自始至终地掌握下属完成任务的情况和进度。

2. 控制的作用

　　现实中，组织的运行往往是"非零"起步的，上一阶段控制的结果可能导致组织确立新的目标，提出新的计划，并在组织结构、人员配备和领导等方面做出相应的改变。控制是顺利开展工作、实现目标的基本保证。控制工作通过检查或检测计划执行中发生的偏差及内外环境条件出现的变化，进而采取处理措施，可以促使管理过程成为一个 PDCA 循环（P——plan，计划；D——do，实施；C——check，检测；A——action，处理行动）的闭环系统。控制既是一个管理工作过程的终结，又是一个新的管理工作过程的开始。

　　一个有效的控制系统可以保证各项行动的方向是朝着达到组织目标的。具体来说，控制的作用如下。

　　① 通过控制工作，能够为管理人员提供有用的信息，使之了解计划的执行进度和执行

中出现的偏差及偏差的大小，并据此分析偏差产生的原因，从而采取相应措施纠正偏差。

② 控制不仅可以维持其他职能的正常活动，而且在必要时还可以采取纠正偏差等行动来改善其他管理职能活动的不足与弊端。

③ 控制能减轻环境不确定性因素对组织活动的影响，避免和减少管理失误造成的损失，并能使复杂的组织活动协调一致地运作。

在管理工作的实施过程中，很难区分计划与控制哪个是开始、哪个是结束。控制既是一项管理工作过程的终结，又是一个新的管理工作过程的开始。而且，计划与控制工作的内容常常相互交织地联系在一起。管理工作的本质就是由计划、组织、领导和控制等职能有机联系而构成的一个不断循环的过程。

拓展阅读

管理者的自信与控制力

年轻时，乔布斯每天凌晨 4 点起床，9 点半左右一天的工作基本妥当。他说，自由从何而来？从自信来！而自信则是从自律来！要学会克制自己，用严格的日程表控制生活，这样才能在自律中不断磨炼出自信。自信是对事情的控制力，若连最基本的时间都控制不了，还谈什么自信？

3. 控制的基本要求

有效的控制具有以下要求。

（1）适时控制

适时控制即控制要及时、准确，在控制过程中要迅速及时地发现问题并及时采取纠正措施，准确地解决问题。一方面及时准确地提供所需要的信息和措施，避免时过境迁，使控制失去应有的效果；另一方面要估计可能发生的变化，采取的措施与已变化的情况相适应，即纠正措施的安排应有一定的预见性，采取的措施能在较长时间内保持有效。

（2）适度控制

适度控制即控制过程中要抓住重点环节。并不是所有出现的偏差都对组织或活动的目标有影响或影响程度都相同。不需要也不可能控制管理工作中的全部事项，只需要也只能对其中的关键事项进行控制。

（3）弹性控制

控制要有灵活性，在控制过程中尽可能制订多种应对变化的方案和留有一定的后备力量，并采用多种控制手段来达到控制的目的。注意把握灵活性和适应性，要有弹性和替代方案，以适应各种变化。

（4）能反映计划的要求

控制的目的是实现计划，计划是控制所采用的衡量标准的原始依据——计划是控制的前提和总标准。由于计划具有多样性，控制标准和手段也应多样化，从而反映计划的要求。

（5）经济可行

控制是一项需要投入大量人力、财力、物力等各种资源的活动。进行控制时必须做到经济上合理，全面周详地控制是不必要也是不可能的。要正确而精心地选择控制点，要努力降低控制的耗费，以最少的资源投入，取得最理想的控制效果。

管理问题讨论

大公司门口的见闻

我们时常见到公司门口站岗的门卫，要求每天都见面的老员工无一例外地出示工作证。这样做的目的是保证进入公司的人都是在公司工作的，而不是外来的陌生的非工作人员。一次，一个在公司工作了十几年的员工，因为忘了随身携带工作证，被拒绝跨入公司的大门。

请结合本案例，分析讨论以下问题：

(1) 制度是控制的标准还是控制的对象？

(2) 制度执行者应树立什么样的控制工作理念？这种理念与控制方式之间有什么关系？

8.2 控 制 过 程

8.2.1 有效控制的条件

任何形式的控制都需要一定的前提条件，这些条件影响控制过程的顺利进行。控制的前提条件如下。

① 要有一个科学的、切实可行的计划。控制就是保证目标和计划的实现。如果没有计划，就无法进行控制。因此，有效控制是以科学的计划为前提的。

② 要有专门从事控制职能的组织机构。控制工作主要是根据各种信息，纠正计划执行中出现的偏差。要做到这一点，就要有专门从事控制工作的组织机构，建立与健全与控制工作有关的规章制度，明确由何部门、何人来负责何种控制工作。

③ 要有反馈渠道。控制工作中的一个重要步骤就是将计划执行后的信息反馈给管理者，以便管理者对实际工作与计划进行比较分析。这种信息反馈的速度、准确性直接影响到控制指令的正确性和纠偏措施的有效性。

拓展阅读

经典信息反馈实验

心理学家赫洛克曾做过一个著名的信息反馈实验，他把 106 名四五年级的小学生分成四个组，让他们练习难度相同的加法，练习 5 天，每天 15 分钟。练习是在四种不同的情况下进行的：第一组为受表扬组，每次练习后予以表扬和鼓励；第二组为受批评组，每次练习后严加批评；第三组为被忽视组，每次练习后不予以任何评价，只让其静听其他两组受表扬和挨批评；第四组为控制组，每次练习后不予以任何评价，但让他们与前三组隔离。

实验结果表明：前三组的练习效果均优于控制组，受表扬组和受批评组明显优于被忽视组，且受表扬组的成绩不断上升。适当的表扬的效果明显优于批评，而批评的效果比不予任何评价要好。

8.2.2 控制的基本过程

不管什么类型的控制，一般都包括确定控制标准、对照标准衡量工作成效、纠正偏差三个步骤。

1. 确定控制标准

标准是衡量实际工作或预期工作成果的尺度。因此，控制工作的第一个步骤就是确定控制标准。计划和目标是控制的总标准，为了对各项业务活动实施控制，必须以计划和目标为依据，设置更加具体的标准作为控制的直接依据。

按照标准是否能够直接进行计量，可以把控制标准分为定量标准和定性标准两类。定量标准是指能够以一定形式的计量单位直接计算的标准。一定程度上，量化的标准便于进行度量和比较。所以，在可能的情况下，应尽可能地使用定量标准即数值化的标准。例如，费用开支、产量、销售量、销售利润等都可以数值化。定性标准是指难以用计量单位、数值直接计算和衡量而采用实物或定性描述的标准。例如，服装、大米等的外观质量难以用数值表示，多采用实物标准，评定时采用样品比较和实物观察的方法；服务质量、组织成员的工作表现（如士气、人际关系）等，难以用数值化的指标来衡量，通常由有经验的人通过观察、凭感觉做出判断。

确定控制标准应注意以下几个主要问题。

① 标准的制定要依据总的计划和目标，不能与总计划和目标相违背。

② 标准要尽可能量化，减少感情色彩和印象成分，但不能一味追求量化。

③ 标准要公布于众，而且要让相关人员清楚地知道标准的具体内涵，做到公开、明确。

④ 标准要合理而且能达到，如果标准太高或太低，就起不到激励作用。

2. 对照标准衡量工作成效

对照标准衡量工作成效，是指控制过程中将实际工作情况与预先确定好的控制标准进行比较，找出实际业绩与控制标准之间的差异，以便找出组织目标和计划在实施过程中的问题，对实际工作做出正确的评估。通过衡量工作成效，可以达到以下目的：比较全面、确切地了解实际工作进展情况，掌握计划的执行进度及相关信息；找出实际工作成效与控制标准之间的差异，以便找出组织目标和计划在实施过程中存在的问题，为纠正偏差和改进工作提供依据；为管理者进行评价和奖励下属提供依据。

衡量工作成效应注意的问题：一是严格按照制定好的控制标准来衡量工作成效。在衡量过程中，要做到一视同仁，尽量减少因人、因时、因地而变化的情况。二是确定可接受的偏差范围。在一些情况下，实际工作与标准出现偏差是正常的。在衡量过程中，要确定可接受的偏差范围（大小和方向），如果偏差超过这个范围，就应该引起管理者的注意。

3. 纠正偏差

偏差即实际情况与计划或标准之间的差距，控制的最后一个步骤就是纠正偏差，当发现实施过程中出现偏离标准的现象时，应及时分析问题产生的原因，采取管理行动解决问题。具体来说，可以采取以下行动。

（1）对偏差及其原因进行分析

首先判断偏差的严重程度，判断其是否会对组织活动的效率和效果产生影响；其次要探讨导致偏差产生的主要和次要原因。偏差产生的原因主要有两类：一是计划执行过程中的工作失误（属人为因素，可以控制）；二是原有计划不周（属非人为因素，不可控）。管理者必须对这两类不同性质的偏差做出准确的判断，以便在查明原因的基础上采取纠偏措施，使组织的活动回到预定的轨道上来。

（2）有针对性地采取纠偏措施

对因工作失误造成的偏差，控制的办法主要是"纠偏"，即通过加强管理和监督，确保工作与目标接近或吻合。具体做法有以下三种：一是改进工作方法，如改进生产和服务技术、改进教学方法、改进销售技巧等；二是改进组织和领导工作，如调整组织结构，调整责权利关系，改进分工协作体系，改进领导方式和提高领导能力；三是改进人事工作，如加强培训，明确职责，重新分配工作，进行人事调整等。

（3）纠正偏差过程中应注意的一些问题

① 不要轻易更改计划，尤其不要轻易降低标准。在修改标准的问题上应该慎之又慎，除非原有计划和控制标准的制定是草率的，或者导致偏差的原因是无法控制的，除了修改标准之外别无他法，否则就不要轻易修改标准。

② 对事不对人。纠正偏差的目的在于找出原因，采取措施来保证组织的各项活动朝着组织目标努力。因此，如果有人出了差错，千万不要抱怨这个人有问题，而应找出问题，解决问题。

③ 要有针对性。一定要在确定偏差产生的真正原因之后再针对原因采取纠偏措施，做到有的放矢。

确定控制标准、对照标准衡量工作成效、纠正偏差这三个步骤紧密联系、缺一不可，共同构成了一个完整的控制过程和一个控制周期。

管理技能训练

控制者的角色分析

那些在实际过程中对员工不闻不问的管理者，经常被称为"甩手掌柜"，这是一种略带贬义的称谓，也从一个侧面说明了管理者要关注实施过程。

管理者在实施过程中的角色归纳为四类：资源统筹者、事务协调者、过程监督者和行为指导者。查阅资料或深入企事业单位观察，了解这四类角色所承担的各种具体工作，填写表8-1。

表 8 - 1　调查表

角　　色	资源统筹者	事务协调者	过程监督者	行为指导者
具体工作 1				
具体工作 2				
具体工作 3				
具体工作 4				
具体工作 5				

资料出处：王雯. 管理学基础. 北京：清华大学出版社，2015.

8.3　控制的类型

在组织控制系统的构建过程中，由于控制的性质、内容和范围不同，控制可分为许多不同的类型。理想情况下，每一个组织都希望有效率且有效果地实现其目标，但这并不意味着控制系统是相同的。了解控制的各种类型，根据实际情况选择合适的控制类型，对于有效的控制是十分重要的。

8.3.1　前馈控制、同期控制和反馈控制

管理中的控制手段可以在行动开始之前、进行之中或结束之后进行。第一种称为前馈控制，第二种称为同期控制，第三种称为反馈控制。

1. 前馈控制

前馈控制（feedforward control）是人们最希望采取的控制类型，它能避免预期出现的问题。前馈控制的优点包括：可防患于未然；不针对具体人员，不会造成心理冲突，易被职工接受并付诸实施。前馈控制的缺点包括：前提条件较多；需大量准确可靠的信息；要随着行动的进展及时了解新情况和新问题；现实中很难办到。前馈控制适用于一切领域中的所有工作。

2. 同期控制

同期控制（concurrent control）是发生在活动进行之中的控制。管理者可以在发生重大损失之前及时纠正问题。同期控制的优点是具有指导职能，有助于提高工作人员的工作能力和自我控制能力。同期控制的缺点有：容易受管理者的时间、精力、业务水平的制约，应用范围较窄；容易形成心理上的对立，损害被控制者的工作积极性和主动精神。

最常见的同期控制方式是直接观察。走动管理描述的是管理者到达工作现场，直接与员工交流。当管理者进行走动管理时，他们使用的是同期控制。当管理者直接视察下属的行动

时，管理者可以同时监督雇员的实际工作，并在发生问题时马上进行纠正。虽然在实际行动与管理者做出反应之间会有一段延迟时间，但这种延迟是非常小的，问题通常可以在出现大量资源浪费或重大损失造成之前解决。

3. 反馈控制

反馈控制（feedback control）是最常用的控制类型，控制作用发生在行动之后。反馈控制的优点如下。

① 为进一步实施预先控制和现场控制创造条件，实现良性循环。反馈向管理者提供了计划是否有效的有用信息。若反馈表明在标准和实际业绩之间只存在很小的偏差，说明计划从总体上达到了目的。若偏差很大，则管理者可利用这一信息提高新计划的有效性。

② 增强员工的工作积极性。人们希望获得评价他们业绩的信息，而反馈控制能提供这一信息。

反馈控制的缺点包括：在实施矫正措施之前，偏差已产生；获得信息时，损失已经造成。

拓展阅读

扁鹊兄弟三人的医术

魏文王问名医扁鹊："你们家兄弟三人，都精于医术，到底哪一位最好呢？"扁鹊答："长兄最好，中兄次之，我最差。"

文王再问："那么为什么你最出名呢？"扁鹊答："长兄治病，是治病于病情发作之前。由于一般人不知道他事先能铲除病因，所以他的名气无法传出去；中兄治病，是治病于病情初起时，一般人以为他只能治轻微的小病，所以他的名气只及本乡里。而我是治病于病情严重之时。一般人都看到我在经脉上穿针管放血、在皮肤上敷药等大手术，所以以为我的医术高明，名气因此响遍全国。"

这则故事带给我们怎样的启示呢？

管理启示：事后控制不如事中控制，事中控制不如事前控制。可惜大多数的企业经营者未能体会到这一点，等到错误的决策造成了重大的损失时才寻求弥补方法。

8.3.2 集中控制、分散控制和分层控制

按控制所采用的方式不同，可分为集中控制、分层控制和分散控制。

1. 集中控制

集中控制就是在组织中建立一个控制中心，由它来对所有的信息进行集中统一的加工、处理，并由这个控制中心发出指令，操纵所有的管理活动。采用集中控制的方式有利于实现整体的优化控制。企业中的生产指挥部、中央调度室都是集中控制的例子。集中控制适合组织规模和信息量不大且控制中心对信息的取得、存储、加工效率及可靠性都很高的情况。

2. 分散控制

分散控制对信息存储和处理能力的要求相对较低，易于实现；反馈环节少，反应快、时

滞短、控制效率高、应变能力强，即使个别控制环节出现了失误或故障，也不会引起整个系统的瘫痪。分散控制的问题是难以保证各分散系统的目标与总目标一致，从而危及整体的优化，甚至会导致失控。

3. 分层控制

分层控制是一种把集中控制和分散控制结合起来的控制方式。它有两个特点：一是各子系统都具有各自独立的控制能力和控制条件，从而有可能对子系统的管理实施独立的处理；二是整个管理系统分为若干层次，上一层次的控制机构对下一层次各子系统的活动进行指导性、导向性的间接控制。在分层控制中，要特别注意防止缺乏间接控制、滥用直接控制，并多层次地向下重叠实施直接控制的弊病。

管理问题探讨

在母、子公司关系处理过程中，母公司对子公司宜采取何种控制方式？为什么？

8.3.3　战略控制、绩效控制和任务控制

按问题的重要性和影响程度不同，控制可分为战略控制、绩效控制和任务控制。

1. 战略控制

战略控制是对战略计划和目标实现程度的控制。在战略控制过程中常有可能引起原定战略方案的重大修改或重新制定。战略控制应站在更高的角度看待问题。

2. 绩效控制

绩效控制是一种财务控制，即利用财务数据来观测企业的经营活动状况，以此考评各责任中心的工作实绩，控制其经营行为。从一般的企业来看，其内部组织单位通常可以分为四类责任中心。

① 成本（责任）中心。成本（责任）中心只对本单位发生的可控花费（责任成本）负责，对其评价和考核以开支报告为依据，通过衡量责任成本的实际数与预算数的差异来评价其工作好坏。

② 收入（责任）中心。这类组织单位只对其销售过程所实现的收入情况及为取得这些收入所花费的直接费用负责。

③ 利润（责任）中心。这类组织单位既对经营成本负责，又对经营收入及利润负责。它既要控制责任成本的发生，又要能对应当取得的经营收入进行控制。利润（责任）中心主要适用于企业中有独立收入来源的较高组织层次的单位，如分厂、分部、分公司等。

④ 投资（责任）中心。投资（责任）中心既对成本、收入、利润负责，也对投入和使用的资金负责。它不但要控制收入和成本，还要控制生产经营过程所占用的全部资金。投资（责任）中心限于在拥有较大经营自主权的部门及企业最高层次中采用。

3. 任务控制

任务控制即运营控制、业务控制，主要是针对基层生产作业和其他业务活动而直接进行

的控制。其目的是确保有关人员或机构按既定的质量、数量、期限和成本标准要求完成所承担的工作任务。

8.3.4 负馈控制和正馈控制

按控制目的和对象的不同，控制可分为负馈控制和正馈控制两种类型。

1. 负馈控制

负馈控制是使执行结果符合控制标准的要求，为此需要将管理循环中的实施环节作为控制对象，"负馈"意味着使偏差缩小。这种控制的目的是缩小实际情况与控制目标的偏差。

2. 正馈控制

正馈控制是使控制标准发生变化，以便更好地符合内外现实条件的要求，其控制作用的发生主要体现在管理循环中的计划环节，也就是这种控制对象包括了控制标准本身。"正馈"意味着使控制标准和目标发生振荡或变动。这种控制的目的是使控制标准产生振荡或变动，使之与实际情况更接近。

3. 正馈控制和负馈控制的使用

正馈控制和负馈控制应该并重使用，但现实中要处理好这两者的关系并不容易。一方面，增进适应性的正馈控制，有时很容易被用来作为无视"控制"的借口，因为以前的标准不再是合理的，因而就容易说控制是行不通的，不再严格地进行控制（指负馈控制）。而这样做的结果会导致系统运行不稳定、不平衡。但另一方面，平衡不应该是静态的平衡。现代企业面临复杂多变的环境，环境条件变了，计划的前提就与以前不一样了，如果还僵化地抱着原先设定的控制标准不放，不做任何调整，那么组织就会很快衰亡。

现代意义下的控制，应该持一种动态平衡的观念，应能促进被控制系统在朝向目标的同时适时地根据内外环境条件做出调整、适应和变化。例如，一家公司如果预料到生产所需的原料将出现市场短缺，那现在就可能需要增加储备，提高库存水平；企业在发现产品供大于求、价格大幅跌落时，需要改变原订的生产计划，以减少或停止该产品的生产。这两个例子中，作为控制标准的合理库存量和产品产量水平均发生了变更，这是适应环境条件的正馈控制。将预期需达到的水平做出改变和保证预期水平的达成是既相互对立又需要得到统一的两种不同的要求。现代企业控制的难点就在于如何妥善地处理好适应性和稳定性、正馈控制和负馈控制的关系。

管理问题探讨

信息技术的发展对经营控制的影响

列举信息技术的新发展，并就信息技术的发展对企业经营控制的影响进行深入讨论，最终列出针对信息技术的发展，组织在经营控制方面应采取的对策。

8.4　控制的对象和方法

8.4.1　控制的对象

1. 人员

管理者总是要通过他人的工作来实现其目标。为了实现组织的目标，管理者需要而且必须依靠下属。为了使下属按照自己所期望的方式工作，管理者就必须对下属进控制。在日常工作中，管理者主要观察员工的表现并纠正他们出现的问题，如车间主任发现工人操作机器的方法不当时，就应该指明正确的操作方法并告诉他在日后的工作中按正确的方式操作。在对人员的控制中，要重点加强对监督人员的监督。相对于一般员工，监督人员更倾向于隐瞒工作的偏差和失误。如果监督人员失察，操作中存在的问题就会不断扩大；如果监督人员态度不积极，操作中的偏差会因得不到及时纠正而逐渐恶化。

2. 财务

企业的首要目标是获取利润。管理者必须借助财务控制来实现其目标。例如，通过预算，来保证有足够的资金支付各种费用和控制开支。通过查阅每季度的收支报告，就能够发现是否有多余的支出。

3. 质量

质量是一个组织工作水平的综合反映，是组织的生命线。因此，质量控制要有全面的观点，实行全面质量管理，进行全员、全过程控制和管理。

4. 安全

安全控制是指对组织活动过程中的人身和财产保障的控制，包括人身安全控制、财产安全控制、资料安全控制、生产安全控制等。加强安全控制有利于组织成员的稳定，有利于组织活动的正常开展。

拓展阅读

PDCA 循环

PDCA 循环由美国质量管理专家戴明提出，所以又叫"戴明环"。它是全面质量管理的思想方法和工作步骤。戴明把质量管理、生产活动、科学研究及我们日常的生活、工作和学习，即把所有活动的过程都分为四个阶段：计划（plan）、实施（do）、检查（check）、处理（action）。

其中，计划阶段相当于控制的第一步（计划并制定控制标准），实施和检查阶段相当于控制的第二步（按照计划和标准的要求去做，并对实际工作成效进行检查），处理阶段相当于控制的第三步（巩固成效或是找出偏差的原因并纠正偏差，为下一个

控制过程的开始提供依据）。通过这四个阶段的反复循环，产品质量和工作就能不断提高。

5. 信息

管理者需要了解信息来完成他们的工作。不精确的、不完整的、过多的或延迟的信息会阻碍行动。信息控制过程包括：收集（输入）、整理分析（处理）和利用（输出）。应用计算机技术开发的信息管理系统为信息控制开启了方便之门，它能在正确的时间，以正确的数量，为正确的人提供正确的数据。

6. 时间

在企业的经营管理过程中，工程的按时完工、贸易中的准时交货、合同的按时执行等都十分重要。安排时间的较好的计划方法有甘特图计划、滚动计划和网络计划技术等，其中网络计划技术对管理活动的时间的合理安排和资源的科学安排起到了重要作用。

日本丰田汽车公司首先应用的准时生产制（JIT）是一种先进的生产控制和时间控制方法。"设计一个生产系统，能高效地生产100％的优良产品，并且在需要的时间按需要的数量生产所需要的工件。"这是对 JIT 目标最简单的概括。其指导思想是：通过生产过程整体优化，改进技术和理顺物流，彻底消除无效劳动和浪费，降低成本，改善质量，以达到用最少投入实现最大产出的目的。

8.4.2 控制的方法

每一个组织都力图有效果和有效率地实现目标。因此，在设计控制系统时，也有不同的方法。

1. 市场控制、官僚控制、小集团控制

（1）市场控制（market control）

市场控制是一种强调使用外在市场机制，如价格和相对市场份额，在系统中建立使用标准来进行控制的方法。在这种情况下，公司的部门常常调整为利润中心，评价的标准是各自对公司利润贡献的百分比。

（2）官僚控制（bureaucratic control）

官僚控制也称层级控制。它基于森严的等级制度，强调组织的权威，依靠管理规章、制度、过程及政策来指导员工的工作行为。

（3）小集团控制（clan control）

小集团控制也称同族控制，是指员工的行为依靠共同的价值观、规范、传统、仪式、信念及其他组织文化方面的东西来调节。这种控制类型在广泛使用团队和技术变化迅速的组织中最常见。

事实上，许多组织并不是单纯依靠上述方法中的一种来设计一个合适的控制系统。典型的做法是：强调官僚控制或小集团控制，并辅之以市场控制方法。不管采用哪种方法，关键是设计出的控制系统能帮助组织有效果、有效率地实现目标。

2. 财务控制

企业最初的目标就是获取利润。为了追求这个目标，管理者们需要财务控制。财务控制有以下两类标准。

（1）传统财务控制衡量标准

为了监控组织利用资产、负债、存货等的效率和获利程度，经理们使用流动性比率、杠杆比率、活动性比率、利益率等作为外在的控制工具。预算也为经理们提供了定量的分析标准，通过指出实际消费和标准之间的差别，找出差别后的原因，从而采取任何必要的行动进行控制。

（2）其他财务控制衡量标准

除了传统的财务工具，管理者还可以使用经济附加值、市场附加值和利润管理进行控制。经济附加值（EVA）是一个衡量公司全体和各部门绩效的工具。市场附加值（MVA）增加了一个市场尺度，因为它衡量了股市对一个公司过去或其资本投资项目的价值评价。在加强检查力度的情况下，要进行的一项财务活动是利润管理。当管理者管理利润时，他们调整收入和支出的时间以提高当前的财务绩效，是不切实际的。为了解决利润管理导致的一些问题，需要实行外部控制，要求公司清楚地披露财务信息。

3. 平衡计分卡

平衡计分卡（balanced scorecard）是一种绩效衡量工具，它主要关注以下四个领域：财务、客户、内部业务流程、学习与成长。平衡计分卡的意图是强调所有这些领域对组织的成功都很重要，并强调它们之间需要保持平衡。

① 财务指标。财务指标主要包括：收入增长指标、成本减少或生产率提高指标、资产利用或投资战略指标。

② 客户指标。客户指标主要包括：市场份额、客户保留度、客户获取率、客户满意度和客户利润贡献率。

③ 内部业务流程指标。内部业务流程指标包括：评价企业创新能力的指标、评价企业生产经营绩效的指标和评价企业售后服务绩效的指标。

④ 学习与成长指标。学习与成长指标主要包括：评价员工能力的指标、评价企业信息能力的指标和评价激励、授权与协作的指标。

拓展阅读

谷歌公司给予员工 20％ 的自由时间

作为全球首屈一指的互联网企业，谷歌公司不断引领着互联网搜索及相关服务的科技潮流。在 2010 年的 Business Insider 评选的 25 家最适宜工作的科技公司中，谷歌公司名列第二，其宽松、柔性的管理模式是其中的重要因素。

谷歌为每一位员工提供了 20％ 的可以自主支配的时间。在这 20％ 的自主支配时间内，员工可以做自己喜欢的事情，不受管理者的干涉。有了这样的自由，蕴藏在工程师头脑中的创意得以层出不穷地"奔涌"出来。在创造力和想象力的指引下，工程师的价值得到了最大限度的发挥。包括 Gmail 和 Google News 在内的许多令谷歌引以

为豪的产品，就是工程师在这 20% 的时间内创造出来的。谷歌之所以采用这种管理方式，给予员工更多的自由选择权，是因为公司高层认识到，最好的人才都不希望被别人或者公司完全控制。

4. 信息控制

有两种看待信息控制的观点：一是帮助管理者控制其他组织活动的工具；二是管理者需要控制的组织领域。信息对于监控和测量组织的活动及绩效是至关重要的，它是监控和衡量组织绩效的重要工具。管理者需要在适当的时间获得适当数量的适当信息。如果没有信息，管理者很难执行控制过程的部分活动。

管理者使用的大多数信息工具都来自于组织的管理信息系统（management information system，MIS）。数据如果未加工、未经过分析，对管理者来说是没有什么用处的。而这些数据得到分析和处理后，就变成了信息。MIS 收集数据并把它们变成管理者可以利用的相关信息。不管使用什么信息控制的工具，都应当定期对其进行检测，确保所有可能的预防措施已经到位，以保护组织重要的信息。

5. 最佳实践的标杆比较

标杆比较是从竞争者和非竞争者中寻找导致他们成功的最佳实践。标杆比较意味着向他人学习。标杆比较用来确定具体的绩效差距和潜在的需要提高的领域。管理者不应该仅仅关注外在组织来获得最佳实践，还应该认识到寻找可以共享的内在最佳实践同样重要。

行动指南

常用的监督方式

在采取行动之前，在一些具体指定的问题上需要获得批准；

行动完成之后要述职；

由上司进行随机检查；

对于特殊问题，下属应向上司汇报；

建立正式和非正式的考核体系；

现场观察；

对结果进行监督；

由上司或另一个独立的检查职能部门执行检查程序；

内部和（或）外部审计；

内部和外部的投诉程序。

6. 六西格玛（6σ）管理理论

"σ"是统计学的一个符号，表示与平均值的标准偏差。6σ 实际是一个计量单位，用于衡量每百万次有效操作中的错误率。对于生产制造领域来说，错误次数越少，产品质量的等级就越高。1σ意味着68％的产品合格率，即等于690 000次失误/百万次操作；2σ等于308 000次失误/百万次操作；3σ意味着99.7次的产品合格率，即等于66 800次失误/百万次操作；4σ等于6 210次失误/百万次操作；5σ等于230次失误/百万次操作；6σ等于3.4次失误/百万次操作；7σ等于0次失误/百万次操作。因此，6σ是一项以数据为基础，追求几乎完美无瑕的质量管理办法。

6σ理论认为，大多数企业在3σ～4σ运转，也就是说每百万次操作失误次数在6 210～66 800之间，这些缺陷要求经营者以销售额的15％～30％的资金进行事后弥补或修正；而如果做到6σ，事后弥补的资金将降低到销售额的5％左右。

案例分析

乔布斯的控制力

乔布斯是商业世界的奇迹。他的完美主义精神不只影响了一个公司、几个有限的电子科技产品，也影响着人们对管理的看法。乔布斯提出过一个影响深远的观点："过程就是奖励。"在过程中把事物做到极致，达成完美，成了他一生追求的目标，这也让他成为一个控制欲和控制力都很强大的人。

乔布斯的父亲老乔布斯曾这样评价："他喜欢追求完美，即使别人看不到的地方他也会关心。"乔布斯将这一理念应用到了Apple II的内部电路板布局上。例如，他否定最初设计的理由是线路不够直，他要么以美学标准仔细检查没有用户会看到的印刷电路板，要么为几十个彼此只有细微差别的连接线泡沫模型喷漆后的检查而操心、烦恼。

乔布斯认为，当每个细节都做到了极致的完美，这个产品就不可能不完美了。这种完美主义驱使乔布斯反复琢磨、推敲每一个产品的细节。当决定Apple II箱子的设计时，潘通公司两千多种不同的米黄色居然没有一种能让乔布斯满意，他甚至要求对方创造出一种全新的颜色。完美主义同时使乔布斯力求将苹果设计为一个封闭机，外界无法对其进行改造、干预、修改或安装插件。从硬件到软件，从内容到营销，乔布斯强调把产品的所有部分整合在一起，这是乔布斯试图自己创新和控制的一个世界。

问题讨论：

(1) 乔布斯说的"过程就是奖励"是什么意思？

(2) 你认为管理者需要怎样的控制力？

本 章 小 结

控制来源于军事和工程领域，基本上是一个成熟的理论，争议的内容很少，不像管理的其他职能有较多的不确定性。控制是对工作情况进行监督、对比并纠正的过程。所有的管理者都应当承担控制的职责。

一般来说，有三种不同的控制系统，市场控制、官僚控制和小集团控制。

任何形式的控制都需要一定的前提条件，这些条件影响着控制过程的顺利进行。控制的前提条件有：要有一个科学的、切实可行的计划；要有专门从事控制职能的组织机构；要有反馈渠道。

不管什么类型的控制，一般都包括确定控制标准，对照标准衡量工作成效，纠正偏差三个步骤。

控制的方法包括：前馈控制、同期控制、反馈控制；财务控制；平衡计分卡；信息控制；最佳实践的标杆比较；六西格玛（6σ）管理理论。

章节同步测试

一、单选题

1. 控制来源于（　　），基本上是一个成熟的理论，争议的内容很少，不像管理的其他职能有较多的不确定性。

    A. 钢铁领域   B. 军事和工程领域

    C. 心理领域   D. 管理咨询

2. （　　）是管理职能环节中的最后一环。

    A. 计划   B. 组织   C. 控制   D. 领导

3. （　　）是从竞争者和非竞争者中寻找导致他们成功的最佳实践。管理者不应该仅仅关注外在组织来获得最佳实践，还应该认识到寻找可以共享的内在最佳实践同样重要。

    A. 标杆比较   B. 财务控制   C. 平衡计分卡   D. 信息控制

4. （　　）是指对组织活动过程中的人身和财产保障的控制，包括人身安全控制、财产安全控制、资料安全控制、生产安全控制等。加强安全控制有利于组织成员的稳定，有利于组织活动的正常开展。

    A. 人员控制   B. 财务控制   C. 信息控制   D. 安全控制

5. "亡羊补牢"属于（　　）。

    A. 前馈控制   B. 同期控制   C. 反馈控制   D. 预防控制

二、多选题

1. 按问题的重要性和影响程度不同，控制可分为（　　）、（　　）和（　　）。

    A. 战略控制   B. 绩效控制   C. 任务控制

    D. 人员控制   E. 信息控制

2. 下列选项中，属于控制的前提的是（　　）。

    A. 比较全面、确切地了解实际工作进展情况，掌握计划的执行进度及相关信息

    B. 要有专门从事控制职能的组织机构

C. 要有反馈渠道

D. 要有一个科学的、切实可行的计划

E. 找出实际工作成效与控制标准之间的差异，以便找出组织目标和计划在实施过程的问题，为纠正偏差和改进工作提供依据

3. 控制的方法包括（　　）。

A. 信息控制 　　　　　　　　　B. 财务控制

C. 平衡计分卡 　　　　　　　　D. 最佳实践的标杆比较

E. 六西格玛（6σ）管理理论

4. 按照标准是否能够直接计量，可以把控制标准分为（　　）和（　　）两类。

A. 项目标准　　　B. 定量标准　　　C. 定性标准　　　D. 时间标准

E. 财务标准

5. PDCA 循环由美国质量管理专家戴明提出，所以又叫"戴明环"。它把质量管理、生产活动、科学研究及日常的生活、工作和学习等，即把所有活动的过程分为四个阶段：（　　）。

A. 计划　　　　　B. 实施　　　　　C. 改进　　　　　D. 检查

E. 处理

三、名词解释

小集团控制　　　平衡计分卡　　　六西格玛管理理论

四、简答题

1. 简述有效控制的基本要求。

2. 简述控制的方法。

第 3 篇

应 用 篇

第 9 章　决策
第 10 章　激励
第 11 章　管理方法
第 12 章　管理创新

第 9 章

决　策

管理就是决策。管理的各层次，无论是高层，还是中层或基层，都要进行决策。

——赫伯特·西蒙

一个成功的决策，等于 90% 的信息加上 10% 的直觉。

——S. M. 沃尔森

抓住时机并快速决策是现代企业成功的关键。

——艾森哈特

在没出现不同意见之前，不做出任何决策。

——艾尔弗雷德·斯隆

知识目标

- 决策的类型；
- 决策的制定过程；
- 决策制定的偏见和错误；
- 决策的模式与方法

能力目标

- 思辨能力；
- 分析问题的能力；
- 解决问题的能力；
- 团队合作能力

9.1　决策概述

决策贯穿于管理过程的始终。管理者在管理过程中要履行计划、组织、领导和控制等职能，这些工作具有相对的稳定性。决策则不同，它是管理者经常要进行的工作，管理者的主要意图均需通过决策来实现，从目标的确定、资源的分配、组织机构的建立、人员的招聘及对下属的奖惩、纠偏的实施等，都需要管理者做出决策。决策的制定是管理的实质。所有管理者，都想制定正确的决策，管理决策的整体质量对组织的成败起着重要作用。

1. 决策的概念

决策是在一定的环境下，组织或个人为了实现某种目标而对未来一定时期内有关活动的方向、内容及方式进行选择或调整的过程。决策的概念有狭义和广义之分。狭义的决策是指在两个以上的行动方案中，选择最好的方案以达到预定的目标。广义的决策还包括在最后抉择之前所进行的一切活动。

在理解决策的概念时，必须把握 4 个关键词：目标、两个以上的备选方案、选择或调整和过程。决策具有超前性、目标性、选择性、可行性、过程性、科学性和风险性。

导入案例

读研究生、就业还是出国

站在大三十字路口的张华面对激烈的竞争环境十分焦急，看着身边的同学有目标地忙碌着自己的事情，准备考研的都在紧张地复习，决定工作的或实习或联系合适的单位，还有一部分则在攻关英语为出国做准备。但到目前为止，学习管理的张华却还是很迷茫，不知道自己应该走哪条路。

面对巨大的就业压力，高校毕业生报考研究生的趋势越来越明显，每年的考研百分比都在增长，张华深感在这个"牛人"辈出的年代，即使自己这种名牌大学的毕业生也不一定能找到好工作。如今本科毕业生的资历实在是"小菜一碟"，加上自己的实战能力又不强，很难争取到一份既有挑战性又有不错薪金的工作。因而自己是一定要再充电的，但如果先工作再考研就怕自己精力不够，很难"面面俱到"，最好是现在就考比较好。有了更高的学位，应该能够比本科更容易找工作。但这些年考研人数连年上升，难度相当大，而且考研的机会成本也很高。两年的研究生生涯，要做研究、写论文，自己在技能方面不一定能得到很大提升，等到毕业时就业形势会怎样谁也不能预料，说不定到时候更难找工作。这样一想，倒不如尽早找一份工作，走一步算一步，今后再决定该如何发展。那么，是否可以考虑出国深造呢？随着国际交流越来越密切，现在许多企业、单位对于归国留学人员还是比较欢迎的，出过国的留学生似乎比国内的学生多一层优势，国外的学校相对来说也更重视学生能力的培养和经验的积累。因此，去国外长长见识对于自己今后找个好工作应该也是非常有利的，何况自己生活处理能力还可以，英语底子也不错。

思来想去，张华一方面认为自己的知识、能力还不够，有必要继续考研或出国深造，提升自己；另一方面，又怕出国或考研不成，到时候再找工作更被动。那么，对于最终想寻得一份好工作的张华而言，到底应该如何做出决定呢？在上述情景中，张华面临的是阶段性目标决策问题。

类似的情景也常常出现在管理者面前。管理者在从事各项管理工作时，会遇到各种各样的决策问题：今年的目标如何确定？由谁来接替某一部门经理比较合适？如何调动研发人员的积极性？如何保证某项重要工作的顺利进行？这些问题有的大，有的小；有的简单，有的复杂，但它们都需要解决，都需要管理者做出决策，就如同张华的决策在一定程度上会影响其今后的人生道路一样，管理者的决策在很大程度上也影响组织的运转。

2. 决策相关概念辨析

（1）管理与决策

决策从本质上来说，是人们为了达到某一目的而从若干个备选方案中选择一个满意或最佳方案的分析判断过程。几乎管理者所做的每一件事都包含决策。制定决策是管理工作的本质。组织的每个人都要制定决策，但决策更是管理者的重要职责。

决策制定是管理的同义语，管理的各项职能——计划、组织、领导、控制、创新都离不开决策。管理者在计划、组织、领导和控制时通常被称为决策制定者。决策是管理者经常要进行的工作，管理者的主要意图均需通过决策来实现，它贯穿于组织的各项管理活动中。

（2）计划与决策

决策是关于组织活动方向、内容、形式的选择。计划则是对组织内部不同部门和不同成员在一定时期内行动任务的具体安排。决策是计划的前提，计划是决策的逻辑延续。在实际工作中，计划和决策相互渗透、相互交织。

（3）目标与决策

在决策过程中，管理者只有对组织目标有了清晰的了解，才能判断该问题是否需要解决、应该解决到何种程度、应该选择怎样的方案、应该怎么做才是组织行动的正确方向。从目标的确定、资源的分配、组织机构的建立、人员的招聘及对下属的奖惩、纠偏的实施等，都需要管理者做出决策。目标不清，就无从判断和决策。

3. 决策的类型

企业决策涉及面广、层次多，几乎每个部门、每个层次的管理都面临决策的问题。不同类型的决策需要不同的决策方法和技术去处理，由不同的决策者去承担。

决策的类型是多种多样的。根据决策所要解决的问题的性质和内容等的不同，可以将决策分为不同的类型。

（1）按决策的影响时间分类，可以分为长期决策和短期决策

长期决策又称长期战略决策，是指对有关组织今后发展方向的长远性、全局性的重大决策，如投资方向的选择、人力资源开发和组织规模的确定等。短期决策又称短期战术决策，是指为实现长期战略目标而采取的短期策略手段，如企业的营销、物质储备及生产中资源配置等问题的决策等。

（2）按决策的重要程度分类，可以分为战略决策、战术决策和业务决策

战略决策又称宏观决策或全局决策，是指对全局性、根本性的重大问题进行的决策，重点是解决管理系统与外部环境的关系问题，如投资方向、新产品开发、市场开拓等。战术决策又称微观决策或局部决策，是指对局部性、短期性问题进行的决策，如日常的营销决策、资金分配、生产中的资源调配等。战术决策服务于战略决策，受战略决策的指导和制约。业务决策是组织日常生活中有关业务的决策，目标是提高活动效率，保证管理决策的顺利实施，如库存量的决策、生产批量的决策等。此类决策一般由基层管理者做出。

（3）按决策所涉及问题的重复出现程度，可以分为程序化决策和非程序化决策

程序化决策又称常规性决策或例行性决策，解决的是再现性问题，有固定的决策程序套用，实施结果比较确定，一般不会发生意外，如订货程序、日常的生产技术管理等。非程序化决策又称非常规性决策或随机性决策，它解决的问题比较新奇，不经常出现或未出现过，

这类决策没有固定的程序，无先例可循，带有很大的风险危机，如新产品开发、产品方向变更、机构改革决策等。

（4）按决策所采用的方法分类，可以分为经验决策和科学决策

经验决策是指靠决策者的知识才干和经验判断进行的决策。科学决策是指决策者运用科学的原则、程序、方法和工具进行的决策。

（5）按决策目标和决策方法分类，可以分为定量决策和定性决策

定量决策是指决策目标有明确的数量标准并可用数学模型进行的决策。定性决策是指决策目标难以量化，主要依赖决策者的经验进行判断的决策。

（6）按决策的起点分类，可以分为初始决策和追踪决策

初始决策又称零起点决策，是指组织对从事某种活动或从事该种活动的方案所进行的初次选择。追踪决策又称非零点决策，是指在初始决策的基础上对组织活动方向、内容或方式的重新调整。组织中的大部分决策属于追踪决策。

（7）按决策所涉及的问题分类，可以分为例行性决策和非例行性决策

例行性决策是指对组织中的例行问题（重复出现的日常管理问题）进行的决策，如管理者日常遇到的产品质量、设备故障、现金短缺等问题的决策。非例行性决策是指对组织中偶然发生的、性质和结构不明的、具有重大影响的问题进行的决策，如组织结构变化、重大投资、开发新产品或开拓新市场、重要的人事任免及重大政策的制定等问题。

拓展阅读

创造性决策

创造性决策是领导者高水平的综合决策，它已经不局限于对已有方案的选择，而是从现存方案中提炼新的方案，甚至在没有充分信息的情况下，拿出一种前所未有的、有重大实用价值的新方案。

创造性决策对领导者决策能力有更高层次的要求。领导者要想在工作中做出高人一等的决策，必须不断加强自己的素质训练，培养自己的创造性思维能力。知识和经验越丰富的领导者，可以用直觉排除的方案就越多，在决策中就可以节省大量时间，增强决策的及时性。在复杂多变的现代管理环境中，组织管理要求领导者具备快速决策能力。因此，领导者要养成不断思考的习惯，提高直觉决策能力。

（8）按决策问题所处的条件，可以分为确定性决策、风险性决策和不确定性决策

确定性决策是指在对决策问题所处的条件全知的情况下所做的决策，即一个方案只有一个结果，并能准确地知道这一结果。这类决策一般可以通过建立数学模型进行，如企业产量决策、材料利用率的决策等。风险性决策是指对决策问题所处的条件知道较多，但在不能充分肯定的情况下所做的决策，即一个方案可能出现几种结果。每种结果的出现都有随机性，但可以根据已知资料预计每种结果出现可能性的大小。因此这类决策具有一定的风险，如产品的销售受市场需求的影响。不确定性决策是指对决策问题所处条件知之甚少，主要依赖决策者的经验和主观判断进行的决策。例如，新产品的市场决策（产品销售受市场需求影响，

而未来市场需求一概不知，在这种情况下进行的决策就是不确定性决策）。

（9）按决策主体分类，可以分为集体决策和个体决策

集体决策是指多个人在一起做出的决策。个体决策是指单个人做出的决策。相对于个体决策，集体决策有以下优点：能更大范围地汇总信息；能拟定更多的备选方案；能得到更多的认同；能更好地沟通；能做出更好的决策等。但集体决策也有一些缺点，如决策速度较慢、决策成本较高、责任模糊等。

4. 四大职能中的决策工作

在管理的各个职能中，都有决策工作，表9-1列举了四大职能中有代表性的决策工作。

表9-1　四大职能中有代表性的决策工作

计划	组织
组织的定位应该是什么？ 应采取什么策略来实现组织目标？ 组织的短期目标应该是什么？ 组织资源如何配置？	需要招聘多少人员？ 工作如何分配？ 权力如何分配？ 采用何种组织形式？
领导	控制
如何对待积极性不高的员工？ 在该环境中采用何种领导方式为好？ 如何解决出现的纷争？ 如何贯彻某项新措施？	组织中哪些活动需要控制？ 如何控制这些活动？ 偏差多大时才采取纠偏措施？ 出现重大失误时怎么办？

9.2　决策制定过程

1. 决策的原则

决策是一门科学，领导者要想做出准确的决策分析，就必须遵从科学的决策原则和程序。从实践来看，领导者要想做出适合企业发展的决策，应遵循以下几条基本原则。

（1）选准目标原则

决策目标明确与否，直接关系到决策效果的好坏。决策目标明确了，选择就会有依据，行动就有针对性。决策前，领导者要善于发现问题、分析问题，找出问题的症结所在，做出准确的决策。

（2）信息准确原则

只有获得广泛、准确的信息，决策才可靠。领导者必须深入调查，获取全面、准确的信息，才能做出符合客观规律的决策。

（3）可行性原则

决策方案必须切实可行，对已形成的多种方案的利弊得失，必须认真地做定量和定性的比较分析和评估。只有经过审定、评价、可行性分析后的决策，才有较大的可实现性。

（4）系统原则

任何决策都应从整体出发，以整体利益为重。一切局部的、暂时的利益都要服从全局的、长远的利益。

（5）集体决策原则

在企业的起步阶段，主要靠个人的经验决策。但在企业的发展阶段，决策的内容很复杂，个人经验已经行不通，要吸收多方面的意见，进行充分的分析，然后集中正确合理的内容，做出科学的决策。

（6）分层次多系统决策原则

根据总的决策目标，由各个层次、各个系统进行具体目标的决策，把总的目标变成各个层次、各个系统的具体责任。一般情况下，上级领导不应过多干涉下级决策，更不能代替下级决策，而应让他们根据实际情况自主决策，这样可以增强各级组织的责任，调动他们的积极性，从而实现总目标。

2. 决策制定的影响因素

在管理实践中，决策受到各种因素的影响，对以下几个因素的把握有助于提高决策的质量和有效性。

（1）环境因素

① 环境的稳定性。在环境比较稳定的情况下，组织过去针对同类问题所做的决策具有较高的参考价值。

② 市场结构。如果组织面对的是垄断程度较高的市场，决策重点通常是如何密切关注竞争对手的动向，而在竞争性的领域，激烈的竞争容易使组织形成以市场为导向的经营思想。

③ 买卖双方在市场的地位。在卖方市场条件下，组织所做的各种决策的出发点是组织自身的生产条件与生产能力；在买方市场条件下，组织所做的各种决策的出发点是市场的需求情况。

（2）组织自身的因素

① 组织文化。在保守型组织文化中，旨在维持现状的行动方案被最终选出并付诸实施；在进取型组织文化中，决策者选定的是给组织带来变革的行动方案。

② 组织的信息化程度。组织的信息化程度对决策的影响主要体现在对决策效率的影响上。信息化程度较高的组织决策者通常掌握着较先进的决策手段。

③ 组织对环境的应变模式。对一个组织而言，对环境的应变是有规律可循的。随着时间的推移，组织对环境的应变方式趋于稳定，形成组织对环境特有的应变模式。

（3）决策问题的性质

① 时间的紧迫性。决策涉及的问题对组织来说非常紧迫，急需处理，这样的决策被称为时间敏感型决策。这类决策对决策速度的要求高于对决策质量的要求。决策涉及的问题对组织来说不紧迫，组织有足够的时间从容应对，这样的决策被称为知识敏感型决策，这类决策对决策质量的要求较高。

② 问题的重要性。重要的问题可能引起高层领导的重视，决策可得到更多力量的支持。

（4）决策主体的因素

① 个人对待风险的态度。人们对待风险的态度有三种类型：风险厌恶型、风险中立型和风险爱好型。决策者对风险的不同态度会影响行动方案的选择。

② 个人能力。个人能力是指决策者对问题的认识能力、获取信息的能力、沟通能力和组织能力。

③ 个人价值观。组织中的任何决策既有事实成分，也有价值成分。个人价值观通过影

响决策中的价值成分来影响决策。

④ 决策群体的关系融洽程度。决策是由群体做出的，群体的特征也会对决策产生影响。在关系融洽的情况下，较好的方案容易获得通过。

此外，决策还受到决策制定方式、决策制定条件及决策目标等因素的影响。

行动指南

德鲁克：有效决策的五个要素

① 要确实了解问题的性质，如果问题是经常性的，那就只能通过一项建立规则或原则的决策解决。

② 要确实找出解决问题时必须满足的条件。换言之，应找出问题的"边界条件"。

③ 仔细思考解决问题的正确方案是什么，以及这些方案必须满足哪些条件，然后再考虑必要的妥协、适应及让步事项，以期该决策能被接受。

④ 决策方案要同时兼顾执行措施，让决策变成可以被贯彻的行动。

⑤ 在执行的过程中要重视反馈，以印证决策的正确性及有效性。

---

3. 决策制定过程的步骤

决策制定过程包括 8 个基本步骤。整个过程开始于识别决策问题和确定决策标准，以及为每个决策标准分配权重；然后进入到开发、分析、选择和实施备选方案阶段；最后到评估决策结果阶段。

（1）识别决策问题

决策制定过程开始于一个存在的问题（problem），或者更具体地说，开始于现状与希望状态之间的差异。在现实世界中，绝大多数问题都会像霓虹灯似的闪烁不定。所以管理者必须保持谨慎，避免混淆问题和问题的征兆。如果管理者解决了一个完全错误的问题，就如同管理者没能发现正确的问题及什么都没做一样糟糕。问题的识别并不简单，但如果管理者理解了问题的三个特征，就可以做得更好。这三个特征是：意识到问题；迫于压力采取行动；拥有行动所需的资源。要意识到问题的存在，管理者需要观察事情的现状及其希望的状态。如果事情没有处于它应当所处的或管理者希望的状态，问题就产生了。但是，这只是问题的一个特征。为了发起一个决策过程，问题必须能够向管理者施加某种压力而使之采取行动。只有当管理者意识到一个问题并处于某种压力下，同时有职权、预算、信息或其他采取行动的必要资源时，才可能将某些事情作为问题。

（2）确认决策标准

一旦管理者确定了他需要关注的问题，对于解决问题来说，确认决策标准（decision criteria）就非常重要了。也就是说，管理者必须决定什么与制定决策有关。

（3）为决策标准分配权重

在确认的决策标准中，并非都是同等重要的。所以决策制定者必须为每一项标准分配权重，以便正确地规定它们的优先次序。怎么给决策标准分配权重呢？一个简单的方法是给予最重要的标准 10 分的权重，然后参照这一权重为其他标准分配权重。

（4）开发备选方案

这一步要求决策制定者列出可供选择的方案，这些方案要能够解决问题。在这一步骤中，决策制定者希望能创造性地提出一些可供选择的方案。

（5）分析备选方案

一旦确认了备选方案，决策制定者必须认真分析每一种方案。对每一种方案的评价是将其与决策标准进行比较。通过比较，备选方案的优缺点就变得明显了。

（6）选择备选方案

从所有备选方案中选择最佳方案是很重要的。已经确定了所有相关的标准及其各自的权重，并确认和分析了各种备选方案，现在仅仅需要从备选方案中做出选择。

（7）实施备选方案

决策制定者通过把决策传达给有关人员并获得他们对决策的承诺，将决策付诸行动。如果即将执行决策的员工参与了决策的制定过程，那么他们更可能热情地支持决策的执行并取得成果。在决策实施阶段，管理者还需要重新评估环境发生的变化，特别是当执行决策需要很长一段时间时。

（8）评估决策结果

决策过程的最后一步是评估决策结果，看问题是否得到了解决，选择的方案和实施的结果是否达到了预期的效果。如果评估结果表明问题仍然存在，管理者要仔细分析：哪里出了错误？问题是否被错误地定义？在评估各种备选方案时出现了哪些偏差？这些问题也许要求管理者重新回到决策过程的某个步骤，甚至可能要重新开始整个决策过程。

拓展阅读

布里丹毛驴效应

法国哲学家布里丹曾养过一头小毛驴，他每天向附近的农民买一堆草料来喂。这天，送草的农民出于对哲学家的敬仰，额外多送了一堆草料，放在旁边。这下子，毛驴站在两堆数量、质量和与它的距离完全相等的干草之间，可是难为坏了。它虽然享有充分的选择自由，但由于两堆干草价值相等，客观上无法分辨优劣，于是它左看看、右瞅瞅，始终也无法分清究竟选择哪一堆好。于是，这头可怜的毛驴就这样站在原地，犹犹豫豫，来回考虑，在无所适从中活活地饿死了。

两堆干草的绝对平衡使这头驴子进退两难。从决策思维的角度来看，当集中选择方案具有同等的吸引力时，它本应当是最容易做出决定的。因为无论选中哪一个都会带来愉快的结果。但是为什么这样的决定又是如此艰难呢？问题就在于决策者不得不放弃一个很有吸引力的选择。

换句话说，毛驴的问题出在：无论哪一堆干草，它都不肯放弃。一般来说，一旦决策者知道自己将获得某种利益或某样东西时，方案的吸引力就会发生递减；而一旦要放弃某种利益或某样东西时，方案的吸引力就会发生递增，选择的烦恼会带来很大的心理压力。"布里丹毛驴效应"直接表现了这个问题的本质。

9.3　作为决策者的管理者

管理者在执行管理职能时，离不开决策。管理决策的制定可能是理性的，也可能是按照有限理性的假设制定，还可能通过直觉制定。决策过程中经验法则并不都是可靠的，也可能会导致错误和偏见。

9.3.1　制定决策：理性、有限理性和直觉

1. 理性决策

管理决策的制定可以被假设为是理性的（rational）。这个假设的含义是：管理者所制定的决策是前后一致的，是追求特定条件下价值最大化的。管理者可以借助各种工具和技术成为理性的决策制定者。

一个完美理性的决策是完全客观的和符合逻辑的，问题是清晰明确的，而管理者的目标也是清楚具体的，他掌握了所有可能的解决方案及其结果。理性的决策还会一贯地选择那些最可能实现目标的决策方案。理性假设可以用于任何类型的决策，不论是个体决策还是管理决策。理性的决策假定决策的制定是符合组织最佳经济利益的。决策者被假定为追求组织利益的最大化，而不是个人利益的最大化。

2. 有限理性

决策制定过程并非总是遵循理性的过程。管理者制定的绝大多数决策都不满足完美理性的假设。管理者趋向于按照有限理性（bounded rationality）的假设制定决策。决策制定过程中的某些方面并非像我们预想的那样，管理者受自身信息处理能力的限制，不可能分析所有决策方案的所有信息。决策制定还可能受组织文化、内部政治、权力等因素的强烈影响，以及出现承诺升级（escalation of commitment）现象（承诺升级现象是一种在过去决策的基础上不断增加承诺的现象。尽管有证据表明已经做出的决策是错误的，但决策者不想承认他们最初的决策存在缺陷，于是他们不是寻求新的替代方案，而是简单地增加对最初解决方案的承诺）。

因此，管理者趋向于按照有限理性（bounded rationality）的假设制定决策。他们只制定满意的（satisfied）、方案足够好的决策，而不是使目标最大化的决策。

3. 直觉

管理者通常运用直觉来帮助他们改进决策的制定。直觉决策（intuitive decision making）是一种潜意识的决策过程，主要基于决策者的经验及积累的判断。研究者对管理者运用直觉进行决策进行了研究，识别出五种不同的直觉：基于经验的决策、基于价值观或道德的决策、潜意识的心理过程、基于认知的决策、情感引发的决策。

4. 直觉与理性决策

根据直觉制定决策与理性决策是互相补充的。一个对特定情况或熟悉的事件有经验的管

理者，当遇到某种类型的问题或情况时，通常会迅速做出决策。这样的管理者并不依靠系统性的和详尽的问题分析或识别和评估多种备选方案，而是运用他自己的经验和判断来制定决策。一项对公司管理层的调查发现，差不多一半的管理者更多地依靠直觉而不是正规分析来管理公司。

拓展阅读

直觉与决策

——摘自汤姆森的自传《年过六旬》

"在我从事经营的许多时候，我都不得不做出一些重大决定。尤其是在刚开始时，我经常会做出一些错误决定。但我后来发现，这些早期的错误，还有那些正确的决定，对我后来都大有裨益。我在伦敦所遇到的问题，大多数都与我早先所遇见的问题有这样或那样的类似。很多情况下，我立即就能知道答案。我并不能很科学地解释原因，但我完全相信，这么多年来，我的大脑和计算机一样，存储了大量问题的细节、做出的决策，以及所取得的结果，每一件事都被仔细地分类保存，以供将来之用。当新问题出现时，我会仔细考虑。如果答案不是很明显，我会暂时先放下。然后，就好像这些问题都躲在脑细胞里等待复出的指令一样。到第二天早晨，当我再次审视这些问题的时候，通常解决方案就会立刻闪现出来。这些判断似乎都是从潜意识里冒出来的，而且我确信，在整个过程中，我不是在有意识地思考问题，是我的潜意识在判断这个问题，然后将其与我的记忆连接起来，和我过去多年积累的经验加以对照，那么解决难题的办法就非常明显了。"

9.3.2　决策制定的偏见和错误

管理者制定决策时，不仅使用自己特有的风格，也使用经验法则或启发法，以简化决策的制定过程。经验法则有助于理解错综复杂的、含糊不清的、模棱两可的信息。但经验法则并不都是可靠的，因为它可能会导致处理和评价信息过程中的错误和偏见。

1. 12种管理者所犯的一般决策错误和偏见

① 自负偏见。当决策制定者认为他们所知的比他们所做的要多，或者他们对自己及其表现保持盲目乐观态度时，他们表现出来的是自负偏见。

② 即时满足。即时满足描述了想立即获得收益和避免成本的决策制定者。对这些人来说，能快速获得回报的决策选择比具有长远利益的决策选择更具有吸引力。

③ 锚定效应。描述了决策制定者把注意力放在作为起点的原始信息上，决策者不能充分接受新的信息。

④ 选择性认知偏见。当决策制定者基于偏见而有选择性地组织和实施活动时，他们具有选择性认知偏见。这种偏见会影响他们所关注的信息、所识别的问题和所开发的选择方案。

⑤ 证实偏见。当决策者搜寻出再次肯定他们过去选择的信息或与过去判断相左的信息时，他们将表现出证实偏见。

⑥ 框架效应偏见。框架效应偏见是指决策制定者有重点地选择事物的某些方面，而摒弃别的方面。通过重点注意事物的具体方面，同时忽视其他方面，他们曲解了所看到的事物，也造成了标准的不正确性。

⑦ 有效性偏见。有效性偏见是指决策制定者往往对他们最近发生的和印象最深刻的事情记忆犹新。这扭曲了他们客观回忆事件的能力，也导致了失真的判断和评价。

⑧ 典型性偏见。当决策制定者根据某一事件与其他事件的相似程度来评价事件发生的可能性时，他们会表现出典型性偏见。表现出这种偏见的管理者会找到相似的情况，但实际上这些并不存在。

⑨ 随机性偏见。描述了决策制定者试图从随机性事件中归纳出某个结论。因为大多数决策制定者在处理偶然事件时存在困难（因为随机性事件会发生在每个人身上，而且没有办法预计）。

⑩ 沉没成本错误。沉没成本错误是指决策制定者忽略了现在的选择且不能纠正过去。在评价决策时，他们过于把注意力集中在过去消耗的时间、金钱和精力上，而不关心未来的结果。不但没有忽略沉没成本，甚至无法将它们遗忘。

⑪ 自利性偏见。当决策制定者居功自傲或将失败归咎于外部因素时，表现出来的是自利性偏见。

⑫ 后见偏见（事后聪明）。当人们得知某一事件的结果后，决策制定者错误地认为，他们准确地预见了这个结果，这就是后见偏见。

2. 管理者避免决策错误和偏见的负面影响的方法

① 通过认识它们然后不去使用它们。

② 管理者应注意做出决策的方式，试图辨认出经常使用的经验法则，然后批判性地评估这些法则使用的恰当性。

③ 辨认自己决策风格的弱点，并努力改进它们。

拓展阅读

最佳决策为什么不可能？

- 决策既非"白"，亦非"黑"，而是介于二者之间，即是"灰"的。
- 组织所处的内外部环境总是在不断地发生变化，使得决策依据变幻莫测。
- 不充分的信息影响着方案的数量和质量，所以并不能确定和分析所有的可能方案。
- 由于人的预见能力有限，今天的理想选择不等于明天的理想选择。
- 随着目标和资源的变化，"最优"可能不再"最优"。
- 由于决策是基于不完整的信息，因此过程中的调整和协调不可避免。
- 决策过程受限于"满意感"和"有条件的合理性"的限制。
- 管理者经常没有充裕的时间去收集或寻找什么最佳方案。

9.4　决策的模式与方法

不同的问题、不同的环境条件、不同的决策者，会采取不同的决策模式和方法。为了保证管理决策的正确性，在决策过程中必须使用科学的决策方法。

9.4.1　决策模式

面对同样的决策问题，基于对影响决策过程的各种因素的不同假设，提出了不同决策模式。主要有以下几种。

1. 古典决策模式

古典决策模式认为：一旦管理者意识到自己需要做出决策时，他们就应该能够列出一个有关所有备选方案和结果的完整清单，并据此做出最优的选择。古典决策模式是建立在经济学对管理者在决策过程中所处状况的以下假设的基础之上的。

① 决策者所要达到的目标是明确和具有共识的，要解决的问题也是可以精确计算和界定的。

② 决策者力求使决策具有确定性，而且能够获取与决策相关的全部信息。所有的备选方案和可能产生的结果都可以计算出来。

③ 评估备选方案的准则是明确的，决策者所要选择的是能够使组织经济收益最大的方案。

④ 决策者是理性的，而且在价值评估、优先顺序排列和备选方案评价过程中是富有逻辑性的，他们所做的决策能够最大限度地实现组织目标。

从上述假设中可以看到，古典决策模式假定管理者能够获得做出最优化决策所需要的全部信息，而且管理者是完全理性的，能够有逻辑地和理性地评估决策的各个方面。从许多方面看，古典决策模式只是一种理想的决策模式，当决策者处于确定型环境中，古典决策模式是最有价值的。基于计算机技术的定量决策方法的迅速发展，使得古典决策模式得到了广泛运用。古典决策模式说明了决策者应该如何决策，从而有助于帮助决策者在决策时更加理性。

古典决策模式如图 9-1 所示。

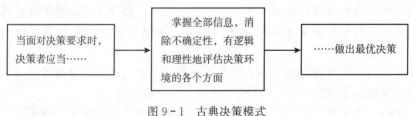

图 9-1　古典决策模式

2. 行政决策模式

行政决策模式是建立在詹姆斯·马奇和赫伯特·西蒙的研究基础上的。他们认为，现实世界中的管理者不可能获得进行决策所需要的全部信息，许多管理者也缺乏吸收和正确评估这些信息的心理能力。从管理者在现实中如何做决策出发，马奇和西蒙建立了行政决策模式，如图 9-2 所示。

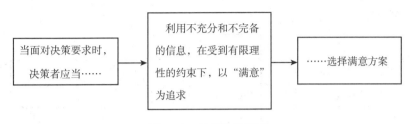

图 9-2　行政决策模式

行政决策模式建立在以下三个重要的概念基础之上。

（1）有限理性

马奇和西蒙指出，人们的决策能力受到认知的制约，即人类智力的局限性制约了决策者确定最优化决策的能力。他们用有限理性来说明在一些情况下需要确定的备选方案如此之多，需要处理的信息量如此之大，以至于管理者难以在决策之前对所有的方案和信息进行评估。

（2）不完全信息

即使管理者评估信息的能力没有局限，他们仍然无法做出最优化决策，因为他们获取的信息是不完全的。而信息之所以不完全，是因为在大多数情况下，决策的备选方案是不可尽知的，即使是已知的备选方案，其结果也是不确定的。也就是说，由于环境中存在风险、不确定性和模糊性，加上受时间和信息收集成本的限制，管理者不可能获得完全的信息。

（3）满意原则

马奇和西蒙认为，在有限理性的约束下，面对未来的不确定性，难以估量的风险及相当程度上的模糊性，再加上时间的限制和昂贵的信息成本，管理者根本不会去寻找所有可能的方案。在这种情况下，管理者会遵循"满意原则"，即决策者在筛选决策方案时，会选择第一个能够满足最低决策准则的方案。

在行政决策模式中，对决策环境的基本假设是：决策的目标通常是模糊和相互冲突的，而且难以找到一致性意见；决策者决策时会将视野局限在所要决策的问题上，而不是整个组织复杂的现实事务上；由于人力资源的约束，决策者对备选方案的搜寻受到限制；由于只拥有有限的信息，同时不清楚判定最优方案的准则是什么，大多数管理者寻求的是满意方案而不是最优方案。

行政决策模式说明了管理者在复杂情形下是如何进行决策的。该模式认识到了人力和环境对决策的约束，这些约束决定了管理者追求理性决策过程的程度。

3. 政治决策模式

大多数的组织决策都会牵涉到许多管理人员，他们所处的地位不同、追求的目标不同，这就要求他们通过讨论实现信息共享并形成一个统一的意见。政治决策模式认为，在进行组织决策时，参与决策的人员会参加到不同的联盟（由支持某一特定方案的人员所组成的非正式同盟）中去。也就是说，某个经理支持某个特定的方案，如通过兼并其他公司来促进本企业的发展，那么他就会私下与其他管理人员通气，努力说服他们来支持这项决策。当结果不可预测时，经理人员会在讨论、协商和讨价还价的过程中来争取支持。如果这种联盟不存在，一个强有力的人物或群体将主导最终的决策。政治决策模式如图9-3所示。

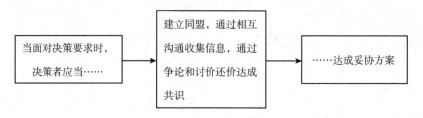

图9-3　政治决策模式

政治决策模式对决策环境的基本假设如下。

① 组织是由拥有不同利益、不同目标和不同价值观的群体组成的，管理者对问题优先顺序的排列不可能一致，而且他们也可能不理解或者不愿意承担其他管理者的目标和利益。

② 信息模糊且不完全。由于问题的复杂和个人及组织约束的存在，理性化的努力常常受到限制。

③ 管理者没有时间、资源或者缺乏所需的智力来识别问题的所有方面，并处理所有的相关信息。管理者通过相互交谈和交换意见来收集信息，并降低问题的模糊性。

④ 管理者通过不断的争论来决定目标和实现目标的方案。决策就是联盟成员之间讨价还价和讨论的结果。

政治决策模式对决策环境的假设符合大多数组织群体决策时的实际环境。当情形不确定、信息有限而且决策者对达到什么目标和如何达到目标有不同意见时，政治决策模式说明了决策者实际如何决策。这种模式对于非程序性决策是非常有用的。

4. 三种决策模式的假设要点

古典决策模式、行政决策模式和政治决策模式对决策过程的假设要点如表9-2所示。

表9-2　不同决策模式的假设要点

比较项目	古典决策模式	行政决策模式	政治决策模式
问题和目标	明确的问题和目标	模糊的问题和目标	多重的、冲突的目标
所处环境	确定型环境	不确定型环境	不确定型、模糊型环境
信息基础	可选方案及其结果的信息充分	可选方案及其结果的信息有限	不一致的观点、模糊的信息
决策特点	为获取最优而由个体做出理性选择	运用有限理性和直觉寻找满意方案	通过成员之间的讨论和讨价还价达成共识

9.4.2　决策方法

决策的科学性主要体现在决策过程的理性化和决策方法的科学化上。管理者应为进行正确决策而学习专门方法。从总体上来说，决策方法可归纳为三类：定性决策方法、定量决策方法、定性与定量相结合的决策方法。

1. 定性决策方法

定性决策方法又称"软方法"，也叫主观决策法，是指决策者根据已知的情况和现有资料，直接利用个人的知识、经验和组织规章进行的决策。定性决策方法简单易行、经济方便，日常生活中大量的决策采用的是定性决策法。

定性决策方法主要有以下几种。

（1）协力创新法

协力创新法可通过会议的形式进行。参加会议的人大多是经过适当训练、能够运用想象力和创造性思维的人；他们事先必须清楚需要讨论问题的性质和真相；会议主持人可以从决策问题中选出一个关键问题作为讨论的中心，启发大家出主意、想办法。任何人提出一个主意后，别人随即可以加以评论和发表不同的意见，展开讨论，从而把创造性设想形成方案并接受实践检验。

（2）德尔菲法

德尔菲法又称专家意见法，即通过发函给某些专家就指定问题征询其意见，收到专家意见后，经汇总归纳、整理后再次发函给上述专家进一步征求意见，如此反复多次，直到意见较为集中，便于决策。

（3）头脑风暴法

最常用的创造性决策方法就是头脑风暴法，是通过相互启发以尽可能地形成多种方案的一种方法。在讨论过程中，鼓励参加者提出各种建议，并禁止对他人的想法进行批评，以此促使各种创新方案不断被提出。

（4）反头脑风暴法

反头脑风暴法也称缺点列举法，与头脑风暴法相反，对统一意见一概不提，专门全面地、系统地列举方案的毛病，引起争论，以便完善方案和对其进行取舍。

（5）哥顿法

哥顿法又称类比法、提喻法，是一种对问题进行迂回探索的特殊创新会议方法。这种方法中，会议召集人不公开会议的具体目的，只是把问题提出来，或只是提出决策问题的某一局部或某一侧面，并不讨论决策问题本身，而让参加会议的专家提出设想、方案，展开讨论，使专家不就事论事，而是广开思路、言路，待新见解打开参与人的思路后，召集人或指明问题，或还不指明问题，只是由决策者参加讨论，考虑如何进行决策。

（6）对演法

对演法是通过设立不同的小组，分别提出对同一问题的不同方案，并且有意引入竞争，展开辩论，互攻其短，以求充分暴露矛盾，或预先设计某一方案，让与会者作为对立面故意对这一方案挑刺，通过尽量考虑可能发生的问题，使决策趋于完善。

（7）渐进式决策方法

当决策者面临复杂、不确定性问题时，可在众多的途径中先选择一条，然后慢慢地向希望的目标逼近。在这里，最终目标比较模糊，每个步骤在实施前后都要进行评价。假如所采取的行动有助于目标的实现，那么重复这一行动或采取下一步行动；如相反，则对这一行动进行调整。例如，在我国刚开始进行改革时，由于没有前人的经验可循，又不知道怎样做才有助于生产力水平的提高，所以采用的是"摸着石头过河"的方式，先进行各种各样的试点，不成功的改进，成功的便推广，从而打开了改革的局面。渐进式决策方法是处理复杂多变环境中不确定性问题的有效方法，它减少了犯大错误的风险，尽管缺乏力度和直接性，但它为组织最终解决问题指明了方向。

管理技能训练

你是怎样填报高考志愿的？

假设我们可以重新选择，请为你所在小组的某位同学填报高考志愿。这是大家面临的一个重大决策。回顾一下，你是如何填报你的高考志愿的？如何更好地为这位同学进行选择？

运用本章学习的知识，分析你的决策方式，特别注意以下内容。

① 说出你做决策时所使用的标准，有可能你并没有意识到它的存在，但它确实指导着你的决策。

② 列出你考虑到的备选方案。

③ 对于每一种方案，你拥有多少相关信息？你做出的决策是基于完全信息还是不完全信息？

④ 回忆一下你是如何做出最终决策的？你是认真地对每一种备选方案的意义和结果进行思考而做出决策的吗？或者你根本就是依靠自己的直觉做出决策？在决策过程中你有没有借助一些经验的帮助？

⑤ 你是否认为你的决策过程受到了一些偏见的影响？

⑥ 你认为你的决策是理性的吗？为了提高你的决策水平，你需要在哪些方面提高自己的决策能力？

---

2. 定量决策方法

定量决策方法又称"硬方法"，是指建立在数学、统计学等基础上的决策方法。它的核心是把同决策有关的变量与变量、变量与目标之间的关系建立数学模型，通过计算求得答案，以此供决策者参考，其中包括盈亏平衡法、线性规划法、决策树法、损益期望值法、乐观法、悲观法和最小最大后悔值法等。定量决策方法在条件具备时一般较客观、准确性高，便于采用计算机辅助计算，并可进行多方案择优。

（1）盈亏平衡法

盈亏平衡法又称量本利分析法，是指根据销量、成本和利润三者之间的相互依赖关系，对企业的盈亏平衡点和赢利情况的变化进行分析的一种方法。盈亏平衡点就是总费用和销售收入相等的点。利用盈亏平衡法进行决策的关键是找出保证企业不盈不亏的产量或销售量。

【例 9-1】 一个体户买了一台复印机，假设它的固定成本为每年 1 万元，单位变动成本是每复印一张纸（墨粉、电费、纸张、人工费）为 0.15 元，经营价格为每张复印费 0.30 元，那么该个体户每年最少复印多少页才能保本？

分析： 这是一个典型的确定性决策，因为保本页数肯定是个唯一值。

假设保本页数为 x 张，根据盈亏分析保本点的特征，得

$$0.3x = 10\,000 + 0.15x$$

或

$$x = 10\,000/(0.30 - 0.15)$$

解得 $x = 66\,667$（页），即该个体户一年至少复印 66 667 页才能保本。

（2）线性规划法

线性规划法是一种在满足一定约束条件下，通过合理利用、配置资源，使预定的目标达到最优的数学方法。

（3）决策树法

在实际工作中，风险型决策问题大多比较复杂。为了避免遗漏与错误，可采用简明的图示形式进行辅助决策，这就是决策树法。决策树是以方块和圆圈为结点，并由直线连接而成的一种树状结构。

决策树由结点和分支组成。结点有两种：一种叫决策点，用"□"表示，从决策点引出的分支称为方案分支，它表示该项决策中可供选择的几种备选方案；另一种叫状态点，用"○"表示，各状态点上可标出对应方案的损益期望值；由圆形结点进一步向右引出的分支称为方案的状态支（或概率支），每一状态出现的概率可标在每条直线的上方，直线右端的三角（△）称为效果结点，可标出该状态下方案执行所带来的损益值。

画决策树通常由决策点开始，自左向右展开，决策过程则由右向左逐步后退，根据末端的损益值和状态的概率值计算同一方案不同状态下的损益期望值，然后根据其大小做出决策，标出被舍弃方案的对应分支，最后留下的一条分支即为满意方案（损益期望值最大的方案）。

【例 9-2】某企业计划生产某种产品，现提出三种生产方案，根据有关资料，已知未来市场面临三种状态，每个方案在各状态下的损益期望值如表 9-3 所示。请用决策树法做出决策。

表 9-3　每个方案在各状态下的损益期望值

方案	各种状态下的损益期望值		
	销路好 $P=0.5$	一般 $P=0.3$	销路差 $P=0.2$
大批生产（A_1）	30	10	-15
中批生产（A_2）	20	6	2
小批生产（A_3）	15	4	4

解　第一步，根据表格画出决策树，如图 9-4 所示。

第二步，计算出各状态点的损益期望值，并标到各状态点上。

状态点 2：$E(A_1) = 30 \times 0.5 + 10 \times 0.3 + (-15) \times 0.2 = 15$（万元）

状态点 3：$E(A_2) = 20 \times 0.5 + 6 \times 0.3 + 2 \times 0.2 = 12.2$（万元）

状态点 4：$E(A_3) = 15 \times 0.5 + 4 \times 0.3 + 4 \times 0.2 = 9.5$（万元）

第三步，比较各状态点的期望值大小，剪去较小的两个方案枝。

经过比较，决策剪去 A_2、A_3 方案，大批生产（A_1）方案为满意方案。

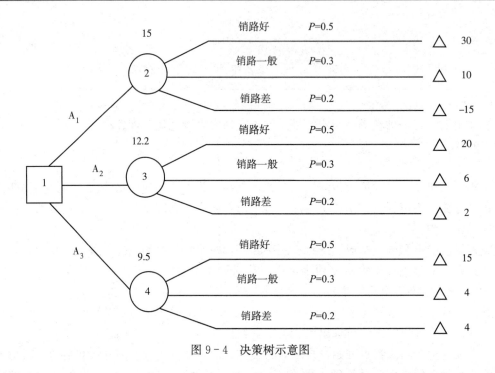

图 9 - 4 决策树示意图

决策树法简便明了，容易掌握，尤其是在方案众多或需要做多级决策的情况下，决策树法更能显出其优点。

（4）损益期望值法

当管理者面临的各备选方案中存在两种以上的可能结果，且管理者可估计每一种结果发生的客观概率时，就可用期望值法进行决策，即依据各方案的损益期望值的大小来选择行动方案。

【例 9 - 3】 某企业做新产品定价方案决策，如果知道新产品在不同价格水平下其销量好、一般、差的概率，那么该新产品定价决策就是风险型决策，可采用损益期望值法进行定价方案决策。

假设该产品销售情况好、一般、差的概率为 0.25、0.50、0.25，根据公式，可以得到各方案的损益期望值，如表 9 - 4 所示。

$$期望值 = \sum_{i=1}^{n}(策略方案在 i 状态下的预期收益) \times (策略方案在 i 状态下发生的概率)$$

表 9 - 4 不同方案的销量、概率及损益

	不同状态下的销量及概率			损益期望值/万元
	畅销 (0.25)	一般 (0.50)	差 (0.25)	
高价 (7 元)	30 (90)	25 (78)	20 (60)	$90 \times 0.25 + 78 \times 0.5 + 60 \times 0.25$ $= 75$
平价 (6 元)	48 (96)	36 (72)	28 (56)	$96 \times 0.25 + 72 \times 0.5 + 56 \times 0.25$ $= 74$
低价 (5 元)	100 (100)	60 (60)	46 (46)	$100 \times 0.25 + 60 \times 0.5 + 46 \times 0.25$ $= 66.5$

三种方案的损益期望值分别为 75 万元、74 万元、66.5 万元。由于高价策略所能获得的预期收益最高，因此人们一般将选取高价策略，即定价 7 元。

（5）乐观法（大中取大法或最大决策法）

乐观法也叫最大决策法、大中取大法，即当决策者面临情况不明的决策时，以争取最好结果的乐观态度来选择决策方案。决策时，首先计算各方案在不同自然状态下的损益，然后通过比较找出各方案所带来的最大损益值，从中选出损益值最大的方案作为满意方案。

【例 9 - 4】　某百货公司准备购进一批电视机，根据未来需求情况和过去的销售经验，当未来出现高需求时能卖 100 台，出现一般需求时能卖 50 台，出现低需求时能卖 10 台，因而提出三种方案，即进货 100 台、50 台和 10 台，其损益情况如表 9 - 5 所示。但该百货公司并不知道未来电视机市场需求到底是哪种情况，也不知道其发生的概率。这种情况下，百货公司应如何决策？

表 9 - 5　各种状态下的损益期望值

单位：元

方案	各种状态下的损益期望值		
	高需求	一般需求	低需求
方案一（100 台）	50 000	20 000	−25 000
方案二（50 台）	25 000	25 000	−5 000
方案三（10 台）	5 000	5 000	5 000

解　首先求出各方案带来的最大损益值。

max {50 000，20 000，−25 000} ＝50 000（元）

max {25 000，25 000，−5 000} ＝25 000（元）

max {5 000，5 000，5 000} ＝5 000（元）

然后从三个最大损益值中求出最大值：

max {50 000，25 000，5 000} ＝50 000（元）

50 000 元对应的方案为进货 100 台，即选择方案一。

（6）悲观法（小中取大法或保守决策法）

悲观法亦称保守决策法、小中取大法，即决策者不知道面临的各种状态发生的概率时，首先分析各种最坏的可能结果，然后再从中选择最好的，以此对应的方案为决策方案。

【例 9 - 5】　承例 9 - 4。

解　这次需先求出每个方案带来的最小损益值，然后从最小值中选择最大值，max {−25 000，−5 000，5 000} ＝5 000（元）

对应的方案为进货 10 台，即选择方案三。

（7）最小最大后悔值法（沙万哥法）

后悔值是指在各种自然状态下最大损益值与每个决策方案对应损益值之差，即

后悔值＝各自然状态下最大损益值－各方案在该状态下的损益值

后悔最小原则就是决策时，首先找出各状态下最大损益期望值；然后计算各状态下不同方案的后悔值；接着找出每个方案所对应的最大后悔值；最后从第三步结果中找出最小值，对应方案即为满意方案。

【例9-6】 承例9-4。

解 首先，找出各状态下最大损益期望值并计算各状态下各方案的后悔值。

高需求状态下的最大损益期望值为50 000元，因此方案一、方案二、方案三在高需求状态下的后悔值分别为50 000－50 000，50 000－25 000，50 000－5 000。

一般需求状态下的最大损益期望值为25 000元，因此方案一、方案二、方案三在一般需求状态下的后悔值分别为25 000－20 000，25 000－25 000，25 000－5 000。

低需求状态下的最大期望值为5 000元，因此方案一、方案二、方案三在低需求状态下的后悔值分别为5 000－（－25 000），50 000－（－5 000），5 000－5 000。

把损益期望值表换算成后悔值表，然后找出每个方案所对应的最大后悔值并从中找出最小值，对应方案即为满意方案。

表9-6　各种状态下的损益期望值

单位：元

方案	各种状态下的损益期望值		
	高需求	一般需求	低需求
方案一（100台）	0	5 000	30 000
方案二（50台）	25 000	0	10 000
方案三（10台）	45 000	20 000	0

min ｛30 000，25 000，45 000｝＝25 000（元）

对应的方案为进货50台，即选择方案二。

---

3. 定性与定量相结合的决策方法

由于大多数管理问题难以完全定量化，因此随着科学技术的发展，出现了许多定性与定量相结合的决策方法，如系统动力学、层次分析法、指标评价法等。

以上这些决策方法各有优缺点，在实际决策中要根据各种决策问题灵活运用。

拓展阅读

有统一的思想，才有统一的行动，才有期望的结果

在现代管理中，团队内部的意见不统一是常见的。只有拥有统一的思想才有统一的行动，有统一的行动才有统一期待的结果。因此，在决策后，统一团队成员思想，保持行动的一致性是最重要的，这不仅可以保证行动的结果，而且可以养成保留个人意见，服从决策的良好风气，避免"帮派"和"山头"的产生。此外，树立执行团队

领军人物的权威，让执行力得到保障，对激发创造力也是很重要的。

中国企业 90％ 的商业构想都是伟大的，但是最终实现伟大创业梦想的可能不到 10％，有很多是在执行层面上出现问题，所以今天管理界有一句话叫作"执行力是决胜力"。因此，决策以后的思想统一是重点。

9.4.3　决策技巧

决策既是一门科学，又是一种艺术。虽然我们无法排除不确定性因素和各种风险的干扰，但完全可以通过学习增强识别它们的能力。

在实际决策时，要特别注意以下几点。

1. 准确收集、利用信息

信息是决策的基础。决策的正确性在很大程度上取决于决策时所依据的信息量大小。如果可以获得完全的信息，我们就可以做出最优的决策。为了理解问题，找出真正的问题和可能的解决方案，就需要准确收集和分析与问题有关的重要信息。

2. 正确运用直觉

直觉是人们下意识地根据自己以往的经历和经验对所面临的问题做出判断的过程。直觉可以帮助人们更好地面对不确定性环境和模糊性环境。人们在思考问题时，本能上具有偏重左脑思维或右脑思维的倾向。左脑是线性的、逻辑的和分析性的思维模式，右脑思维是整体的、相关的和非线性的思维模式。左脑思维和右脑思维在决策中表现为理性决策和直觉决策。

一个优秀的管理者应努力学会正确运用自己的直觉，在普通管理者尚未发觉之前就能感知到问题的存在，在最终决策时能够运用直觉对理性分析的结果进行检查，从而协助其做出正确的选择。直觉不是对严密的理性分析的替代，而是对理性分析的补充，二者相辅相成。一般而言，在理性分析的基础上再依据直觉做出的决策，其正确的概率比单纯地依赖理性分析或直接依靠直觉做出的决策更高，因为前者决策时基于的信息比后者更宽广。

拓展阅读

如何科学决策——老板应该如何拍板？

在企业经营管理过程中，老板是企业领袖，权威毋庸置疑，重大的决断总是由他来拍板。但在决策的科学性上是不是每次都权威？我们的习惯是企业领袖一言九鼎，有的企业特别是民营家族企业，老板说了就算，所有人都要听他的。老板在企业里的企业领袖地位是至高无上的，但是对事情的决策不一定每次都正确，在纷繁复杂的经营管理过程中，企业面临的竞争环境随时都在变化，所以这个时候需要集思广益。

因此，现代企业在决策时，老板应做出建立在集思广益基础上的"拍板"。集思广益可以提高决策的正确性，同时增加员工的参与感和被认同度。如果我们不养成集思广益的习惯，所有的事情都是老板去拍板，慢慢会养成拍脑袋的决策。例如，很多企业，它们曾经辉煌过，但最后消亡的原因很大程度上是养成拍脑袋的决策习惯造成的。所以集思广益，正确决策是企业家和管理者需要把握的。

3. 明智地把握决策时机和确定决策者

在工作中要明确各类问题的核心和关键，分清轻重缓急，以准确把握决策时机。正确的判断是决策的关键。决策不仅仅表现为在适当的时机果断做出决定，还表现为在适当的情况下改变决策。决策是一个开放的不断反复的过程，在决策实施过程中要密切关注事态的发展，一旦原有的决策方案不能再达到原有的决策目标，就要准备重新开始决策过程。

作为管理者，与其说是问题解决者还不如说是问题发现者。对于现实中发生的很多问题，并不需要管理者亲自去解决。在面对问题时，管理者更多的时候不是直接决策，而是问一些简单的问题：在这个组织中，谁最适合来解决这个问题？我可不可以只做适当的指示，然后把整个问题的解决都交给下属？

4. 克服决策过程中的心理障碍

决策者要克服自己不良的决策心理障碍，如优柔寡断（"再等等看，也许明天就正常了；或者我们问问其他人，看他们怎么说"）、急于求成（"我受不了了，不管什么样，必须马上采取行动"）、求全求美（"要多想想还有哪些方面没有考虑到，还会有什么问题，尽可能考虑周到"）。

行动指南

提高自己的决策能力

决策能力可通过两条相关的途径得到提高：一是通过对科学决策理论和方法的学习；二是学以致用，通过反复实践以提高决策技能。

5. 学会处理错误的决策

人无完人，决策者在决策时，或因为知识面窄，处理某些问题时感到力不从心，或由于决策能力的限制，或由于只凭经验来看待问题，难免会出现决策失误。一旦发生决策失误，应当积极地采取以下行动。

① 承认。要有勇气承认客观事实，承认过失，以集中精力分析原因，及时加以弥补，而不要忙于追究责任或推卸责任。

② 检查。追溯决策全过程，逐一检查，以找出到底在哪一步上犯了错误。此外，还要分析决策的时间、方式和方法。通过检查反思，避免重蹈覆辙。

③ 调整。若一个决策总的来看是可行的，而只是在贯彻执行上出现了问题，则可通过发现薄弱环节并予以调整，使这一决策趋于完善。

④ 改正。若一项决策经过检查和调整仍无法修正，则要针对原因拟定一个较为复杂的修正计划，以改正决策错误，减少由于决策失误而可能造成的损失。

在任何组织中，所有的管理者都必须进行预测与决策，而这些预测与决策的影响最终不仅仅局限在组织绩效的某个方面，有时甚至会关系到组织的生存与发展。作为管理者必须掌握预测与决策的基本知识，认识和重视预测与决策，不断提高预测与决策技能，这是组织发展的客观要求。

管理技能训练

决策模拟：商务合同履行决策

甲、乙两家公司，投资注册资金分别为 1 000 万元和 500 万元，双方经多次谈判，最终达成了总金额为 400 万元的年度交易合同。这一合同包含了六次交易，规定甲方每两个月在接到乙方汇款通知后即向乙方发一次货。在履行合同的过程中，双方遵循以下的市场规则（以出红、黑牌为例，红牌表示诚实履行合同，黑牌表示欺诈）。

① 六次交易一笔一笔做，做完一笔再做下一笔。

② 每一次交易双方同时出牌。若双方均为红牌，则各得利润 30 万元；若双方均为黑牌，则双方各亏 20 万元；若一方为红另一方为黑，则红方亏 50 万元，黑方得 50 万元。其中第 3 轮和第 6 轮的损益值加倍。

③ 双方每次出什么牌，由各方董事会集体决策，决议过半数同意有效。

④ 在课堂模拟练习过程中，第一笔需在 15 分钟内完成，整个交易在 45 分钟内完成。在规定时间内没有做出相应的决策，做中止处理。

（若在课外进行，可放松时间要求。）

⑤ 决策目标：为各自公司谋取最大的利润。

⑥ 游戏目标：在全班的模拟决策练习中胜出。

⑦ 奖惩措施：对于在全班模拟决策练习中取得最佳成绩的小组成员，每人给予相应的奖励（可以是课程成绩加分，也可以是奖品），而对于在全班模拟决策练习中成绩最差的小组的成员，给予相应的扣分或其他处罚。

练习要点：

① 组建决策模拟小组。可自由组合，每个小组由 3 人、5 人或 7 人组成，组数应为偶数。

② 选举董事长负责主持决策讨论，选举董事会秘书负责记录决策过程和决策结果。

③ 交易双方在地理上应尽可能分得远一些。各小组成员理解题意，董秘画好表格，以便记录交易过程和结果。

④ 宣布交易开始，各小组开始决策讨论，董秘要在参与讨论的同时做好决策思维过程记录，董事长则要注意在讨论到适当的进程提议付诸表决。

⑤ 在形成决议后，董秘将表决结果（票数和结论）记录在表格中，并举手示意本组已经做出决策。

⑥ 当交易双方均示意完成决策后，通知双方对方的决策结果，将对方的决策记入表中，并计算该轮交易的损益值，填入表中。

⑦ 在教师（第三方）的协助和公证下，双方做完一笔再做下一笔，直到完成六笔交易为止。

⑧ 整个交易结束后，各方计算损益，各自总结经验教训，然后在课堂上进行甲方与乙方的公开交流。也可由双方在课外进行交流，各小组形成一份模拟练习报告上交。

练习记录表单如下。

决策模拟练习记录

小组组号：　　　　　　　　　　代表公司：（甲方或乙方）
组成人员：（成员姓名）
董 事 长：　　　　　　　　　　　董　　秘：
决策结果：

交易双方	第1轮	第2轮	第3轮	第4轮	第5轮	第6轮
甲方						
乙方						

决策过程： 说明每轮决策是如何做出的，经过了怎样的思考，最终决策的理由是什么。
经验教训： 反思决策过程，总结该次练习中所得到的启示、经验教训，最终归纳成报告。

本 章 小 结

　　决策是在一定的环境下，组织或个人为了实现某种目标而对未来一定时期内有关活动的方向、内容及方式进行选择或调整的过程。

　　企业决策涉及面广、层次多，几乎每个部门、每个层次的管理都面临决策的问题，不同类型的决策需要不同的决策方法和技术去处理，由不同的决策者去承担。

　　决策制定过程包括8个基本步骤。整个过程开始于识别决策问题和确定决策标准，以及为每个决策标准分配权重；然后进入到开发、分析、选择和实施备选方案阶段；最后到评估决策结果阶段。

　　管理者制定决策时，不仅有自己特有的风格，而且还使用经验法则或启发法，以简化决策的制定过程。经验法则有助于理解错综复杂、含糊不清、模棱两可的信息。但经验法则并不都是可靠的，因为它可能会导致处理和评价信息过程中的错误和偏见。

　　为了保证管理决策的正确性，在决策过程中必须利用科学的决策方法。决策的科学性主要体现在决策过程的理性化和决策方法的科学化上。从总体上来说，决策方法可归纳为三类：定性决策方法、定量决策方法、定性与定量相结合的决策方法。

章节同步测试

一、单选题

1.（　　）是在一定的环境下，组织或个人为了实现某种目标而对未来一定时期内有关活动的方向、内容及方式进行选择或调整的过程。

    A. 计划   B. 组织   C. 决策   D. 领导

2.（　　）又称非零点决策，是指在初始决策的基础上对组织活动方向、内容或方式的重新调整。

    A. 追踪决策   B. 战略决策   C. 业务决策   D. 风险型决策

3. 按决策问题所处的条件，可以将决策分为确定型决策、（　　）和不确定型决策。

    A. 大中取大法   B. 风险型决策   C. 线性规划法   D. 小中取大法

4. 行政决策模式建立在以下三个重要的概念基础之上：有限理性、不完全信息和（　　）。

    A. 理性   B. 直觉   C. 完全信息   D. 满意原则

5.（　　）又称专家意见法，是指通过发函给某些专家就指定问题征询其意见，收到专家意见后，经汇总归纳、整理后再次发函给上述专家进一步征求意见，如此反复多次，直到意见较为集中，便于决策。

    A. 协力创新法   B. 德尔菲法   C. 对演法   D. 渐进式决策方法

二、多选题

1. 从总体上来说，决策方法可归纳为三类，分别是（　　）。

    A. 定性决策方法   B. 协力创新法

    C. 定量决策方法   D. 定性与定量相结合的决策方法

    E. 盈亏平衡法

2. 在理解决策的概念时，必须把握4个关键词，这4个关键词分别为（　　）。

    A. 目标   B. 两个以上的备选方案

    C. 选择或调整   D. 结果

    E. 过程

3. 按决策的重要程度分类，可将决策分为（　　）。

    A. 定性决策   B. 战略决策   C. 战术决策   D. 业务决策

    E. 定量决策

4. 下列决策方法中，属于定性决策方法的有（　　）。

    A. 协力创新法   B. 德尔菲法   C. 头脑风暴法   D. 反头脑风暴法

    E. 哥顿法

5. 定量决策方法又称"硬方法"，是指建立在数学、统计学等基础上的决策方法。下列决策方法中，哪些是定量决策方法？（　　）

    A. 协力创新法   B. 盈亏平衡法   C. 线性规划法   D. 小中取大法

    E. 大中取大法

三、名词解释

程序化决策   有限理性   协力创新法

四、简答题

1. 简述管理者所犯的一般决策错误和偏见。

2. 简述决策的制定过程。

第 10 章

激　　励

如果我曾经或多或少地激励了一些人的努力，我们的工作，曾经或多或少地扩展了人类的理解范围，因而给这个世界增添了一分欢乐，那我也就感到满足了。

——爱迪生

人性最深层的需求就是渴望别人欣赏和赞美。

——威廉·杰姆

知识目标	能力目标
● 激励的本质；	● 思辨能力；
● 激励理论；	● 分析问题的能力；
● 激励员工的建议；	● 解决问题的能力；
● 十种奖励优良工作的方法	● 团队合作能力

10.1　激励概述

管理者的一部分工作职责就是通过激励手段去激发员工为实现组织目标而努力工作。作为有效的管理者，要想让所有员工付出最大努力，必须理解员工如何受到激励及为什么会被激励，并调整自己的激励活动以满足员工的这些需要。

导入案例

因为那是您的油田

保罗·盖蒂（Paul Getty）是美国石油界财富与权力的象征性人物，一位极富魅力的企业家。有一次，保罗·盖蒂以高薪聘请一位名叫乔治·米勒的人勘测洛杉矶郊外的一些油田。这位米勒先生是美国著名的优秀管理人才，对石油行业很内行，而且勤奋、诚实。

米勒到岗一星期后，保罗·盖蒂来油田视察，结果发现那里的面貌并没有多大变化，油田费用高、利润上不去的问题依旧无法解决。针对这些状况，盖蒂对米勒提出了改进的要求。过了一个月，盖蒂又来到油田检查，结果他发现改进还是不大，因此有点儿生气。但思考后冷静下来，盖蒂相信米勒是有才干的，而且自己也给了米勒很高的薪酬。为了了解米勒的真实想法，盖蒂决定找他好好谈谈。

盖蒂严厉地说道："我每次来这里时间不长，但总发现这里有很多地方可以减少浪费，提高产量和增加利润，而您整天在这里竟然没有发现？"米勒也不隐藏地直说："盖蒂先生，因为那是您的油田。油田上的一切都跟您有切身利益关系，那使您眼光锐利，看出了一切问题。"

不久以后，盖蒂再次找到米勒，直截了当地说："我打算把这片油田交给您，从今天起，我不付给您工资，改为付给您油田利润的百分比。油田越有效率，利润越高，您的收入也越多。"米勒欣然接受。从那天起，洛杉矶郊外油田的面貌日益改观。两个月后，盖蒂又去油田视察，这回他高兴极了，油田的产量和利润都大幅增长。

1. 激励的本质

激励是利用某种有效手段或方法调动人的积极性的过程。激励的过程就是管理者引导并促进工作群体或个人产生有利于管理目标行为的过程。

每个人都需要激励，一般情况下，激励表现为将外界所施加的推动力或吸引力转化为自身的动力，使得组织的目标变成个人的行为目标。可以从以下三个方面来理解激励的概念：激励是一个过程；激励过程受内外因素的制约；激励具有时效性。

激励的本质是双赢，就是让激励的主体（企业管理者）和激励对象（员工）能实现双赢，这种激励才是有效的。

2. 激励的作用

任何企业都有两类问题：硬性问题和软性问题。硬性问题包括财务、营销、技术和生产等，而软性问题则包括价值观、士气和沟通等。硬性问题通常会影响到企业的底线——利润线；而软性问题则会影响企业的上线——营业收入总额。

美国心理学家研究表明：一个人在没有任何激励的情况下，其潜力只能发挥出 20%～30%，而一旦有了正确的激励，就能发挥出 75%～90% 的潜力。可见，正确的激励能激发每一个人的积极性、潜力，提高工作业绩，提高组织的整体绩效。最近研究发现，高水平的员工激励是与组织的良好绩效及丰厚利润相伴而生的。

（1）激励是组织的需要

一个组织要发展，必须满足以下三项行为要求：不仅要吸引人们加入组织，而且要使他们留在组织里；在分工与合作的前提下，员工必须完成本职工作任务；员工在工作中应该表现出创造性和革新精神。（激励能有效地在这三项行为中起到润滑剂的作用。）

（2）激励是管理者的需要

管理者在工作过程中，总是有意无意地打击员工的工作热情。组织和各级管理者要给员工提供一个激励的环境。因此，激励对于管理者来说是一门必不可少的学问。

（3）激励是个人的需要

激励过程中处于起点的是人的各种需要。当需要萌发而未得到满足时，会引起生理或心理紧张，从而激发寻求满足的动机。在动机的驱使下，人们采取行动，行动的结果是达到预定目标，使需要得到满足，从而进一步强化原有需要或促进生成新的需要。

激励最主要的作用是通过动机的激发调动被管理者的工作积极性和创造性，使其自觉自愿地为实现组织目标而努力，即其核心作用是调动人的积极性，也就是说，激励就是设法让被管理者发自内心地愿意去做某件事。对激励的研究可以帮助我们：了解什么因素能促使员工主动采取行动；影响行动选择的因素有哪些；怎样才能使员工把企业目标变成自己的目标任务。

拓展阅读

老板后来成了总统

20世纪80年代，印度一家研究所刚刚上马一项重要的工程。大约70名科学家为此没日没夜地工作着，他们的压力非常大，老板又总是很苛刻。奇怪的是，在这个研究所，所有的人都累到快要崩溃了，却没有一个人提出过辞职。

有一天，科学家桑巴走进老板的办公室，怯生生地说："先生，我答应了我的孩子们，要带他们去镇上的博览会参观，所以我想在下午5点30分请假回家。"让他感到意外的是，老板痛快地回答："行，你今天可以提前离开办公室。"桑巴回到办公室，像往常一样全身心地投入到工作中，他是那么全神贯注，等他觉得快要完成这一天的工作时，已经是晚上8点30分了。他这才猛然想起答应过孩子们的事，懊悔莫及地向家冲去。想到让孩子们失望了，桑巴的内心充满了歉疚。进了家门，桑巴发现孩子们都不在家，只有妻子一个人在客厅里看杂志，桑巴忐忑地问："孩子们呢？"妻子回答："你不知道吗？你的老板在下午5点15分来了，他带着孩子们去博览会了。"桑巴听了心里一阵感动。原来，老板知道他在完成工作之前是不会离开办公室的。为了不耽误科研项目的进行，又不让他的孩子们失望，他亲自开车来到他的家里，带他的孩子们去博览会参观。

这位老板就是后来的印度第十二任总统阿卜杜尔·卡拉姆。卡拉姆大部分时候都是个严厉的上司，但他偶然的一次关怀，就赢得了下属的全力以赴和忠心耿耿。

3. 激励的要素

在激励的过程中，有外部刺激、需要、动机和行为四个基本要素。

（1）外部刺激

外部刺激是激励的条件。外部刺激是指在激励的过程中，管理者为实现组织目标而对被管理者采取的各种管理手段及相应形式的管理环境。通过外部刺激，可以激发被管理者的需要。

例如，教师组织一个有奖品的小游戏，奖品就是外部刺激（物）。教师可能通过告诉大家"站起来回答问题的人能得到一个小奖品（或成绩加分）"来刺激大家产生想获得奖品的需要。

（2）需要

需要是激励的起点与基础，是人们对一定的客观事物或某种目标的渴求或期望。通常情况下，人们是在外部条件刺激下（诱因）产生强烈的内在需要（内驱力）并产生动机的。由此看出，人的需要是人们积极性的源泉和实质。

需要是在外部条件刺激下产生的。例如，在小奖品（或加分）的刺激下，游戏参加者产生了未被满足的需要，但是没站起来的情况下这种需要就无法满足。

（3）动机

动机是构成激励的核心要素，是一种推动人们从事某项活动的心理动力，驱使人们向满足需要的目标前进。

需要产生动机，而动机则是需要的表现形式。如果游戏中能获得奖品，并且是参与者想要的，那他就会朝着满足这一需要的方向前进，产生"站起来回答问题"的动机。因此，管理者应该充分激发被管理者希望满足某种需要的动机，使其产生有助于目标实现的行为。

拓展阅读

有关动机的解释

《现代汉语词典》（第 7 版）中对动机的解释是"推动人从事某种行为的念头"。

我们在分析一个人为什么会出现某种行为时，总是会先问他的动机是什么，也就是内心是怎么想的。动机就是行为开始之前的主观愿望、想法和打算。

（4）行为

有什么样的动机，就会产生什么样的行为，行为是激励的目的。例如，游戏中同学们为了得到奖品，在动机的驱使下就会产生"站起来回答问题"的行为。管理的最终目的是实现组织的目标，而组织目标的实现得益于人们为动机驱使所采取的实现目标的一系列行为。因此，我们说行为是激励的目的，也是激励能否取得成效及成效大小的衡量标准。

4. 激励的过程

激励他人的典型步骤就是找到别人的需要，然后在他完成所需要的行为之后满足他的需要。激励的过程主要分为三步：分析被管理者的需要；用被管理者的需要激发其动机并引发其产生组织所需要的行为；满足完成任务的行为者的需要（奖励）或对未完成任务者不满足其需要（惩罚）。

奖励的目的在于让别人知道他的行为是组织所需要的；惩罚的目的在于让别人知道他的行为是组织不需要的。心理学研究表明：需要激发动机，动机引发行为。管理者要想让下属产生组织所需要的行为，就必须激发下属的动机；而要激发动机，就必须找到下属的需要。当找准了员工的需要并让员工清楚地知道满足需要的条件时，员工就会为了满足自己的需要而付出努力。激励的过程实际上就是一个由需要开始，到需要得到满足为止的连锁反应。首先感觉到有需要，由此产生要求（要达到的目标），然后造成心理紧张（未满足的欲望），于是引起行动以达到目标，最后是要求得到了满足。当一种需要得到满足后，人们会随之产生新的需要，作为未被满足的需要，又开始了新的激励过程，这就是激励的简单模式，如图 10-1 所示。

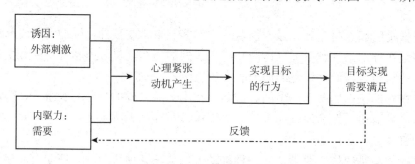

图 10-1　激励过程的简单模式

管理技能训练

激励的重要性

观看电影——《铁血教练》，领会激励的重要性并写出一篇观后感。
（不少于 800 字）

10.2　激励理论

无论是对企业界还是理论界，人们对激励问题都给予了极大的关注。许多学者经过大量的实证研究，提出了各自的激励理论。激励理论是研究如何有效调动人的积极性的理论。它研究的主要问题是：作为领导者或管理者，应该如何正确地开展激励工作，如何根据人们的需求和人类自身的规律，选择正确的激励方法。这些理论大致上可以划分为三大类：内容型激励理论、过程型激励理论和行为改造型激励理论。

10.2.1　内容型激励理论

内容型激励理论研究的是"什么样的需要会引起激励"的问题，着重研究人们需要的内容、结构及其动态作用的理论，旨在了解人的各种需要，解释"什么会使员工努力工作"。它说明了激发、引导、维持和阻止人的行为的因素，这些因素是需要、驱动力及强化刺激（例如提升、加薪、福利等）。

内容型激励理论主要有需要层次理论、ERG 理论、成就激励理论（三种需要理论）和双因素理论四种。

1. 马斯洛的需要层次理论

美国心理学家亚伯拉罕·H. 马斯洛（Abraham H. Maslow）于 1943 年提出了需要层次

理论（hierarchy of needs theory）。需要层次理论假设每个人都有五个层次的需要。

① 生理的需要。维持人类自身生存的基本需求，如衣、食、住、行等基本需要。

② 安全的需要。人们保护自己现在和将来免受身体及情感心理威胁或伤害，同时能保证生理需要得到持续满足的需要。

③ 社交的需要。人们希望与人交往、避免孤独的需要，包括友谊、爱情、同事交往、工作归属等。这说明人们希望在一种被接受的情况下工作，希望属于某个群体而不希望在社会中成为离群的孤独者。

④ 尊重的需要。包括内部尊重和外部尊重两个方面。内部尊重因素包括自尊、自主和成就感；外部尊重因素包括地位、认可和关注等。

⑤ 自我实现的需要。包括成长与发展、发挥自身潜能、实现理想的需要等。

需要层次理论的主要论点如下。

① 人的最迫切的需要是激励人的行为的原因和动力。

② 激励是一种动态，它处在一步一步地连续的发展变化之中。

③ 上述五种需要的次序是严格由低到高逐级上升的。

④ 每个人都潜藏有五种需要，只不过在不同时期所表现出来的各种需要的强烈程度不同而已。

根据马斯洛的需要层次理论，管理者在管理实践中应做到以下几点。

① 正确认识被管理者需要的多层次性和多样性，对其需要进行科学分析并加以区别对待。同一个人在不同时期的需要不同，不同的人在同一时期的需要也各不相同。因此，管理者需要在科学分析的基础上，找出被管理者受时代、环境和个人条件差异影响的主要需要，有针对性地加以激励。

② 将本组织的管理手段、管理条件同被管理者各层次的需要联系起来，最大限度地满足被管理者的需要。

图10-2是马斯洛的需要层次图。

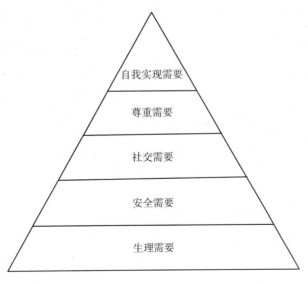

图10-2　马斯洛的需要层次图

学习是为了满足哪种需求?

你在大学学习是为了满足马斯洛需要层次理论中的哪种需要?

（1）团队讨论，分别给出各自的答案。

（2）大家的答案为什么会有不同?

（3）学校怎样才能满足你们各自的需要?

请运用所学的激励理论分析讨论，并分享你们的观点。

2. 艾德弗的 ERG 理论

美国心理学家、耶鲁大学教授艾德弗通过大量的调查研究，把人的需要归结为生存（existence）、相互关系（relatedness）和发展（growth）三种，简称为"ERG 理论"。ERG 理论的主要观点如下。

① 各个层次的需要得到的满足越少，则这种需要越为人们渴望。

② 较低层次的需要越是能够得到较多的满足，对较高层次的需要就越渴望，这是一种"满足—前进"的逻辑。但同时还存在"受挫—倒退"，即当较高层次的需要受到挫折时，需要的重点就可能退到较低的层次。

③ 较高层次的需要越是满足得少，则对较低层次的需要的渴求就越大。

④ 各种需要也可能同时出现。

ERG 理论与马斯洛需要层次理论的关系是：生存需要涉及满足人的基本的物质需要，包括马斯洛需要层次理论中的生理需要和安全需要；关系需要是维持重要的人际关系的需要，与马斯洛需要层次理论中的社交需要和尊重需要的外在部分相对应；成长需要是个人发展的内部需要，包括马斯洛需要层次理论中的尊重需要和自我实现需要的一些特征。

什么激励着你?

请准备一页纸，在纸上回答下面的问题：

1. 什么激励着我?

2. 雇主提供什么样的奖励才能使我特别努力地工作?

3. 麦克利兰的成就激励理论（三种需要理论）

戴维·麦克利兰（David C. McClelland）是美国哈佛大学教授、美国社会心理学家。他在心理学领域耕耘长达 57 年，其研究涉及需要和动机、权力和领导、激励和成就等多个方面。他的许多观点至今还在管理实践中有巨大的影响。麦克利兰对管理学的重要贡献集中在人的激励理论方面。麦克利兰在他的学术生涯中，一直致力于对人的需求和动机进行研究，探讨如何激发人的潜力问题。

　　麦克利兰对马斯洛需要层次理论的普遍适用性提出了挑战，与影响广泛的马斯洛提出的需要层次论不同，麦克利兰以大量测试和试验为依据，他经过多年研究，于 1969 年出版了《激励经济成就》一书，在书中将人的需要归纳为三大类：成就需要（need for achievement）、权力需要（need for power）和归属（友谊、亲和）需要（need for affiliation），从而形成了三种需要理论（three-needs theory）。在这三种需要中，成就需要被研究得最多。

知识链接

麦克利兰对于高成就需要者特点的观点

　　麦克利兰发现高成就需要者的特点是：他们希望得到有关工作绩效的及时、明确的反馈信息，从而了解自己是否有所进步；他们喜欢设立具有适度挑战性的目标，不喜欢凭运气获得成功，不喜欢接受那些在他们看来特别容易或特别困难的任务；高成就需要者事业心强，有进取心，敢冒一定的风险，比较实际，大多是进取的现实主义者。高成就需要者对于自己感到成败机会各半的工作，表现得最为出色。他们不喜欢成功的可能性非常低的工作，这种工作碰运气的成分非常大，那种带有偶然性的成功机会无法满足他们的成功需要。同样，他们也不喜欢成功的可能性很大的工作，因为这种轻而易举就取得的成功对于他们的自身能力不具有挑战性。他们喜欢设定通过自身努力才能达到的奋斗目标。对他们而言，当成败可能性均等时，才是一种能从自身的奋斗中体验成功的喜悦与满足的最佳机会。

　　三种需要理论的主要论点如下。

　　① 人的这三种需要不是与生俱来的，而是在后天工作和生活中学习得到的。

　　② 不同的人对这三种基本需要的排列层次和所占比重是不同的，个人行为主要决定于被环境激活的那些需要。

　　③ 具有高成就需要的人的特点是关心改进自己的工作，希望更好地做事情或者更迅速地解决问题，或者掌握更复杂的技能。他们追求的是在争取成功的过程中克服困难、解决难题、努力奋斗的乐趣及成功之后的个人的成就感，而不是成功后得到的荣誉与奖赏。他们总渴望把事情做得比以前更完美、更有效；他们喜欢接受困难的挑战，并为自己的成败承担责任。成就需要对应着创业精神。

　　④ 高权力需要者喜欢竞争性强和存在地位取向的工作环境，希望影响他人，控制向下、向上的信息渠道，以便施加影响、掌握权力，他们对政治感兴趣，而不像高成就需要者那样关心改进自己的工作。权力需要对应着各种领导——企业领导、社会领袖和政治领导等。

　　⑤ 高归属需要者渴望友谊，喜欢合作而不是竞争的环境，希望彼此之间的沟通与理解。

　　⑥ 归属需要和权力需要与管理的成功密切相关。最优秀的管理者是那些权力需要较高而归属需要较低的人。权力需要高的管理者并不是没有别的需要，只是权力需要比别的需要更强烈而已。

　　麦克利兰指出，注重亲和需求的管理者容易因为讲究交情和义气而违背或不重视管理工作原则，从而会导致组织效率下降。

管理问题探讨

1. 分析电视剧《人民的名义》中的主要人物，谁的权力需要最高？谁的成就需要最高？为什么？

2. 唐僧团队中，谁的归属需要最高？为什么？

麦克利兰的贡献不仅在于提出了一个重要的动机理论，还在于发展了研究和测量动机的方法。麦克利兰用一个简单的试验来说明这一点：要一个人去完成一项工作，并告诉他可以选择一个工作伙伴。这个伙伴可以选择一个他的亲密朋友，也可以选择一个他不熟悉的业务专家。结果发现，那些"成就需要高"的人往往选择他不熟悉而在业务能力上很强的专家，而"归属需要高"的人往往选择那些业务能力上并不很强的自己的亲密朋友。由此可见，人们对成就的需要的确有高低之分。

管理问题探讨

高成就需要者是不是优秀的管理者？

高成就需要者并不一定就是一个优秀的管理者。高成就需要者关注自己的成就，而优秀的管理者重视的是通过他人实现自己的目标。高成就需要者往往只对自己的工作绩效感兴趣，并不关心如何影响别人去做好工作。

在小企业的经理人员和在企业中独立负责一个部门的管理者中，高成就需要者往往会取得成功。在大型企业或其他组织中，高成就需要者并不一定就是一个优秀的管理者，如果一个大企业的经理的权力需要与责任感和自我控制相结合，那么他很有可能成功。

正如一名高成就需要的推销员不一定能成为优秀的销售经理，一名高成就需要的工程师不一定能成为一位出色的厂长，一位优秀的教师不一定能成为一名优秀的校长。麦克利兰认为，成就需要高的人大都属于中产阶层，如商人、经理、自由职业者、专家、学者等。

麦克利兰主要通过主题统觉测验（thematic apperception test，TAT）来测量个体的动机。这是一种使用图像投射的方法来测量个体的需求和动机的测验方法。它通过测试个

人对图片的感知、个人赋予图片的意义及个人组织这些图片内容的独特方式来反映个人的心理差别。全套测验有30张黑白图片和1张空白卡片（图片内容多为一个或多个人物处在模糊背景中，但意义隐晦）。进行测试时，根据被测试者的性别及是儿童还是成人（以14岁为界），取统一规定的19张图片和一张空白卡片进行测试。经过培训的评分者通过对每一幅画进行分析，按其强烈程度打分，最后把每种需要的总分加起来，以确定哪种需要的总分最高。

管理实验

主题统觉测验

这个测验由美国心理学家 H. A. Murray 和 C. D. Morgen 于 1935 年编制。这个测验让被测试者对一系列图片做出反应。每看完一张图片后，让被试者写出一段故事。

故事必须包括：

（1）图片说明了一件什么事？

（2）在此时发生了什么？

（3）图片中的主人公有何感想？

（4）结果如何？

经过培训的评分者通过这些故事可以确定个体的成就需要、归属需要和权力需要的水平。下面是用来评估三种需要水平的图片示例。

成就需要： 通过故事中的人物想去做某事或想做得更好来确定。

归属需要： 通过故事中的人物想与别人打交道或建立友谊来确定。

权力需要： 通过故事中的人物渴望对其他人产生影响或给其他人留下印象来确定。

三种需要理论在企业层面的应用主要体现在以下几个方面。

① 在人员的选拔和配置上，可以通过测量和评价一个人的动机体系的特征决定如何分派工作和安排职位。

② 由于具有不同需求的人需要不同的激励方式，了解员工的需求与动机有利于合理建立激励机制。管理者只有了解下属属于哪种类型，才能进行有针对性的激励。高成就需要者喜欢能独立负责，可获得信息反馈和中度冒险的工作环境。对于高成就需要者，

可以通过给他们想干的、有挑战性的工作或满足他的工作需要来激励。他们往往需要有明确的、不间断的关于自己工作成就的反馈，使他们知道自己的工作成就已得到组织和别人的承认。这样才能促使他们继续努力，不断取得新的成就。所以，企业领导者应该定期公布本企业各个职工的重要成就，如销售、生产、成本等方面的数字，并用表扬、奖赏、增加工资、提拔职务等办法对他们的成就予以肯定。成就需要可以创造出富有创业精神的任务，成就需要强烈的人由于时时想着如何把工作干得更好，往往能够做出成绩。因此一个公司如果成就需要强烈的员工很多，就会经营顺畅、发展迅速。如果某项工作要求高成就需要者，那么管理者可以通过直接选拔的方式找到一名高成就需要者，或者通过培训的方式培养自己原有的下属。

③ 麦克利兰创造了一种所谓"全压"训练班的方法来提高参加者的成就需求。麦克利兰认为，认识到强烈的成就需求对个人和国家的重要性还不够，关键是找到某种办法，以此来培养人们和国家的成就感。

知识链接

麦克利兰培养企业经理成就需要的方法

麦克利兰针对企业经理们设定了如下四项主要目标：一是通过培训，让参加者学会用成就感强烈的人惯用的方式去思考、交谈和行动；二是鼓励参加者为今后两年设定比较高但经过仔细推敲的目标；三是运用各种方法让参加者更好地认识自己，如向集体解释自己的行为，共同分析自己的心理、动机，从而打破自己固有的习惯和态度，重新认识自己所要达到的目标；四是通过交流，了解别人的希望，彼此分享成功和失败，通过彻底改变周围环境和用共同经历的试验，让参加者增进集体意识和集体主义精神。训练统计数字表明，受过训练的人在两年后取得的成就，明显高于条件类似但未受过训练的人，因为前者的主动性和创业精神普遍有所提高。

麦克利兰从心理学和企业管理的角度入手，把激励理论广泛地推演到整个人类社会的层面，并用以观察、分析和改造社会，这是一项具有开创性的探索，对于我们今天实现国家繁荣富强的伟大事业具有重要的现实意义。

麦克利兰指出，成就需要的高低对一个人、一个企业和一个国家的发展和成长，起着特别重要的作用。一个人有没有强烈的"成就需要"，决定了他会不会、能不能取得事业的成功；一个企业、一个单位有没有强烈的"成就需要"，决定了这个企业、这个单位会不会、能不能获得经营、工作的成功；一个社会是不是具有浓烈的"成就感"氛围，也就决定了这个社会会不会、能不能走向繁荣与富强。一个企业中成就需要高的人越多，发展就越快，获利也就越多。一个国家中成就需要高的人越多，就越兴旺发达，整个国家的经济发展速度就会高于世界平均水平。麦克利兰对人类历史现象做了深刻分析：详尽的定量分析可以证明，在古代的希腊、中世纪的西班牙、1400年到1800年的英国，以及许多现代国家，无论是资本主义国家还是社会主义国家，无论是发达国家还是发展中国家，都存在上述现象。

知识链接

出版物、成就需要与国家经济发展

　　一个国家流行出版物（如儿童读物）、流行歌曲等涉及成就感的内容越多，那么这个国家的经济增长就越快。以英国为例，1925 年前后，儿童读物的成就感内容所占比重在 25 个国家中排名第 5，当时其经济运行也位于世界前列。

　　三种需要理论把重点放在鉴别和培养成就需要上，丰富了马斯洛对自我实现需要的描述，它对于管理者发现高成就需要的人及培养下属的成就需要是非常有用的。但三种需要理论对于管理者应如何激励占绝大多数的低成就需要者的问题没有进行深入研究，有关这方面的理论是由赫茨伯格提出来的。

管理问题探讨

麦克利兰的三种需要理论，对组建领导班子，形成领导班子的整体合力，具有怎样的启示作用？

　　大量实践证明，由需要特质相同的人组合起来，必定不能发挥其最佳效能。只有让由具有不同需要特质的人有机组合的领导班子或管理团队，才能发挥"1+1>2"的效能。在三种需要理论下，同一个领导班子成员应该要由不同需要特质型的领导者组成，这样才能形成有机的整体，进而发挥其整体作用和效能。

　　(1) 领导班子的每位成员，首先要成为成就需要型特质的领导者，无论是党委书记，还是行政首长或其他班子成员，具有强烈的事业心、责任感和进取心是班子成员必备的特质类型之一。实践证明，事业的发展都必定有一个具有强烈事业心和责任感、开拓创新精神强的领导班子。

　　(2) 在领导班子成员中，特别是党委书记和行政首长，就其权力需要型特质方面，仅能有一位具有这样的特质。党委书记和行政首长处在权力的两个顶点，当意见不一致时，求同的难度较大。权力需要型特质类型的人，其外在表现上必然显示其强势性，如果两位首长都具备权力需要型特质，两强相遇必然导致冲突，影响团结，影响决策，从而影响事业的发展。

　　(3) 在领导班子成员中，特别是党委书记和行政首长，两者不能同时是具有亲和需要型特质的领导者。当前，竞争逐渐成为一种常态。各行各业都存在激烈的竞争，如果两个首长都不喜欢竞争的环境，缺乏开拓进取的激情，没有敢于冒险的精神，所在组织必然在竞争中失去优势，最终被淘汰出局。

　　(4) 在领导班子成员中，权力需要型特质和亲和需要型特质的领导者同时具有，才是最佳的组合。

4. 赫茨伯格的双因素理论

　　美国心理学家弗雷德里克·赫茨伯格（Fredrick Herzberg）于 20 世纪 50 年代提出了著名的双因素理论（two-factor theory）。该理论将员工的需要归结为两类因素，即激励因素和保健因素，也称为激励-保健理论，如图 10-3 所示。

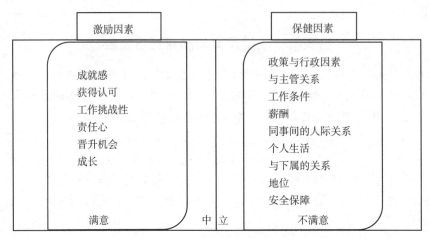

图 10-3　赫茨伯格的双因素理论

双因素理论的主要观点如下。

① 赫茨伯格通过调查发现，使员工对工作感到满意的因素是内部因素，如成就、认可、责任、工作本身、进步和成长。赫茨伯格将这类因素称为"激励因素"。

② 使员工感到不满的往往是公司政策、管理和监督、工资、人际关系和工作条件等因素，赫茨伯格将这类因素称为保健因素，又称作"维持因素"。保健因素不能直接起到激励员工的作用，但能预防员工的不满情绪产生。

③ 调查表明，满意的对立面不是不满意。也就是说，消除了工作中的不满意因素并不一定能让工作令人满意。赫茨伯格提出："满意"的对立面是"没有满意"，"不满意"的对立面是"没有不满意"。

④ 导致工作满意的因素与导致工作不满意的因素是相互独立的，而且差异很大。因此，试图在工作中消除不满意因素的管理者只能给工作场所带来和平，而未必有动机作用。这些因素只能安抚员工，但不能激励员工。

⑤ 当导致工作不满意的外部因素（保健因素）得到充分改善时，人们没有了不满意，但也不会因此而感到满意（或受到激励）。要想真正激励员工努力工作，必须注重激励因素，这些才会增加员工的工作满意度。

进一步的分析表明，保健因素之所以能导致人们的不满意，是因为人们具有避免不满意的需要；激励因素之所以能导致人们的满意，是因为人们具有成长和自我实现的需要。但这两类性质不同的因素是彼此独立的。

情景分析题

如何激励专业型和技术型员工？

老李是一名技术型员工，在 A 公司工作了 10 年，技术相当了得，业内知名度很高。最近，很多猎头公司都想挖他。为了激励他更好地留在公司，总经理要求人力资源部立刻制订一个有效的激励计划。作为人力资源部经理的你，会设计怎样的激励措施呢？

双因素理论对管理实践的启示如下。

① 要善于区分管理实践中存在的两类因素。一是要对保健因素给予基本满足，以消除下属的不满。例如，不断改善工作条件、住房、福利待遇等，可以保持下属的工作热情。二是要抓住激励因素，进行有针对性的激励。管理者要运用各种手段，如调整工作的分工、增加工作的挑战性、实行工作内容丰富化、提升发展空间等增加员工对工作的兴趣。

② 正确识别和挑选激励因素。不同国家、不同地区、不同时期、不同阶层、不同组织乃至每个人，最敏感的激励因素是各不相同的，必须在分析上述因素的基础上，灵活地加以确定。例如，高薪对事业心很强、精力充沛的年轻人来说具有很强的激励作用，为此他们甚至可以牺牲正常的节假日休息时间；而对于年龄较大的员工来说，他们宁可少拿点钱也要保证足够的休息时间。

③ 从双因素理论看薪酬管理。基本待遇（固定工资、福利）属于保健因素，是保障员工基本生活和工作需要的部分，应该保持基本稳定，否则会导致员工不满意，影响其工作积极性。改善基本待遇，能消除"不满意"，但不能带来"满意"。如果奖金平均发放，它至多只是起到保健因素的作用，激励作用有限。但如果把奖金同员工的工作绩效挂钩，多劳多得，它满足的不仅仅是员工的经济需要，而且体现了对个体成就的认可。这样奖金就转化为激励因素，从而发挥更大的激励作用。

管理问题探讨

加薪和发奖金，哪种形式具有更大的激励作用？

5. 内容型激励理论在管理中的应用

（1）充分考虑不同人的需要

各种理论所讲的层次仅是一般人的需要，实际上每个人的需要并不都是严格地按顺序由低到高发展的。对管理者来说，了解这些情况十分重要。因为有些人对社交的需要较多，有些人对某些生理需要也许要求多些，金钱仅仅是他们的一种需要而已。所以在特定时期要特别关注员工个人的价值。首先，要平衡员工个人的价值与公司价值，改变公司目标与个体目标看起来无关的状况。其次，要承认员工与公司有不同的成长路线。在高速发展的公司，公司的发展可能要高于员工的发展，一些不能适应公司发展的个人会选择离开。人们力求最大限度地将自己的潜能发挥出来，只有在工作中充分表现自己的才能，才会感到最大的满足。

（2）满足不同层次的需要

既然每个层次的需要是客观存在的，那么管理者的任务就是找出相应的激励因素，采取相应的组织措施来满足不同层次的需要，以引导和控制人的行为，实现组织目标。当自我实现需要占主导地位时，为了满足这种需要，管理者就应认识到无论哪种工作都有允许创新的领域，每个人都应具有创造性，从而通过充分发挥人们的能力、技术和潜力，允许他们发展和使用具有创造性或革新精神的方法，以便为个人成长和提升提供保证。

（3）引导员工的需要向高层次发展

管理者应时刻注意了解并设法满足员工的需要，引导员工的需要向高层次发展。管理者固然要尊重员工的目前需要，并设法予以满足，但更重要的是应按照组织目标，注重员工的成就教育，强化其成就动机，培养更多的高成就需要的人，并把他们放在最能发挥他们潜力和作用的岗位上。同时，在管理工作中，必须对两类因素区别对待。对保健因素，要使之维持在一个良好的水平上，即创造一个良好的工作环境，使员工不致产生不满情绪。对激励因素，则要不断给予强化，使员工增强事业心、责任感，始终保持高昂的工作热情。此外，要善于将保健因素转化为激励因素。例如在考核的基础上加大奖金比例，以激发员工的工作满意度，提高其工作业绩。这部分工资应该处于变化之中，否则会转化为保健因素，失去激励作用。在现代高度商业化的社会，除了物质奖励外，千万不要忘记精神层面的激励。越是在商业化的年代，精神层面的激励越能产生共鸣，它迸发的力量是超出想象的。

（4）促使员工更多地注意与工作本身有关的因素

通过做具有挑战性的工作进行激励，能激发员工自觉地工作而减弱对工资、奖金等物质条件的需要。通过工作丰富化可以赋予员工执行工作中更多的控制权、责任和自由决定权，加深工作的深度。例如对外资高新企业而言，90％以上的员工是知识型员工，知识型员工把对企业的忠诚转化为对事业的忠诚。知识型员工不仅需要获得劳动收入，而且要获得人力资本的收入，即需要分享企业价值创造的成果，而且他们更希望获得以下精神层面的需求：利润与信息分享，希望成为企业的主人。有良好的职业发展空间、有支持不断学习和创新的环境、有人性化的制度、有工作激励、力求最大限度地将自己的潜能发挥出来，参与激励，形成员工对企业的归属感、认同感，从而进一步满足自我实现的需要等。

（5）创造良好的工作环境

公司应处处为员工营造悠闲的工作氛围。对于在外资高新企业的员工来说，工作是为了生活，努力奋斗是为了更好的生活。良好的工作环境包括：开放的沟通，即员工有机会表达自己；共同的价值观，即在尊严、尊重、公平方面会付诸行动；工作与生活的平衡；薪资和福利，即公平的薪资福利，同时还有令人愉快的物理环境、先进的工具；商业战略可行，而且表达朴素的使命与目标是良好工作环境的重要基础；乐趣，即公司实行宽松的工作环境；支持员工不断学习，通过教育和培训造就具有高成就需要的人才。

情景分析题

如何激励拿最低工资的员工？

假设你大学毕业后的第一份管理工作是监督一群拿最低工资的员工。你的公司承受不了加薪，所以通过给他们更高的工资来提高绩效是不可能的。此时，你能用什么措施来激励他们呢？

10.2.2　过程型激励理论

内容型激励理论的重点是研究激发动机的原因，而过程型激励理论则是着重研究人从动机产生到采取行动的心理过程，试图解释和描述行为的引起、发展、持续及终止的全过程，探讨影响行为的变量、怎样相互作用和相互影响以产生某种行为。过程型激励理论主要由弗鲁姆的期望理论、亚当斯的公平理论和洛克的目标设置理论组成。

1. 弗鲁姆的期望理论

在员工激励方面最全面的解释应数期望理论（expectancy theory）。该理论是心理学家维克托·弗鲁姆（Victor Vroom）1964 年在《工作与激励》一书中提出的。虽然对它有一些批评意见，但有大量的研究证据支持这一理论。

期望理论认为，当人们预期某种行为能带给个体某种特定的结果，而且这种结果对个体具有吸引力时，个体就倾向于采取这种行为。它包括以下三个变量或三种联系：期望或努力—绩效联系，指个体感到通过一定的努力可以达到某种工作绩效的可能性；手段或绩效—奖赏联系，指个体相信达到一定绩效水平后即可获得理想结果的程度；效价或奖赏—需要联系，指从工作中可以获得的结果或奖赏对个体的重要性程度。

这一理论的关键在于弄清楚个人目标及三种联系，即努力与绩效的联系、绩效与奖赏的联系、奖赏与个人目标满足的联系。它提醒我们注意四个方面：一是期望理论强调报酬或奖赏，要确信组织给个体提供的奖赏正是他们所需要的。二是期望理论认为没有一种普遍适用的原理能解释员工的激励问题，因此作为管理者必须知道为什么员工会对某种结果感兴趣，而对另一结果不感兴趣。三是期望理论注重被期望的行为，员工知道对他们的期望是什么吗？如何评估这些期望行为？四是期望理论关心的是人们的知觉，而与客观实际情况无关。个体对工作绩效、奖赏、目标满足的感知决定了他们的动机水平（努力程度）。

管理技能训练

你为什么喜欢，为什么不喜欢？

列出你真正喜欢的三项活动，然后列出你不喜欢的三项活动。应用期望理论分析你的回答，评价为什么一些活动能激发你的努力而其他的却不能。

喜欢的活动	能激发努力的原因	不喜欢的活动	不能激发努力的原因

期望理论对管理实践的启示主要体现在：只有当一个人觉得自己通过努力能够完成组织规定的任务（或绩效），而且完成任务后能够获得应有的奖励，这一奖励刚好又是自己最想要的奖励时，他的积极性才会空前高涨。因此，运用期望理论进行激励时，应注意以下问题。

（1）目标激励与悬赏激励相结合

基于第一种关系（努力和绩效），通过设定一定的目标来进行激励。能起广泛激励作用的工作目标，应是大多数人通过努力能实现的。另外，制定的工作目标必须切实可行，并尽可能排除可能干扰工作完成的不利因素。

（2）兑现诺言

管理者一旦答应进行奖励，就必须兑现承诺。只有当员工觉得自己能获得奖励的时候，激励效果才能长久。这是基于第二种关系（绩效和奖励）来说的。

（3）按需激励

根据员工的需要进行激励，即选择员工感兴趣、评价高，对员工吸引力最大的激励手段，这是基于第三种关系（奖励和个人目标）来说的。奖励要因人而异、内容丰富、形式多样、奖人所需，这样才能真正发挥奖励的效用。

2. 亚当斯的公平理论

公平理论（equity theory）又称社会比较理论，是美国心理学家亚当斯（J. S. Adams）在《工人关于工资不公平的内心冲突同其生产率的关系》《工资不公平对工作质量的影响》《社会交换中的不公平》等著作中提出来的一种激励理论。该理论侧重于研究工资报酬分配的合理性、公平性及其对职工生产积极性的影响。

公平理论认为，员工首先把自己在工作情境中得到的结果（所得）与自己的努力（付出）进行比较，然后再将自己的所得—付出比与相关他人的所得—付出比进行比较。如果员工感觉到自己的比率与他人的比率是等同的，则为公平状态。如果感到二者的比率不相同，则会产生不公平感。不公平感出现后，员工会试图采取行动来改变它。基于公平理论，当员工感到不公平时，可能会采取以下几种做法：曲解自己或他人的付出或所得；采取某种行为使他人的付出或所得发生改变；采取某种行为改变自己的付出或所得；选择其他的参照对象进行比较；离职。而公平的影响因素主要有三个：个人的主观判断、个人所持有的公平标准和绩效考核评定。公平一般体现在分配公平和程序公平。分配公平即员工感受到自己的劳动和报酬是否与他人一致。而程序公平则是用来确定报酬分配的程序是否让人觉得公平。研究表明，分配公平对员工满意度的影响比程序公平更大。但是，程序公平更容易影响员工的组织承诺、对上司的信任和离职意向。

公平理论告诉我们，组织中的员工不仅关心从自己的努力中所得到的绝对报酬，而且还关心自己的报酬与他人的报酬的比较关系。

① 管理者必须高度重视相对报酬问题。员工对自己的报酬进行外部、内部比较是必然的现象。管理者如果不加以重视，很可能出现"增收"的同时亦"增怨"的现象。管理者必须始终将相对报酬作为有效激励的方式来加以运用。

② 尽可能从制度上实现相对报酬的公平性。例如，通过外部薪资调查，保持本组织的竞争优势，实现外部公平，这样有利于吸引人才。在内部薪资管理上，将报酬与工作表现、业绩挂钩，多劳多得，鼓励先进，鞭策落后，实现内部公平。

③ 当出现不公平现象时，要做好思想工作，积极引导，防止负面作用发生。同时，通过管理的科学化消除不公平，或将不公平产生的不安心理引导到正确行事的轨道上来。

管理问题探讨

金钱在以下理论中分别起什么作用？

（1）需要层次理论；

（2）双因素理论（激励-保健理论）；

（3）公平理论；

（4）期望理论。

3. 洛克的目标设置理论

目标设置理论（goal-setting theory）是由美国马里兰大学管理学兼心理学教授洛克在1967年最先提出的。他在一系列科学研究的基础上，指出目标本身就具有激励作用，目标能把人的需要转变为动机，使人们的行为朝着一定的方向努力，并将自己的行为结果与既定的目标相对照，及时进行调整和修正，从而实现目标。

目标设置理论的主要观点如下。

① 具体的目标会提高工作成绩。另外，困难的目标一旦被人们接受，将会比容易的目标产生更高的工作绩效；具有中等挑战性的目标将激发成就动机。有关目标设置的研究表明，作为激励力量，设置具体而有挑战性的目标具有优越性，目标的具体化本身就具有内在推动力。

② 参与目标的设置不一定能导致更高的绩效水平。在一些案例中，员工参与目标设置导致了更高的绩效水平。但在另一些案例中，当管理者分派目标时，员工的工作水平最好。但是，与分派目标相比，参与目标的设置工作能提高目标的可接受性。

③ 反馈可以指导行为。自发的反馈（即员工可以控制自己的工作过程）比来自外部的反馈更具有激励作用。

④ 目标设置理论中存在一些权变因素。除反馈外，还有三个因素会影响目标-绩效的关系，它们是：目标承诺、自我效能、民族文化。目标设置理论的前提是个体对目标的承诺。目标是自我设定的而不是分派而来的，这种承诺最可能发生。自我效能指的是个体对自己能否完成任务的信念。高自我效能者面对消极反馈时反而激发了努力和积极性。目标设置理论受到文化的限制。

自洛克1967年提出目标设置理论以来，很多研究有力地证明了从目标设置的观点来研究激励是有效的。如今这个领域已经取得了很多有意义的成果，最大的应用是开创了目标管理（management by objectives，MBO）。目标设置理论的总体结论是：愿望是一种有力的激励力量。在适当条件下，它会导致更高的工作业绩。但是，并无证据表明目标与工作满意度的提高有关。领导的目标设置不仅要考虑绩效，也要考虑到员工是否能完成工作。领导在设置目标时，还应该考虑以下几点：组织目标和员工个人目标的一致性、目标的科学性、目标的阶段性、目标的可变性。

管理技能训练

因人而异的管理

1. 如何管理"刺头员工"？
2. 如何管理"老油条"？
3. 如何管理"自负专才"？
4. 如何管理"明星员工"？
5. 如何管理"落后员工"？

10.2.3 行为修正型激励理论

与内容型激励理论和过程型激励理论不同，行为修正型激励理论是把个人看作"黑箱"，试图避免涉及人的复杂心理过程而只讨论人的行为，研究某一行为及其结果对以后行为的影响。

1. 斯金纳的强化理论

与目标设置理论形成鲜明对比的是强化理论。强化理论是美国哈佛大学心理学教授斯金纳（B. F. Skinner）提出的，也叫操作条件反射理论、行为修正理论。强化理论主要着眼于如何引导人的行为，使其朝着组织所希望的方向进行。

强化理论的主要观点是：行为是结果的函数，行为的原因来自外部，控制行为的因素是强化物（reinforcer）。如果行为之后紧接着给予一个积极的强化物，则会提高该行为重复的比率。强化理论的关键在于它不考虑诸如目标、期望、需要等因素，只关注个体采取某种行动后会带来什么后果。强化理论对动机的解释是：当人们由于采取某种理想行为而受到奖励时，他们最有可能重复这种行为。当奖励紧跟在理想行为之后时最有效。如果某种行为没有受到奖励或是受到了惩罚，行为重复的可能性则非常小。

常用的强化手段有正强化和负强化，又可分为积极强化、消极强化、忽视和惩罚。

① 正强化（积极强化）。正强化是指用某种有吸引力的结果，使员工好的行为重复出现。强化物包括组织中的各种奖励，如认可、赞赏、增加工资、提升及好的工作环境等，包括经济方面的奖金及非经济方面的晋升。

② 负强化（消极强化）。负强化是指组织取消令个体不愉快或个体不希望的事件，为个体去掉不好的事物（比如监工巡视、扣发奖金、批评等），从而使个体的某种行为变得更加可能发生。

③ 忽视。忽视采用令个体愉快或希望的事物，使个体的某种行为变得更不可能发生。

④ 惩罚。给予个体令人不快或不希望的事件（批评、降薪、降职等），使个体的某种行为变得更不可能发生。

强化理论对管理实践有重要的指导作用。

① 要明确组织所需要的行为和不需要的行为。对组织需要的行为，一定要奖励。

② 管理者可以通过强化他们认为理想的行为来影响员工。管理者应当忽视而不是惩罚他们不认同的行为。管理者影响和改变员工的行为应将重点放在积极的强化而不是简单的惩罚上。

③ 及时而正确地进行强化。所谓及时强化，是指让人们尽快知道其行为结果的好坏或进展情况，并尽量给予相应的奖励。

④ 奖人所需。要使奖励成为真正强化因素，就必须因人而异地进行奖励。

2. 挫折理论

挫折是指人类个体在从事有目的的活动过程中，指向目标的行为受到障碍或干扰，致使其动机不能实现、需要无法满足时所产生的情绪状态。挫折理论主要揭示人的动机行为受阻而未能满足需要时的心理状态和由此而导致的行为表现，力求采取措施将消极性行为转化为积极性、建设性行为。

在企业管理活动中，员工受到挫折后，所产生的不良情绪状态及相伴随的消极性行为，不仅对员工的身心健康不利，而且也会影响企业的安全生产，甚至易导致事故的发生。因此，应该重视管理中员工的挫折问题，采取措施防止挫折心理给员工本人和企业安全生产带来的不利影响。对此，可采取的措施如下。

① 帮助员工用积极的行为适应挫折，如合理调整无法实现的行动目标。

② 改变员工对挫折情境的认识和估计，以减轻挫折感；通过培训提高员工工作能力和技术水平，增加个人目标实现的可能性，减少挫折的主观因素。

③ 改变或消除易于引起员工挫折的工作环境，如改进工作中的人际关系、实行民主管理、合理安排工作和岗位、改善劳动条件等，以减少挫折的客观因素。

④ 开展心理保健和咨询，消除或减弱挫折心理压力。

拓展阅读

日本的出气室

日本的很多公司都在工作场所设置了一个出气室。这个出气室里摆满了企业大小经理人的头像。哪位员工如果觉得自己对某个经理人感到不满意，就可以冲进出气室，冲着这个经理人的橡胶头像猛打一顿，以发泄心里的不满。

虽然这不是一种治本的方法，但是非常符合人性，因此收到了良好的效果。

---

3. 归因理论

归因是指根据人的外在表现对其内在心理状态做出解释和推论。归因理论（attribution theory）最早是在社会心理学研究社会知觉问题时提出来的。随着对归因问题研究的深入，归因理论已经超出了社会知觉的范围，成为一种重要的激励理论。归因理论侧重研究个人的知觉与其行为之间的关系，它主要研究人的行为受到激励是"因为什么"的问题。归因的内容包括：心理活动的归因；行为的归因；对人们未来行为的预测。

归因理论解释了这种现象：由于我们对某一特定行为做出的归因不同，因而影响到我们对个体的判断也不同。这一理论的基本要点在于，当我们观察某一个体的行为时，总试图判断它是内因造成的还是外因引起的。这种判断取决于以下三个因素：区别性、一致性和一贯性。

① 区别性是指个体是在众多场合下都表现出这种行为，还是仅在某种具体情境下表现这一行为。例如，今天迟到的这名员工是否也常常被同事抱怨为"自由散漫之人"。这种行为是否不同寻常。如果是，则观察者可能会对行为做出外部归因；如果不是，则活动原因可能被归于内部。

② 一致性是指每个人面对类似情境时都做出相同的反应。例如，所有走相同路线上班的员工都迟到了，迟到行为就符合上述标准。从归因的观点看，如果一致性高，会对迟到行为做外部归因，即一些外部因素——也许是道路施工或交通事故，导致了这一行为的出现。但如果走相同路线的其他员工都准点到达了，就会断定迟到行为的原因来自

个体内部。

③ 一贯性是指某人的行为是否稳定且持久。是否无论何时何地这个人都有同样的行为。如果一名员工并非在所有情境下都迟到十分钟上班，则表明这次迟到是个特例（例如，他好几个月里从未迟到过）；对于另一名员工来说（例如，他每周都迟到两三次），则说明这次行为是其固定模式的组成部分。行为的一贯性越高，观察者越倾向于对其做内部归因。

归因理论又可以分为三种：海德（F. Heide）的两因归因理论、凯利（H. H. Kelly）的三维（三度）归因理论和韦纳（B. Weiner）的成败归因理论。一般认为，社会心理学家海德是归因理论的创始人，心理学家韦纳提出的成功和失败的归因模型具有较大的实际意义。

（1）海德的归因理论

海德基于人类总是试图从周围世界得出某种意义这一角度提出归因模式。而要做到这一点就必须致力于人们行为的预测。海德认为人有两种强烈的动机：一是形成对周围环境一贯性理解的需要；二是控制环境的需要。人们为了更好地在复杂多变的社会中生存，要能预见他人的行为及控制周围的环境。任何人的行为都有原因，其原因可能来自外在的环境条件，也可能来自内在的主观条件。只有先弄清楚行为的根本原因是内在的还是外在的，才能有效地预测和控制行为。情境因素包括：个体的周围环境、他人对个体行为的强制作用、奖赏或惩罚、运气、任务难度等。个体倾向因素包括：性格、气质、能力、情绪、心境、价值观、态度、努力等。

情景模拟

请你当一回将军

从前，有一位将军，在率军打仗之前，都会当着全体将士的面进行一次占卜，当他抽签时，全体将士都屏住呼吸，因为抽签的结果将会告诉他们这次出征能否取胜。将军把签郑重地举到将士面前，上面清清楚楚地写着："神将帮助你们赢得战争的胜利。"全体将士欢呼雀跃。结果，将军率领他的军队取得了一个又一个的胜利。

在庆功会上，将士们纷纷说："如果没有神，我们将不可能取胜，让我们为神干杯。"听了将士们的提议，将军微笑着拿出所有的签，令人惊奇的是所有的签上都写着同样的话。看着惊呆了的众将士，将军激动地说了一段话。

如果你是将军，你会说什么？

（2）凯利的三维（三度）归因理论

凯利是美国社会心理学家，在心理学和社会学领域都有很大影响，主要贡献集中于群体社会心理学、归因理论、人际关系等方面。1967年，凯利发表了《社会心理学的归因理论》，继相应推断理论之后提出了三维归因理论，对海德的归因理论进行了又一次扩充和发展。

凯利将归因现象分为两类：一类是能够在多次观察同类行为或事件情况下的归因，称为多线索归因；另一类则是依据一次观察就做出归因的情况，称为单线索归因。凯利认为，人们对行为归因总是涉及三个方面的因素：客观刺激物（存在）、行动者（人）、所处关系或情境（时间和形态）。其中，行动者的因素属于内部归因，客观刺激物和所处的关系或情境属于外部归因。

凯利认为，当把一个特殊结果归属于某个特定原因时，沿着这三个方面的线索可以很快考察出对归属中的信息资料的认识。这三个方面的信息构成一个协变的立体框架，根据上述三方面的信息与协变，可以将人的行为归因于行动者、客观刺激物和情境。如果一名员工完成目前工作的水平，与其他类似的工作相同，即具有低区分性，而在这项工作中其他员工的水平总是和他的水平不同，即具有低一致性，并且他的这一工作绩效无论何时都是稳定的，即具有高一贯性。如果他的管理者或其他任何人在判断他的工作时，都会认为他自己对这一绩效负有主要责任，则是内部归因。

行动指南

正确归因，不断进步

1. 无论成败，先稳定自己情绪，冷静后再客观分析影响你成败的原因，不要主观臆断。

2. 一般情况下，都要先从自己内部找原因，激发自我责任感，但不要一味埋怨外部环境，也不要一味自责，大包大揽责任。

3. 要尽量找自己可以改变的原因，不要过多归因于不可改变的原因。

（3）韦纳的归因理论

韦纳的归因理论的主要观点是：归因结果不仅会影响一个人的情绪和行为，还会影响其对别人的知觉。人们对自己的成功和失败主要归结于四个方面的因素：努力、能力、任务难度和机遇。这四种因素可按内外因、稳定性和可控性三个维度分类；由于归结的原因不一样，人们以后的行为也会有所不同。

① 如果把成功归因于内部原因，即努力和能力，就会使人感到满意和自豪，而如果把成功归因于外部原因，即任务难度、机遇，就会使人产生惊奇和感激的心情。

② 如果把失败归因于内部原因，就会使人产生内疚和无助的感觉；而如果把失败归因于外部原因，就会使人产生气愤和敌意。

③ 如果把成功归因于稳定因素，即任务难度或能力，就会提高人们以后的工作积极性；而如果把成功归因于不稳定因素，如机遇或努力，那么人们以后的工作积极性可能提高也可能降低。

④ 如果把失败归因于稳定因素，如任务难或能力弱，就会降低人们以后的工作积极性；而如果把失败归因于不稳定因素，如运气不好或努力不够，可能提高人们以后的工作积极性。

归因理论中十分有趣的发现之一是在进行归纳时常常存在归因失真的错误或偏差。一种是基本归因错误（fundamental attribution error），即判断他人的行为时，尽管有充分的事实依据，但总是带有一定的倾向性，即低估外部因素的影响并高估内部或个人因素的影响。例如，当销售代表的业绩不佳时，销售经理更倾向于归因为下属的懒惰而不是竞争对手拥有革新产品。归因中的另一种倾向性是自我服务偏见（self-serving bias），即把自己的成功归因于内部因素（如能力或努力），而把自己的失败归结为外部因素（如运气）。自我服务偏见告诉我们，对员工绩效评估结果的反馈很可能会被员工曲解，这取决于反馈是正向的还是负向的。大多数证据表明歪曲归因的错误偏见存在文化差异。比如，对韩国管理者进行的研究发现，与自我服务偏见正好相反，他们倾向于主动承担群体失败的责任——"因为我不是一个称职的领导人"，而不是把失败归因于群体成员。归因理论很大程度上以美国人和西欧人的实验研究为基础，但对韩国人的研究提醒我们，在对美国之外的国家运用归因理论进行预测时应该慎重，尤其是那些有着强烈集体主义传统的国家。

行动指南

你被解雇了

在一个经济滑坡和大量失业的时代，失去一份工作并不是一种耻辱，但是它仍有伤害性！你必然会问自己：出了什么错？我原本可以做得更好！并且也许最重要的是：现在我打算做什么呢？对大多数人来说，从事一项随时会失业的工作总是充满压力的。它被看作是黑暗的日子和一顿短暂的宴席最糟的组合。被解雇时要承受的巨大心理压力对每个人来说都是可怕的挑战。然而，你确实能做某项能增加你成功机会的工作，且最终以一份非常满意的工作而告终。下面提供了一些建设性的建议。

① 尽管有被解雇的心理压力，但仍要工作。从感情上来说，人们常常会是失业后隐居或阶段性休整，但专家建议失业后马上开始寻找一份新工作是十分关键的。开始一两次也许很难，但很快你会好起来，而且你越是跟人们交谈也就会越快地找到另一个岗位。当然，要达到你以往良好的精神面貌也许是一个较长较慢的过程，这取决于你的恢复能力。保持一份幽默很有帮助。华尔街杂志的哈尔-兰卡斯特（Hal Lancaster）建议"被解雇是一种告诉你在第一个地方找错了工作的自然方法"。

② 思考错在什么地方。这一步从心理上来说，是尽力解决当前问题的重要方面。专家建议假如你不明白是什么导致被解雇，你就会犯同样的错误。他们进一步建议你需要与你的前任老板、合作者及朋友交谈以寻求真诚的反馈来帮助你了解自己的实力和弱点。当然，这样做也许很困难，因为很多公司的人力资源专家们在辞退你时，为了减少诉讼案件而尽可能说得很少。假如你不能从以前的雇主那里得到评价，专家建议利用职业评估师来帮助你做同样的评价。

③ 与你的老雇主共同拟订一份离职声明。专家们总是说从老雇主那里取得一份书面资料将是你今后寻找工作时的一笔财产。特别建议要有一份材料，介绍在前一份工作中你完成的事项，随后一段须解释为什么要离开。在这样一份材料中给出许多社会上都接受的理由：在管理方式上的变化，策略上的变化，公司的愿望与雇员的想法不一样等。被解雇人员经常能够从前面的雇主或其他高级员工中得到这样一份材料。人们普遍乐于助人，并且假使这种请求是出于一种建设性的解决问题的意图，很多情况下老雇主是乐意写一封既不谴责公司又不伤害你自己的书信或其他文件的。这种处理的优点是创造一个好情形，使未来的员工从老雇主或求职者那里听到这个相同的"故事"。

④ 对你的解释内容避免负面归因。专家们说你不应该说任何你的老雇主的坏话。不要找借口；不要贬低曾与你共事的人们；也不要因任何事埋怨别人。集中于你所获得的书面材料中的积极方面。对你的失败和成功都要负起责任。尽快对将来进行讨论研究，强调你从前一份工作中学会的一切并且专注于你能为一个新雇主做些什么。

很少有人知道阿瑟·布兰克（Arthur Blank）和伯纳德·马库斯（Bernard Marcus）曾是加利福尼亚的一家零售店汉迪·丹（Haandy Dan）的经理，因为与连锁店老板个性上的冲突而被炒了鱿鱼。而绝大多数人只知道他们被解雇之后的特别成功的事业：家用仓储式（www. homeDepot.com）连锁超市。假如当初汉迪-丹没有开除他们，布兰克和马库斯说，也许就永远不会有今天的成就。

归因不仅是一种心理过程，而且是人类的一种普遍需要。归因理论的基本思想是："寻求"理解是人类行为的基本动因；因果关系知觉是解释行为的基本原理；可觉察到的原因是推断动机思维的核心。归因理论揭示了人的行为的复杂性。掌握了人的行为归因的规律，就可以根据已有的归因模型，对理解和解释人的行为的归因倾向进行引导，从而更好地激发人的工作动机，调动人的工作积极性。

10.2.4　当代动机理论的整合

当代动机理论包括6种理论：目标设置理论、期望理论、需要理论、强化理论、公平理论、具有激励作用的工作设计。这些理论中很多思想是互为补充的，因此不能孤立地看待这些理论。只有将各种理论融会贯通，才能更深刻地理解如何激励个体。

1. 目标设置理论

目标—努力链表明了目标对行为的指导作用。目标设置理论的中心内容是激励员工为其所从事的工作或者所服务的组织贡献自己的投入。从这个角度来讲，它和期望理论、公平理论是相似的。

2. 期望理论

期望理论认为，如果个体感到在努力与绩效之间、绩效与奖赏之间、奖赏与个人目标满足之间存在密切联系，他就会非常努力地工作。但每种联系又受到一些因素的影响。个人的绩效水平不仅取决于个人的努力，而且取决于个人完成工作的能力，以及组织中有没有一个公正、客观的绩效评估系统。对于绩效与奖赏之间的关系，如果个人感到自己因为绩效因素而不是其他因素（如资历、个人爱好或其他标准）而受到奖励，那么这种联系最强。

3. 公平理论

奖励在公平理论中也有重要作用。个人经常会将自己的努力与得到的奖励比率与相关他人的比率进行对比，若感到二者不平等，就会影响个人的努力程度。为实现有效激励，管理者必须深入了解员工对其劳动报酬是否感到公平，并通过合理分配报酬、调节奖励形式、纠正认知偏差、适当减少比较机会等方式消除不公平感，力求使每个员工都得到公平的报酬和待遇，进而增加其满足感。

4. 需要理论

奖赏与目标之间的关系中，需要理论起着重要作用。当个人由于工作业绩而获得的奖赏满足了指向个人目标的主要需要时，就会表现出极高的工作积极性。高成就需要者不会因为组织对他的绩效评估或组织提供的奖赏而受到激励。这些人不关心努力与绩效、绩效与奖赏，以及奖赏与目标之间的关系。对他们来说，努力和个人目标直接相关。对于高成就需要者而言，只要他们从事的工作能提供责任感、信息反馈、中等程度的冒险，他们就会产生完成工作的内部驱动力。

5. 强化理论

强化理论通过组织提供的奖励对个人绩效的强化体现出来。如果管理者设计的奖励系统在员工看来是致力于奖励优异工作绩效，那么这种奖励就会进一步强化和激励良好的绩效水平。

6. 具有激励作用的工作设计

工作设计（任务本身的特征）从两个方面影响工作动机。第一，如果在五个维度基础上进行工作设计，则可能使员工有更高的业绩水平。因为个人会因工作本身的特点而激发工作积极性。这种做法增强了努力与绩效之间的联系。第二，围绕五个核心维度进行的工作设计，还可以提高员工对工作中核心因素的控制。当工作中可以提供自主性、信息反馈或类似特点时，将有助于满足员工的个体目标，因为他们希望获得对工作的更进一步的控制。

管理技能训练

选择最有效的激励因素

一、训练目标
（1）增强对激励因素、激励理论的认识。
（2）掌握激励因素、激励理论的具体运用方法。
二、训练要求
（1）完成问卷：当你试图激励某人时，你使用下列方法的频率是多少？
（2）采用下列计分方法：VI（极少），I（较少），S（有时），F（经常），VF（很频繁）。
三、问卷内容

	VI	I	S	F	VF
1. 我问他想要得到什么。	1	2	3	4	5
2. 我试着指出那个人是否拥有我所需要的能力。	1	2	3	4	5
3. 当另一个人总是拖拖拉拉时，那就意味着他非常懒。	5	4	3	2	1
4. 我告诉别人我正在为了达到我的目标而努力。	1	2	3	4	5
5. 为了激励别人，我愿意给他一些奖励。	5	4	3	2	1
6. 当一个人为我做事时，我会给他提供一些反馈。	1	2	3	4	5
7. 我会吓唬他以便他立即去做我让他做的事情。	5	4	3	2	1
8. 我要确定所有人都被公平对待。	1	2	3	4	5

9. 我相信足够的微笑可以使别人为我更加努力地工作。　　　5　4　3　2　1

10. 我会通过吓唬别人来满足我的需求。　　　　　　　　　5　4　3　2　1

11. 我会明确有哪些需要会被满足。　　　　　　　　　　　1　2　3　4　5

12. 总会对那些帮助我完成工作的人给予表扬。　　　　　　1　2　3　4　5

13. 完成工作是应该的，所以我很少会给予表扬。　　　　　5　4　3　2　1

14. 我会让人们知道他们怎样才能达到我的期望。　　　　　1　2　3　4　5

15. 为了保证公平，我会给所有的人同样的奖励，无论他们表现如何。

　　　　　　　　　　　　　　　　　　　　　　　　　　5　4　3　2　1

16. 当一个人为我工作时的表现非常好，我就会马上认识到他的成就。

　　　　　　　　　　　　　　　　　　　　　　　　　　1　2　3　4　5

17. 在给某人奖励之前，我会试着找出什么奖励对他最有吸引力。

　　　　　　　　　　　　　　　　　　　　　　　　　　1　2　3　4　5

18. 我认为不该对有偿劳动表示感谢。　　　　　　　　　　5　4　3　2　1

19. 如果人们不知道该如何完成一项任务，他们就会缺乏积极性。　1　2　3　4　5

20. 如果能够正确地设计，许多工作本身就是一种奖励。　　1　2　3　4　5

四、成果与检测

每个人都要认真完成问卷，把每项得分加起来，就是该问卷的总分。

（1）90～100 分，表明你具备较高的知识和能力来激励工作环境中的其他人，继续坚持下去。

（2）50～89 分，表明你具有一般的知识和能力来激励工作环境中的其他人，通过进一步学习，可以得到更高分。

（3）20～49 分，为了激励工作环境中的其他人，需要大量学习激励的知识和方法。

五、技能任务

（1）根据测试结果，找出分数最高的 5 个激励因素。

（2）这个测试带给你怎样的启示？

10.3　激励的基本方法

　　根据各种激励理论，管理者激励下属可采用多种方法和手段。其中最基本的方法是：工作激励、成果激励和培养教育。工作激励是指通过设计合理的工作内容，分配恰当的工作来激发员工内在的工作热情；成果激励是指在正确评估员工工作成果的基础上给予其合理的奖罚，以保持员工行为的良性循环；培养教育是指通过思想、文化教育和技能培训，提高员工的素质，从而增强员工的进取精神和工作能力。具体来说，可以运用激励理论，采用以下方法来激励员工。

1. 合理设计和分配工作

　　根据激励理论，一个人的投入产出率取决于其所从事的工作是否与其所拥有的能力、动机相适应。通过合理地设计和分配工作，能极大地激发员工内在的工作热情，提高其工作业绩。这就要求在设计和分配工作时与其能力相适应，所设计的工作内容符合员工的兴趣，所提出的工作目标富有挑战性。

（1）工作内容与员工的特长和爱好相结合

管理者在设计和安排工作前，首先要对每个员工的才能结构有一个比较清楚的认识。根据各人不同的才能结构来设计和安排工作，把人与工作有机地结合起来，使每个人都从事其最擅长的工作。

双因素理论认为，能够激发人的工作动机的因素主要来自于工作本身。当一个人对某项工作真正感兴趣并爱上此项工作时，会千方百计地去钻研、克服困难，努力把工作做好。因此，设计和分配工作时，要在条件允许的情况下，尽可能地把一个人所从事的工作与其兴趣爱好结合起来。

（2）工作目标具有一定的挑战性

根据成就激励理论和目标设置理论，人们的成就需要只有在完成了具有一定难度的任务时才会得到满足。因此，设计和分配工作时，不仅要使工作的性质和内容符合员工的特点和兴趣，而且要使工作的要求和目标富有挑战性，这样才能真正激发员工奋发向上。例如，管理者要安排一项任务，是把任务交给能力远远高于任务要求的员工还是交给工作能力远远低于任务要求的员工？

正确的做法是：把任务交给一个能力略低于工作要求的员工，或者说，应该对员工提出略高于其实际能力的工作要求与目标。如果员工不努力，任务将难以圆满完成；但只要员工在工作中积极思考和努力，工作就有可能完成。这种做法不仅能在工作中提高员工的工作能力，而且会使员工获得一种成就感，从而较好地激发员工内在的工作热情。

2. 针对员工的需求给予合理的报酬

根据需要理论和期望理论，一位员工之所以愿意积极地去从事某项工作，是因为从事这项工作能在一定程度上满足其个人的需求。工作本身给员工带来的需求的满足是即时的和直接的，它使人们感受到了成功的喜悦、自我价值和社会的承认等。同样，工作以外的奖励，如金钱、就业保障、晋升等也能在一定程度上满足人们的生理需求和心理需求。管理者要想员工的行为向着有利于组织目标的方向行动，就必须把奖励的内容与员工的需求相结合，奖励的多少与工作业绩的高低挂钩。

（1）奖品必须能在一定程度上满足员工的需求

首先管理者要了解员工的需求，据此确定合适的奖品。管理者如何才能了解员工的真正需求呢？一种方法是根据前人的或组织内部进行的研究结果。马斯洛对人类需求的研究结果为管理者认识员工的需求提供了一个基本框架。另一种方法是直接询问员工或者通过与员工一起工作与生活来体验员工的需求。此外，与员工保持良好的人际关系，也便于管理者获得有关员工需求的信息。奖励可以是物质奖励，也可以是精神鼓励；可以是正奖励（奖），也可以是负奖励（罚）。但不管怎样，都必须针对员工的需求。

（2）奖励的多少应与员工的工作业绩挂钩

管理者奖励员工的目的是使员工的行为有助于组织目标的实现，如果奖励不与员工工作业绩挂钩，奖励也就失去了意义。怎样才能把奖励与员工工作业绩挂钩呢？在实践中，常用的方法有以下几种。

① 按绩分配，即直接按照工作业绩的大小支付报酬。业绩越好，报酬越多，如绩效工资制。这是最古老的奖励方法，它使每位员工都专注于自己的工作。

② 按劳分配，即根据工作量支付报酬。一个组织中很多工作的完成得益于群体努力，而很多工作无法用客观标准来衡量业绩的大小。在工作无法用客观标准来衡量业绩的大小的情况下，管理者就只能根据对每位员工工作量大小的评估进行奖惩。

③ 目标考核法，即按一定的指标或评价标准来衡量员工完成既定目标和执行工作标准的情况，根据衡量结果给予相应的奖励。这种方法比较适用于管理人员的考评。

不管采用哪种方法，在对员工进行成果评价时都必须做到客观公正。因为按照"公平理论"，人们会对自己的报酬公平与否进行比较，并根据比较的结果采取相应的行动。

3. 通过教育培训，增强员工自我激励的能力

员工的工作热情和积极性通常与自身素质有关。一般而言，自身素质好的人，自信心和进取心就强，比较注重高层次的追求。通过教育和培训，增强员工的工作能力，提高员工的思想觉悟，从而增强其自我激励的能力，是管理者激励和引导下属行为的一种重要手段。教育培训的内容主要包括思想教育和业务知识与能力培训。

（1）通过思想教育树立崇高的理想和职业道德

通过对员工进行科学的世界观教育，可以帮助员工正确地认识自身的价值，树立正确的职业道德观，促使他们在工作中认真负责、勇于进取、积极肯干。思想教育的内容主要包括企业文化理念、厂规厂纪、职业道德教育等。管理者在进行思想教育时，要注意坚持理论联系实际，防止空洞说教；平等对待员工，防止以"教育者"自居；注意表扬与批评相结合，以表扬为主；在注意提高员工思想认识的同时，切实解决员工在工作和生活中遇到的实际困难；要以身作则，用行动去影响员工。只有这样，才能使思想教育对员工有吸引力、说服力，起到预期的激励效果。

（2）通过专业技能培训提高员工的工作能力

对员工进行专业技能培训，对于激发员工的进取心和提高员工的工作业绩是十分重要的。专业技能培训，应根据组织的特点和员工个人的特点，有计划、有组织、有重点地进行。对于管理人员，既要注重通过理论学习，使他们掌握现代化管理的新知识和新方法，又要注重在实践中培养，以提高其解决实际管理问题的能力；对于一般员工，既要进行基础教育，提高他们的文化水平，又要结合本职工作，进行相关作业的基本技能训练。

以上激励手段，不管采取何种形式，都是外在激励与内在激励的统一。通过外部因素来诱使员工内在动力的产生，是管理者激励工作的要旨。

管理问题探讨

提拔错了吗?

李琳是一家房地产公司负责销售的副总经理，她把公司里最好的销售员王美提拔起来当销售部经理。王美在这个职位上干得并不怎么样，她的下属说王美待人不耐烦，几乎得不到她的指导与帮助。王美也不满意这份工作。当销售员时，她做成一笔买卖就可以立刻拿到奖

金，可当了经理后，她干得好与坏取决于下属的工作，她的奖金也要到年终才能定下来。王美现在和过去判若两人，李琳被搞糊涂了。一位管理咨询专家研究这一情况后得出的结论是：对王美来说，销售部经理一职不是她所希望的，她不会卖力工作以追求成功。

问题： 请分析管理咨询专家为什么会得出这个结论？

10.4 员工激励实践

激励的过程是复杂的，但在复杂之中又有规律可循。只有尊重人的需要，并将人的需要与组织的需要结合在一起的激励，才是有效的激励。

管理问题探讨

为什么激励效果事与愿违？

某民营企业的老板通过学习有关激励理论，受到很大启发，并着手付诸实践。他赋予下属员工更多的工作和责任，并通过赞扬和赏识来激励下属。结果事与愿违，员工的积极性非但没有提高，反而对老板的做法强烈不满，认为他是在利用"诡计"来剥削员工。

问题： 请根据所学习的有关激励理论，分析该老板做法失败的原因并提出建议。

10.4.1 斯坎伦计划和利润分享计划

基于组织的绩效报酬计划包括斯坎伦计划和利润分享计划。

1. 斯坎伦计划

斯坎伦计划是 20 世纪 20 年代，一家锡铁厂的工会领导人约瑟夫·斯坎伦（Joseph Scanlon）制订的。该计划的主要目的是减少开支或者节约成本，组织成员会积极地提出和实施成本削减策略，因为在一定时期内节约成本的一定比例会作为报酬返回到员工手中。

2. 利润分享计划

利润分享计划是指员工根据工作绩效而获得一部分公司利润的组织整体激励计划，是由企业建立并提供资金支持，让其员工或受益者参与利润分配的计划。在利润共享的情况下，员工能够享受组织的一部分利润。利润分享计划是一次性支付的奖励，它不会进入到雇员的基本工资中去，因而不会增加组织的固定工资成本。在实际运用中，利润分享计划在成熟型企业中显得更为有效。不管具体使用哪一种报酬计划，管理者都应该努力把报酬和行为绩效联系起来。

10.4.2 十种需要奖励的行为

激励的关键是对那些组织所需要的行为进行奖励，对那些不利于组织目标实现的行为进行惩罚。以下列出了十种需要奖励的行为，与其对应的就是不能奖励甚至需要加以惩罚的行为。

① 彻底解决问题的行为而不是"特效药"行为。

② 承担有风险的行为，而不是规避风险的行为。

③ 善用创造力的行为，而不是愚蠢盲从的行为。

④ 采取果断的行为而不是只说不做。

⑤ 多动脑筋而不是一味苦干。

⑥ 鼓励简化，而不是坚持不必要的复杂化的行为。

⑦ 沉默而有效率，而不是喋喋不休。

⑧ 做有质量的工作，而不是匆忙草率的工作。

⑨ 鼓励忠诚而不是跳槽的行为。

⑩ 鼓励团结合作而不是不良竞争。

拓展阅读

找到团队需要的可靠的人

以下 13 个问题将有助于你找到团队需要的可靠的人：

① 谁很少缺席？

② 谁在压力下仍表现优秀？

③ 谁总是可以随时做出高质量的工作？

④ 当团队需要时，谁愿意再次努力？

⑤ 当缺少人手时，谁能值得你信任并委以重任？

⑥ 谁不厌烦别人老是给他建议和指导？

⑦ 谁能沉默、谦虚到除了他的优异工作外，你根本不知道他在哪儿？

⑧ 老板不在时，谁能做得和老板在时一样好？

⑨ 谁解决的问题总是比他制造的问题多？

⑩ 谁帮助别人把他们的工作做得更好？

⑪ 谁经常努力改进自己的工作？

⑫ 谁协调了冲突、加强了合作，并且振奋了同事士气？

⑬ 每当你需要时，谁总是在你的左右支持着你？

10.4.3　十种奖励优良工作的方法

1. 金钱

大多数人从事工作的主要目的是金钱。这里并不是要求管理者只向钱看，把它作为唯一的激励工具。我们只是阐述一个明显的事实：如果金钱这种刺激手段被取消，那么人们就可能不会去工作。金钱收入，不仅包括工资、奖金、员工持股、各种形式的津贴，还包括各种福利、奖品，如汽车、住房等。这些需要对员工的吸引力越大，就越能发挥巨大的激励作用。

拓展阅读

以股票期权为主体的薪酬制度

股票期权（stock options）是一种金融工具，它赋予员工以指定的价格购买一定数额的股票的权利。使用股票期权的最初目的是让员工当家做主，这样他们就更有动力为公司的成功努力工作。如果公司效益好，股票的价格就会上升，股票期权的价值就更高。

在西方发达国家，以股票期权为主体的薪酬制度已经取代了以"基本工资＋年度奖金"为主体的传统薪酬制度。有关统计数据表明，全球前500家大工业企业中，有89％的公司已对其高级管理人员采取了股票期权激励机制。股权激励是现代公司制企业以公司股权为利益载体，借助于企业的价值追求与企业员工利益协调互动的模型，谋求极大地激化员工主动性和创造力的一种全新的激励方式。它的出现，是企业物质激励方式的一次深刻变革。同时，经理股票期权作为长期激励机制，有助于解决股东与经营者之间的代理问题，并实现剩余索取权和控制权的对应，因而能鼓励经理人员克服短期行为，更多地关注公司的长期持续发展。相对于以"工资＋奖金"为基本特征的传统薪酬激励体系，股权激励使企业与员工之间建立了一种更加牢固、更加紧密的战略发展关系，适应了信息经济环境下人力资源资本化的时代要求，为解决我国企业目前广泛存在的"所有者责任缺位""委托代理链的责任衰减与成本攀升""内部人控制""经营者伦理风险"等问题提供了一种现实选择和有效途径。

---

2. 认可

在削减成本盛行的经济萧条中，认可是奖励员工的一种低成本方法，而且大多数员工认为这种奖励是有价值的。大部分人并不在意努力工作的艰辛，但他们却在意自己的努力被视为理所当然，这会使他们觉得沮丧，没有被重视。当这种事情发生后，他们就会停止努力或从事妨碍生产的行为来反击。马斯洛认为，除了少数有病态心理的人外，社会上所有的人都有一种对于他们稳定的、牢固不变的、通常较高的评价的需要，有一种对于自尊、自重和来自他人的尊重的需要。

行动指南

常用的认可方法

常用的认可方法有以下几种。

① 本月英雄榜。可以用来奖励最高的销售成绩、最好的产品质量、最有进步、最少缺席，或其他你认为重要的表现；用证书、奖状、奖章来奖励完成重要目标的人。

② 出风头的机会，如在公司内部报刊上报道。

③ 职务头衔的改变。

④ 公开表扬做得好的工作。

⑤ 公开宣布红利和晋升。

⑥ 来自高级主管的特别赞誉和关注。

⑦ 在宴会或大会上颁授荣誉或奖励。

⑧ 杰出工作或杰出人员图片展。

3. 休假

休假是一项非常有利的诱因，特别是对于那些希望拥有从事其他活动自由的年轻员工来说。而且，它也是防止员工养成浪费时间习惯的好方法。

① 在工作允许的情况下，实行弹性工作制。也就是规定一个时间范围，只要在这个范围内完成任务就可以了，剩余的时间归员工自己支配。

② 在工作清闲的时候补偿加班所占用的假日。

③ 可以用带薪假奖励质量、安全、团队合作方面的优异者，或是认为重要的其他任何表现。

4. 行动参与权

下级参与管理，有利于集中群众意见，防止决策的失误；有利于下级受尊重心理的满足，从而受到激励；有利于强化下级对决策的认同感，从而激励他们积极自觉地推进决策的实施。

5. 喜欢做的工作

由于员工从事自己喜欢的工作时能发挥其特长、提升工作热情，因此可以把更多员工喜欢的工作分配给他们，作为对其良好表现的奖励或者免除他们不喜欢的工作作为奖励。

6. 晋升

对于有较高权力需要的员工，可以给予行政管理职务的晋升；而对于那些热衷专业技术提升、具有较高成就需要的员工，可以从技术职务上加以晋升。

7. 自由

管理者尊重下级的心理，通过目标管理等方式，明确目标与任务，提出规范与标准，然后大胆放权，让下级独立运作、自我控制。这种情况下，下级将受到巨大激励，对由自己自主管理的工作高度感兴趣，并以极大的热情全身心投入。对管理者而言，只要结果正确，不用在意被管理者如何去做；如果工作性质允许，甚至可以准许员工在工作场所以外的地方或家中做部分工作。

8. 自我成长

让员工有一个自我成长的空间和目标。目标可以引导员工采取行动，目标是管理激励中极为重要的诱因。可以用作激励的目标主要有工作目标、个人成长目标和个人生活目标，管理者可以通过对这三类目标的恰当选择与合理设置，有效调动员工的积极性。自我成长的奖励有两种基本方式：一是给予员工能够激发他们创造力且能够提供他们自我肯定和成长机会的工作；二是提供接受培训和受教育的机会来奖励表现优秀的员工。

9. 乐趣

管理者要善于研究人与工作的性质与特点，用人所长，用人之兴趣，科学调配与重组，实现人与事的最佳配合，尽可能地使下级对工作感到满意。

10. 关怀

"以人为本"要求管理者不能只关心员工的工作，还应该在生活上对员工给予关心照顾，不仅使员工获得物质上的利益和帮助，还要使其获得尊重和归属感上的满足，从而产生激励作用。

这十种奖励方法中，金钱和认可被认为是两种最有力的奖励方法。人们还常常把这十种激励方式归纳为物质激励（如金钱）、精神激励（如认可）、工作激励（如休假、行动参与权、喜欢做的工作、晋升、自由、成长、乐趣等）和情感激励（如关怀）。

提高激励效果的几点建议。结合经典的激励理论和案例，可以得出以下一些提高激励效果的方法：需要什么行为，就奖励什么行为；不需要什么行为，就制止什么行为，更不能不经意地去奖励它；区分各个对象的差异，用员工的需要奖励员工；设定恰当的目标，将奖励与绩效挂钩；尽可能保持分配的公平合理。

拓展阅读

绩效工资方案

绩效工资方案指的是在绩效测量的基础上支付员工工资的薪酬方案，如计件工资方案、奖励工资制度、利润分成、包干奖金等。

这种工资方案与传统的薪酬计划的差异在于：它并不基于员工工作时间的长短支付工资，而是在工资中反映绩效测量的结果。这些绩效测量结果可以包括：个体生产率、工作团队或群体生产率、部门生产率、组织总体的利润水平。

绩效工资这种报酬形式最符合期望理论的观点。当个体认识到他们的工作业绩与获得的奖赏之间有密切关系时，激励效果最佳。如果仅仅在非绩效因素（如资历、头衔、员工全体调级）的基础上分配奖赏，则员工可能会降低努力水平。从激励角度看，如果员工的工资中有一部分甚至全部以绩效测量为基础，会使员工关注这些绩效测量，并为此付出努力，而努力之后得到的奖赏又会强化这种联系。

绩效工资方案是否有效？研究表明，大多数情况下，它有一定效果。一项研究发现，使用绩效工资方案的公司相比不使用绩效工资方案的公司从财务多角度上看，运转得更好。另一项研究表明，基于结果进行奖励的绩效工资方案，对销售额、顾客满意度及利润都有着积极影响。如果组织使用了工作团队，管理者应当考虑群体绩效动机，管理者应当明确地知道个人工资与他们所期望的恰当的绩效水平之间的关系。绩效工资方案中工资和绩效之间的联系没有员工股票期权的关系明显。

本 章 小 结

　　激励是利用某种有效手段或方法调动人的积极性的过程。激励的过程就是管理者引导并促进工作群体或个人产生有利于管理目标行为的过程。

　　激励理论是研究如何有效地调动人的积极性的理论。它研究的主要问题是：作为领导者或管理者，应该如何正确地开展激励工作，如何根据人们的需求和人类自身的规律，选择正确的激励方法。无论是企业界还是理论界，人们对激励问题都给予了极大的关注。许多学者经过大量的实证研究，提出了各自的激励理论。这些理论大致上可以划分为三大类：内容型激励理论、过程型激励理论和行为改造型激励理论。

　　内容型激励理论主要有马斯洛的需要层次理论、艾德弗的 ERG 理论、麦克利兰的成就激励理论（三种需要理论）和赫茨伯格的双因素理论四种。

　　过程型激励理论主要由弗鲁姆的期望理论、亚当斯的公平理论和洛克的目标设置理论组成。

　　行为改造型激励理论主要有斯金纳的强化理论、挫折理论和归因理论三种。

　　十种奖励优良工作的方法是：金钱、认可、休假、行动参与权、喜欢做的工作、晋升、自由、自我成长、乐趣和关怀。

章节同步测试

一、单选题

1. 激励的过程实际就是一个由（　　）开始，到需要得到满足为止的连锁反应。

　　A. 动机　　　　　　　　B. 行为　　　　　　　　C. 需要　　　　　　　　D. 刺激

2. （　　）是美国哈佛大学心理学教授斯金纳提出的，也叫操作条件反射理论、行为修正理论。

　　A. 需要理论　　　　　　B. 强化理论　　　　　　C. 期望理论　　　　　　D. 公平理论

3. 麦克利兰经过多年研究，于 1969 年出版了《激励经济成就》一书，在书中他将人的需要归纳为三大类：成就需要、（　　）和归属需要，从而形成了三种需要理论。

　　A. 权力需要　　　　　　B. 生理需要　　　　　　C. 安全需要　　　　　　D. 自我实现需要

4. 美国心理学家马斯洛于 1943 年提出了需要层次理论。该理论假设每个人都有五个层次的需要，其中最高层次的需要是（　　）。

　　A. 生理需要　　　　　　B. 社交需要　　　　　　C. 安全需要　　　　　　D. 自我实现需要

5. 美国心理学家（　　）于 20 世纪 50 年代提出了著名的双因素理论。该理论将员工的需要归结为两类因素，即激励因素和保健因素，也被称为激励-保健理论。

　　A. 马斯洛　　　　　　B. 麦克利兰　　　　　C. 赫茨伯格　　　　　D. 斯金纳

二、多选题

1. 许多学者经过大量的实证研究，提出了各自的激励理论。这些理论大致上可以划分为三大类，分别是（　　）。

　　A. 内容型激励理论　　　　　　　　　　B. 需要型理论

　　C. 强化型激励理论　　　　　　　　　　D. 行为改造型激励理论

　　E. 过程型激励理论

2. 下列理论中，属于当代动机理论的有（　　）。

　　A. 目标设置理论　　　　　　　　　　　B. 强化理论

　　C. 期望理论　　　　　　　　　　　　　D. 公平理论

　　E. 具有激励作用的工作设计

3. 在激励的过程中，哪四个基本要素互相作用，构成了对人的激励？（　　）

　　A. 行为　　　　　　B. 外部刺激　　　　　C. 需要　　　　　　D. 动机

　　E. 内部刺激

4. 下列理论中，属于内容型激励理论的有（　　）。

　　A. ERG 论　　　　B. 需要层次论　　　　C. 成就激励论　　　　D. 期望理论

　　E. 双因素论

5. 过程型激励理论主要由（　　）组成。

　　A. 需要层次理论　　　B. 期望理论　　　　C. 公平理论　　　　D. 强化理论

　　E. 双因素理论

三、名词解释

强化理论　　三种需要理论　　挫折理论

四、简答题

1. 简述内容型激励理论的内容。

2. 简述提高激励效果的方法。

第 11 章

管 理 方 法

管理职能是对管理者"应该做什么（what to do）"的回答，管理方法则是解决管理者"应该怎么做""可以怎么做（how to do）"等问题。管理职能和管理方法相辅相成，共同决定了管理活动的效率和效果。

知识目标	能力目标
● 管理的基本方法；	● 思辨能力；
● 团队管理法；	● 分析问题的能力；
● 目标管理法；	● 解决问题的能力；
● 问题管理法	● 团队合作能力

11.1 管理的一般方法

管理方法是指为实现管理目的而运用的手段、方式、途径和程序等的总称。管理方法对于管理者，就像个人生存能力之于社会生存一样，是至关重要的基础条件。管理的一般方法包括：管理的法律方法、管理的行政方法、管理的经济方法和管理的教育方法。

导入案例

华为的管理

作为中国领先并享誉全球的科技公司，华为已成为中国企业界公认的管理标杆。华为重视管理，并创造性地发展了很多管理方法，其中高、中级主管岗位轮换是非常突出的一种。

华为创始人任正非说："华为人需要选择做奋斗者，不能太舒服，太舒服了就没有了追求。"任正非希望通过易职、易岗、易地的措施，激励每一位华为人时刻努力工作，不断学习，在工作中积累经验和能力。华为的每一位主管几乎都有过轮换经历。调换工作职位或者部门，甚至工作地点，对他们来说再平常不过了。毛生江就是华为通过岗位轮换培养人才的典型例子。从1992年正式进入华为，到2000年成为华为集团执行副总裁。在这8年里，毛生江的职务变了8次，他自己都不确定下一个小时会被派去哪个部门、哪个城市，对于如此频繁的职位变动，毛生江并没有觉得反感，而是很赞同。他说："岗位轮换培养了我适应新环境的能力，也加强了我对其他业务工作的全面了解，从而提高了我对全局性问题的分析能力。因此，这种方法不仅开阔了我的眼界，也扩大了我的知识面。"轮岗是培养综合人才、激发团队活动的一种有效管理方法。如今，华为的岗位轮换制已成为众多企业效仿的对象。

1. 管理的法律方法

法律方法就是把管理中比较成熟、比较稳定、带有规律性的原则、制度和方法，以经济法律、法令、条例等形式固定下来，作为调整国家、地方、企业和个人经济活动的法律规范，并由国家司法机关强制实施，以保证社会经济活动具有良好的经济秩序。

（1）法律方法的内容

法律方法主要包括两方面的内容：一是建立健全各种法规；二是注重这些法规在司法工作中的运用。这两者相辅相成，缺一不可。法律方法运用的法律规范包括：法律、法令、条例、决议、命令、细则、合同、标准、规章制度及各级机构和管理系统所制定的具有法律效力的各种社会规范。法律方法的实质是体现全体人民的意志，并维护他们的根本利益，代表他们对社会经济、政治、文化活动实行强制性的统一的管理。

（2）法律方法的特性

法律方法的特性可归纳为以下几点：概括性、规范性、强制性、稳定性和预见性。法律方法在管理中能保证社会经济运行的必要秩序，使管理系统具有稳定性，能调节各种管理因素之间的关系，从而促进管理系统的发展。

2. 管理的行政方法

行政方法是依靠管理机构和管理者的权力，通过带有强制性的指令性计划、命令、指示、规定及规章制度等方式，直接对管理对象发生影响和作用。行政方法是最古老的管理方法之一，当管理活动随着共同劳动出现后，行政管理方法就随之产生了。

（1）行政方法的实质

行政方法的实质是通过行政组织的职务和职位来进行管理。行政方法强调职责、职权、职位，而并非个人的能力或特权。

（2）行政方法的特性

行政方法的特性可归纳为以下几点：权威性、强制性、无偿性、层次性、保密性和灵活性。

行政方法的特点使其能保持管理系统的集中、统一，使企业生产经营活动协调一致。正确运用行政方法，既是管理职能的充分发挥，又是综合运用其他管理方法的重要手段和保证。

李佳的工作调动

三年前，某计算机公司招聘了两名计算机专业刚刚毕业的大学生张强和李佳，公司人事经理决定让他们从事市场营销工作。虽然两个人都愿意从事该项工作，但张强个性外向、热情、开朗，善于交际且主动；而李佳则与之相反。

一年后，张强完全适应了销售工作，且业绩出色，被提升为部门副经理；而李佳表现一般，仅能完成上级交给的任务。过了一段时间，李佳找人事主管谈话，说他对营销工作早已不感兴趣，准备辞职。人事主管经私下了解，得知李佳有极强的创新精神，高中时就获得过科技发明奖。人事主管和公司总经理找李佳做了一番长谈后，将李佳调到公司研发部工作。李佳到新的工作部门不到一年，通过两项发明就为公司创利20多万元。

3. 管理的经济方法

管理的经济方法是根据客观经济规律，运用各种经济手段，调节不同主体之间的关系，以获得较高的经济效益和社会效益的管理方法。

（1）不同的经济手段在不同的领域中发挥的作用

不同的经济手段在不同的领域中发挥的作用不同，具体如下。

① 价格。价格是计量和评价劳动的社会标准，价格体系合理是社会经济活动能实现良性循环的一个十分重要的条件。

② 税收。税收是国家取得收入的重要来源，也是国家宏观调控和管理经济的重要手段之一。

③ 信贷。信贷是最为灵活、最为有效的经济杠杆，是银行存款、贷款等信用活动的总称。具体的手段主要有：多贷、少贷、差别利率和贷款期限等。

④ 利润。在市场经济条件下，利润是反映经济组织经济效益的综合指标，利润把企业的经济利益和职工的经济利益结合起来，促使职工从个人利益的角度去考虑企业的经营及其结果。

⑤ 工资。此经济手段直接涉及企业和劳动者个人的物质利益，正确使用它，对于调动企业的经营积极性和职工的个人积极性有着重要作用。

⑥ 奖金与罚款。奖金与罚款最重要的是严明，该奖即奖，当罚则罚。只有如此才能成为有效的管理手段。

（2）管理的经济方法的实质

管理的经济方法的实质是围绕物质利益，运用各种经济手段正确处理好国家、集体与劳动者个人三者之间的经济关系，最大限度地调动各方面的积极性、主动性、创造性和责任感。

4. 管理的教育方法

教育方法是指运用社会学、心理学知识，了解人们的心理活动特点及在生产经营活动中的规律，根据企业需要，采用宣传、教育、培训的方式管理企业的方法。具体包括：人生观及道德教育；爱国主义和集体主义教育；民主、法治、纪律教育；科学文化教育；组织文化建设。

（1）教育方法的实质

教育方法的实质是提高人的各方面的素质，包括政治思想素质、文化知识素质、专业水平素质等。

（2）教育方法的特性

教育方法的特性包括：启发性、利益性、灵活性、互动性、更新性和长期性。教育方法是一种软方法，是企业管理的软科学性所决定的，也是企业管理基础工作的必然要求，并且遵循了现代企业管理的人本原理和动力原则的要求。教育方法完全是针对人们的思想意识和观念进行的方法。

11.2　团队管理法

团队是相对个体而言的。管理学家斯蒂芬·P. 罗宾斯认为，团队就是两个或者两个以上相互作用、相互依赖的个体为了特定目标而按一定规则结合在一起的组织。团队管理（team management）法是指通过对团队中不同人的组合、相互关系的调节、控制措施的实行，达成管理目的的一种方法。团队管理法关注的是将员工组合成一个群体，以激发员工的能动性和创造力为突破口，解决组织管理和经营中面临的各类问题。

1. 团队的构成要素

团队主要由以下要素构成。

① 共同的目标。目标不仅是团队成员的行动导航，也是团队之所以成为团队的必要条件和先决条件。

② 明确的分工。这里的分工不是指社会分工，而是指任务分工。

③ 人员的强联系。所谓人员的强联系，是指构成团队的人员之间有明确的联系方式、联系通道及关系约定。

拓展阅读

鲇鱼效应

西班牙人爱吃沙丁鱼，但沙丁鱼非常娇贵，极不适应离开大海后的环境。当渔民们把刚捕捞上来的沙丁鱼放入鱼槽运回码头后，过不了多久沙丁鱼就会死去。而死掉的沙丁鱼味道不好，销量也差。倘若抵港时沙丁鱼还活着，鱼的卖价就比死鱼高出若干倍。为了延长沙丁鱼的存活期，渔民们想了许多方法。

后来一位渔民想出一个法子：将几条沙丁鱼的天敌鲇鱼放在运输容器里。因为鲇鱼是食肉鱼，放进鱼槽后，鲇鱼便会四处游动寻找小鱼吃。为了躲避天敌的吞食，沙丁鱼自然加速游动，从而保证了旺盛的生命力。如此一来，沙丁鱼就一条条活蹦乱跳地回到了渔港。

---

2. 团队管理实务

无论打算建设怎样的团队，采用怎样的团队模式，对管理者都存在挑战。阶段性管理、冲突管理和角色管理是团队管理者无法回避的问题。

（1）阶段性管理

团队的形成需要经过一定的发展阶段。团队从组建到充分发挥功能，需要一段时间。一般来说，要经过形成阶段、震荡阶段、规范阶段、执行阶段和解体阶段。管理者必须清晰地识别团队的阶段性特征，并朝着更高效的方向发展。并非一个团队所处的阶段越高，就会变得更有效。在某些条件下，冲突水平高会导致团队的绩效高，当团队处于震荡阶段时，要比处于规范阶段和执行阶段时工作干得更好。另外，团队的发展阶段之间也并非泾渭分明，有时团队的几个阶段是同时发生的。管理者要注意团队是一个动态的实体。

（2）冲突管理

团队冲突（conflict）始终存在于团队发展的整个过程中。管理者应成为冲突的控制者、协调者、仲裁者。心理学家布朗在1979年提出了团队冲突管理策略。他认为，冲突过高时，要设法减低；冲突过少时，要设法增加，并从成员态度、成员行为、管理机制三个方面提出了管理冲突的策略。

有效管理团队之间的冲突，需遵循以下三条原则：分清楚冲突的性质，建设性冲突要适当鼓励，破坏性冲突应减至最低程度；要针对不同类型的冲突采取不同的措施；既要预防过大冲突，也要激发适当冲突。常见的冲突管理方法包括：规则（rules）、权责对等、谈判（negotiation）、第三者仲裁（arbitration）、吸收合并（merger）、强制（forced）和回避（avoidance）。

（3）角色管理

贝尔宾团队角色（Belbin team roles）理论指出，团队工作有赖于默契协作。团队成员必须清楚其他人所扮演的角色，了解如何相互弥补不足，发挥优势。该理论认为，一支结构合理的团队应该由8种角色组成。在后来的发展中，角色数量被修订为9种，如图11-1所示。

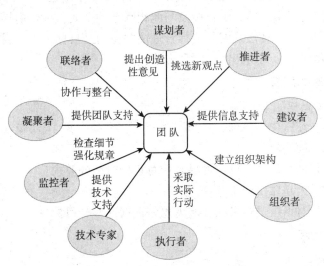

图11-1　团队成员所承担的角色

在团队中，多数成员只会扮演上述角色中的两个或三个角色。管理者需要了解每位成员能给团队带来的优势，在确保形成一个适合的个人优势组合的基础上来甄选团队成员，并且按照每位成员的个性、能力和兴趣偏好来分配工作。

大家一起来组建团队

假设你们老家有一些非常不错的特产，但因为缺少良好的品牌包装和市场运作，致使这些产品一直只能在小范围内销售。在了解了许多网上创业成功的故事后，你们中间的同学Ａ想借用互联网平台进行创业，把这些特产销往全国。他通过家里赞助及筹借等方式获得创业资金后，开始组建自己的创业团队。在组建创业团队时，他遇到了许多困难。下面实战模拟该如何化解他在组建创业团队过程中遇到的问题。

问题1：同学Ａ准备借由天猫、京东等平台，通过网店销售产品。按照网店运营要求，他的团队至少需要哪几类人才？

问题2：同学Ａ的团队需要做到每个人责权匹配、各负其责，保障网店良好运营，不断创造高绩效。他应该如何做好角色规范及拟定哪些团队规则？

问题3：在网店日常运行中，同学Ａ需如何引导团队成员的日常工作？当业绩不佳时，他又该做些什么工作？

11.3 目标管理法

目标管理（management by object，MBO）法是1954年由彼得·德鲁克提出来的。所谓目标管理法，是指通过明确的组织目标及与此相联系的个人目标，引导组织中的各类人群自我管理，实现管理活动的良性发展。目标管理法关注的是目标结果和目标引导，是以"结果管理"和"产出要求"为突出特性的管理方法。

1. 目标管理的基本思想

目标管理的基本思想如下。

① 企业的任务必须转化为目标。

② 目标管理是一种程序。

③ 每一个企业管理人员的分目标都是企业总目标对他的要求。

④ 管理人员和工人是靠目标来管理。

⑤ 企业管理人员对下级进行考核和奖惩也是依据这些分目标。

2. 目标管理的过程

目标管理的过程如下。

① 制定目标。

② 明确组织的作用。

③ 执行目标。

④ 成果评价。

⑤ 实行奖惩。

⑥ 制订新目标并开始新的目标管理循环。

3. 目标管理实务

目标管理关注结果，是一种结果导向的管理方法。目标管理工作主要集中于三个方面：目标确定、目标实现、目标评价与反馈。

（1）目标确定

确定的目标是目标管理的基础。目标的确定性可用 SMART 原则来衡量。

S（specific）：具体，强调目标要表述明确，不能宽泛定义。

M（measurable）：可衡量，强调目标应当是可衡量的。

A（attainable）：可实现，强调目标的难度要适宜，可以实现。

R（relevant）：必要性，强调目标应当是有用的。

T（time-bound）：时间限定，强调目标应当有明确的时间限制。

（2）目标实现

目标实现是指员工执行目标、达到目标成果的过程。在这一过程中，管理者应当关注目标排程，实行阶段性控制和反馈，以及进行过程纠偏。目标排程主要包括目标内容细分、责任人、工作方式、进度计划、资源配套等。管理者需要通过一系列的措施协助员工实现目标。一种常见的控制方法是里程碑计划。

所谓里程碑计划，是指通过建立里程碑和检验里程碑的达成情况来控制工作，保证目标实现。里程碑计划可采用图形方式，也可采用表格方式。

（3）目标评价与反馈

目标评价是检验目标实现程度的过程。目标实现程度的评价分为以下三个方面：目标达成程度；目标资源使用情况；目标的经验与改善空间。目标总结是目标管理的最后一个阶段。目标完成以后，各级执行者和管理者需反思目标执行过程中的问题和经验，形成书面总结报告。

管理技能训练

分享我的目标管理故事

华为创始人任正非曾说，没有总结就没有进步。目标管理的重要环节就是目标评价、总结和反馈。我们个人的学习、生活也需要目标，而且最好也要有意识地进行评价、总结和反馈。现在，仔细回想你曾经订立过的目标，讨论以下问题，从总结中进步。

1. 我曾订立过的一个目标

（说说为什么订立这个目标，要达成什么状态，当时的条件是怎样的）

2. 分析项目

（1）目标实现（或部分实现）了吗？

（2）当时是怎么执行目标的？

（3）遇到什么问题？怎么解决的？

（4）对目标管理有什么体会？

（5）可在哪些方面改进？

（6）结合目标管理的内容，你认为目标管理需要注意什么问题？

11.4 作业管理法

作业管理（job management）法是指将生产转化过程的科学性、有效性作为重点管理内容的管理方法。企业的生产转化过程是原材料、信息、技术、资本等资源经过生产活动的转化而输出产品或服务的过程，作业管理法是以这一转化过程为管理中心的管理方法。

1. 作业与作业管理的概念

（1）作业

作业是指为完成生产、学习等方面的既定任务而进行的活动。管理实务领域的作业，并非单指生产制造的流水线作业，而是各种工作共同表现出来的从投入到产出的转化过程。

（2）作业管理

作业管理是通过对作业要素的管理来实现目标的。作业管理的要素主要包括 5 个（5MIE）：人员（man）、机器设备（machinery equipment）、物料资源（material resource）、工作方法（working method）和作业环境（operating environment）。

2. 作业管理

作业管理着眼于计划和控制，体现为管理者在计划、控制方面的科学实践。

（1）作业计划

作业计划分为战略性作业计划和操作性作业计划。战略性作业计划决定了一个作业系统的合理规模、生产设施的选址、从输入到输出的最佳转换方法，以及最有效的设备与工作中心布局。操作计划由综合计划、主进度计划和物料需求计划（MRP）组成。

（2）作业控制

一旦作业系统已经设计并付诸实施，接下来的任务就是作业控制。作业控制包括成本控制（cost control）、采购控制（purchasing control）、维护控制（maintenance control）和质量控制（quality control）。

3. 作业系统管理

作业管理的重点除了计划和控制外，还包括对生产节拍、节拍均衡化和整体最优化的管理。

（1）生产节拍

生产节拍是指产出两个相同产品的时间间隔，或是完成同一工作任务所需要的时间。节拍最大值即为整条生产线的效率。"调整好了节拍，就控制好了效率"指的就是节拍与效率的关系。

（2）节拍均衡化

节拍均衡化是作业管理的理想追求。节拍均衡化表现为两种形态：纵向均衡和横向均衡。纵向均衡是以作业流程为主线，上、下环节之间实现均衡协调。工业生产领域的"一个流"生产模式就是一种纵向均衡。横向均衡是指职能部门之间的运作效率实现均衡化。它与纵向均衡对应，使得均衡化管理更具有系统性。常见的横向均衡手段有同步策略和延迟策略。

拓展阅读

DELL 的横向均衡模式

DELL 笔记本的生产与销售方式属于延迟策略中的按订单装配，其相关零件在工厂进行推动式生产。当顾客在网上按需订购后，DELL 工厂第一时间接收到订单，并进行差异化的笔记本装配，然后直接运送至用户手中。它既不需要顾客从零件生产开始等待，又不像其他电脑厂商生产出过多超过市场需求的产品，还能在最大限度地满足顾客所有需求的情况下避免无用功能造成的成本浪费。DELL 的成功主要是通过差异点的延迟策略实现的。

差异点之前的流程采用推动式流程，即不需要顾客订单也可以自主进行制造生产的流程，差异点之后的流程就需要等待顾客订单进行拉动式生产。DELL 可以利用差异点延迟的方法，使企业在订单之前尽可能地多进行流程的推动式生产，这样就不会产生多余库存，也不会令顾客过多等待。

（3）整体最优化

整体最优化的背后是平衡与失衡的关系。失衡正是降低生产率的结构性原因，而平衡及在平衡基础上实现整体最优化则是提高生产率的合理途径。就作业系统而言，高品质的材料、最佳的作业方法、最佳的人员技能、最稳定的生产设备，这些因素必须在一个高水平上获得整体优化，否则生产效率的提高将受到威胁。

管理技能训练

寻找降低生产效率的影响因素

"人、机、料、法、环"是作业管理的基本要素。当你走进车间考察某个企业的生产作业率时，头脑中必须有"人、机、料、法、环"的完整概念。作业生产率的最佳表现是这五要素的动态匹配、节拍均衡化和整体最优化。这是一个理想的目标，现实中几乎不可能完全实现。

现在，发挥你的想象力，从"人、机、料、法、环"五个方面系统、综合考虑，一起讨论哪些情况会降低生产效率（填写表 11-1）。

表 11-1 降低生产效率的情况列举

作业生产要素	降低生产率的情况
人 员	
机器设备	
物料资源	
工作方法	
作业环境	

从各因素综合联系来看，哪些情况会降低生产效率？

11.5　问题管理法

所有的管理活动都可以简单划分为两类：一类是常务管理，或称例行管理（routine management）；另一类是对问题的管理。常务管理是指常规的、日常性的、事务性的管理。发布指令、分配任务、做好考核……这些管理工作大都属于例行管理。问题管理（problem management）是指从问题出发，以问题为中心，以解决问题体现管理成效，同时将问题作为管理的驱动力。

问题管理法是相对常务管理（日常、常规的事务管理）而言的，在常务管理的基础上以发现问题、挖掘问题、推动问题解决为管理手段和管理重心。例如员工之间突然就某个新想法产生激烈冲突、某些计划下架的产品突然销售起来、某项稳定的作业质量突然失控……对这些非常规事务的管理，就是问题管理（problem management）。

在一个由各种问题构成的动态的、充满不确定性的管理活动中，管理者应当寻找怎样的方法去发现问题、解决问题呢？以下三种方法可供管理者借鉴和使用。

1. 走动式管理

1982 年，汤姆·彼得斯和罗伯特·沃德曼在其出版的《追求卓越》一书中提出了走动式管理的概念。汤姆认为，很多企业的管理者往往坐在办公室，等待下级主动汇报工作。这种管理方式对上、下级的沟通是很不利的。管理者应该抽出足够的时间走到员工中间，更好地倾听员工的声音，了解员工遇到的各类问题。走动式管理要求管理者重视问题发生现场，从有效的沟通和交流中发现问题。

拓展阅读

沃尔顿的走动式管理

沃尔玛集团的创始人山姆·沃尔顿认为，走出办公室倾听人们的意见十分重要。他曾说："头儿们最好的主意往往来自公司的店员。"

1962 年，当沃尔玛仅有 8 家分店时，沃尔顿有意不开自己的车，而是搭乘商店货车，以便与司机接触。有时，他还会在深夜两点带着食物与公司销售中心的值班人员共享宵夜，一边吃东西一边了解他们的想法。随着沃尔玛的不断壮大，沃尔顿的这个习惯坚持了下来，他每年都会走访公司的很多家分店。

在沃尔顿的工作时间中，至少有 90% 的时间花费在与员工和客户交谈、阅读财务报表、乘飞机巡视分店等事情上。如今，沃尔玛的高层经理也延续着这个习惯，每个星期都会拿出至少三分之一的时间巡视分店，了解员工情况并及时解决问题。

---

2. 参与式管理

参与式管理有两种：一种是员工参与到管理过程中来，拥有一定的管理权力；另一种是管理好员工的参与，管理者有意识地促进员工参与各类管理工作。无论哪一种，参与式管理都是针对员工而言的。

走动和参与，对管理者来说，前者是自主的，后者是响应式的，两者必须有机结合。

拓展阅读

维京集团的参与式管理

英国维京集团是一家年营业收入高达 30 亿英镑的大企业，其创始人兼董事长理查德·布兰森建立了一种"把你对公司的意见和建议大声说出来"的员工参与机制。

这一机制包括以下内容。

① 该公司所有员工都知道布兰森的电话，员工一有好的想法和建议，都能在第一时间让他知道。

② 公司每年举办一次"家宴"，为那些想要贡献创意点子、平时较不易碰到布兰森的员工制造自我推荐的机会。每次"家宴"举办的时间长达一周，参加人数多达3 500人。

③ 集团旗下的每一家企业都有一套可以使员工点子上传的通道。例如，常务董事在当地一家餐厅常年预留 8 个空位子，任何员工认为自己的新点子够好，都可以申请和常务董事共进午餐，在用餐时献上大计。再如事业开发部，以紧迫盯人的方式逼着全公司各阶层经理从员工那里收集好的构想。

在这一机制的激励下，维京集团员工的创造性和积极性得到了极大发扬，各类点子层出不穷，使企业受益匪浅。

---

3. 合理化建议制度

合理化建议（rationalization suggestion）制度又称奖励建议制度、改善提案制度、创造性思考制度，是一种规范化的企业内部沟通制度，旨在鼓励广大员工直接参与企业管理，让员工与管理者保持经常性沟通。

推行合理化建议制度的关键在于设计一套制度规则，激励组织成员或者团队成员积极参与到问题发现、问题解决过程中来。实施这一制度，要抓住以下 5 个关键要求：广泛性要求、规律性要求、相关性要求、激励性要求、持续性要求。

（1）广泛性要求

企业的每个成员和每个质量管理小组都积极热情地参加合理化建议的改善活动。现场管理人员和小组负责人对自己的下属所发现的问题和改善设想都给予认真的和及时的考虑。

（2）规律性要求

企业的各级合理化建议审查委员会都定期（每月）审查来自基层的改善建议提案，并且公布审查结果，迅速实施被采纳的改善方案。

（3）相关性要求

在提案审查的过程中，使提案者与专业技术人员保持密切的联系。例如，如果改善提案涉及变更设计的问题，相关设计师就会很快与提案者进行有关改善的共同研究。

（4）激励性要求

企业积极倡导和鼓励合理化建议活动，对那些在合理化建议和改善活动中取得成绩和做出贡献的人员和小组给予物质奖励和精神奖励，以激励企业全体人员的改善热情，激发大家的聪明才智。

（5）持续性要求

企业的合理化建议活动不是一朝一夕、一时一事的活动，而是持久的、连续不断的活动。事物在发展，今天看来是合理的东西，也许过一段时间再看就是不合理的东西了，因此改善无止境，合理化建议活动无休止。没有"最好"，只有"更好"！

管理案例链接

合理化建议创新管理

一、企业简介

淮安锦纶化纤有限公司是中国金轮集团下属子公司，位于江苏省淮安市涟水县工业经济开发区，公司成立于 2003 年 11 月，厂区占地面积 505 亩，现有员工 2 155 人。公司主导产品为 840D、1260D、1680D、1890D 等 50 余种规格的浸胶帘子布，该产品用于各种动力车胎、汽车及工程车轮胎骨架材料，国内主要销往山东、四川、河南、福建等市场，国外远销欧洲、中东、东南亚等地区，2013 年实现产值 4.3 亿元，上缴税收1 000 余万元。在近 3 年内，淮安锦纶化纤有限公司国内市场占有率达到 24%，国际市场占有率达到 5%～8%，成为国内一流的帘子布生产基地。

在公司管理上，引进国际先进 ERP 管理系统和 OA 办公系统，实施信息化企业管理。随着公司的发展壮大，管理规范化、绩效化工作逐步提上日程，公司于 2013 年开始全面实施卓越绩效管理，通过与 TS16949 管理体系的不断融合，以较高的起点、较快的速度、创新的理念，形成企业特有的管理系统模式。在公司人才发展战略方面，生产技术人员占 10% 左右，研发人员有 72 人，专科以上 268 人，其中本科以上 41 人，硕士研究生以上 6 人，化纤行业高级工程师 4 人，柔性博士人才引进 5 人，平均年龄 31.8岁，形成了老中青多层次人才搭配的格局，通过与东华大学、淮阴工学院等高等院校、科研院所的协作，培养了一支富有活力和激情的人才团队。

为了保证产品质量，公司于 2007 年通过了 ISO 9001 质量管理体系认证，随着管理的日益规范化，于 2010 年升级为 ISO/TS16949 汽车行业质量管理体系认证，为产品质量稳中有升奠定了坚实的管理基础，并以高标准确定公司质量目标：优一等品率≥90%，合格品率≥99%，顾客满意度≥90%。为满足客户需求，不断开发新产品，公司在二期工程项目中，开发出高强丝、抗紫外线丝、有色丝等差别化纤维，为进一步推动市场开发打下坚实的基础。同时公司与东华大学协作新开发一条 100 吨/年 Lyocell 长丝纤维试验生产线，以高性能、无污染、用途广等优势，为实现企业新的增长点和发展后劲打下坚实基础，具有领先全球的战略意义。公司成立以来，获得了"江苏省名牌产品"称号，2012 年获得"淮安市企业创新管理奖"和"淮安市企业技术中心"，2009 年被江苏省经贸委认定为百家重点培育企业，2010 年被淮安市人民政府授予"和谐劳动关系、履行社会责任"四星级企业，2013 年获得"中国化工企业 500 强"荣誉称号。

二、合理化建议的科学内涵

（一）合理化建议的定义

知识经济时代，员工的价值不仅体现在他们高效地完成本职工作，而且体现在他们能够做出更多本职工作外的贡献，合理化建议就是主要的一种贡献形式。合理化建议包括所有以改进现行企业运行和管理体制，提高产品质量，简化工艺程序，节约材料和工作时间，提高生产安全、环境保护、劳动保护等为目的的具体建议。建议不仅指出目前存在的问题与不足，而且还提出相应的解决方案。按照建议的领域划分，可分为管理提升类建议和创造效益类合理化建议。

（二）合理化建议的作用

公司非常强调"和谐"，它的字面意义就是"人人有饭吃，人人有话说"。前者指员工有分享企业利益的权利，后者指员工有提建议的积极性、权利和义务。员工不提建议，虽然对避免冲突、维护和谐与团结有积极意义，但是可能会降低企业效率、减少对员工的激励、提高员工离职倾向，从而限制管理层获得真实的、多元化的信息，降低组织对错误的察觉能力和纠正能力，影响决策和改革的效果。除"降本增效"这一最主要的目的以外，合理化建议的宗旨是使员工具有高度的责任心，激发员工工作热情、满意度、创造性和团队合作精神，提高产品质量和生产效率，加快对技术与产品的升级换代，从而提高企业的竞争力。此外，合理化建议还能达到改善工作环境和气氛，促使员工发挥主观能动性、大胆建言献策及提高生产安全与企业形象等间接目的。

三、公司有效开展合理化建议活动的主要措施

（一）管理层大力支持员工提建议

第一，通过多种途径使员工（尤其是工作时间较短的员工）深入了解企业的历史、现状、重点、难点，从而使员工所提建议具有针对性。

第二，提供合理化建议方法培训，提高员工的创新能力和技术水平，使员工更科学有效地发现问题、提出建议。

第三，给员工提供表达观点和建议的机会，深入了解员工的真实想法，及时评价和反馈员工的建议，使员工感到受重视，体验到个人在组织中的存在价值。

第四，成立专门的网络OA系统供员工提建议，有专门的部门和人员负责处理这些意见。这样，既能接受大家的监督，也能使其他员工从中受到启发和激励。

第五，设置人性化建议制度。

第六，经常听取德高望重的员工的意见，他们往往能表达基层员工的心声。

第七，明确区分员工本职工作与非本职工作，对员工的任何非劳动合同规定范围内的贡献及时提供相应的不打折扣的回报，并通过各种形式的奖励（如晋升、荣誉、奖金等）和利益的分享（如效益提成）激发员工"说有用的话"。企业还通过正式渠道宣传提出合理化建议的员工，如企业网站、公告栏、员工奖励大会等。对于员工所在部门的负责人和建议落实部门的人员，给予奖励，从而使负责人重视激励下属提合理化建议，使落实部门有动力实施合理化建议。

（二）营造良好的沟通与言论氛围

第一，公司管理层表明"知无不言，言无不尽，言者无罪"的态度，鼓励员工提建议。

让员工获得安全感是提高员工对组织和工作依恋程度的必要条件。没有安全感，员工与组织之间的关系就会非常不稳定，员工难以建立长期的期望效用函数，从而不可能对企业发展建言献策。

第二，注重建立顺畅的上下级和同级之间的内部信息流通渠道，缩减与员工之间的距离和陌生感，学会倾听，对员工的建议坦诚相待，不搞形式主义。

第三，管理层树立威信（每时每刻都要考虑会不会人走茶凉），通过各种方法与员工建立信任关系。领导信任员工，让他们参与企业的管理与经营，充分满足他们的受尊重感、被重视感和成就感，让他们感到企业需要他们，他们有责任为企业的发展出谋划策，以更大的热情投入到工作中。领导方式在很大程度上会影响员工提建议的积极性。变革型的领导方式，包括清楚表达未来愿景、以身作则、激励员工接受整体目标、提出较高的绩效预期、提供情感支持，以及鼓励员工更好地完成工作、超越个人的狭隘利益、将企业的成败当作自己的成败等行为，都有利于提高员工提建议的积极性。

第四，帮助下属打破沉默。在决策和日常管理过程中，上司对下属有礼貌，周全考虑下属的尊严；领导经常向下属传达应有的信息，给予下属一定的解释，充分考虑下属的知情权。

第五，兼顾"80"与"20"。对于建议不要"嫌贫爱富"，能带来较高效益的20%的建议要重视，能带来较低效益的80%的建议也要重视，因为两者累加的效益可能是相等的。要制造一种"争先恐后"而不是"瞻前顾后"的提建议氛围。

第六，适当制造"不公平"。不同职能领域的建议所获奖励要保持平衡，使员工明白重大的技术创新建议是好建议，重大的管理创新建议也是好建议。同时，通过在不同职能领域制造适当的、动态的"不公平"，通过竞争激励员工提建议。

（三）建立完善的合理化建议规章制度

通过制定合理化建议规章制度，将建议的采集、整理、落实、奖励、监督等环节都形成制度，使员工对合理化建议的范围、领域和规范有清晰的认识，并且了解建议的奖励标准和激励措施，使合理化建议活动制度化、规范化、长期化。

（四）开好会议

除了员工个体性的合理化建议活动，召开会议是企业最常用的群体性的合理化建议活动方式，但是效果往往不好。大事开小会、小事开大会、有事不开会、没事就开会，已经成为多数企业会议的通病。公司认为要开好会议需要遵循以下7个要点。

① 不要什么事情都开会，会议必须是必要的。开会之前，弄清楚哪些人必须来、哪些人可以来、哪些人不用来，提前若干天发布会议通知，通知相关参会人员会议内容与程序并做好准备。会前准备好文字材料，会后整理出会议记录并反馈给与会人员（不仅以后有据可依，而且使一些参会人员不能乱说话，从而保证建议的落实少受干扰）。

② 开会时间定在下班前（以保证没有人偏离会议主题，因为大家都急着回家），会议时间要严格控制，发言必须精简、明确、突出重点。

③ 主持人不要定基调，不要轻易肯定或否定与会人员的建议，不要表露明显的喜恶表情，尽量使每个人都要发言。

④ 对不合理的建议任何人都有权提出明确的反对，形成批评和自我批评的氛围。

⑤ 任何发言必须以事实为根据，有理有据，有问题有对策。

⑥ 明确反对歌功颂德式的、好好先生式的、附和雷同式的或是自吹自擂式的发言。

⑦ 任何问题都在会议室里面解决，出了会议室的门，所有人都必须统一口径。

四、合理化建议给公司带来的效益

（一）直接经济效益（按年测算）

① 公司优等品率再上3个百分点，废丝率、成绞率、开剪率平均下降2个百分点，直接带来经济效益2 000余万元。

② 单位加工成本每吨下降500～800元，带来经济效益1 200余万元。

（二）其他效益

① 树立员工企业主人公意识，积极效忠企业。

② 提高企业在同行业中的核心竞争力。

五、目前公司存在的不足

当然任何一项制度的实施必然会有这样或那样的不足，需要不断改善，公司目前主要存在的问题有以下两点。

① 员工参与合理化建议活动的积极性不高，总结原因主要有：建议提了白提；不敢提建议；不愿意提建议；不能提建议。

② 部分合理化建议审核通过后没有执行或实行一段时间后没有坚持。

针对以上的弊端或问题，公司有针对性地采取了一定的措施，相信通过不懈的努力，必然使合理化建议这项制度更加完美地在公司推广，为公司效力。

11.6　时间管理法

时间是一种不可再生资源。对于管理者而言，时间也许是最宝贵的一种稀缺资源。时间管理的目的是有效地利用时间。这就需要管理者明确在一定时期内所要达到的目标、所需进行的活动和每一项活动的重要性和紧迫性。

名家观点

德鲁克谈善用时间

管理者永远都在为时间不够用的问题寻找灵丹妙药：上速读课、规定员工呈交上来的报告不能超过一页、机械化地限定面谈时间。这些办法根本没有用，最后只是浪费时间罢了。懂得善用时间的管理者通过良好的规划提高绩效。他们愿意先思考、再行动，花很多时间彻底思考应该设定目标的领域，花更多时间思考如何解决一再出现的老问题。

1. 时间管理的步骤

时间管理一般包括以下几个步骤。

① 列出目标清单。即列出你或你所管理的部门在未来一段时间内所要实现的目标，这些目标应该是清楚的。

② 将这些目标按重要程度排序。并不是所有的目标都同等重要，既然每一个人所拥有的时间是有限的，首先要做的应该是重要的事情。

③ 列出实现目标所需进行的活动。即明确为了实现上述目标，应开展哪些活动，这些活动也应该是清楚的。

④ 对实现每一个目标所需进行的活动排出优先顺序。将所有活动按重要性和紧迫性程度分成四类：必须马上做的、有时间就应该做的、可授权给他人做的和没有必要做的。必须马上做的是非常重要且紧迫的事，应该有时间就做的是重要的事，不紧迫的事可留到有时间的时候做，而不重要的事可授权他人来做。

⑤ 按给出的优先顺序制定每日工作时间表或备忘录。在前一天下班前或前一天晚上，将当天或第二天所要做的事情按其重要性和紧迫性列出一个清单，并制定相应的时间表。要注意的是，所列事情不能太多，以5件左右为宜。

⑥ 按工作时间表开展工作。工作要严格按时间表进行。每做完一件事都要看一看下面一件事是什么、可以有多少时间来处理这件事，尽可能地按时完成。若不能按时完成或有例外的事情发生，则要重新评价其重要性和紧迫性，并据此确定将此事推后或修改工作时间表。

⑦ 每天结束工作时，回顾一下当天的时间运用情况，并安排第二天的活动。通过不断地总结经验，管理者会不断提高工作效率。

2. 时间管理应注意的问题

（1）掌握生物钟

每个人在一天的不同时间里，其工作效率是不同的。管理者应掌握自己的效率周期，并依此制订自己每天的工作计划，把最重要的事情放在自己效率最高的时候做，而把日常事务和不重要的事安排在生物钟处于低潮时做。

（2）牢记帕金森定律

帕金森定律指出，只要还有时间，工作就会不断的扩展，直到用完所有的时间。据此，在时间管理中，不要给一项工作安排太多的时间。如果你给一项工作分配了较多的时间，你很可能就会慢慢来，直到用完所分配的所有时间。

（3）把不太重要的事集中在一起处理

在每天的日程中安排一段固定的时间用于处理信函、接待下属、回答问题等。一般而言，这段时间应安排在生物钟处于低潮时。

（4）尽可能减少干扰

为了充分利用时间，可把生物钟处于高潮时的时间固定为自由时间。在这段时间里，要排除干扰，关起门来静心考虑问题，不接电话、不接待下属，把这些事情放在另外一段时间里。能拥有的自由时间的多少主要取决于你在组织中的地位，一般高层管理者的自由时间多，而基层管理者的自由时间少。

（5）提高会议效率

开会在管理者的时间表中占有较大的份额。因此，提高开会效率是有效利用时间的一个重要方面。当举行一个会议时，应事先规定好会议议程和会议时间，并严格执行。

名家观点

德鲁克谈时间管理

有效的管理者知道，时间是一个限制因素。任何生产程序的产量都会受到最稀有资源的制约。而在我们称之为"工作成就"的生产程序里，最稀有的资源就是时间。时间也是最特殊的一项资源。在其他各项主要资源中，资金实际上是相当充裕的。只有时间，是我们租不到、借不到也买不到的，更不能以其他手段获得。

时间的供给丝毫没有弹性。不管时间的需求有多大，供给绝不可能增加。而且，时间稍纵即逝，根本无法储存。昨天的时间过去了，永远不再回来。所以，时间永远是最短缺的。时间也完全没有替代品。在一定范围内，某一资源缺少，可以另觅一种资源替代。例如铝少了，可以改用铜；劳动力可以用资金来替代。我们可以增加知识，也可以增加人力，但没有任何东西可以替代已推动的时间。做任何事情都少不了时间，时间是必须具备的一个条件。任何工作都是在时间中进行的，都需要耗用时间。但是对这项最特殊的、无可替代的和不可或缺的资源，绝大多数人却都以为是可以"取之不尽，用之不竭"的。有效的管理者与其他人最大的区别就在于他们非常珍惜自己的时间。

资料来源：［美］彼得·德鲁克．卓有成效的管理者．许是祥，译．北京：机械工业出版社，2005：24～25.

管理技能训练

个人计划实践

为了获得你平时运用时间的信息，需要做两个星期左右的记录。在这两个星期里，你要每过15分钟就记一次。为了便于分析，可将相关的活动事先分类，记录在相应条目下，做上记号即可。要注意：记录必须诚实，你要记录的是你实际运用时间的情况，而不是你的希望。

当你完成了两周的记录以后，你有了详尽的时间和活动日志，据此就可以分析你的运用时间的状况：将你在过去两周内所做的每一件事按照表11-2中的标准标注出其重要性和紧迫性，如果所做的大多数事都属于C类或D类，那么就说明你的时间运用有问题。

表11-2 重要性和紧迫性程度区分标准

类别	区分标准	
	重要性	紧迫性
A类	非常重要：必须做	非常紧迫：必须马上做
B类	重要：应该做	紧迫：应该马上做
C类	不那么重要：有用但不必需	不那么紧迫：可以稍候再做
D类	不重要：无关紧要	时间上没有限制

11.7　精益管理

"精益"（lean）一词起源于日本丰田公司，其本质就是最大限度地减少浪费，用更少的资源来完成更多的事情。它要求识别和消除整个供应链中所有形式的非增值活动，通过持续的改进过程和系统使各种形式的浪费最小化，在组织的所有层次上运用由多技能员工组成的团队。

1. 精益管理的内涵

精益管理是美国对日本丰田生产系统的命名。丰田生产系统最著名的特征就是使用最少的资源及消除各种形式的浪费。即时制（JIT）是丰田生产系统中最主要的组成部分。精益管理的产生与日本的历史和文化密切相关。日本拥有的空间和自然资源非常少，以至于日本人总是细心地避免浪费资源，包括空间、时间和劳动力。日本人努力从少量的可用资源中获得最大的收入或产出。正是为了在这样一个人口密集的空间中顺利、高效地生活和工作，才诞生了精益管理。

精益管理是一种寻求消除所有类型的浪费的管理理念。这里所说的浪费包括过多的延误、过高水平的库存、过多的工人或零件的移动距离、过长的设备设置时间、不必要的空间、有缺陷产品的返工、空闲的设备、废品等。精益管理的目标是利用更少的资源，包括更少的工人、库存、空间、设备、时间、废品等来完成更多的事情。

2. 精益管理的原则

实施精益管理有 5 个重要的原则。

① 从顾客的角度来明确价值。

② 识别价值流。这里的价值流是指为了创造顾客所重视的产品或服务所必需的一整套活动。

③ 通过消除非增值活动并优化剩下的增值活动的各个步骤，使价值流经价值流。

④ 让顾客拉动价值通过价值流。

⑤ 追求完美。

3. 精益管理的益处

实施精益管理可带来诸多益处。一般而言，这些益处可归纳为如下 5 个方面。

（1）节约成本

成本的节约来自许多途径：库存下降、废品减少、缺陷减少、来自顾客和设计两方面的变更减少、空间更小、工时更少、返工减少、管理费用降低等。

（2）增加收入

收入增加主要是通过为顾客提供更好的服务和质量来实现的。缩短提前期和更快地响应顾客的需要，可以带来更多的利润和更高的销售额。此外，新产品和新服务的收入增加更快。

（3）节省投资

投资的节省来自三个方面：同样的产能只需占用更少的空间，年库存周转水平下降，在同样的设施上工作产出量显著增加。

（4）提升员工队伍

员工对其工作更加满意。他们喜欢精益方式所要求的团队合作，乐于使问题越来越少。他们在精益所需的柔性和技能（如解决问题、维修等）方面得到了更好的训练，享受着在工作中获得的成长。所有这些都转化为更具有生产效率工作。

（5）揭示问题

精益管理带来的另一个好处是对问题更好的预测。开展精益活动时，所有类型的困难都会显现出来，其中大多是各种形式的浪费。

拓展阅读

精益与六西格玛的融合

最初，六西格玛管理与精益管理在联想集团一直处于彼此孤立的状态。从理论上看，六西格玛管理旨在最大限度地消除变异，而精益管理则关注减少浪费和降低成本。从本质上看，六西格玛管理和精益管理都是实现持续改进的管理模式，二者的融合有助于以低成本快速向顾客提供完美的价值，保持顾客满意度和忠诚度，最终获得竞争对手难以模仿的竞争优势。

基于以上考虑，2007年年初，作为提升企业竞争优势的战略性举措，联想集团在全球范围内将原有的六西格玛持续改进系统升级为精益六西格玛系统（lean six sigma system），并确立了愿景，即"通过持续改进公司全方位的经营业绩（包括提高生产率，改进质量和降低成本）来实现为顾客提供不断增长的价值的目标。"

11.8 卓越绩效模式

所谓卓越绩效模式，是指由美国国家质量奖和欧洲质量奖等著名质量奖项所体现的一套综合的管理模式。它是一套标准化的全面质量管理实施办法。我国于2004年8月正式发布了国家标准 GB/T 19580—2004《卓越绩效评价准则》，于2012年3月发布了该标准的修订版 GB/T 19580—2012。

1. 卓越绩效的由来与实质

在有关卓越绩效的各种模式中，美国的马尔科姆·鲍德里奇国家质量奖最具代表性。1987年1月6日，美国通过《马尔科姆·鲍德里奇国家质量改进法案》，规定了马尔科姆·鲍德里奇国家质量奖计划的设立。由这套准则所体现的管理模式称为"卓越绩效模式"。

1992年，欧洲质量奖诞生。由于在提升各国竞争力方面的突出效果，欧洲质量奖逐渐在全世界推行，这些准则已经成为企业经营管理事实上的国际标准。

"卓越绩效"成为一个特定的术语，即"一种综合的组织绩效管理方式"（美国国家标准和技术研究院的定义）。就其实质而言，卓越绩效准则是全面质量管理（TQM）的一种实施细则，是对以往的全面质量管理实践的标准化、条理化和具体化。卓越绩效准则为各类组织实施 TQM 提供了一种更加有效的手段。

2. 卓越绩效模式的构成

在卓越绩效模式的知识体系中，最核心的是一套价值观和一套评价准则，分别体现了卓越绩效模式的"道"和"术"两个层次。

从"道"的角度来看，卓越绩效准则是一套相互关联的价值观的载体。卓越绩效模式的价值观共有 11 项，分别是：前瞻性领导、顾客驱动的卓越、组织的学习和个人的学习、重视雇员和合作伙伴、敏捷性、注重未来、促进创新的管理、基于事实的管理、社会责任、注重结果和创造价值、系统的视野。就"术"的角度而言，卓越绩效准则由总分值为 1 000 分的七个类目的"要求"构成，这七个类目分别是领导，战略计划，顾客，测量、分析和知识管理，员工，运营和结果。其中，领导、战略计划及顾客代表着领导的三要素，这几个方面放在一起旨在强调聚焦战略和顾客领导的重要性。员工、运营和结果代表着结果的三要素。组织产出结果是由组织的成员和伙伴通过关键过程来实现的。组织所有的行动都指向结果，这里的结果是由顾客方面的结果、财务的结果及非财务的结果构成的一个综合体，其中还包括人力资源和社会责任方面的结果。测量、分析和知识管理构成了组织绩效管理系统的基础。

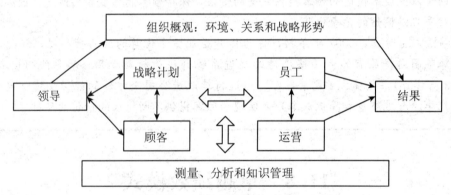

图 11-2　卓越绩效准则的框架

卓越绩效准则的 7 个类目又可以进一步细分为 18 个条目，每个条目包括一个或多个要点，其构成如表 11-3 所示。

表 11-3　卓越绩效准则的结构

类目	条目
1. 领导	1.1 高层领导
	1.2 治理与社会责任
2. 战略计划	2.1 战略制定
	2.2 战略展开
3. 顾客	3.1 顾客意见
	3.2 顾客联系
4. 测量、分析和知识管理	4.1 组织绩效的测量、分析与改进
	4.2 知识管理、信息与信息技术

类目	条目
5. 员工	5.1 员工环境
	5.2 员工参与
6. 运营	6.1 工作过程
	6.2 运营效果
7. 结果	7.1 产品和过程结果
	7.2 顾客结果
	7.3 员工结果
	7.4 领导和治理结果
	7.5 过程有效性结果
	7.6 财务和市场结果

卓越绩效准则具体、详细地勾勒出了 TQM 的轮廓，为人们更加有效地开展 TQM 提供了指南和依据。

3. 卓越绩效准则的作用与应用

（1）卓越绩效准则的作用

首先，卓越绩效准则是将 TQM 的理念注入组织中的一种有效手段。卓越绩效准则犹如一个注射器，它承载了以 11 项价值观为主要内容的 TQM 的核心理念。在实施准则的过程中，这些理念同时被注入组织的集体中，渗透到组织成员的思想和行为中。

其次，卓越绩效准则为指导组织的计划工作提供了一种框架。它是一种"卓越绩效"的设计图，为组织勾勒出必须重视的各个主要方面。组织的竞争力犹如盛放在以卓越绩效准则七个类目为"木板"所组成的"木桶"中。组织要保持竞争力，木桶的每一块"木板"都必须足够长，各块木板之间还必须严实。

再次，它是使企业及其他各种组织认清现状、发现长处、找出不足并知己知彼的一个听诊器或诊疗仪。它有助于人们认清自身的强弱，明确相对于他人的位置，了解需要改进的领域及改进的效果。

最后，它是组织管理中驾驭复杂性的仪表盘。组织是一个复杂的系统，其管理必须有一个系统的思路。头痛医头、脚痛医脚是一种非常原始的管理方式。卓越绩效准则有助于实现管理的重点突出与全面兼顾的结合，有利于正确地评价和引导组织中各个部门和全体成员的行为，使管理层的努力能够真正用于引导组织朝正确方向迈进。

（2）卓越绩效准则的应用

卓越绩效评价准则不仅适用于通过质量管理体系认证的企业的自我评价与管理，同样也适用于通过质量管理体系认证的企业的运营管理评价。卓越绩效评价准则提供的不仅是方法和工具，而且对于实现企业经营的精细化管理提供了可量化的标尺和互相学习的比较标杆，同时也为第三方评价提供了一个可量化的标准。

利用诸如卓越绩效准则之类的公认绩效准则，以外部认证或内部自我评价的方式来评价组织的绩效状况并采取相应的改进行动，日益成为一种管理习惯。管理教育领域中的 EQ-UIS（欧洲管理发展基金会的高等管理教育机构质量评价体系认证）、AACSB（美国国际高等商学院协会的管理体系认证），由美国犹他州立大学商学院举办的 SHINGO 卓越运营奖等，都属于同类做法。

4. 卓越绩效评价准则与 ISO 9000 质量管理体系的区别

ISO 9000 质量管理体系属于"符合性评价"标准，它只是对一般过程进行"合格"评定，从"符合性"的角度入手并兼顾"有效性"，重在发现与规定要求的"偏差"，进而达到持续改进的目的。卓越绩效评价准则则建立在"大质量"理念之上，重视企业的"战略策划"与"创造价值的过程"营运，追求卓越的"经营结果"，宣扬"以人为本"的企业文化和企业公民的"社会责任"。卓越绩效评价准则是企业管理体系是否卓越的"成熟度评价"标准，对企业的管理体系进行诊断式的评价，重视管理的"效率"与"效果"，识别发现企业或组织当前所处竞争环境面临的最迫切问题，指导企业采用正确的经营理念和方法，帮助企业和组织不断追求卓越。

管理方法来源于人类的实践活动，是随着人类社会实践的发展和科学技术的进步而不断发展起来的。任何管理都要选择、运用相应的管理方法。在运用管理方法时，既要充分发挥各种管理方法的作用，又要重视整体上的协调配合。如果忽视综合运用，孤立地运用单一的管理方法，往往不能取得预期的效果。企业管理中的现代管理方法很多，只要是符合现代企业管理要求的方法，都是现代管理方法。

拓展阅读

联合技术公司的 ACE 运营体系

一、ACE 运营体系简介

ACE 是英文"Achieving Competitive Excellence"的首字母缩写，意为"获取竞争优势"。ACE 运营体系已渗透到联合技术公司（UTC）在全球的 900 多家子公司，逐渐成为每个子公司的企业文化和管理理念。

ACE 作为联合技术公司的运营体系，自 1999 年开始全面执行。ACE 运营体系从"客户价值和满意度""业务表现""过程、产品及服务优势""领导、文化和环境"四个方面来考察企业的竞争优势。ACE 竞争优势分为合格化、铜牌、银牌和金牌四个等级，各等级相应的标准和要求主要体现在企业如何严格有效地应用 ACE 营运体系的十二大工具，持续改进产品的质量和服务，获取其在市场上的竞争优势。

ACE 运营体系的十二大工具归纳为"过程改进与消除浪费""解决问题""决策"三大类。过程改进与消除浪费工具主要关注稳定过程和工作环境，实现对产品和服务的持续改进。解决问题工具主要用于确定过程中产生的问题和缺陷，并对其进行严格的根源分析，以优先次序解决问题和防止问题及缺陷的再次产生。

二、ACE 运营体系的构成要素

ACE 运营体系由三个关键因素组成，即文化、工具和能力。

1. ACE 运营体系的文化可以表述为以下 6 个要点。

（1）培养心地善良、专注工作的员工。

（2）聚焦质量和工作流以持续改进过程。

（3）珍视问题中蕴含的启迪。

（4）使用简单和直观的方法改进过程。

（5）根据反馈来发现问题、引导解决方案并且证实改进结果。

（6）确立有挑战性的目标。

2. ACE运营体系包括12种工具。

（1）5S（可视化工作场所）。

（2）价值流（流程）管理（VSM）。

（3）流程认证。

（4）标准工作。

（5）生产准备流程（3P）。

（6）全面生产维护（TPM）。

（7）减少准备工时。

（8）市场反馈分析（MFA）。

（9）质量诊断流程图（QCPC）。

（10）严格根源分析（RRCA）。

（11）错误预防。

（12）通行证流程。

在这12种工具中，前7种工具可以归纳为"过程改进与消除浪费"工具，中间4种工具可以归纳为"解决问题"工具，最后一种工具属于"决策"工具。

3. ACE运营体系的第三个构成要素——能力。

能力的培养途径包括教育、共享最佳实践、质量诊断等，其中教育是最主要的途径。它包括正式的课堂培训和实际工作的培训等。

三、ACE运营体系的评价认证制度

ACE运营体系的最大特点是建立了一套评价认证系统。推行ACE的卓越程度可以分为合格、铜牌、银牌和金牌四个等级。UTC将所有子公司的ACE评价等级在信息系统上实时公布，以激励所有员工和组织为提升价值创造能力而努力。UTC的目标是让80%的UTC工作场所和75%的主要供应商达到银牌和金牌级别。

我国中航工业南方公司借助与UTC合作的机会，从2005年起开始尝试学习和导入ACE管理并取得了良好的效果。其董事长、总经理李宗顺认为："我感觉ACE管理不像丰田生产系统有那么多的概念和方法，它的思想和工具简单易懂，只要用心，每个人都能学会；它也不像六西格玛有那么多的统计方法，令人望而却步。ACE管理就是以'品质'为核心，以'精益思想'为基础，以'客户'为导向，利用12个简单的工具持续改善流程，化繁为简，使工作更有效率和效益。"

讨论：

联合技术公司ACE运营体系的特点与启示是什么？

本 章 小 结

　　管理方法是指为实现管理目的而运用的手段、方式、途径和程序等的总称。管理方法对于管理者，就像个人生存能力之于社会生存，是至关重要的基础条件。管理的一般方法包括：管理的法律方法、管理的行政方法、管理的经济方法和管理的教育方法。

　　团队管理法是指通过对团队中不同人的组合、相互关系的调节、控制措施的实行，达成管理目标的一种方法。团队管理法关注的是将员工组合成一个群体、团队时的能动性和创造力，是以激发员工的能动性和创造力为突破口，解决组织管理和经营中面临的各类问题。

　　目标管理法是 1954 年由彼得·德鲁克提出的。所谓目标管理法，是指通过明确的组织目标及与此相联系的个人目标，引导组织中的各类人群自我管理，实现管理活动的良性发展。目标管理法关注的是目标结果和目标引导，是以"结果管理"和"产出要求"为突出特性的管理方法。

　　作业管理法是指将生产转化过程的科学性、有效性作为重点管理内容的管理方法。企业的生产转化过程是原材料、信息、技术、资本等资源经过生产活动的转化而输出产品或服务的过程。

　　问题管理法是相对常务管理（日常、常规的事务管理）而言的，是在常务管理的基础上以发现问题、挖掘问题、推动问题解决为管理手段和管理重心的管理方法。

　　时间是最宝贵的一种稀缺资源。只要还有时间，工作就会不断扩展，直到用完所有的时间。据此，在时间管理中，我们不要给一项工作安排太多的时间。如果你给一项工作分配了较多的时间，你很可能就会慢慢来，直到用完所分配的所有时间。

　　精益管理是一种寻求消除所有类型的浪费的管理理念。精益管理的目标是利用更少的资源，包括更少的工人、库存、空间、设备、时间、废品等来完成更多的事情。

　　卓越绩效模式，是指由美国国家质量奖和欧洲质量奖等著名质量奖项所体现的一套综合的管理模式。就其实质而言，它是全面质量管理（TQM）的一种实施细则。

章节同步测试

一、单选题

1. 目标管理法是（　　）1954 年提出的。

　　A. 彼得·德鲁克　　　　B. 泰勒　　　　　　C. 法约尔　　　　　　D. 马克斯·韦伯

2. （　　）的实质是体现全体人民的意志，并维护他们的根本利益，代表他们对社会经济、政治、文化活动实行强制性的统一的管理。

    A. 教育方法   B. 行政方法   C. 法律方法   D. 经济方法

3. （　　）是依靠管理机构和管理者的权力，通过带有强制性的指令性计划、命令、指示、规定及规章制度等方式，直接对管理对象产生影响和作用。

    A. 教育方法   B. 行政方法   C. 法律方法   D. 经济方法

4. （　　）包括成本控制、采购控制、维护控制和质量控制。

    A. 目标控制   B. 问题控制   C. 团队控制   D. 作业控制

5. 常见的横向均衡手段有同步策略和（　　）。

    A. 超前策略   B. 纵向策略   C. 延迟策略   D. 跟随策略

二、多选题

1. 管理的一般方法包括（　　）。

    A. 管理的政治方法   B. 管理的法律方法

    C. 管理的行政方法   D. 管理的经济方法

    E. 管理的教育方法

2. 教育方法是一种软方法，是由企业管理的软科学性所决定的，也是企业管理基础工作的必然要求，并且遵循了现代企业管理人本原理和动力原则的要求。教育方法的特性包括（　　）。

    A. 启发性   B. 利益性   C. 灵活性   D. 互动性

    E. 长期性

3. 团队的构成要素包括（　　）。

    A. 共同的目标   B. 明确的分工

    C. 人员的强联系   D. 管理制度与规则

    E. 人员的培训与开发

4. 常见的冲突管理方法有（　　）。

    A. 第三者仲裁   B. 吸收合并   C. 强制   D. 回避

    E. 谈判

5. 确定的目标是目标管理的基础。目标的确定性可用 SMART 原则来衡量。下列关于 SMART 原则的说法，正确的有（　　）。

    A. S：具体，强调目标要表述明确，不能宽泛定义

    B. M：不可衡量，强调目标应当是无法衡量的

    C. A：可实现，强调目标的难度要适宜，可以实现

    D. R：必要性，强调目标应当是有用的

    E. T：时间限定，强调目标不需要有明确的时间限制

三、名词解释

帕金森定律   目标管理法   精益管理

四、简答题

1. 简述卓越绩效模式的构成。

2. 简述合理化建议制度。

第 12 章

管 理 创 新

企业家精神的真谛就是创新，创新是一种管理职能。

——熊彼特

创新应当是企业家的主要特征，企业家不是投机商，也不是只知道赚钱、存钱的守财奴，而应该是一个大胆创新、敢于冒险、善于开拓的创造型人才。

——熊彼特

知识目标	能力目标
● 管理创新的含义；	● 思辨能力；
● 管理创新的内容；	● 分析问题的能力；
● 熊彼特和德鲁克的创新理论；	● 解决问题的能力；
● 管理创新的思维和方法	● 团队合作能力

12.1 管理创新概述

导入案例

通用电气与宝洁的管理创新

20 世纪早期，通用电气应用"工业实验室"这一创新，完善了爱迪生的大部分发明成果。通用电气成功地应用管理原理来解决科学研究的混乱状况，这使得爱迪生每 10 天能做出一项小发明、每 6 个月能完成一项重大技术突破。通用电气也因此成为当时美国拥有专利最多的公司。

宝洁公司除了自动化供应链管理创新之外，另一项重要创新是品牌管理。宝洁公司包装品产业的领先地位源自 20 世纪 30 年代早期，当时宝洁公司开始开发品牌管理方法。从无形资产获利是宝洁公司的一项独创性设想。随后宝洁公司在逐步创建并管理其品牌，到 2007 年，宝洁公司的 16 项商业品牌组合价值高达 10 亿美元。

计划、组织、领导和控制是保证组织目标实现所必需的职能，但从某种意义上来说，这些传统管理职能所起的主要作用在于保证组织按预定的方向和规则运行，所起的主要是"维持"作用。而由于管理不确定性和艺术性的存在，要在动态的环境中有效地实现目标，仅靠维持是不够的，还必须根据内、外部环境的变化，致力于创造新的与环境相适应的管理理论与方法或根据已有的管理理论与方法进行创造性的运用。21 世纪，尤其在互联网背景下，传统意义的产业周期在显著缩短，创新将成为管理的主旋律，创新也将成为管理的主要职能之一。

1. 有关创新的名词

（1）创造与创新

创造（creativity）是指以独特的方式综合各种思想或在各种思想之间建立独特联系的一种能力。能激发创造力的组织，可以不断地开发出做事的新方式及解决问题的新办法。创新（innovation）是指富有创新力的组织能够不断地将创造性思想转变为某种有用的结果。组织能产生新颖的思想并将其转化成盈利的产品和有效的工作方法时，就是富有创新力的组织。创造和创新是一个组织成功的关键要素，但它不是终极目标。这些要素是成功的动力，而成功应当是可测量的。

（2）维持与创新

"维持"和"创新"作为管理的两个基本职能，是相互联系、不可或缺的。

① 维持是保证系统活动顺利进行的基本手段，也是系统中大部分管理人员，特别是中层和基层的管理人员所从事的工作。

② 系统内部因素和外部因素都是不断变化的，这种为适应系统内外变化而进行的局部和全局的调整，便是管理的创新职能。

③ 系统要向社会提供贡献，则必须首先以一定的方式从社会中取得某些资源并加以利用。

（3）管理、创新与管理创新

管理是综合运用人力资源和其他资源以有效地实现目标的过程。创新一般是对原有的东西加以改变或引入新的东西，或是指对原有的东西加以改进或引入新的东西的过程或活动。创新是管理的一种基本职能。

周三多教授认为："创新首先是一种思想及在这种思想指导下的实践，是一种原则及在这种原则指导下的具体活动。创新工作也和其他管理职能一样，有其内在逻辑性，建构在其逻辑性基础上的工作原则，可以使创新活动有计划、有步骤地进行。"

周三多教授认为传统的管理职能属于管理"维持职能"，"有效的管理在于适度的维持与适度的创新的组合"。因此，管理创新是指为了更有效地运用资源以实现目标而进行的创新活动或过程。这一过程可以是非连续性的，但是有规律可循。它着眼于更加有效地运用资源去实现目标。

激发他人创造力的 5 种办法

成功管理者的特征之一就是他们有能力促使他人进行创造性思维以解决问题。

① 提问题。一个问题可以使人们不得不考虑他们正在做什么。问问题是激发多角度思维最有效的途径，它可以让人们从另一角度看问题。

② 倾听答案。听别人说，不要插嘴。集中注意力来理解，并对别人所说的表示欣赏，或说些引导性的话让他人把思路扩展和深化下去。

③ 推迟判断。保持思维的开放，不带偏见，能看到一个想法中的优点。即使想法不切实际，也要表扬他人提出这个想法，看其中是否有什么可以借鉴。

④ 不纠缠于细节。当别人提出一个想法时，不要总挑剔其中的细节问题。要把注意力集中在建议的实质上，细节问题回头再处理。

⑤ 表现出热情。表现出对一个想法的热情，可使对方放松，而且更重要的是，可以激发对方的热情，让他不断产生灵感。

资料来源：尼兰 . 条理性思维：对管理者解决问题和决策的系统指导 . 何玮鹏，陈燕，译 . 北京：机械工业出版社，2001：122 - 123.

2. 管理创新的重要性

创新是人类社会发展的主旋律。如果没有创新，人们就不可能享受到如此丰富的现代生活。21 世纪是创新的世纪，创新将在社会各种组织中发挥越来越重要的作用。

（1）创新是组织适应不断变化的内外环境的需要

变化是事务发展的本质属性。在激荡变革的时代，环境是不断发展变化的，管理不会是一成不变的，必须不断创新。组织的运行要受其内外环境的影响和制约，组织要生存并不断发展壮大，就必须以"变"应"变"，与环境保持动态适应，这种"变"的实质就是创新。

（2）创新是组织维持自身生命活力的需要

组织只有通过不断创新，不断改变和调整获取和组合资源的方式、方向和结果，通过创新确保组织内部的资源转换功能及其效率，向社会提供新的或质量更高的产品或服务，以保证贡献符合需要才能适应不断变化的社会需要。从而确保组织旺盛的生命力。

（3）创新是组织发挥主观能动性，实现发展和进步的需要

由于环境是动态变化的，组织随时随地面临着新情况、新问题，要使组织更好、更快地发展，应有意识地对环境进行一定程度的改造，使之朝着对自己有利的方面发展。这就需要创新，需要因时制宜、因地制宜地采取新方法、新措施来面对新情况、新问题。

（4）创新是成功之路

凡是有成就的科学家、政治家、企业家，无不得益于他们在前人基础上的开拓创新。如果他们因循守旧，不敢对前人的"清规戒律"有所质疑、有所突破，就不可能有所作为。以企业为例，只有企业的管理人员不断创新，企业的产品才能不断更新换代，不断满足顾客更高的、不断变化的需求，企业才能在激烈的竞争中脱颖而出。

（5）管理理论和方法的发展需要创新

管理理论的发展史本身就是一部管理创新的历史。事实上，从科学管理到行为科学，从行为科学到管理科学，从管理科学到现代管理理论，无一不是管理理论与实践相结合所形成的创新成果。没有管理思想和方法上的创新，就不可能诞生科学管理；如果没有实验的基础，不突破前人对人的基本假定，就不可能形成行为科学；如果不是人们对条理化的不懈追求和对各种学科知识的综合运用，就没有管理科学的今天；如果没有对前人所做一切的反思和基于前人基础上的重新整合，就没有革命性的企业再造和学习型组织理论的崛起。因此，创新是管理理论发展的生命线。

管理未来的发展也需要创新。创新是管理永恒的主题。唯有致力于持续的创新，才能使管理理论和实践与不断变化的环境相适应，才能使管理者在人类追求不断发展的过程中显现出勃勃生机。

管理问题探讨

创新企业

提及成功的创新者，你会想到哪些企业？

3. 创新选择

（1）创新基础的选择

创新基础的选择需要解决的问题是企业在何种层次上组织创新的问题，可以是理论上的创新，也可以是应用性的研究。理论上的创新需要企业中的有关科研人员长期地、持久地工作。可能带来结果，也可能一无所获。企业选择此种战略风险比较大，而且需要企业长期提供资金和人力支持。应用性的研究是企业利用现有的知识和技术去开发一种新产品或新技术。时间比较短、风险比较小，对企业的竞争优势的贡献程度相对较小。

（2）创新对象的选择

企业可供选择的创新对象包括：产品、工艺、生产手段等三个领域。

（3）创新水平的选择

创新水平的选择与创新基础的选择都涉及通过创新可能达到的技术先进程度。不过基础的选择可能导致整个行业的技术革命，特别是基础研究导致的创新可能为整个行业的生产提供一个全新的基础。

而创新水平的选择主要是在行业内相对于其他企业而言的，产品创新使得产品在结构感性能上有所改进甚至全部创新。工艺创新则可能为产品质量的形成提供更加可靠的保证，从而加强企业的特色优势，并可能促进生产成本的降低，从而从企业产品在市场上更具价格竞争力。生产手段创新不是孤立进行的，它既可能是产品创新或工艺创新的结果，亦可能由此引发产品或技术的创新，需要解决的问题主要是在组织企业内部的技术创新时，是采取"先发制人"的战略还是"追随他人之后""后发制人"的策略。

（4）创新方式的选择

不论技术创新的水平和对象如何，企业在技术创新活动的组织中都可以有两种不同的选择：

一种是独立开发。独立开发不仅要求企业拥有数量众多、实力雄厚的技术人员，而且要求企业能够调动足够的资金。若能获得成功，企业可在一定时期内垄断利润。另一种是联合开发。联合开发是指与合作伙伴集中更多的资源条件进行更为基础性的创新研究，并可以共同承担风险。

独立开发与联合研究要求企业具备不同的条件，需要企业投入不同程度的努力，当然也会使企业不同程度的受益。实际上，联合开发不仅受到经营范围限于国内的企业的重视，而且是许多国际企业的普遍选择。

拓展阅读

"生鱼片"理论

在竞争激烈的电子产品市场，今日高价热卖的"宠儿"很可能在短短数月内就会变为低价售卖的过时"黄花"。谈及三星如何维持高利润时，CEO 尹钟龙做了一个生动的比喻：新产品就像生鱼片一样，要趁着新鲜赶快卖出去，不然等到它变成"干鱼片"，就难以脱手了。

所谓"生鱼片"理论，指的是一旦抓到了鱼，在第一时间内就要将其以高价出售给第一流的豪华餐馆，如果难以脱手，就只能在第二天以半价卖给二流餐馆了，到了第三天，这样的鱼就只能卖到原来的 1/4 的价钱。而此后，就是不值钱的"干鱼片"了。鲜鱼一旦捕获后，每天跌一半的价，而电子产品的开发与推向市场，也是同样的道理。

但是，很多人误读了其中的真正含义，只是把它当作领先一步的另一种说法。在尹钟龙的眼里，"速度经营"不只是领先一步那么简单，而代表着一种新的游戏规则。在一次接受采访时，尹钟龙表示，"在数字时代，你可以无限地扩张产品线"，但关键是如何在体积变大的同时，保持敏捷的身手。"在模拟的时代，知识和技术的积累及勤勉才是制胜之道；而在数字时代，最重要的是创新和速度。"

12.2 管理创新的基本内容

在企业的各类创新活动中，营销创新可以帮助企业取得更好的市场效果，产品创新可以更好地满足顾客需求，技术创新可以获得更大的竞争优势。在从事各类创新的过程中，管理创新是基础。若不进行相应地管理创新，技术创新或营销创新就可能难以取得好的效果。因为无论是技术创新还是营销创新，要付诸实施，都必然会对现有的管理体系、生产组织方式带来一定的冲击，并有赖于新的管理体系和组织方式的建立。没有相应的管理创新做基础，其他创新就难以实现或难以为继。

1. 管理创新的四个维度

管理创新维度的理论是从营销 4P 理论中延伸出来的，这一理论提出了 4 个基本的创新维度，如图 12-1 所示。

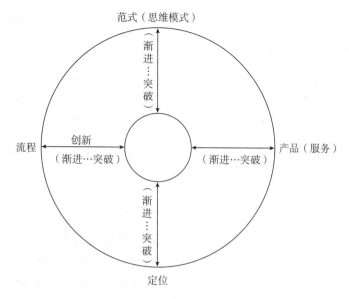

图 12-1 管理创新维度图

（1）产品创新

产品创新即组织提供什么（产品或服务）的创新。产品或服务创新既是企业管理的内容，也常常是重塑企业全面管理创新的诱因。

（2）流程创新

所谓"流程"，通常是指"人们应该按照何种途径、规则做事。"流程创新即产品或服务生产方式和交付方式的创新。流程创新包含了许多管理要素，它既可以是内部管理模式、生产管理模式，也可以是"产品如何交付到顾客手中"的相关流程。流程创新的要义是将企业视为"原材料供应—产品服务转化—客户交付"的完整系统。

拓展阅读

管理流程的简化

一家著名的门窗公司发现，各个地区的销售单元在市场营销活动中必须层层上报费用支出，最终批复后才能获得营销费用。这种层层上报申请的流程严重阻碍了销售部门的快速反应。

为了克服这一障碍，该公司决定采取新的管理流程：每一个业务单元于年初申领年度推广经费，建立资金池，并将后期销售纯利的 10％ 划入自己的资金池中。资金池中的资金低于 40％ 是警戒线，再使用时必须申报；而在警戒线之下使用资金，符合审计规范即可。

（3）定位创新

定位创新即产品或服务进入市场环境的创新。管理创新还可以通过改变市场定位来实现，通常被理解为市场创新的内容。例如，瑞士机械手表在经历了日本电子手表的冲击之后，将其市场群体定位为高端消费者；派克钢笔也经历过这样的创新，这些都可以视为市场定位转变的经典创新案例。

（4）范式创新

所谓范式，可以简单地理解为思维模式。范式创新是影响组织业务的潜在思维模式的创新。稻盛和夫的阿米巴经营就是范式创新的典型。某知名企业试图打破所有中间职能部门的层级壁垒，而将职能部门植入到业务生产流程中，也是范式创新。

拓展阅读

"数一数二"战略

美国通用电气公司前 CEO 杰克·韦尔奇在经营企业上曾一度坚持"数一数二"战略，即在某一行业领域里做不了第一或第二就退出。这在当时是一个引起广泛重视的战略理念创新之举。当然，这不是因为韦尔奇对排名有什么特殊偏好，而是因为他要获得控制市场的规模优势，要掌握该业务领域的话语权，这才是"数一数二"战略背后的逻辑。

在亚洲，打败索尼的三星也是"第一主义"的坚持者，该公司号召三星员工"要做就做到第一，不然就退出"。

上面所列的 4 个创新维度，可以是单一维度的创新，也可以是多维度的创新组合。它们既可以是渐进性的创新，也可以是突破性的创新，这取决于管理者或者组织的创新能力和视野。

2. 管理创新职能的基本内容

企业系统在运行过程中的创新涉及许多方面的内容，具体如下。

（1）目标创新

企业是在一定的经济环境中从事经营活动的，特定的环境要求企业按照特定的方式提供特定的产品。当环境发生变化时，企业的生产方向、经营目标及企业在生产过程中与其他社会经济组织的关系就要进行相应的调整。企业在各个时期具体的经营目标，都要适时地根据市场环境和消费需求的特点及变化趋势加以整合，每一次调整都是一次创新。

（2）技术创新

技术创新是企业创新的主要内容。由于一定的技术是通过一定的物质载体及利用这些载体的方法来体现的。因此，企业的技术创新主要表现在要素创新、要素组合方法的创新及产品创新三个方面。

（3）制度创新

制度是组织运行方式的原则规定。制度创新是从社会经济角度来分析企业系统中各成员间的正式关系的调整和变革。企业制度主要包括产权制度、经营制度和管理制度。产权制度、经营制度和管理制度三者之间的关系是错综复杂的，企业制度创新的方向是不断调整和优化企业所有者、经营者和劳动者三者之间的关系，使各个方面的利益得到充分的体现，使组织各成员的作用得到充分的发挥。

（4）环境创新

环境创新不是指企业为适应外界变化而调整内部结构或活动，而是指通过企业积极的创新活动去改造环境，使环境朝着有利于企业经营的方向发展。例如，通过企业的公关活动，影响社区、政府政策的制定；通过企业的技术创新，影响社会技术进步的方向等。

（5）组织结构创新

企业系统的正常运行，既要求具有符合企业及其环境特点的运行制度，又要求具有与之相适应的组织形式。企业制度创新必然要求组织形式的变革和发展。不同的企业有不同的组织形式。同一企业在不同的时期，随着经营活动的变化，也要求组织的机构和结构不断调整，组织结构创新的目的在于更合理地组织管理人员，提高管理劳动的效率。

管理问题探讨

你认为管理创新与管理四大职能之间有何关系？

---

3. 管理创新的分类

根据一个完整的管理创新过程中管理创新重点的不同，可将管理创新划分为管理观念创新、管理手段创新和管理技巧创新。

（1）管理观念创新

管理观念创新是指形成能够比以前更好地适应环境的变化并更有效地利用资源的新概念或新构想的活动。在实践中，创新者通过对以往管理方法运用效果的反思，发现原有管理方法或管理思想中存在的缺陷，结合现代科学技术和社会的发展，融合形成新的管理思想；或随着管理经验的积累，经过总结升华，产生更新更好的管理思想。这一阶段形成的管理思想的正确与否，直接影响着管理创新的成败。

（2）管理手段创新

管理手段创新是指能够比以前更好地利用资源的各种组织形式和工具的活动。可进一步细分为组织创新、制度创新和管理方法创新。其中，组织创新是指创建适应环境变化与生产力发展的新组织形式的活动，制度创新是指形成能够更好地适应环境变化和生产力发展的新的规则的活动，管理方法创新是指创造更有效的资源配置工具和方式的各种活动。

（3）管理技巧创新

管理技巧创新是指在管理过程中为了更好地实施对观念的调整、制度的修改、机构的重组或进行制度培训和贯彻落实员工思想教育等活动所进行的创新。在管理思想组织化、制度化之后，进入管理创意的应用和推广阶段。在管理创新成果运用过程中进行的"小改小革"即为管理技巧创新。管理技巧创新的重点放在管理的实际应用上。

（4）三种创新的关系

管理创新始于观念创新。在管理创新体系中，观念创新是各项创新工作的基础，观念创新为各类创新活动指明方向和扫清思想上的障碍，奠定更有效利用资源的基础。手段创新是对观念创新的进一步具体化，它使观念创新变得切实可行，可大大提高组织的应变速度，更好地保证各种资源的合理使用。管理技巧创新则保证了观念创新和手段创新能够为大家所接受，保证观念创新和手段创新能取得预期的效益，或进一步提高原有管理手段的有效性。三类创新相辅相成，形成了一个完整的管理创新体系。

4. 激发组织创新力的因素

有三类因素可用来激发组织的创新力：结构因素、文化因素和人力资源因素。

（1）结构因素

有关结构因素对创新影响的研究如下。

① 有机式结构对创新有正面的影响。有机式结构组织的正规化、集权化和专业化都较低，采用这种结构可以提高灵活性、应变力和跨职能工作能力，这些特点是创新必备的。

② 富足的资源。组织资源充裕，使管理当局有能力购买创新成果，敢于投下巨资推行创新并承受失败的损失。

③ 单位间密切的沟通。沟通有利于克服创新的潜在障碍。

④ 最低限度的时间压力。创新性组织试图将创新活动的时间压力最小化，时间压力会降低员工的创造力。

⑤ 工作和非工作的支持。一个组织的结构为源于工作和非工作的创造提供明确的支持时，雇员的表现会更有创造性。鼓励、开放式沟通、积极倾听和有用的反馈等都是有用的支持。

拓展阅读

木桶原理

木桶原理是指由几块长短不一的木板所围成的水桶的最大盛水量，是由最短的一块木板所决定的。木桶原理要说明的是：在组成事物的诸因素中最为薄弱的因素就是瓶颈因素，事物的整体发展最终将受制于该因素；只有消除这一瓶颈因素，事物整体才能有所发展。

在管理创新中，如果能抓住这个影响事物发展的最关键环节或因素，就会达到"加一块木板而导致整个木桶盛水量很快增加"的目的。

木桶原理在企业管理创新中有很大用处。企业组织有不同的层次、不同的职能部门、不同的经营领域，而企业整体管理水平的高低既不由董事长、总经理决定，也不由那些效率最高、人才济济的部门决定，而取决于那些最薄弱的部门。因此，只有在最薄弱环节上取得突破性的创新，才能最终提高企业的整体管理水平。

（2）文化因素

富有创新力的组织，通常具有某种共同的文化。如鼓励试验，不论成功还是失败都给予奖励，并赞赏失败。充满创新的组织通常具有如下特征。

① 接受模棱两可。过于强调目的性和专一性会限制人的创造性。

② 容忍不切实际。允许员工对问题做出不切实际甚至愚蠢的回答。

③ 外部控制少。组织将规则、条例、政策这类控制减少到最低限度。

④ 接受风险。组织鼓励员工大胆试验，不用担心可能失败的后果。

⑤ 容忍冲突。组织鼓励不同的意见。个人和单位之间的一致和认同并不意味着能实现很好的经营绩效。

⑥ 注重结果甚于手段。提出明确的目标后，个人被鼓励积极探索实现目标的各种可行途径。注重结果意味着，对于任一给定的问题，可能存在若干种正确的解决办法。

⑦ 强调开放系统。时刻监控环境的变化并随时做出快速的反应。

⑧ 正面反馈。管理者应当提供正面反馈、鼓励和支持，使员工感到他们的创造性想法得到了关注和认可。

（3）人力资源因素

① 培训与发展。有创造力的组织积极地对员工进行培训和发展，以使其保持知识的更新。

② 提供高工作保障。高工作保障，可以减少员工担心因犯错误而遭解雇的顾虑。

③ 鼓励员工成为创新带头人。创新带头人会主动而且热情地将创意予以细化，并提供支持，克服阻力，确保创新得到推行。创新带头人的共同个性特征是：高度自信，有持久力，精力旺盛，敢于冒风险，个人对使命的坚信不疑，激励和鞭策他人，并善于从他人处争取支持的力量。

管理技能训练

创新与"折腾"的异同

以小组为单位，通过举例说明的方式，完成以下任务。

（1）列举管理创新与"折腾"之间的异同；

（2）探讨如何在管理创新过程中避免"折腾"的策略；

（3）小组派代表分享观点。

12.3　创新理论

对创新的系统论述最早出自约瑟夫·熊彼特。他是美籍奥地利经济学家，1912 年在《经济发展理论》一书中首先提出了"创新理论"。在该书中，他确定了创新的含义，并论证了创新在经济发展过程中的重要作用。

1. 熊彼特的创新理论

（1）熊彼特创新理论的来源

1907 年的年末，熊彼特为了谋生来到了埃及，他在开罗开始了他的律师职业。也就是在开罗，熊彼特获得了商业实践经验。他帮助重组了一家在开罗的制糖厂，通过引进新的生产技术，大大提高了工厂的效率和利润水平。熊彼特参与的这次创新给他留下了不可磨灭的印象，他经历了创新的过程，看到了最后成果。因此，熊彼特创新理论来自于对实践的观察和总结，而非象牙塔式的假设。

（2）熊彼特创新理论的内容

熊彼特认为，经济增长最重要的活动和最根本的源泉在于企业的创新活动。而创新就是企业对生产要素的重新组合。企业家的职能就是实现"创新"。他认为，所谓"创新"，就是"新的组合"，它包括以下 5 种情况。

① 采用一种新的产品——消费者不熟悉的产品——或一种产品的新特性。

② 采用一种新的生产方法，也就是在有关制造部门中尚未通过鉴定的方法。这种新的方法不需要建立在新的科学发现的基础之上。

③ 开辟一个新的市场。有关国家的某一制造部门以前不曾进入的市场，不管这个市场以前是否存在过。

④ 掠取或控制原材料或半成品的一种新供应来源。不论这种来源是已经存在的还是第一次创造出来的。

⑤ 实现一种工业的新组织。比如造成一种垄断地位（例如通过"托拉斯化"）或打破一种垄断地位。

熊彼特用列举具体创新领域的方法对创新进行了描述，但他并没有直接明确地揭示创新的实质。后来管理学家将他的创新概念归纳为 5 个创新，依次对应为产品创新、技术创新、市场创新、资源配置创新和组织创新。

（3）熊彼特的贡献

熊彼特的贡献是他把创新定义为企业家的职能。根据熊彼特的理论，"创新"是一个"内在的因素"，"经济发展"也是"来自内部自身创造性的关于经济生活的一种变动"。他的创新理论包含了如今创新理论所覆盖的大部分内容。他的创新概念不仅在经济学中独树一帜，引起轰动，也引起了管理学界的极大关注与研究，至今一直有着积极的意义。

管理技能训练

职业管理人发展的 SWOT 分析

SWOT 分析法被认为是管理者普遍需要掌握的一项技能。SWOT 分析法又称为态势分析法或优劣势分析法，用来确定企业自身的竞争优势（strength）、竞争劣势（weakness）、机会（opportunity）和威胁（threat），从而将企业战略与企业内部资源、外部环境有机地结合起来。

为了更好地掌握这项技能，我们采用 SWOT 分析法来思考下面的问题：职业管理人应当如何参与职场竞争？

第一步，罗列要素，如表 12-1 所示。

表 12-1 职业管理人发展的 SWOT 分析清单

四要素	清单
优势	有哪些优势 最核心的优势是什么
劣势	有哪些劣势 最关键的劣势是什么
机会	机会在哪里 最佳机会是什么
威胁	有哪些威胁 最大威胁是什么

第二步，策略选择。

根据本单元所学知识，结合表12-1，讨论确定你将采取的策略方案。

策略选择	详细描述你要怎么做
SO 战略	
WO 战略	
ST 战略	
WT 战略	

2. 德鲁克的创新理论

德鲁克为世界许多政府机构、企业和非营利机构提供过咨询和帮助。为了表彰德鲁克对世界所做出的贡献，2002年6月20日，美国总统乔治·布什授予德鲁克"总统自由勋章"。

（1）德鲁克的创新思想

德鲁克在《一个社会生态学家的思考》一文中写道："经过多年思考，我认识到，变革也是需要管理的。实际上，我逐渐认识到所有机构——无论是政府、大学、企业、工会，还是军队，只有通过在其自身结构中建立系统化、有组织的创新，才能保持连续性。这最终促使我写成《创新与企业家精神》一书，尝试把创新这一学科作为系统化的活动来管理。"1985年，德鲁克出版了《创新与企业家精神》一书。德鲁克所说的企业家就是创新家，所谓的企业家精神就是创新精神。这本书要表达的核心思想是："创新是微风细雨，创新是革命的替代品。"德鲁克写道："无论是社会还是经济，公共服务机构还是商业机构，都需要创新与企业家精神。创新与企业家精神能让任何社会、经济、产业、公共服务机构和商业机构保持高度的灵活性与自我更新能力。这首先是因为创新与企业家精神不是对原有的一切'斩草除根'，而是以循序渐进的方式。这次推出一个新产品，下次实施一项新政策，再下一次就是改善公共服务。"

（2）德鲁克的六条创新原则

德鲁克说："不创新，即死亡"。他提出了六条创新原则。

① 有目的、有计划的创新，要从分析各种创新机会开始。

② 走出去观察、询问和倾听，研究潜在顾客的期望、价值观和需求。

③ 有效的创新必须形式简单且集中，最好是只做一件事。

④ 从小事、具体事开始。

⑤ 创新一开始就要树立充当领导潮流的奋斗目标，争取成为未来的发展方向。

⑥ 要立足现在，即为现在创新，而不要企图为未来创新。

德鲁克从4个方面系统地寻求创新的机遇。

① 在现有业务基础上进行有组织的改进，每年3%左右；

② 从目前的经营活动中挖掘成功经验；

③ 有组织地发现现有经营活动中哪些已经发生改变；

④ 新知识。

（3）德鲁克的贡献

德鲁克不但从经济的角度研究创新，而且还从社会的角度来研究创新。最为重要的是，德鲁克为连续与变革之间的平衡提供了解决方案：创新。唯有创新才能在"动态不均衡中建立社会，也唯有这样的社会才具有稳定性和凝聚力。"这不仅是对人类历史发展高瞻远瞩的总结，而且也体现了德鲁克作为社会生态学家对人类的终极关怀。

管理问题探讨

大众创业、万众创新

结合德鲁克和熊彼特的创新理论，谈谈你对"大众创业、万众创新"的理解。

12.4 管理创新思维和技法

1. 管理创新思维

企业管理创新的最大障碍是思维的障碍。企业先前的成功做法往往会使企业领导人形成思维定式，从而失去创新力。思维定式是一种严重的创新障碍，它的危害之处在于其顽固性。人的思维模式一经建立，再要改变它就比较困难。人的智力在与思想的全部认知技能结合时才能发挥最大效用。

以下是培养管理创新能力的几种思维方法。

（1）不按常理出牌

逻辑思维对创新活动来说是必需的。逻辑思维的主要特征是遵从"无矛盾"法则，即凡事都要说出个道理来。然而创新思维的胚芽都植根于逻辑的中断处，这就要求我们：要想找到这种创新的胚芽，就必须大胆地抛弃硬性的逻辑思维而涉足于弹性较强的非逻辑思维的大海中去。

（2）放纵模糊性思维

人脑的思维习惯总是追求清晰、明白，模棱两可是经常被排斥的。事实上，模糊性思维是人类思维中不可分割的一部分，正是清晰与模糊的对立统一才推动了人类思维的发展。创新是从模糊到清晰的过程。当你的思维处于模糊状况时，说不定会出现一些自相矛盾的观念，它可能会激发你的想象力去突破原有的狭窄的思想，产生新的创造性思维的胚芽。模糊性的存在，给管理者提供了更大的管理创新的空间。

（3）主动向规则挑战

规则的东西在一定范围内应当遵守，因为它毕竟是前人经验和知识的总结。但随着环境的变化，当它到了寿终正寝时，就应该大胆地舍弃。在管理创新中，如果我们能勇敢地向未抛弃的概念、法则、规律、方案等大胆质疑且提出挑战，我们的思维定式就会一扫而光。

管理问题探讨

大学中没有教师会怎样？

（4）克服思想上的"随大流"

"随大流"，也叫从众行为，是指在社会行为的影响下，个人放弃自己的意见、想法，采取与多数人一致行动的现象。在现实中，"随大流"现象普遍存在，因为"随大流"的安全系数较大。然而安全又常与稳定、保守相通，有时也未必真的安全。市场经济中，产品滞销的厂家，多属"随大流"之列。别人生产什么，他就生产什么，最终的结果自然是积压！相反，那些受到市场欢迎的产品，却多是不"随大流"的、有特色的产品。在工作中，若能克服"随大流"，必有助于克服思维定式。

（5）善于寻求多种答案

思维定式的重要特点之一就是它的确定性、单一性，而事物的发展总是指向多样化、复杂化的方向。只满足于一种状态、一个答案，世界就会凝固，创新就会停止。如果我们能不拘泥于已有的经验和知识，主动地寻找多种答案，就可能帮助我们克服思维定式，全方位、多角度地看问题，从而获得更多的创新成果。在打破固有的思维模式、寻求多种答案的过程中，大胆假设不失为帮助我们克服思维惯性和惰性的好办法，尽管假设不一定会直接产生创造成果，却可以激发人的想象力，从而找到全新的胚芽。而假设的最有效之举，就是把现有事物推向极端，引出新的矛盾或问题。这时思维定式就不起任何作用了。充分发挥想象力是寻求多种答案的关键之一。

"如果"思考法是恢复想象力的有效工具。当一个人的思考有了"如果"的意识，那么他的想象力将从法律、规章、制度、传统等束缚中解放出来。许多成功的产品都来自大胆的想象，例如，免削铅笔来自"如果铅笔不需用刀削还能继续写"的想象，微波炉是来自"如果炉子不用火也能煮东西"的想象。

拓展阅读

鬼谷子与创新思维

相传我国古代著名军事家孙膑的老师鬼谷子，在教学中极善于培养学生的创新思维，其方法别具一格。有一天，鬼谷子给孙膑和庞涓每人一把斧头，让他俩上山砍柴，要求"木柴无烟，百担有余"，并限期10天内完成。庞涓未加思索，每天砍柴不止。孙膑则经过认真考虑后，选择一些榆木放到一个大肚子小门的窑洞里，烧成木炭，然后用一根柏树枝做成的扁担，将榆木烧成的木炭担回鬼谷洞，即为百（柏）担有余（榆）。10天后，鬼谷子先在洞中点燃庞涓的木柴，火势虽旺，但浓烟滚滚。接着鬼谷子又点燃孙膑的木炭，火旺且无烟。这正是鬼谷子所期望的。

（6）逆向思维

逆向思维是每个管理者都应该掌握的思维方式。对任何一个员工，在你认为满意的时候，你必须看到他的缺点，这是对他负责，如果只看到缺点，放任纵容，最后会把他毁掉。逆向思维通俗地说，就是站在对立面思考问题，或者是指与一般人、一般企业思考问题的方面不同。

2. 管理创新技法

创新技法是帮助人们实行创新、提高创新效率的方法。由于技术创新、产品创新、市场创新与管理创新在性质、内容上有所差异，所适用的创新方法也会有所不同。

1）识别问题的方法

正确地界定问题是进行有效管理创新的基础。如果我们善于界定问题，把问题简单化、明确化，问题就解决了一半。明确问题的性质有助于创新性地解决问题。"为什么法"是识别问题的最简单方法。通过不断变化对原始问题的定义，获得新的问题视角，而问题的新视角又可以产生解决问题的可行方法，直到获得最高层次的问题抽象。另外一种常用的界定问题的方法是"五大问"：一问目的；二问地点；三问时间；四问人员；五问方法。

行动指南

如何鼓励创新思维

（1）创造性地思考问题。

（2）头脑风暴。

（3）不要低估员工的任何想法。

（4）走出办公室。

（5）观察其他行业。

（6）为创新思维制定一个预算。

（7）尝试。

（8）容忍错误。

（9）征求没有本行业经验或背景的人员的意见。

（10）享受新的体验。

2）解决问题的方法

（1）头脑风暴法

头脑风暴法是目前最实用、最有效的一种集体式创新性解决问题的方法。头脑风暴法主要适用于开放性问题，许多管理创新的问题都可以运用它来解决。它主要适用的问题类型有：关于产品或市场的新观念或新技术的应用；管理问题，如拓宽就业面，帮助下岗人员再就业，改善职业结构等；改善管理流程，如对生产流程进行价值分析等。头脑风暴法的四条基本原则是：自由畅想原则、延迟批判原则、结合改善原则、以量求质原则。

拓展阅读

汉斯·菲尔开网店

汉斯·菲尔大学读了不到一年，想自主创业，便办理了退学手续。走出校门，他才发现原来"金子"并不是那么好淘的。他先后做过推销员、摆过地摊，但都和他的梦想相去甚远。

经过考察，他发现人们外出购物的时间越来越少，很多人钟情于网上购物。于是，汉斯便办起了一家主营家居用品的商店。就在他准备大展身手的时候，一个无情的事实呈现在他眼前：由于网店知名度并不高，好几天也等不到一个买主。情急之下，汉斯找到搞营销的好友洛克，希望他能帮忙解决这个难题。经过一番谋划，一个绝妙的创意诞生了。一周后，各种大大小小的媒体争相报道一个新闻——"一个名叫汤姆·伯丁汉的27岁男子，花15.5英镑在网上订购了一双熊掌模样的休闲拖鞋，结果收到货时却惊讶地发现，右脚的鞋子竟然比他预留的尺寸大了近100倍，足有家用汽车那么大！"伯丁汉兴致勃勃地钻进巨鞋照了张照片传到网上，为了提高可信度，他把订购此鞋的网站——也就是汉斯的网店地址附在了下面。一时间，这个事情被传得沸沸扬扬。

一切皆在意料之中，汉斯小店的人气在一夜之间便飙升到令人咂舌的程度。人们在看到新闻后出于好奇，都会进到照片下面的网店去看看。这时候，汉斯已经在网店的主页上发布了一则声明：因工作失误，误将客户汤姆·伯丁汉订购的14.50码的拖鞋看漏了小数点，以至于按照1 450码的尺寸提交给工厂，当时误以为这只巨型鞋是用于橱窗展示之用，所以没有进行核实便提交生产，本店愿为此给您带来的不便道歉并进行赔偿。看到这则声明，人们都被汉斯的真诚所感动，大家都顺便买些东西，以后逐渐成为常客。短短一个月，小店便为汉斯赚到了20万美元。

（2）列举法

列举法是通过列举有关项目来促进全面思考问题，防止遗漏，从而形成多种构想方案的方法。列举法包括特性列举法、缺点列举法、希望点列举法等。在这些方法中，特性列举法是基本方法，其他方法是对特性列举法的巧妙运用。

① 特性列举法。特性列举法是进行管理创新的一种重要创新技法，它通过列举现有事物的特征，针对其中需要改进的问题提出新的创新设想。这种创新技法特别适合老企业改进管理，是老企业进行管理创新的重要辅助工具。特性列举法的优点在于促使我们全面地考虑问题，防止遗漏，而且较易找到解决问题的切入点。特性列举法所列出的特征很多，逐个分析所需的时间较长，为了加快分析速度，又进一步发展了缺点列举法和希望点列举法。

② 缺点列举法。缺点列举法认为改进事物主要是由于旧事物存在缺点，不能满足要求。缺点是改进旧事物的方向，是解决问题的前提；列举出事物特征中那些令人不满的缺点，就可以找到存在的问题，并可针对缺点逐项分析，形成各种克服缺点的方案。缺点列举法围绕旧事物的缺点加以改进，通常不触动原事物的本质与总体，一般多用于企业管理中，解决属于"事"一类的软技术问题。

③ 希望点列举法。希望点列举法认为，旧事物基本上不能满足人们的要求，必须用新事物来代替它。这个新事物应当具有满足人们愿望的特点。希望点列举法是从整体上对旧事物不满，把旧事物整个看成缺点，其所列举的希望点往往是旧事物本质上难以具备的。希望点列举法是一种主动型的方法，常常能突破旧事物的框框，形成比较重大的创新。

创新思维方法识别

　　管理创新会用到各种各样的思维方法，包括转移法、组合法、想象法、综合法、直觉思维、灵感法等。这些方法的有意识运用可以大大提升管理创新能力。请识别表 12 - 2 中所列的各项创新所体现的主要思维方法或思维特征。

表 12 - 2　创新思维方法识别

创新事例	思维方法或思维特征
瓦特发明蒸汽机	
智能手机的发明	
戴尔创造直销模式	
乔布斯把手机设计成儿童都能使用	
发明可以飞的四轮汽车	
全员股份制出现	
定制生产模式出现	
众筹模式出现	

　　（3）联想类比法

　　联想类比法的核心是通过已知事物与未知事物之间的比较，从已知事物的属性去推测未知事物有类似属性。类比推理的不确定性，可以帮助我们突破逻辑思维的局限性，去寻找一个新的逻辑的起点。联想类比是以比较为基础的。借助类比是方法，把陌生的对象与熟悉的对象相对比，把未知的东西和已知的东西相对比，由此及彼，起到启发思路、提供线索、举一反三的作用。联想类别法的关键在于联想。没有很强的联想能力，就无法在已知与未知之间架起桥梁。联想类比有三种类型：直接类比、结构类比和综合类比。直接类比是指在两个事物之间直接建立联系的方法；结构类比是指由未知事物与已知事物在结构上的某些相似来推断未知事物也有某种属性的方法；当已知事物与未知事物内部各要素关系十分复杂，而两者又有可比的相似之处时，就可进行全面的综合类比。

　　（4）移植法

　　移植法是指将某一领域的技术、方法、原理或构思移植到另一领域而产生新事物的方法。例如，把生产管理中的标准化管理技术运用到商业经营领域，产生了全新的经营方式——连锁经营。移植法最大的优点是不受逻辑思维的束缚。当想把一项技术或原则从一个领域移植到另一个领域时，并不需要在理性上有很清楚的理解，往往是做了再说，这就为新事物的形成提供了多种途径，甚至为许多外行搞创新提供了可能。

拓展阅读

战略管理创新的策略选择

　　SO 战略是最理想的一种战略模式，它意味着企业内部的优势与外部的机会互相匹配。当企业具有特定方面的优势，而外部环境又为发挥这种优势提供有利机会时，可以采取该战略。

WO 战略是利用外部机会来弥补内部弱点，使企业改变劣势而获取优势的战略。WO 战略适用于存在外部机会，但由于企业存在一些内部弱点而妨碍其利用机会，且可以采取措施克服这些弱点的情况。

ST 战略是企业利用自身优势，回避或减轻外部威胁所造成的影响。例如，竞争对手利用新技术大幅度降低成本，这会导致企业在竞争中处于非常不利的地位。但如果企业拥有充足的现金、熟练的技术工人和较强的产品开发能力，便可利用这些优势开发新产品，简化工艺过程，提高原材料利用率，从而降低材料消耗和生产成本。

WT 战略是一种旨在减少内部弱点、回避外部环境威胁的防御性技术。当成本状况恶化、原材料供应不足、生产能力不够、无法实现规模效益、设备老化时，企业在成本方面难有大作为，这时应采取目标聚集策略或差异化策略，以回避成本方面的劣势，并回避成本原因带来的威胁。

12.5　企业创新

12.5.1　技术创新

技术创新是企业实现可持续发展的基础，是一个国家实现经济持续增长的重要来源。没有技术创新，企业生产的产品或提供的服务就难以适应市场需求结构的变动，企业产品的市场份额就会不断下降，并最终被挤出所在行业或市场。一个国家没有技术创新，国民经济的增长便缺少革新技术的保证和支持，难以实现经济增长方式的有效转变，难以提高本国的国际竞争能力。

技术创新是指以技术突破为基础、由技术的新构想经过研究开发或技术组合后，推出为市场所接受的，具有经济效益、社会效益的新产品、新工艺或新服务等一系列活动。这里的"技术的新构想"，是指有关新产品、新工艺、新服务的新构想。"研究开发和技术组合"是实现新构想的基本途径，其中"研究开发"是企业技术创新的最关键环节，处于技术创新活动链的前端。"技术组合"主要将现有技术进行新的组合，它只需进行少量的研究开发，甚至不经过研究开发即可实现。

1. 技术创新的内容

与企业生产制造有关的技术创新，其内容是非常丰富的。从生产过程的角度，可将其分为以下几种。

（1）要素创新

要素创新主要包括材料创新和手段创新。在技术创新的各种类型中，材料创新是影响最大的、意义最为深远的。材料创新会导致整个技术水平的变化。手段创新主要指生产的物质手段的改造和更新。任何产品的制造都需要借助一定的机器设备等物质生产条件才能完成。

生产手段的技术状况是企业生产力水平具有决定性意义的标志。

（2）产品创新

产品创新是企业技术创新的核心内容。产品创新包括新产品的开发和老产品的改造。这种改造和开发是指对产品的结构、性能、材质、技术特征等一方面或几方面进行改进、提高或独创。它既可以是利用新原理、新技术、新结构开发出一种全新的产品，又可以是在原有产品的基础上，部分采用新技术制造的适合新用途、满足新需要的换代型新产品，还可以是对原有产品的性能、规格、款式、品种进行完善，但在原理、技术水平和结构上并无突破性的改变。

（3）要素组合方法的创新

要素组合创新包括生产工艺和生产过程的组织两个方面。工艺创新包括生产工艺的改革和操作方法的改进。生产工艺和操作方法的创新既要求在设备创新的基础上改变产品制造的工艺、过程和具体方法，又要求在不改变现有物质生产条件的同时，不断研究和改进具体的操作技术，调整工艺顺序和工艺配方，使生产过程更加合理，使现有设备得到充分的利用，使现有材料得到更充分的加工。生产过程的组织包括设备、工艺装备、在制品及劳动各要素在空间上的布置和时间上的组合。企业应不断研究和采用更合理的空间布置和时间组合方式，以提高劳动生产率、缩短生产周期，从而在不增加要素投入的前提下，提高要素的利用效率。

管理案例链接

做鞋的故事

故事一

几年前有一部电影《亲爱的》，是陈可辛导演的，主演是赵薇。讲的是一个妈妈的孩子被拐走了，她像疯了一样跑遍全国去寻找孩子。有一位鞋厂老板去电影院看了这部电影，眼泪汪汪，回来就找到市场部和研发部的负责人说，你们现在去电影院看《亲爱的》，回来告诉我这部电影跟鞋子有什么关系。

市场部和研发部经理看完电影，回来苦思冥想了三个月，终于想出来了。他们跟一个研发机构合作，在儿童的鞋子里安装一种芯片，可以与孩子父母的手机形成互联关系。孩子在公园里玩耍，一旦离开父母五十米以外，手机就会震动。如果孩子丢失了，只要鞋还穿着，公安部门就能定位孩子的所在地。这是全球第一双与互联网有关的儿童防丢鞋。

故事二

耐克和阿迪达斯这两家企业正在研发用3D打印的方式，直接在专卖店里为顾客打印全世界独一无二的跑鞋。也就是在不久的将来，你在上海、北京的耐克或阿迪达斯专卖店里，可以亲身体验这项技术，然后你有任何个性化的需求，比如想在鞋上写名字或刻一朵花，专卖店都可以为你实现。

启示

做鞋是一个古老的行业。今天，可能全世界的鞋厂都遭到了互联网的巨大冲击。但是如果你脑洞稍微开一开就会发现，还是有人在用新的工具、新的商业模式、新的技术做鞋。这个世界上没有所谓的夕阳产业，有的只是夕阳的人。无论你是做鞋的、做裤子的还是做电器的，只要回到技术变革和商业模式的潮流中，大大地打开脑洞，你就可以用一种全新的方式重新发现你的行业。

2. 技术创新的风险控制

企业技术创新是既具有潜在高收益，又具有潜在高风险的科学技术研究活动。在技术创新过程中既要看到高效益，又要看到高风险。企业在技术创新中树立风险观念，正是为了让技术创新成果的持有者、接受者充分认识到技术创新的风险性及其产生的原因，便于双方及时采取有效的措施，把风险控制在最小范围内，并尽可能多地获取收益。有关资料表明，10项技术创新项目里，有1～2项成功就可盈利。正是因为这样，许多企业仍不断进行技术创新。但是，企业在进行技术创新时，应充分认识风险，并采取相应措施控制风险。

（1）增强风险意识

企业参与市场竞争本身就有各种各样的风险，技术创新本身更是存在多种风险。企业必须具备强烈的风险意识，争取估计技术创新、转化过程中可能存在的各种风险，做好迎接风险挑战的思想准备，认清技术创新成果转化过程中风险的本质，明确承担风险的意义。企业只有具备风险意识，才能控制风险，化风险为动力，变风险为机遇，转风险为收益。

（2）筹集风险资金，多方式减少风险

既然技术创新是高风险、高收益的活动，那么可以采用各种方式，多渠道筹集风险资金，投融资双方风险共担，利润共享。风险性资金的筹资渠道有以下几种。

① 争取政府投资，即政府有计划地把用于技术创新的资助资金变成风险投资公司的股本，争取风险投资公司利用政府资金投资技术创新。

② 争取银行的风险性贷款，即向银行申请技术创新开发资金，要求银行给予贷款。

③ 发行股票、债券、筹集社会游资。

④ 技术创新开发前，向保险公司投保，借助保险机制，分担技术创新风险。

（3）双向科学论证，从基础上避免风险

在技术创新成果转化时，必须进行双向论证，不仅要对创新的技术本身进行论证，还要对技术接收方的配套设备、设施、技术等筹集条件进行可行性论证，从基础工作开始避免风险。

（4）建立快速反应机制，从宏观上驾驭风险

在技术创新和转化过程中，随时可能发生变化，不确定性因素逐渐显化，风险接踵而来。为此，必须建立一套快速反应机制及时捕捉信息，并进行分解，做出正确决策。这一套快速反应机制包括两个方面的内容：一是建立信息反馈系统，运用现代化的信息手段，跟踪国内外科技发展动态和市场演变趋势，及时掌握信息；二是建立决策执行系统，在决策者做出决策后，迅速贯彻、落实指令，并进行相应的调整，对落实效果负责。

（5）提高经营管理水平，避免风险产生

好的技术还需要好的管理才能出效益，只注重技术而不注重管理，同样不能出效益。因此，企业在技术创新一开始就要进行严格管理，并且随着技术水平的高低、规模大小调整经营管理方式，提高经营管理者的素质，以适应技术创新的需要。在技术的选择上要避免盲目性，在技术的论证上要避免虚假性，在立项的决策上要避免草率性，在项目的实施上要避免混乱性，尽可能减少技术创新的风险。

管理问题探讨

物联网技术的发展对管理工作会带来什么影响？

12.5.2　组织创新

组织创新是指组织中的管理者和其他成员为了使组织系统适应外部环境的变化，或者满足组织自身内在成长的需要，对组织内部各个子系统及其相互作用机制，或者组织与外部环境的相互作用机制进行创新性的调整、开发和完善的过程。组织创新主要包括：制度创新、组织结构创新和文化创新。

1. 制度创新

制度创新是将企业的生产方式、经营方式、分配方式和经营观念等进行规范化的设计与安排的创新活动。制度创新是支配人们行为和相互关系的规则的变更，是组织与其外部环境相互关系的变更，其直接结果是激发员工的创造性和积极性，促使不断创造新的知识和资源的合理配置，最终推动组织向前发展。它是管理创新的最高层次，是管理创新的根本保证。其主要内容包括产权制度创新、经营制度创新和管理制度创新。知识经济条件下，企业制度的逻辑为：知识正变成最重要的资源；企业内部的权利关系正朝着知识拥有者的方向变化；企业的制度结构正从"资本的逻辑"转向我们所称的"知识逻辑"；权力派生于知识（特别是协调知识）的供应，利益（经营成果的分配）由知识的拥有者所控制。

行动指南

一个有效的创新奖励制度的特点

根据以往成功企业的经验，一个能够有效促进创新的奖励制度具有以下特点：物质奖励与精神鼓励相结合，以满足不同创新动机的要求；奖励是基于业绩而不是作为"不犯错误的报酬"；奖励注重整体，要求既能促进内部竞争，又能鼓励相互间的合作。

竞争能激发每个人的创新欲望，而过度的竞争则会导致各自为政、相互制约；协作能综合各种不同的知识和能力使创新趋于完善，过分强调合作会导致个人贡献的难以区分而削弱个人的创新欲望。

为了保证竞争与协作的有机结合，促使每个组织成员都积极地投身于创新，在具体奖项设置时，可考虑多设集体奖、少设个人奖，多设单位奖、少设综合奖，多设小奖、少设大奖，以给每个人以成功的希望，并防止过度竞争。

2. 组织结构创新

组织结构创新的方向是推行机构综合化，在管理方式上确保每个部门对其管理的业务流，都能做到连续一贯的管理，达到"物流畅通、管理过程连续"。作为工业企业的主要组织形式，层级结构曾表现出以下主要特征：直线指挥、分层授权；分工细致，权责明确；标准统一，关系正式。

知识经济条件下，企业组织结构的创新：组织结构的构成是由各工作单位组成的联盟，而非严格的等级排列；企业成员在网络中的角色不是固定的，而是动态变化的；企业成员在网络结构中的权力地位不是取决于其职位，而是来自他们拥有的不同知识。

3. 文化创新

广义的文化概念，即所谓的大文化，是指人类改造客观世界和主观世界的活动及其成果的总和。它包括物质文化和精神文化两大类。文化在交流的过程中传播，在继承的基础上发展，都包含着文化创新的意义。文化发展的实质，就在于文化创新。文化创新是社会实践发展的必然要求，是文化自身发展的内在动力。文化源于社会实践，又引导、制约着社会实践的发展。推动社会实践的发展，促进人的全面发展，是文化创新的根本目的，也是检验文化创新的标准所在。文化创新，是一个民族永葆生命力和富有凝聚力的重要保证。

工业社会中企业文化的功能与特点是：企业文化是作为企业经营的一种副产品出现的；企业文化基本上反映了企业组织的记忆；企业文化是作为一种辅助手段发挥作用的；企业文化是一元的。

知识经济条件下，企业文化的创新：企业文化将成为知识经济条件下企业管理的重要的，甚至是主要的手段；企业文化将是人们自觉创造的结果，而不是企业生产经营中的一种副产品；作为人们自觉行为结果的企业文化不仅是记忆型的，而且是学习型的；企业文化将在强调主导价值观与行为准则的同时允许异质价值和行为准则的存在。

组织创新是一个系统过程，它不仅受到组织内部个体创新特征、群体创新特征和组织特征的影响，还受到整个社会经济环境的制约。组织创新是一个渐进过程，往往从技术和产品开发入手，逐步向生产、销售系统，人力资源、组织结构发展，进而进入战略与文化创新领域，表现为一种渐进创新的过程。

拓展阅读

"7－R"流程法

关于管理创新的流程，管理学者皮特斯将其总结为"7－R"流程法。这一方法通过一套特别的管理行为模式来推动各种创新的发展。

重新思考（rethink）。它考虑的是"为什么（why）"的问题。

重新组合（reconfigure）。它所关心的是流程中的相关活动，为"与什么（what）有关"的问题寻找新的答案。

重新定序（resequence）。它所关心的是工作运行的时机和顺序，它的创新来自于提出"何时（when）"的问题。

重新定位（relocate）。它注重的是活动的位置，与"哪里（where）"有关。

重新定量（reduce）。它所牵涉的是从事特定活动的频率，如"活动量要达到多少""要多久做一次（how many or how often）"等。

重新指派（reassign）。它是指工作由"谁（who）"来做更好。

重新装备（retool）。它关注的是完成工作所需要的技术与装备，为"与如何（how）有关"的问题寻找新的答案。

乍看起来，"7－R"流程法似乎与"5W1H问题分析法"的原理相近，这容易使人混淆。事实上，"7－R"流程法关心的并非问题是什么，而是问题的解决有没有

12.5.3　市场创新

市场创新是指在市场经济条件下，作为市场主体的企业和企业家，通过引入并实现各种新市场要素的商品化和市场化，开辟新市场，促进企业生存与发展的新市场研究、选择、开发、组织与管理的活动。市场创新通常是随着技术创新和组织管理创新进行的。

1. 产品创新

产品创新可以从产品功能、产品质量、产品设计、产品品牌、产品价格和产品服务等方面进行创新。

（1）产品功能创新

产品功能体现了产品的价值所在，反映了顾客购买产品的"核心利益"。产品功能创新是对产品的根本性创新。

（2）产品质量创新

在产品供给达到一定程度后，质量竞争不可避免。企业为了生存与发展，就必须进行相应的产品质量创新。

（3）产品设计创新

产品设计属于附加产品的范畴。随着产品的日益丰富，产品同质化也日渐严重，而产品设计创新为实现差异化提供了一条有效的途径。

（4）产品品牌创新

产品品牌是企业为了使自己的产品或服务区别于其他企业而推出的无形卖点。品牌反映了供应商、制造商、经销商和顾客等对产品的认知程度。企业在发展过程中，为了适应市场的需要，需要进行适当的品牌创新。

（5）产品价格创新

价格在营销组合中处于十分重要的地位。价格和其他产品要素一样，可以成为一个销售诉求，因此价格策略也需要创新。

（6）产品服务创新

不论是生产型企业还是服务型企业，为了在激烈的竞争中占有优势，必须要进行服务创新。创新要以顾客为中心，以提高顾客满意度和忠诚度为目标，只有这样才能推动企业的成长并使其走向成功。

2. 渠道创新

渠道创新包括渠道互惠、渠道交叉、渠道整合和渠道扁平化四个方面。

（1）渠道互惠

渠道互惠是指企业运用原有的渠道销售新产品。例如，餐厅可以用已有的店面提供早餐，而不是另外扩展销售渠道。

（2）渠道交叉

渠道交叉是指行业与行业之间，因产品外延相近而使得销售渠道之间可以交叉使用。例如，某连锁零售企业将交通银行的服务终端引入超市，形成了渠道交叉，实现双赢。

（3）渠道整合

渠道整合是指将同一企业、同一行业的不同类别产品的销售渠道整改后组成体系。例如，一个产品多样的家电企业，可以不根据产品种类划分销售渠道，而整合为按地区重新划分渠道。

（4）渠道扁平化

渠道扁平化是指企业简化销售过程，压缩销售成本，形成较大的利润空间。

3. 需求创新

首先，要善于发掘消费者潜在的需求。其次，敢于创造需求。有些营销者认为"顾客一般是缺乏远见的"，顾客不知道他们自己需要什么，所以需要企业主动引导。最后，需求创新还要考虑政府的宏观调控和管理。因为政府可以影响人们的购买力，还可以制定相应的方针、政策、法律和法规引导、鼓励或限制某些产业和市场的发展。

管理创新是企业发展的内在要求，是创造一种新的、更有效的资源整合模式。管理创新是一种理念，是一种精神，是一种能力，是一个过程。

拓展阅读

市场渗透与战略管理创新

百事可乐公司的福来托-雷早餐食品分部是在市场成熟期成功实施市场渗透策略的典范。当早餐食品市场上许多占有统治地位的公司转向别处谋求增长时，福来托-雷分部并不甘心承认早餐食品行业已经成熟、老化，而是通过销售方式和服务等方面的创新，不断向现有产品和市场输入新活力。在1995年前的5年中，福来托-雷分部以几乎两位数的增长率增长，而同期竞争对手的总份额却下降了。

乔布斯第二次接手苹果公司时，手机市场看起来也是一个成熟的市场。手机已经成为大众消费品，诺基亚、三星占据着大半市场。乔布斯的策略是通过产品功能和体验的创新进行市场渗透。最终，乔布斯成功地将消费者的注意力转向苹果手机，将市场格局重新洗牌。

12.6 创新的模型

创新是一个充满风险、极其复杂的过程，学者们对这个特殊行为的过程提出了有一定参考价值的描述模型。

1. 罗斯韦尔五代模型

根据罗斯韦尔（Rothwell）对产业创新模式的划分，20世纪50年代以来，技术创新过程的研究经历了五代具有代表性的模型。

（1）第一代：简单线性的技术推动型（20世纪50年代至60年代中期）。

该模型认为研发是技术创新的主要来源，技术创新是由研发成果引发的一种线性过程。创新过程起始于研发，经过生产和销售，最终将新技术引入市场，市场是创新成果的被动接受者。技术推动型创新过程模型如图12-2所示。

图12-2 技术推动型创新过程模型

（2）第二代：线性的市场拉动型（20世纪六七十年代）

该模型认为市场需求是研发构思的主要来源，市场需求为技术创新提供了机会和思路，技术创新是市场拉引的结果，市场需求在技术创新过程中起到了关键作用。技术创新在产业投资、产业高潮之后出现，即需求在先，发明创新在后，技术创新是由需求拉动的。市场拉动型创新过程模型如图12-3所示。

图12-3 市场拉动型创新过程模型

（3）第三代：技术与市场的耦合互动模型（20世纪70年代后期至80年代中期）

大量研究显示，对科学、技术和市场三者相互联结的一般过程而言，线性的技术推动和市场拉动模型都过于简单和极端化，因此，提出交互（或称耦合）模型。技术和需求常常以一种相互作用的方式共存。技术创新往往是技术推动和市场需求拉动共同作用的结果，两者都是决定创新成功的关键因素。该模型强调技术与市场的有机结合，强调创新过程中各环节与市场需求和技术进展之间的交互作用。它是技术推动与市场拉动综合作用模型的深化。技术与市场的耦合互动模型如图12-4所示。

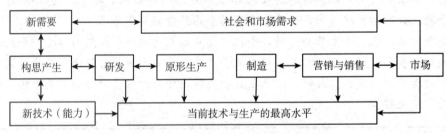

图12-4 技术与市场的耦合互动模型

（4）第四代：集成（并行）模型（20世纪80年代早期至90年代早期）

该模型将技术创新过程视为同时涉及创新构思的产生、研发、设计、制造和市场销售的并行过程，强调技术创新相关职能部门与供应商、用户之间的沟通和合作。该模型强调，企业与外部环境的联系和互动导致了企业创新网络的兴起，即企业技术创新过程既是企业不同部门职能交叉的过程，又是多主体网络互动的结果。

（5）第五代：系统集成与网络化模型（20世纪90年代以来）

新产品开发时间成为企业竞争优势的重要来源，但产品开发周期的缩短也意味着成本的提高。一些领先的创新者正在向时间更短、成本更低的以系统集成与网络化为特征的第五代创新过程转变，包括产品开发的技术、组织、制度、生产等更加整合、更加紧密的企业之间的纵向联系和横向联系，以及更多地运用先进复杂的电子信息工具箱。第五代技术创新过程的特点如图 12-5 所示。

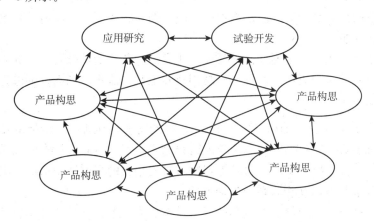

图 12-5　第五代技术创新过程的特点

2. A-U 模型

阿伯纳斯（Abernathy）和阿特拜客（Utterback）于 20 世纪 70 年代提出了技术创新的 A-U 模型，首次将产品和工艺变化结合起来，提出了技术生命周期模型。该模型认为，一个产业或一类产品的技术创新过程总体上可以分为三个阶段（变动阶段、过渡阶段、特定阶段），产品和工艺（流程）的创新频率体现出随时间变化的动态特征，并且产品和工艺流程创新存在重要的相互关系。技术创新过程的 A-U 模型如图 12-6 所示。

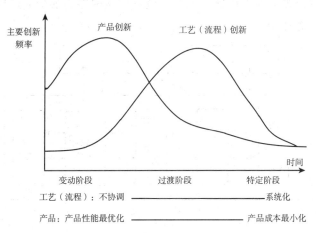

图 12-6　技术创新过程的 A-U 模型

产业演进中技术创新过程的特点是：在产业形成初期，产品创新大量涌现，工艺（流程）创新较少，市场进入者较多；随着产品主导设计的出现，市场趋于成熟，大量创新集中于提高生产技术工艺（流程）。

变动阶段主要是一类产品或一个产业部门的形成时期。在此阶段，技术与产品的变化极其迅速。产品创新在这一阶段同时面临技术和市场的不确定性。由于技术和目标的不确定性，尚未形成主导设计，竞争的焦点是产品的功能，产品创新频率最高。

在过渡阶段，主导设计出现，形成产品标准。用户对创新产品已有清晰的理解，市场接受创新产品；企业对创新产品大量生产，采用适于大规模生产的组织形式，管理和控制显得更为重要；竞争的焦点是产品的质量与价格；产品创新频率下降，以追求高效、低成本的工艺（流程）创新为主。

在特定阶段，产品完全定型且已被其他企业模仿，竞争的基础是产品的质量与成本，产业的发展高度重视质量、成本与产量。产品创新和工艺（流程）创新以渐进方式进行。

3. 链环回路模型

克莱因（Kline）和罗森伯格（Rosenberg）等人发现，创新不一定是由发明开始到扩散的线性模式，而是贯穿整个设计、生产、销售过程，进而提出了链环回路模型（chain-linked model），如图 12-7 所示，力求把与创新过程相关的主要活动都反映出来，创新过程中的任意两个环节都可以互相联系而推动创新。

创新的链环回路模型包括创新过程的五大基本要素：潜在市场、发明设计、设计细化与测试、再设计生产及销售；创新要素的连接包含每一阶段的反馈回路，反馈回路是对创新活动满足市场最终目标的不断纠偏的过程；在设计、测试、生产等阶段，研发活动与创新链条形成了基于知识交互的紧密联系，研发活动为创新活动提供了解决方案，创新活动同时为研发活动提供了必要的技术、工具、流程及信息支撑。有限的信息、创新的不确定性和会犯错误的决策者，使得一项创新不可能在它设计之初就一定是可行的和完美的，需要利用反馈信息来评价和决定下一步行动及调整与外部（系统）的协同。

链环回路模型将技术创新的各个阶段与现有知识技术存量和基础研究相联系，揭示了创新过程各环节之间的反馈关系。由此，创新的链环回路模型更加全面地描述了创新中各类活动及彼此间关系的动态作用。

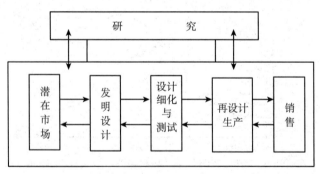

图 12-7　链环回路模型

拓展阅读

华为的创新

　　过去 20 多年全球通信行业的最大事件是华为的崛起。华为以价格和技术的创新彻底颠覆了通信产业的传统格局，让世界绝大多数人都能享受到低价优质的信息服务。华为在创新方面投入了很大的力量，但华为反对盲目的创新，反对为创新而创新，它们推动的是有价值的创新。任正非在公司内部讲话中指出：在向高端市场进军的过程中，不要忽略低端市场；聚焦主航道，以延续性创新为主，允许小部分力量有边界地去进行颠覆性创新；调整格局，优质资源向优质客户倾斜。

随着移动互联网和物联网、全息直播、无人驾驶、超高清视频等业务应用的逐渐引入，到 2020 年，一个万物互联的全连接时代将会到来，而 5G 正是这个全连接时代的关键焦点。与 3G 和 4G 相比，5G 不仅仅是移动宽带的演进，而且会对整个通信产业带来革命性影响，并改变我们每个人的工作和生活方式，使人类社会全面进入数字化时代。而 5G 的成功，也必须建立在全球生态链健康发展的基础上，必须走开放创新、广泛合作的道路。5G 将在系统容量、终端速率、时延、业务承载能力等多个方面实现大幅度提升，并构建以用户为中心的无线超宽带网络。

共建一个更美好的全连接世界一直是华为的宏伟愿景。为了应对 5G 长尾应用带来的苛刻技术挑战，华为坚持投入、持续创新，利用通信行业的知识积累和技术创新推动这一进程，成为全球 5G 发展的主要贡献者和领导者。华为自 2009 年启动 5G 研发以来，对内坚持持续创新，对外开展全球合作。目前在 5G 全频谱接入、新空口技术、云化网络架构及新射频技术等领域的创新研究取得了重大突破，并积累了丰富的实验室测试和快速外场验证能力。

在对外全球合作方面，华为通过与中国移动、日本 DOCOMO、德国电信等多家业界顶级运营商的 5G 战略合作，联合产业阵营中众多合作伙伴构筑 5G 生态系统，共同推动 5G 产业前行。华为先后投入预算 6 亿美元，建立了 500 多人的专家团队。此外，还与哈佛大学、斯坦福大学、慕尼黑工业大学、清华大学等 20 多所顶级高校开展 5G 联合研究，已发表 5G 论文 190 多篇。华为不仅取得了 5G 关键技术的重大突破，还积极参与了全球主要 5G 行业组织，如欧盟 5G 公私合作联盟（5G PPP）等，并与合作伙伴开展联合创新项目。凭借在 2G、3G、4G 时代的深厚积累及 5G 研究的先发优势，携多项 5G 创新空口技术及最新研究成果亮相 5G 全球峰会，展示了世界第一个 6 GHz 以下的 5G 测试样机，峰值速率突破 10 Gbps，受到了业界高度关注并荣获 2015 年业界首个 5G 大奖。

资料来源：华为官方网站。

本 章 小 结

创新是人类社会发展的主旋律。如果没有创新，人们就不可能享受到如此丰富的现代生活。21 世纪是创新的世纪，创新将在社会各种组织中发挥越来越重要的作用。

管理创新是指为了更有效地运用资源以实现目标而进行的创新活动或过程。管理创新着眼于更加有效地运用资源以实现目标。管理创新是一个过程，这一过程可以是非连续性的，但是有规律可循。

企业系统在运行中的创新涉及许多方面的内容，具体包括：目标创新、技术创新、制度创新、环境创新和组织结构创新。

有三类因素可用来激发组织的创新力：结构、文化和人力资源实践。

约瑟夫·熊彼特1912年在《经济发展理论》一书中首先提出了"创新理论"。他认为，所谓"创新"，就是"建立一种新的生产函数"，把一种从来没有过的关于生产要素和生产条件的"新组合"引入生产体系。1985年，德鲁克出版了《创新与企业家精神》一书。德鲁克所说的企业家就是创新家，所谓的企业家精神就是创新精神。德鲁克写道：无论是社会还是经济，无论是公共服务机构还是商业机构，都需要创新与企业家精神。创新与企业家精神能让任何社会、经济、产业、公共服务机构和商业机构保持高度的灵活性与自我更新能力。

企业创新包括技术创新、组织创新和市场创新。管理创新是企业发展的内在要求，是创造一种新的更有效的资源整合模式，并能有效地加以实施。管理创新是一种理念，是一种精神，是一种能力，是一个过程。

创新的模型包括：罗斯韦尔五代模型、A—U模型和链环回路模型。

章节同步测试

一、单选题

1. （　　）1912年在《经济发展理论》一书中首先提出了"创新理论"。

   A. 德鲁克　　　　　B. 泰勒　　　　　C. 法约尔　　　　　D. 约瑟夫·熊彼特

2. 1985年，（　　）出版了《创新与企业家精神》一书。他所说的企业家就是创新家，所谓的企业家精神就是创新精神。

   A. 泰勒　　　　　B. 德鲁克　　　　　C. 法约尔　　　　　D. 约瑟夫·熊彼特

3. （　　）是目前最实用、最有效的一种集体式创新性解决问题的方法，主要适用于开放性问题，许多管理创新的问题都可以运用它来解决。

   A. 头脑风暴法　　B. 列举法　　　　C. 联想类比法　　　D. 移植

4. （　　）的核心是通过已知事物与未知事物之间的比较，从已知事物的属性去推测未知事物有类似属性。

   A. 头脑风暴法　　B. 列举法　　　　C. 联想类比法　　　D. 移植

5. （　　）是指以技术突破为基础，由技术的新构想，经过研究开发或技术组合后，推出为市场所接受的，具有经济效益和社会效益的新产品、新工艺或新服务等一系列活动。

A. 组织结构创新　　B. 技术创新　　　C. 制度创新　　　D. 环境创新

二、多选题

1. 企业系统在运行中的创新涉及许多方面的内容，具体包括（　　）。

　　A. 目标创新　　　　B. 技术创新　　　C. 制度创新　　　D. 范式创新

　　E. 组织结构创新

2. 下面哪些因素可用来激发组织的创新力？（　　）

　　A. 目标　　　　　　B. 结构　　　　　C. 文化　　　　　D. 利润

　　E. 人力资源实践

3. 市场创新是指在市场经济条件下，作为市场主体的企业和企业家，通过引入并实现各种新市场要素的商品化和市场化，开辟新市场，促进企业生存与发展的新市场研究、选择、开发、组织与管理的活动。下列创新类型中，哪些属于市场创新？（　　）

　　A. 产品创新　　　　B. 渠道创新　　　C. 组织结构创新　D. 制度创新

　　E. 需求创新

4. 较系统地概括管理创新维度的理论，是从营销 4P 理论中延伸出来的。这一理论提出了四个基本的创新维度，被称为管理创新的四个维度。这四个维度是（　　）。

　　A. 产品创新　　　　B. 流程创新　　　C. 定位创新　　　D. 范式创新

　　E. 制度创新

5. 下列选项中，哪些是管理创新的思维方法？（　　）

　　A. 不按常理出牌　　　　　　　　　B. 放纵模糊性思维

　　C. 主动向规则挑战　　　　　　　　D. 克服思想上的"随大流"

　　E. 善于寻求多种答案

三、名词解释

管理创新　　移植法　　罗斯韦尔五代模型

四、简答题

1. 简述德鲁克和熊彼特的创新理论。

2. 简述企业创新的内容。

参考答案

第1章

一、单选题

1. B 2. C 3. A 4. A 5. C

二、多选题

1. ABCD 2. ABCE 3. AC 4. BCDE 5. BD

第2章

一、单选题

1. A 2. A 3. B 4. C 5. C

二、多选题

1. ABC 2. BCD 3. ABCDE 4. ABC 5. ABCDE

第3章

一、单选题

1. B 2. C 3. C 4. C 5. D

二、多选题

1. BC 2. BCD 3. DE 4. ABCDE 5. ABCDE

第4章

一、单选题

1. A 2. D 3. B 4. C 5. D

二、多选题

1. BC 2. CD 3. BCDE 4. ABDE 5. ACDE

第5章

一、单选题

1. B 2. B 3. D 4. B 5. D

二、多选题

1. CD 2. BCDE 3. ABCE 4. ABCDE 5. ACD

第6章

一、单选题

1. B 2. A 3. B 4. A 5. D

二、多选题

1. ABCDE　2. BCDE　3. ACD　4. ABD　5. ABCDE

第 7 章

一、单选题

1. B　2. C　3. A　4. C　5. D

二、多选题

1. BCE　2. ABCE　3. BDE　4. ABCD　5. ABCDE

第 8 章

一、单选题

1. B　2. C　3. A　4. D　5. C

二、多选题

1. ABC　2. BCD　3. ABCDE　4. BC　5. ABDE

第 9 章

一、单选题

1. C　2. A　3. B　4. B　5. B

二、多选题

1. ACD　2. ABCE　3. BCD　4. ABCDE　5. BCDE

第 10 章

一、单选题

1. C　2. B　3. A　4. D　5. C

二、多选题

1. ADE　2. ABCDE　3. ABCD　4. ABCE　5. BCD

第 11 章

一、单选题

1. A　2. C　3. B　4. D　5. C

二、多选题

1. BCDE　2. ABCDE　3. ABC　4. ABCDE　5. ACD

第 12 章

一、单选题

1. D　2. B　3. A　4. C　5. B

二、多选题

1. ABCE　2. BCE　3. ABE　4. ABCD　5. ABCDE

参考文献

［1］罗宾斯．管理学［M］．北京：中国人民大学出版社，2008.

［2］刘杰宁．管理学［M］．武汉：武汉大学出版社，2014.

［3］高闯，王海光，刘建华．管理学［M］．北京：清华大学出版社，2009.

［4］黄涌波，王岩．管理学基础［M］．大连：东北财经大学出版社，2014.

［5］张岩松，李文强．管理学案例教程［M］．北京：清华大学出版社，2014.

［6］王雯．管理学基础［M］．北京：清华大学出版社，2015.

［7］彭俊．管理学概论［M］．北京：北京大学出版社，2014.

［8］柯清芳．管理学基础［M］．北京：北京交通大学出版社，2015.

［9］李海峰，张莹．管理学基础［M］．北京：清华大学出版社，2015.

［10］汤发良．管理学原理［M］．北京：清华大学出版社，2015.

［11］都国雄，金榜．管理学基础［M］．南京：东南大学出版社，2012.

［12］姬定中．管理学实训指导［M］．成都：西南交通大学出版社，2012.

［13］楼成武，魏淑艳．现代管理学原理［M］．北京：中国人民大学出版社，2012.

［14］袁淑清．管理学基础［M］．北京：清华大学出版社，2015.

［15］张才明．现代管理学理论与实践［M］．北京：清华大学出版社，2014.

［16］文道．马云管理智慧分享课［M］．北京：人民邮电出版社，2015.

［17］孙力科．任正非管理的真相［M］．北京：企业管理出版社，2014.

［18］里斯，波特．管理者培训手册［M］．杨悦，译．北京：机械工业出版社，2003.

［19］邢以群．管理学［M］．杭州：浙江大学出版社，2012.

［20］纽尔密，达林．国际管理与领导［M］．周林生，译．北京：机械工业出版社，2000.

［21］谢平楼．管理能力基础［M］．北京：北京邮电大学出版社，2008.

［22］巴达维．开发科技人员的管理才能：从专家到管理者［M］．北京：经济管理出版社，1987.

［23］德鲁克．卓有成效的管理者［M］．许是祥，译．北京：机械工业出版社，2006.

［24］尼兰．条理性思维：对管理者解决问题和决策的系统指导［M］．北京：机械工业出版社，2001.

［25］罗宾斯．管理学［M］．黄卫伟，孙建敏，译．4版．北京：中国人民大学出版社，1997.

［26］孙耀君．西方管理学名著提要［M］．南昌：江西人民出版社，1997.

［27］松下幸之助．实践经营哲学［M］．滕颖，译．北京：中国社会科学出版社，1989.

［28］德鲁克．管理的实践［M］．齐若兰，译．北京：机械工业出版社，2006.

［29］斯密．国民财富的性质和原因的研究［M］．郭大力，王亚南，译．北京：商务印书馆，1996.

［30］李健．现代管理学基础［M］．大连：东北财经大学出版社，2006.